JN426898

한국민속의 이해

이제는 모두 아스라한 기억의 편린이 되어버린 그 시절의 추억들이 지금은 새로운 의미를 가지고 내 앞에 전개됩니다. 별로 대수롭지 않게 여겼던 것들이, 민족의 신앙세계를 형성한 일생의례와 민간신앙이었고, 단조로운 생활에 활력소가 되는 세시풍속과 민속놀이였음을 알았습니다. 못생긴 내 손을 더욱 보기 흉하게 하는 왼손 검지의 새까만 흉터는 민간요법의 징표이고, 금줄에 꽂는 숯과 고추에 민간신앙이 깃들어 있었습니다.

西湖 박성석 지음

경상대학교출판부

* 이 도서는 (재)경상대학교 춘추연구장학재단의
지원을 받아 출판되었습니다.

한국 민속의 이해

박 성 석 저

책 머리에

어린 시절의 추억 중에는 유달리 겨울철에 관한 것들이 많습니다.

겨울철의 놀이 중 빼놓을 수 없는 것이 '연 띄우기'인데 볼품없었던 내 연 때문에 늘 창피해 했습니다. 근사한 '네발자새'에다 부레와 사금파리로 '새(사)'를 잘 먹인 새 연실에 멋진 '참연(방패연)'을 달아 띄우면서 다른 아이들의 연실을 끊어먹으며 으스대는 것이 소원이었습니다. 그러나 꼬챙이나 '두발자새'가 네발자새를 늘 대신하였고, 연줄은 베를 짤 때 사용하다가 낡아빠져서 거의 폐품이 다 된 '잉아 줄'이 고작이었습니다. 아이들이 뛰노는 것에 대하여 "옷 떨어지고, 신 떨어지고, 배 꺼진다."고 걱정하시던 선고(先考)는 한지(韓紙)로 참연을 만드는 것을 용납하지 않으셨습니다. 그래서 언제나 '돌가리 종우'(시멘트부대 종이)나 폐신문지 따위로 '주게다리'(가오리연 : 모양이 밥주걱 같아서 그렇게 불렀음)를 만들어 띄웠는데, 만들기도 쉬웠고 꼬리만 길게 붙이면 방패연처럼 뱅뱅 돌지 않아서 좋았습니다.

섣달 초하루에 태어난 나는 생일날 아침이면 언제나 짚을 잘 추려서 '큰방 안 구석'에 가지런히 놓아두었습니다. 그러면 선비(先妣)는 생일상을 짚 위에 놓고 '지앙님'께 막내아들의 복록을 지극정성으로 빌었습니다.

섣달 그믐날 밤이면 안청(대청), 정지간(부엌), 시미(우물), 장고방(장독대), 쇠마구(외양간), 통시(변소) 등 집안 곳곳에 불을 밝혔습니다. 조개껍데기나 깨어진 사기접시 쪼가리에 참기름이나 들기름을 붓고 거기에 실이나 한지를 꼬아 심지를 만들어서 불을 켜는 일이 귀찮긴 해도, 명절 전날의 들뜬 기분에 비하면 아무 것도 아니었습니다.

이제는 모두 아스라한 기억의 편린이 되어버린 그 시절의 추억들이 지금은 새로운 의미를 가지고 내 앞에 전개됩니다. 별로 대수롭지 않게 여겼던 것들이, 민족의 신앙세계를 형성한 일생의례와 민간신앙이었고, 단조로운 생활에 활력소가 되는 세시풍속과 민속놀이였음을 알았습니다. 못생긴 내 손을 더욱 보기 흉하게 하는 왼손 검지의 새까만 흉터는 민간요법의 징표이고, 금줄에 꽂는 숯과 고추에 민간신앙이 깃들어 있었습니다.

자꾸만 사라져가는 조상들의 삶의 모습이 안타까워 지난 1992년과 1998년, 두 번에 걸쳐 책으로 발간한 적이 있었는데, 부족한 점이 너무 많아 이번에 새로운 각오로 다시 엮어 보았지만 아무래도 도로무익(徒勞無益) 같습니다. 그리고 강의 노트를 중심으로 정리하다 보니 선학들의 연구실적을 인용하거나 전재하면서 본의 아닌 실수와 결례를 범한 점도 있을 것 같아서 송구스럽게 생각하며 아울러 용서를 구합니다.

끝으로 이 책을 대하는 모든 분들에게 하나님의 은혜와 평강이 언제나 함께하시기를 기원합니다.

丁亥年 孟夏

筆者 드림

차 례

제 1 장

민속과 민속학

Ⅰ. 민속학의 개념

1. 어원(語源)

민속(民俗)이란 민간인의 습속을 줄여서 말한 것으로, 이것은 문명국가의 서민 대중들 사이에 전해 내려오는 전통적인 문화형태를 뜻한다. 따라서 민속학은 민간에 전승(傳承)되는 풍속(風俗)이나 제도(制度), 습관(習慣), 신앙(信仰) 따위를 조사하고 기록하여 그 민족의 정서(情緖)를 파악하고자 하는 학문이다.

1846년 영국의 고고학자인 톰스(Thoms W. J, 1803~85)가 『아세늄』(Athenaeum)이라는 주간지에 'Folklore'란 용어를 처음 사용했는데, 이 말은 'folk(민간)'와 'lore(지식)'의 합성어이다. 동양에서는 1913년경 일본의 야나기다(柳田國男)가 처음에는 향토(鄕土)연구의 개념 정도로 이 용어를 사용하다가, 1929년 민속학회(民俗學會)가 창립된 뒤 정식으로 'Folklore'를 학문적 용어로 사용하게 되었다.

우리나라에서는 1930년대 초(初) 최남선, 송석하, 손진태, 임석재 등이 '민속학'이란 용어를 쓰기 시작하면서 일반화 되었다.

톰스는 원래 민간에 전해 내려오는 전통적인 신앙(信仰)·설화(說話)·풍속(風俗)·관습(慣習)·민요(民謠)·속담(俗談) 등 서민들이 지녀온 모든 문화를 포괄하여 'Folklore'란 말을 사용하였고, 동시에 잔존(殘存)해 있는 고문화(古文化)를 과학적, 조직적으로 수집(蒐集)하고 연구(硏究)하는 학문의 명칭으로도 이 용어를 사용하였다.

요약해서 설명한다면 민속학은 민중들 사이에서 일상적(日常的)·집단적(集團的)·유형적(類型的)으로 오랫동안 전승되어온 기층문화(基層文化)를 자료로 하여 그 밑바탕에 깔려 있는 민족의 핵(核)을 찾아내고자 하는 학문이다. 그것은 민중성이 농후하고 역사적으로 변화가 늦은 농어촌(農漁村)과 산간(山間)지방에 현저히 남아 있는 민속 문화를 대상으로, 그것이 왜 그렇게 존재하고 어떻게 변천하여 왔으며, 무엇 때문에 그렇게 변화할 수밖에 없었고, 앞으로 어떻게 변화하여 갈 것인가를 밝히고자 하는 학문이다.

2. 민간전승(民間傳承)

민간전승이란 민중들 사이에서 문자를 매개로 하지 않고 대를 이어서 계승되는 문화현상이다. 이것은 민족문화의 근간(根幹)을 이루는 내재문화(內在文化)인 동시에 이상문화(理想文化)로서, 도시사회의 표층문화(表層文化)에 반대되는 기층문화(基層文化)이다. 이 문화의 특징은 소지역성(小地域性)·고립성(孤立性)·집단결합성(集團結合性)이 강하다. 또 시간적(時間的)으로 볼 때는 통시성을 갖고, 공간적(空間的)으로는 기후와 풍토의 영향을 받으며, 민족(民族)이라는 주체에 의해 형성되는데, 전통(傳統)은 물론 인습(因襲)까지도 포함된다.

우리 민족은 반만년이라는 긴 세월 동안 한반도와 남만주 일원에 걸친 기후와 풍토 속에서, 우리의 고유문화를 형성하였는데, 그 특징 중 대표적인 것을 요약해 보면 다음과 같다.

첫 번째로 같은 지역에 오랫동안 정착해 살면서 쌀을 주식으로 하는 농경문화(農耕文化)를 형성했다. 따라서 농사와 관련된 세시풍속(歲時風俗)이 많고, 곡신숭배사상(穀神崇拜思想)에서 비롯된 '풍년기원축제(豊年祈願祝祭)'와 '추수감사축제(秋收感謝祝祭)' 등이 민족의 신앙세계(信仰世界)를 지배해 왔다.

두 번째로 계절의 변화가 뚜렷한 환경 속에서 온돌(溫突)문화라는 독특한 문화를 형성하여 왔으며, 기후의 변화에 따라 거기에 알맞은 천으로 옷을 해 입었다.

세 번째로 혈연(血緣)의식이 대단히 강하여 가족이나 친족 간의 연결의식이 두터웠다. 상하 관계도 연령보다는 항렬(行列)이 우선이었으며, 문중(門中)조직과 족보(族譜)문화가 발달되어 있고, 마을의 구조도 집성촌(集姓村=同姓村동성촌)으로 형성되어 있다.

이러한 특징들은 독립적으로 존재하는 것이 아니라 모두 유기적인 관계를 맺고 있다. 예컨대 계절의 변화가 뚜렷하므로 농업을 주업으로 삼아야 했고, 주거환경도 온돌이 적합했으며, 경작지 근처에 살다보니 자연스럽게 집성촌이 형성되었다. 그리고 일가친척이 마을을 이루고 함께 살다보니, 상부상조(相扶相助)하는 협동심이 더욱 강해지게 마련이다. 민속놀이도 줄다리기와 같은 풍년기원제의(豊年祈願祭儀)가 생겨날 수밖에 없었고, 풍요(豊饒)와 다산(多産)이 중요한 신앙세계를 형성하였다.

이 외에도 만물유신(萬物有神)의 신관(神觀)으로 말미암아 신앙심이 강하였으며, 인륜(人倫)에서도 '부끄러움'을 최대의 수치로 여겨서 예의(禮儀)와 지조(志操)를 목숨보다 중하게 생각했다.

그러나 오늘의 세태는 급변하고 있다. 특히 서구(西歐)사상의 유입과 과학문명의 급속한 발달은 우리의 전통문화까지도 말살하려 하고 있다. 그런데 그런 사회적 분위기가 강하면 강할수록 옛 것에 대한 향수도 짙어져 가고 있는 점 또한 사실이다. 이러한 현상은 단순히 옛 것에 대한 그리움 그 자체만이 아니고 옛 것을 통해서 새로운 시대에 걸맞는 현대적 가치관을 모색해 보려는 인간성(人間性) 회복(回復)의 욕구가 크게 작용하고 있기 때문에 나타나는 것이다.

3. 민속학의 범위

사람들은 지혜가 발달함에 따라 자신들의 모습이 무엇인가에 대해 조금씩 관심을 갖기 시작하였다. 따라서 민속학에 대한 관심도 높아졌고, 그 범위도 초창기에 비하여 크게 확대 되었다.

초기의 민속학은 대개 그 범위가 한정되어 있었는데 영국의 경우는 속신(俗信)이나 관습(慣習), 구비문학(口碑文學) 등을 말하였고, 그 후에는 삶의 일상적인 모습이 추가되었다.

영국의 민속학이 서민사회의 구비문학이나 습관 등을 연구의 대상으로 삼은 반면, 독일의 민속학은 구비전승 외에도 풍속(風俗)이나 신앙(信仰)까지 그 대상으로 삼았다. 즉, 민속학의 발생은 영국이었지만 오히려 민속학을 더욱 심화(深化) 확대한 나라는 독일이었다.

민속학의 범위를 특별히 한정해서 생각하는 것은 바람직하지 못한 일이다. 왜냐하면 그것은 민속이 민중 전체의 삶의 모습이기 때문에 어느 것 한 가지도 소홀히 취급할 수 없기 때문이다.

1920년대 후반에 연구가 시작된 우리나라의 민속학도 시간이 경과하면서 그 범위가 점점 확대되어 갔는데, 개략적인 것은 다음과 같다.

김성배는 『한국(韓國)의 민속(民俗)』이라는 책에서 세시습속, 민간신앙, 민속놀이, 통과의례, 민속언어들을 민속학의 범주로 다루었고, 박계홍은 『한국민속학개설(韓國民俗學槪說)』에서 의식주, 민간신앙, 속신, 생활의례,

세시풍속, 민속놀이를 주요내용으로 다룬 뒤, 후에 통과의례를 보충하였다.

이두현, 장주근, 이광규 공저로 출판한 『민속학개설(韓國民俗學槪說)』에서는 민속학의 범위를 마을과 가족생활, 의식주, 민간신앙, 세시풍속, 민속예술, 구비문학에 한정하였다.

박성석은 『한국(韓國)의 민속(民俗)』에서 통과의례, 민간신앙, 세시풍속, 민속놀이, 가족과 친족, 민간요법을 중점적으로 다루었다.

민속학회에서 출판한 『한국 민속학의 이해』에서는 "아직도 완전한 통일을 보지 못한 한국 민속학의 범위를 마무리한다는 심정"으로 여러 번의 수정과 보완을 거쳐서, 사회구조, 통과의례, 민간신앙, 세시풍속, 민속놀이, 민속예술, 등을 그 내용으로 다루었다.

고려대학 민족문화연구소에서 출판된 『한국민속대관(韓國民俗大觀)』에서는 사회구조, 관혼상제, 일상생활, 의식주, 민간신앙, 종교, 세시풍속, 전승놀이, 민속예술, 생활기술, 구비전승을 6권에 나누어서 자세하게 설명해 놓고 있다.

이상에서 살펴본 바에 의하면 민속이 민중의 삶 그 자체이기 때문에, 학문적으로 세분할 때 다양함을 벗어날 수가 없다. 그러므로 굳이 몇 가지로 한정해서 연구할 것이 아니라 그 넓이를 확대할 수밖에 없을 것이라 생각한다. 따라서 민속학은 민족 연구와 관련이 있는 민족학(民族學)·고고학(考古學)·종교학(宗敎學)·국문학(國文學)·역사학(歷史學)·지리학(地理學)·언어학(言語學)·심리학(心理學)과 연계해서 연구해야 하는 학문이라고 할 수 있다.

우리 민속학이 앞으로 해결할 과제는 다음과 같다.

첫째, 급속한 산업화 속에서 점점 사라져가고 있는 민속자료를 수집·정리하고 민속지(民俗誌)를 작성하는 일이 시급하다. 아울러 민속자료 전승을 담당하고 있는 사회집단이나 개인에 대한 조사와 정리도 요망된다.

둘째, 수집된 자료를 과학적이고 객관적으로 분석해 낼 수 있는 연구

방법론의 개발이 요청된다. 특히 민속전승의 현장을 중시하는 현장론적 방법에 대한 천착이 요망된다.

셋째, 지금까지는 민속학의 연구가 몇몇 분야에만 편중되어 왔는데, 그 영역을 생활 전반으로 확대할 필요가 있고 타 학문과의 협조, 즉 학제간(學際間 = interdisciplinary)의 공동연구도 필요하다고 본다.

넷째, 민족의 동질성 확인과 통일 이후를 대비한 남북한 민속의 비교연구가 필요하다. 뿐만 아니라 중국 연변이나 구(舊)소련 등에 거주하고 있는 교포들의 민속에도 관심을 가질 필요가 있고, 나아가 외국 민속과의 비교연구(比較硏究)가 이루어질 수 있는 학문적 토대가 절실한 실정이다.

이와 같은 측면에서 본다면 현재 중앙대학교와 안동대학교에만 있는 민속학과가 다른 대학에도 설치되어 이 분야의 연구가 활성화될 필요가 있다.

제 2 장

가정과 사회

Ⅰ. 가족과 친족

1. 가족관계

인류 역사에서 가족형태는 혼인형태의 변천에 따라 변화 발전하였다. 원시사회의 군혼형태(群婚形態)에서 탈피한 첫 번째 단계가 부모 자식 간의 성행위(性行爲) 금지였으며, 이때부터 혈연가족이 출현하였다. 가족형태의 첫 번째 단계였던 혈연가족 시대의 초창기에는 근친혼(近親婚)이 인정되었다. 그러다가 다음 단계에 오게 되면 형제자매나 일가친척 간의 혼인이 금지되면서, 오늘날과 같은 가족이란 집단이 형성되었다고 본다.

가족이란 특별한 관계로 결합된 일정한 공동체를 말하는데, 부부(夫婦)관계에서 시작하여, 혈연(血緣)관계로 맺어져 있고, 같은 공간에서 동거하며, 경제적 단일 집단을 이루고 있다. 우리나라의 가족관계는 대가족 제도가 상당기간 지속되었다. 대가족(大家族)이란 할아버지를 중심으로 아버지의 형제들과 그 형제들에게서 난 자식들, 이를테면 사촌도 함께 살며, 사촌들이 혼인하여 자식을 낳으면, 4대가 한 집에서 살게 되는 경우를 말한다. 그런가하면 동고조(同高祖)에게서 난 자손들(8촌까지)을 포함하는 것이라고 주장하기도 한다.

대가족 제도에서 종손은 종가(宗家)를 지키며, 조상의 제사를 모시고 가계를 이어 나가는 것이 의무였다. 현대 사회를 핵가족 시대라고 하지만 아직도 우리의 전통은 장남이 부모를 모시면서 동거하는 경우가 많은데, 이것은 대가족 제도가 남아 있는 모습이라고 하겠다.

가족과 비슷한 것으로 식구(食口)라는 것이 있는데, 식구는 글자 그대로 '한솥밥을 먹는 사람'이란 뜻이다. 여기에는 하인이나 머슴, 나그네와 식객(食客)까지도 포함되는데, 이들이 그 집을 떠나면 식구가 아니지만 부모와 자식들은 객지에 떨어져 살고 있어도 '식구' 또는 '가족'이라 한다. 그러니까 우리나라에서 가족이라 함은 혈연관계에 의해 맺어진 자신들의 '피붙이'를 말한다.

가족의 최소 형태는 부부가족(핵가족)인데, 정확하게는 부부와 미혼의 자녀로 구성되어 있다. 핵가족 시대의 남편과 아내는 모든 면에서 동등한 권리와 의무를 갖고 있지만 과거 사회에서는 철저히 남편 중심의 가부장적 가족관계를 형성해 왔다.

가부장적 사회에서 가장(家長)은 가정에 속한 재산권(財産權)을 행사하고, 가족을 통솔(統率)하며, 외부에 대하여는 가족을 대표(代表)하는 절대적인 권리를 행사하였다. 여기에 비하여 아내는 자녀를 생산하고, 노동력을 제공하며, 집안 살림이나 하는 하찮은 존재로 인식되었고, 거기에다 칠거지악(七去之惡=不孝불효 無子무자 嫉妬질투 淫行음행 惡疾악질 口舌구설 盜竊도절)이란 것을 만들어서 여자의 언행을 극도로 억압하였다.

가부장제(家父長制)에서는 가계(家系)가 반드시 장남에게 세습된다. 장자(長子)는 그 부친으로부터 모든 권한을 이어 받으며, 그 권리는 다시 장손(長孫)에게 연결된다.

아들이 없는 경우에도 아내나 딸에게 가부장권이 세습되는 것이 아니라 동성(同姓)의 친족 중에서 양자를 세워 가문의 대를 이어가게 했다. 양자를 세우는 원칙은 고려 이전까지는 '이성수양(異姓收養)'이나 '외손봉사(外孫奉祀)'가 허용되었으나, 조선조에 들어와서는 '이성불양(異姓不養)'의 원칙이 철저히 지켜졌다. 『대전회통(大典會通)』권(券)3 예전(禮典)에 의하면, "양자는 같은 문중의 사람들 중에서 삼되, 형제와 손자는 양자가 될 수 없다"고 규정하고 있다. 일반적으로 조카들 가운데서 장남을 제외한 아들을 데려다가 양자로 삼는 것이 관행이었고, 자신의 아들을 다른 형제의 양자로 보내는 것에 대해서도 당연하다고 여겼다. 양자라도 세워서 가계(家系)를 연속해야하는 것이 우리 전통사회에서는 어떤 인간관계보다 최우선으로 간주되었다.

재산상속에 있어서도, 『경국대전(經國大典)』에는 "적자녀(嫡子女)에게 균등하게 분배하고 제사(祭祀) 상속자에게는 1/5을 추가 지급한다"고 되어 있지만, 실제 관행에서는 장남에게 더 많은 혜택이 주어졌다. 재산상속에 대한 구체적인 기록이라고 할 수 있는 분재기(分財記)로는, '허여문기'(許與文記=부모 생존 시에 그 부모가 작성), '화회문기'(和會文記=부모 사후에 상속권자들이 작성), '별급문기'(別給文記=부모를 기쁘게 한 자식이나, 상속권이 없는 자에게 특별히 상속할 때 작성) 등이 있다.

집안의 살림살이는 주부의 권한에 해당된다. 그러다가 어느 시기가 되면 시어머니는 맏며느리에게 집안 살림권의 상징이라고 할 수 있는 안방과 창고의 열쇠를 물려준다. 이것을 '안방물림'이라고 하는데, 며느리가 장손을 낳거나 시어머니가 회갑이 지나면, 안방물림이 이루어지고 시어머니는 건넌방으로 물러앉는다.

부모와 자식 간의 행위 규범은 효(孝)사상에 근거하고 있는데, 부모는 자식이 어렸을 때만 양육할 의무가 있을 뿐이다. 성장한 자식은 아버지를 엄격한 지배자로 어머니를 인자하고 자상한 존재로 존경하고 부양해야 하는 의무가 있다. "천하에 옳지 아니한 부모는 없고, 아버지가 비록 그 자식을 사랑하지 아니해도 자식이 효도하지 않을 수 없다"는 『동몽선습(童蒙先習)』

의 가르침은, 전통사회의 부자관계를 단적으로 말해주고 있다.

가족관계에서 마지막으로 살펴보아야 할 것이 형제자매(兄弟姉妹) 관계이다. 같은 부모에게서 태어난 이들은 부모의 입장에서 보면 같은 자식이요, 서로 간에는 혈육이기 때문에 우애와 화목이 강조되었다. 전통사회에서는 단산(斷産)이 어려웠기 때문에 조카보다 나이가 어린 삼촌이 얼마든지 있을 정도로 가족의 연령차가 심하였고, 이들 간에도 항렬(行列)에 따른 장유유서(長幼有序)의 덕목이 강조되었다. 부모의 생존 시에는 동기간에 동등한 지위가 인정되지만, 부모가 사망한 뒤에는 장남이 가장(家長)의 지위에 오르게 된다. 이때부터는 가장을 공손하게 대하고 존경해야 한다. 형제 자매간의 우애는 그 자체가 부모에 대한 효도에 속하는 일이지만, 일단 결혼을 하게 되면 이들 관계는 상당히 공식화된다. 특히 자매는 결혼과 동시에 각기 남편의 가문으로 흩어지게 되어 자연히 소원(疏遠)하여지기 마련이며, 형제는 부모의 가문에 계속 남아서 우애와 친목으로 상부상조하며 살아가게 된다.

2. 친족관계

조선시대에 중죄인에게 벌을 내릴 때 '3족(三族)을 멸한다'는 말이 있었다. 이 때 3족이란, 아버지 쪽 사람들[父黨부당]과 어머니 쪽 사람들[母黨모당], 그리고 처가 쪽 사람들[妻黨처당]을 말한다. 이 사람들은 모두 나와 혈연관계로 연결되어 있거나[血族혈족], 혼인으로 인하여 관계를 맺고 있는 사람들[姻戚인척]이다.

외조부나 외숙부, 이모 등의 외가(外家) 쪽 사람들은 나에게는 혈족에 해당되지만, 아버지의 입장에서 보면 인척이다. 숙부는 혈족이지만 숙모는 인척이고, 고모나 이모는 혈족이지만 고모부(姑母夫)나 이모부는 인척이다. 혈족은 운명적인 관계이지만 인척은 계약관계로서 그 계약이 파기

되면 관계가 취소되기 때문에 혈족을 더 중하게 여긴다.

친족(親族)이란 말 대신에 친속(親屬)·친척(親戚)·족척(族戚)·족속(族屬)이라 쓰기도 하는데, '친'이나 '족'은 혈족을, '속'이나 '척'은 인척을 의미한다.

정약용은 1819년에 언어생활을 바로잡기 위해 저술한 『아언각비(雅言覺非)』에서 '성이 같으면 족(族)이라 하고, 성이 다르면 척(戚)'이라고 설명해 놓고 있다.

친족 간의 관계를 나타낼 때 촌수(寸數)라는 것이 있는데, 관계가 가까울수록 촌수가 낮고 멀어질수록 촌수가 높아지며, 형제 자매관계는 짝수(=우수)로 숙질(叔姪) 간은 홀수(=기수)로 뻗어나간다.

다음 표에서 화살표(↓↘)는 부자(父子)관계를 표시하고, 수평선(−)은 항렬이 같은 사람이며 괄호 안의 숫자는 자기와 촌수를 나타낸다.

※ 친족의 호칭과 촌수표

高祖父(4)
↓ ↘
曾祖父(3) − 從曾祖父(5)
↓ ↘ ↘
祖父(2) − 從祖父(4) − 再從祖父(6)
↓ ↘ ↘ ↘
父(1) − 伯(叔)父(3) − 從伯(叔)父(5) − 再從伯(叔)父(7)
↓ ↘ ↘ ↘ ↘
나 − 兄(弟)(2) − 從兄(弟)(4) − 再從兄(弟)(6) − 三從兄(弟)(8)
↓ ↓ ↓ ↓
子(1) − 姪(3) − 從姪(5) − 再從姪(7)
↓ ↓ ↓
孫(2) − 從孫(4) − 再從孫(6)
↓ ↓
曾孫(3) − 從曾孫(5)
↓
高孫(4)

친족 간에는 특별한 호칭이 있고, 정확한 호칭을 사용하는 것이 하나의 법도였는데 약간 까다로운 편이라 혼란을 초래하는 경우가 많다. 그리고 친족 간에 촌수를 호칭으로 사용하는 것은 옳지 않으며, 정확한 호칭의 사용은 예나 지금이나 매우 중요하다. 촌수 대신에 대수(代數)를 붙여 5대조, 10대조 또는 5대손, 10대손 등으로 부르기도 하는데, 이 경우는 대개 동고조부(同高祖父)의 범위에서 벗어난 혈통에 사용하는 경우가 많다. 대(代)나 세(世)는 촌수를 계산하는 방법인데, 대는 자기로부터 상하(上下)로 세어 나가고, 세(世)는 시조로부터 세어 내려온다. 즉 1세조(世祖)는 시조(始祖)이고, 1대조(代祖)는 아버지이다. 그래서 세(世)는 대(代)보다 1이 더 가산된다.

친족 간의 호칭은 남자 위주이고, 결혼한 여자의 경우는 약간 다르다. 시부모를 '아버님', '어머님'이라 부르고, 남편의 형제는 '아주버님' 또는 '도련님(결혼하면 서방님)', 남편의 자매(姉妹)는 '형님' 또는 '아가씨'라고 부른다. 시부모나 장인, 장모를 '아버지', '어머니'라고 부른다든지, 자녀의 호칭을 부모가 그대로 사용하는 것은 옳지 않다.

우리나라의 친족 호칭에는 몇 가지 원칙이 있는데, 모당은 앞에 '외(外)'자를 붙여 구분하고, 어머니의 여형제인 이모가 결혼하면 '이(姨)'자를 붙인다. 부당에서도 여자 갈래인 고모와 관련되면 앞에 '내(內)'자를 붙이고, 처족은 '처(妻)'자를 붙인다. 또 4촌은 '종(從)'으로 표시하고, 6촌은 '재종(再從)', 8촌은 '삼종(三從)' 으로 표시한다.

우리나라 친족의 범위에 드는 8촌까지의 호칭을 부족, 모족, 처족으로 구분하여 표로 보이면 다음과 같다.

※ 친족간의 호칭표

부족(父族)

- 본인 : 처(아내)
- 자식(아들) : 자부(며느리)
- 형(형님) : 형수(아주머니)
- (누나) : 자형(자부)
- 백부(큰아버지) : 백모(큰어머니)
- 고모 : 고모부
- 생질(누나 또는 누이의 아들) : 생질부
- 조부(할아버지) : 조모(할머니)
- 왕고모(조부의 여형제) : 왕고모부 (또는 대고모: 대고모부)
- 종제(4촌동생) : 종제수
- 내종형제(고종4촌) : 재종형수 또는 재종제수
- 종백부(아버지의 4촌형제: 당숙, 종숙) : 종백모(당숙모, 종숙모)
- 재종형제(6촌형제) : 재종형수 또는 재종제수
- 증조부 : 증조모
- 종대고모(증조부여형제) : 종대고모부
- 종고조부(고조부의 형제) : 종고조모
- 재종숙부(아버지의 6촌형제) : 재종숙모
- 삼종형제(8촌 형제) : 삼종형(제)수
- 종질녀 : 종질서(당질서)
- 재손녀 : 손녀서
- 종손자(형제의 손자) : 종손부
- 생질손(누나의 손자) : 생질손부
- 재종손(4촌형제의 손자) : 재종손부
- 증손자 : 증손부
- 종증손(형제의 증손자) : 종증손부
- 고손자(손자의 손자) : 고손부
- 부친(아버지) : 모친(어머니)
- 여식(딸) : 여서(사위)
- 제(동생) : 제수
- 매(누이) : 매제(매부)
- 숙부(작은아버지) : 숙모(작은어머니)
- 질(조카) : 질부(질녀 : 질서)
- 생질녀(여자형제의 딸) : 생질서
- 종조부(조부의 형제 : 할아버지) : 종조모(할머니)
- 종형(4촌형) : 종형수
- 종자매 : 종자형 또는 종매부
- 내종자매 : 내종자형 또는 내종매부
- 종고모(종백부의 여형제) : 종고모부
- 재종자매(재종의 여형제) : 재종자형 또는 재종매부
- 종증조부(증조부의 형제) : 종증조모
- 고조부 : 고조모
- 재종조부(할아버지의 4촌형제) : 재종조모
- 재종고모(아버지의 6촌자매) : 재종고모부
- 종질(4촌형제의 아들) : 종질부
- 재종질(6촌형제의 아들) : 재종질부
- 손자 : 손부
- 외손자(외손녀) : 외손부(외손서)
- 종손녀 : 종손서
- 생질손녀 : 생질손서
- 재종손녀 : 재종손서
- 증손녀 : 증손서
- 종증손녀 : 종증손부
- 고손녀 : 고손서

모족(母族)

- 외조부 : 외조모
- 외종조부 : 외종조모
- 외재종조부(외증조부의 4촌형제) : 외재종조모
- 외종형(제)(외사촌형제) : 외종형(제)수
- 외증조부 : 외증조모
- 외재종형(제) : 외제종형(제)수
- 외종질(외사촌아들) : 외종질부
- 이모 : 이모부
- 이종질(이종의 아들) : 이종질부
- 외숙부 : 외숙모
- 외종증조부(외증조부의 형제) : 외종증조모
- 외재종숙부(외삼촌의 4촌형제) : 외재종숙모
- 외종자(매) : 외종자형(외종매부)
- 외재종자(매) : 외재종자형(외재 종매부)
- 외종질녀 : 외종질서
- 이모 : 이모부
- 이종형(제) : 이종형수(제수)
- 이종질녀 : 이종질서

처족(妻族)

- 장인 : 장모
- 처형(제) : 동서
- 처질녀 : 처질서
- 처생질녀 : 처생질서
- 처종질녀 : 처종질서
- 처숙부 : 처숙모
- 처남 : 처남처(아주머니)
- 처질(처의 조카) : 처질부
- 처생질(처자매의 아들) : 처생 질부
- 처종질(처4촌의 아들) : 처종질부
- 처조부 : 처조모
- 처고모 : 처고모부

이상의 규정을 합쳐서 4촌 형의 예를 한번 들어보면 종형(친 4촌형), 외종형(외 4촌형), 내종형(고종 4촌형), 이종형(이종 4촌형), 처종형(처4촌형) 등으로 구분할 수 있다. 외 4촌과 고종 4촌의 관계는 언제나 한편에서는 내종(內從)이고, 다른 편에서는 외종(外從)이 되기 때문에 이들의 관계를 내외종(內外從) 사이라 한다.

가족의 호칭은 살아있을 때와 돌아가셨을 때, 자기가 부를 때와 다른 사람에게 말할 때 등 상황에 따라 달라지는데 표로 보면 다음과 같다.

※ 생전과 사후의 호칭 비교

		자기가 부를때	타인에게 말할때	타인을 호칭할때
조부	생전	할아버지, 조부님	祖父조부	祖父丈조부장
(祖父)	사후	祖考조고	先祖考선조고	王考丈왕고장
조모	생전	할머니, 조모님	祖母조모	王大夫人왕대인
(祖母)	사후	祖妣조비	祖妣조비	先祖母선조모님
부(父)	생전	아버지	家親가친嚴親엄친	椿府丈춘부장
	사후	先考선고	先考선고先君선군	先大人선대인
모(母)	생전	어머니	母親모친慈親자친	慈堂자당
	사후	先妣선비	先妣선비	先大夫人선대부인
형(兄)	생전	형님	舍兄사형舍伯사백	伯(仲)氏丈백(중)씨장
	사후	생전과 같음	先伯선백	先伯(仲)氏丈
제(弟)	생전	동생, 아우	舍弟사제家弟가제	季氏계씨
	사후	동생, 아우	亡弟망제	先季氏선계씨
부(夫)	생전	夫君부군家君가군	家夫가부	賢君현군
	사후	서방님	亡夫망부	先令君子선영자
처(妻)	생전	夫人부인	家人가인內子내자	賢閤현합
	사후	夫人부인	亡室망실亡妻망처	故賢閤고현합

3. 문중조직

문중은 성(姓)과 본(本)이 같은 사람들의 조직체이다. 같은 고조(高祖)의 자손들이 모인 8촌까지의 친족집단을 당내조직이라 하는데, 당내친(堂內親), 또는 소문중(小門中)이라 한다. 과거에 대가족이 여기에 해당되며, 제사에 참여하는 범위에 따라서 다음의 4종류로 나눈다.

첫 번째 조직은 같은 부친에게서 난 자식들만 모이는 '부종(父宗)'이 있고,

두 번째는 할아버지 제사를 지낼 때 모이는 '조종(組宗)'으로 4촌까지 포함된다.

세 번째로는 증조고(曾祖考)의 제사를 위해 모이는 '증조종(曾祖宗)'이 모이는 범위는 6촌까지이다.

마지막으로 고조고(高祖考)의 제사를 위하여 모이는 집단이 '고조종(高祖宗)'인데 8촌까지 포함된다.

당내조직끼리는 집안의 대소사에 정신적으로나 물질적으로 상부상조하며 살아간다. 기제사(忌祭祀)에도 동고조(同高祖) 8촌까지만 모시고, 5대조 이상은 가묘(家廟)에 모셨던 신위(神位)를 산소에 묻고, 제향(祭享)도 1년에 한 번씩 시제(時祭)로 모신다.

양자(養子)를 들여야 할 경우에도 형제의 아들이 없으면, 당내친 이내의 친족 가운데서 결정하며, 이들은 일반적으로 같은 동네나 인근 부락에 모여 사는 특징이 있다. 그 까닭은 가족이 분화(分化)되면서 경작지를 분배하게 되고, 논밭 근처에 집을 지어나가다 보니 자연스럽게 같은 성씨의 취락(聚落)을 구성하게 된 것이다.

이와 같은 당내조직이 팽창하여 문중조직을 이루는데, 문중은 조상의 시향(時享)을 모시기 위하여 조직된 광범위한 친족집단으로, '대종(大宗)' 또는 '종회(宗會)'라 하기도 한다. 문중은 사람의 숫자도 많고 또 문중 재산도 있기 때문에 대부분의 문중은 엄격한 내부규율과 조직체계를 갖고 있다.

구성원 전체가 모이는 '종회(宗會=花樹會화수회)'는 시제를 지낸 다음에 개최하며, 여기서는 문중의 대표라 할 수 있는 종장(宗長)을 선출한다. 종장은 항렬이 높고, 학식과 덕망을 두루 갖춘 문중의 연장자를 뽑는다. 종장은 외부적으로는 자기의 문중을 대표하며, 내부적으로는 종회를 소집하고, 종회에서 결의된 사항의 집행여부를 지휘 감독하는 권한을 갖는다.

또 문중의 중심인물로 종손(宗孫)이 있는데 종손은 장자에서 장자로 이어진 직계장손(直系長孫)으로, 종가에서 대대로 거주한다. 종손은 가묘(家廟)를 지키고, 시제를 주관하며 종족을 대표하는데, 종회에서는 언제나 윗자리를 차지하고 시제에서는 항상 초헌관(初獻官)이 된다.

문중의 사업 중 중요한 것이 족보의 간행이다. 족보에는 개인의 출몰(出沒), 직업(職業), 배우자(配偶者), 묘지(墓地)의 위치까지도 기록하며, 항렬별로 작성되어 있다. 족보를 편찬하는 데는 상당한 시간과 경비가 들기 때문에 대개 30년에 한 번씩 간행한다. 족보는 시조에서부터 지손(支孫)까지의 계통을 기록한 '대동보(大同譜)'와 자신들의 파시조(派始祖=中始祖중시조)에서 이어진 계통을 열거한 '파보(波譜)'가 있는데, 일반적으로 족보라 함은 파보를 말한다. 동성동본(同姓同本)의 조직체인 문중은 수십만 명에 이르는 수가 있는데, 이런 경우에는 파시조를 설정하고, 그 파시조를 중심으로 하나의 문중을 조직한다.

족보의 효시는 조선 성종 때 (1470) '안동권씨보'로 추정되며, 16세기 중엽부터 족보의 간행이 활발했던 것으로 보고 있다.

본관(本貫=貫鄕관향)은 성씨의 시조 또는 파시조의 출생지나 세력을 키운 근거지의 명칭을 따르는데 줄여서 '본(本)'이라 하기도 한다. 파시조의 벼슬을 문중의 호칭으로 사용하는 경우에는 "○○ 金氏김씨 ×× 公派공파"라 한다. 성과 본은 부계(父系)중심의 혈족 표시로서, 우리나라에서는 서양의 경우와 달리 여자가 결혼한 후에도 아버지의 성을 그대로 유지하고 있다. 다만 승려의 경우에는 속세를 떠난다는 의미로 성을 버렸다. 본은 어느 선조에게서 파생되었는가를 밝히는 것으로 이성동본(異姓同本)도 있고, 동성이본(同姓異本)도 있다. 동성동본(同姓同本)은 혼인할 수 없고, 이성동본(異姓同本)과 이성이본(異姓異本)은 혼인이 가능하다.

그러나 예외가 있는데

박씨(朴氏)끼리는 혼인하지 않고,

김해 김씨(金氏)와 김해 허씨(許氏),

안동 권씨(權氏)와 안동 김씨(金氏),

문화 유씨(柳氏)와 연안 차씨(車氏),

예안 이씨(李氏)와 전의 이씨(李氏)도 혼인하지 않는다.

지금은 동성동본(同姓同本)의 혼인을 법적으로는 허용하고는 있지만, 현실적으로는 받아들여지지 않는 것이 우리의 정서이다.

한편 역사적으로 볼 때 성을 새로 얻거나 변경하는 경우도 있었는데, 대표적인 것이 왕으로부터 성을 받는 사성(賜姓)이 있다. 고려 태조 왕건이 자기에게 귀순한 발해의 태자에게 왕씨라는 성을 하사했고, 자기를 보호해 준 김형이란 자에게 권씨라는 성을 지어 하사(下賜)했다고 한다.

Ⅱ. 마을

1. 마을의 형성

마을의 어원에 관해서는 '모인다'는 의미가 포함되어 있는 '모을' 혹은 '모들[集合집합]'이라는 설이 있다. 마을의 형태는 동성동본이 무리지어 사는 동성마을과 여러 성씨가 함께 사는 '각성받이마을'로 구성되어 있다. 처음에는 같은 성씨끼리 한 집 두 집 늘려가다가, 타성(他姓)이 들어와서 어울려 살게 되면서 마을은 변화와 발전의 과정을 겪게 되었겠지만, 초기의 동성촌(同姓村)에서 타성은 언제나 소외를 당했다.

마을의 구분은 양반들 중심의 반촌(班村)과 상민들이 주로 사는 상민촌(常民村)으로 나누거나, 구성원의 생업에 따라 농촌, 어촌, 산촌으로 구분 짓는다. 또 마을사람들의 신분에 따라 백정촌, 무당촌, 관노촌, 거지촌, 승려촌으로 마을을 구분 짓기도 한다.

마을의 이름 중 양지뜸과 음지편, 웃모(윗마을=상땀) 새엣모(사잇마을=중땀) 아랫모(아랫마을=하땀) 등은 위치에 따라 붙여진 것이고, 다릿거리[橋洞교동], 장승백이(=벅수거리), 선돌마을[立石里입석리], 탑골, 절골, 무지개골, 기왓골, 한실[大谷대곡] 등은 특징에 따른 이름이다. 일제강점기 이후에 마을을 촌락(村落), 취락(聚落), 부락(部落) 등으로 부르기도 하는데, 우리 고유어(固有語)인 '마을'이라고 하는 것이 옳다.

마을은 자연마을과 행정마을로 대별된다. 자연마을은 같은 지역에서 오랫동안 함께 살아온 사람들의 마을로서 소지역적이고, 집단결합성(集團結合性)이 강하다. 비록 남남간이긴 하지만 친척 이상의 결속력을 갖고, 살아왔기 때문에 '이웃사촌'이란 말이 생겨난 것이다. 민속학의 대상이 되는 민간전승의 대부분은 이 자연마을에 전승되고 있다.

행정마을은 인위적으로 구획을 지은 '리(里)' 또는 '동(洞)'을 말하는데, 규모가 큰 자연마을은 하나의 '리'가 되지만, 대개는 몇 개의 자연마을이 모여서 하나의 '리'가 되기 때문에 자연마을에 비하여 일체감이 부족하다

마을은 경작지로 이용할 들판과 땔감을 채취할 수 있는 산, 그리고 삶에 필요한 생활용수를 제공할 강이나 시내가 있어야 형성된다. 이와 같은 입지조건을 풍수에서는 배산임수(背山臨水)의 지형으로서, 방풍득온(防風得溫)에 적합하다고 한다.

그런데 배산임수의 지형이라고 해도 마을의 전방이 훤하면, 나무를 심어 비보(裨補)하거나 '우실' 또는 '솟대'를 설치하였다. 우실은 마을의 울타리로서 방풍방조의 기능도 하지만, 재앙과 역신의 통과를 차단하는 신앙

〈서낭당과 신수(神樹)〉

적 기능도 동시에 수행하였다. 그런가하면, 서울의 남산이 화기(火氣)인 까닭에 광화문에 물[水]의 상징인 해태를 세워 상극론(相剋論)으로 화재를 진압하고자 했다는 전설도 있다.

마을과 마을은 고개나 강으로 경계를 삼았고, 마을 입구나 고갯마루에는 서낭당이나 솟대, 벅수 등을 세워 마을의 수호신으로 삼았다.

이중환은 『택리지(擇里志)』에서 살기 좋은 마을의 조건으로 지리(地利)·생리(生利)·인심(人心)·산수(山水)를 들고 있다.

2. 마을의 공동조직

마을은 동일지역에서 거주하는 사람들이 공유하는 삶의 터전이기 때문에 주민들 사이에는 공식적 조직과 비공식적 조직이 존재한다. 전자는 행정업무와 관련된 조직이고, 후자는 전통적인 풍속에 의해 조직된 공동체다.

조선조 숙종 시절의 「오가통절목(五家統節目)」에 의하면 "각 통의 집들은 닭 울음소리와 개 짖는 소리가 들리고, 큰소리로 부르면 대답할 수 있

〈전통적인 자연 마을〉

는 거리에 있어야 한다"고 적혀 있다.(五家統制오가통제 ; 5가구를 1통으로 삼은 마을의 자치조직) 말하자면 '통'은 이웃인 셈인데, '이웃'이란 가까운 거리에 있는 집과 집의 관계로서 집이 서로 떨어져 있으면 이웃이 아니다. 친족이기 때문에 자연스럽게 일체감이 형성되는 동성마을보다, 필요에 의해 인위적으로 서로 돕고 의지해야 하는 각성받이마을에서 이웃의 의미는 더 크다. 이런 조건들을 충족시키기 위하여 이웃끼리는 다양한 협동체를 만들어 마을을 존속시켜 왔다.

가. 계(契)

계는 민속사회의 주민들이 그들의 필요에 따라 조직한 상부상조(相扶相助)의 민간협동체로서 '두레'나 '품앗이'보다 훨씬 보편적이고 매우 다양하다.

계의 종류는 목적(目的), 기능(機能), 외적형태(外的形態) 등에 따라 헤아릴 수 없이 많지만, 하나의 기능만 가진 계는 실제로 존재하지 않는다. 예컨대 거의 모든 계는 본래의 목적 외에도 구성원 간의 친목도모와 공동이익에 대한 규약이나, 경조(慶弔)규정을 따로 두고 있다.

이처럼 다양한 계를 결속 내용에 따라 나누어보면

① 금전적인 이익(利益)을 추구하기 위한 계.

② 사회적 복리와 협동정신을 기르며 자치적이고 공공적인 일을 하기 위한 계.

③ 고향·직업·나이·성씨·모교 등이 같은 사람끼리 모이는 계.

④ 취미나 오락을 함께하기 위해 조직된 계.

⑤ 관혼상제나 제사에 드는 비용을 공동으로 부담하기 위한 계 등이 있다.

계의 기원에 대하여는

① 원시공동체적 상호부조설

② 원시공동체적 생산관계설

③ 두레설

④ 고대 종교의례설

⑤ 향도설(香徒說)

⑥ 향약설(鄕約說) 등 무려 20여 가지의 주장이 있다.

계가 언제 발생했느냐에 대하여도

① 삼국 이전설(三國以前說)

② 신라시대설

③ 고려시대설

④ 조선시대설 등으로 분분하지만, 조선시대 이전의 계에 대한 자료는 전무(全無)한 상태이다.

계의 출자(出資)방식은 조직할 당시 개인당 일정한 액수를 기본금으로 출자하고, 매월, 매년, 또는 필요시에 갹출(醵出)하는 방법과 한꺼번에 많은 계금을 모아놓고 그 이식(利殖)으로 계를 운영하는 방식이 있다.

나. 품앗이

품앗이는 고정된 조직이 아니고 필요한 시기에 노동력(勞動力)을 서로 교환(交換)하는 민속사회의 관행이었다. 그 어원적 의미는 '품[勞動力노동력]' + '앗이[受수]'로 '품' + '갚음[報보]'의 뜻이 있으며 품앗이는 타인에게서 제공받은 노동력을 갚는 행위를 말한다. 품앗이에서 노동력을 산정하는 방법은 원칙적으로 남성과 여성, 어른과 아이의 노동력을 동일(同一)하게 평가한다. 그러나 지역에 따라서는 소 한 마리를 하루 빌려주면 장정(壯丁)이 하루 반의 노동으로 갚는다든지, 아이의 노동력을 장정의 1/2로 계산하는 곳도 있다.

'두레'가 마을단위의 집단노동으로 많은 인원이 참여하는 데 비하여, '품앗이'는 주인과 품앗이꾼 서너 명이 함께 작업하는 소규모 공동노동이라고 할 수 있다. 자신의 힘이 부치는 경우에는 언제나 가까운 이웃에게 품앗이를 부탁했고 이와 같은 품앗이는 자작농은 물론 소작인이나 머슴끼리도 이루어졌다.

품삯을 받는 노동은 물론 품앗이가 아니지만, 후대에 오면서 노동의 능력에 차이를 둔 품앗이 형태가 등장하는데, 이 경우도 순수한 인력의 증답(贈答)이었던 품앗이로 보기는 어렵다.

다. 두레

두레는 마을의 성인 남자들이 협력하여 농사일을 하거나, 부녀자들이 공동으로 길쌈을 하던 노동공동체이다. 두레의 명칭은 농사(農社)·농계(農契)·농청(農廳)·모정(茅亭)·둘게 등 지역에 따라 다양하다.

두레의 기원에 대하여는 여러 학설이 있지만 논농사를 주로 했던 삼남지방(낙동강 유역)에서 2-3세기경에 발생하여 전국적으로 확대되었을 것으로 추정하는 것이 일반적이다. 두레는 공동작업을 하기 위한 조직 그 자체를 의미하였으나 오늘날에는 '두레마을', '두레상조회', '두레로타리클럽', '두레교회' 등 공동체라는 의미를 가진 보통명사처럼 쓰이고 있다.

특별한 성년의식이 따로 없었던 우리나라에서는 성인으로 인정받으려면 두레집단의 구성원이 되어야 했다. 그런데 두레집단에 동참하기 위해서는 자기의 힘을 마을 사람들에게 보여주고, 구성원들의 동의를 얻어야 자격이 부여되었다. 예를 들면 타작마당에서 황소와 힘겨루기를 시키거나, 밤중에 공동묘지에 갔다 오게 하기도 하고, 들돌을 등에 얹고 팔굽혀펴기를 시키는 등의 신참례(新參禮 = '진새', '팔례', '주먹 다드미' 등으로 부른다)를 통과해야만 장정으로 인정하였다.

두레의 임원은 지역과 규모에 따라 다르지만, 우두머리인 행수(行首=좌상 또는 황수)와 도감(都監=행수의 보좌역), 수총각(首總角=작업진행 담당), 유사서기(有司書記=규율을 담당하는 감찰계), 방목감(放牧監=초지에서 소를 지키는 별정직) 등으로 구성되어 있다. 행수와 도감은 자작농 가운데서 덕망과 인품을 갖춘 사람으로 뽑고, 그 밖의 임원은 소작농이나 머슴 가운데서 선출하는 것이 일반적인 관례였다.

모든 두레패는 "농자천하지대본야(農者天下之大本也)"라는 글귀가 새겨진 농기(農旗)와, 마을의 이름을 적은 농청 깃발을 가지고 있었다. 두레패가 작업장에 나갈 때 농악대는 이 깃발을 앞세우고 꽹과리, 징, 북, 장구, 소고 등의 풍물을 치면서 행렬을 지어 나가고, 행수의 지휘에 따라 일제히 작업을 시작한다. 작업을 할 때 농기는 논두렁에 꽂아 두는데, 누구든지 농기 앞을 지날 때는 신분의 고하를 막론하고 반드시 하마(下馬)를 하고 걸어서 통과해야 할 정도로 신성시(神聖視)하였다.

작업 중에는 노동과 관련된 일소리(=노동요)를 함으로써 노동의 피로를 줄이고 일의 능률을 높이고자 했다. 우리나라 들일소리의 대부분은 선후창이나 교환창 형식인데 어느 경우나 앞소리를 메기는 사람이 있어야 하고, 앞소리꾼은 소리와 장단만 맞출 뿐 노동에 직접 참여하지는 않았다. 두레는 공동작업 외에도 매구[埋鬼매귀=지신밟기], 줄다리기, 호미씻이(백중놀이), 차전놀이, 용호놀이, 기(旗)싸움, 농청놀이, 석전(石戰) 등 마을의 전통적인 민속놀이 전승에도 기여한 바가 매우 컸다.

〈마산농청놀이〉

※ 품앗이와 두레의 차이

	품앗이	두레
규모	소규모(4~5명)	대규모(마을장정)
구성원	유동적	고정적
참여의 자율성	선택적참여	의무적참여
참여기간	일시적(가변적)	영속적(불변적)
규정 또는 규칙	없음	있음
범칙에 따른 제재	없음	있음

라. 소겨리

소겨리는 밭농사를 주로 하는 중부 이북지방에 널리 분포되어 있던 노동조직으로 두 마리의 소를 중심으로 만들어졌다. 밭농사 지역에서는 무거운 보습을 두 마리의 소가 끌어야 하지만, 형편이 넉넉하지 못했던 시절에는 소를 가진 집이 그리 많지 않았기 때문에, 소를 가진 두 집과 소가 없는 몇 집이 한 소겨리를 이루었다. 소겨리의 구성원들은 밭을 가는 사람, 거름을 뿌리는 사람, 씨를 뿌리는 사람, 흙을 덮는 사람 등으로 작업이 분업화 되어 있다. 소겨리는 이웃 중심으로 맺었고, 한번 맺은 소겨리는 오랫동안 유지 되었다. 조선 후기의 국정개혁을 논한 우하영(禹夏永)의 『천일록(千一錄)』<제2책>에는 "산간지대에서는 두 마리의 소로 밭을 갈고, 평야지대의 논밭은 두 마리 또는 한 마리로 간다."고 기록되어 있다.

소 두 마리를 '한겨리'라 하듯이 우리나라에서는 물건을 세는 고유의 단위가 있는데, 그것을 표로 보이면 다음과 같다.

※ 물건을 세는 단위와 수량

물 건	단 위 명	수 량
한약	제	20첩
청과물	접	100개(포기)
바늘	쌈	24개
생선	뭇(갓)	10마리
고등어	손	2마리
북어(건오징어)	쾌(축)	20마리
김	톳	100장
기와	우리	2,000장
굴비	두름	20마리
신 · 그릇	죽	10켤레 · 10벌
벼	담불	100섬
오이 · 가지	거리	50개
소주	고리	10사발

제3장

일생의례(一生儀禮)

일생의례는 출생에서부터 사망에 이르기까지 한 개인의 삶이 진전됨에 따라 특별한 시점에서 행하는 종교적 의미를 갖는 의례를 말한다. 그 단계는 생명을 얻어 이 땅에 태어나는 일(出生출생), 건강하게 성장하여 어른이 되는 일(成年성년), 혼인을 해서 새로운 가정을 꾸미는 일(婚姻혼인), 자식들에게 장수(長壽) 축하를 받는 일(回甲회갑), 그리고 삶을 마감하는 일(死亡사망)과 자손들에 의해 영원히 모셔지는 일(祭祀제사) 등이다. 일생의례는 그것을 거칠 때마다 그가 속해 있는 가정이나 사회에서 신분이 한 단계 상승하는 계기가 되지만, 그에 비례하여 책임도 무거워진다.

일생의례와 비슷한 것으로 유교적 교화 수단인 4례(四禮), 즉 관혼상제(冠婚喪祭)가 있는데, 상례나 제례는 조상숭배라는 목적의식에서 비롯된 것이고, 관례와 혼례는 사회인으로서의 지위와 구실을 확인시키는 절차다. 주자(朱子)의 『문공가례(文公家禮)』에서 비롯된 이 의례에는 출산의례와 회갑례가 없다.

또 서구적 용어인 통과의례(通過儀禮)는 태어나서 죽을 때까지의 의례이며, 기자(祈子) 습속이나 제례(祭禮)는 여기에 포함되지 않는다.

따라서 사례(四禮)나 통과의례(通過儀禮)는 우리의 일생의례에 적합한 용어가 아니라고 본다.

Ⅰ. 출생의례

출생의례는 잉태에서부터 출생한지 만 1년이 되는 돌까지 사이에 이루어지는 의례로서 기자의례(祈子儀禮)·임신의례(姙娠儀禮)·해산의례(解産儀禮)·산후의례(産後儀禮)가 있다.

1. 기자신앙(祈子信仰)

모든 생물은 개체유지 본능과 종족유지 본능이 있다. 개체유지 본능은 식욕(食慾)으로 나타나고, 종족유지 본능은 성욕(性慾)으로 나타나며 사람도 예외는 아니다. 특히 동양의 전통 윤리관에 따르면 결혼한 여인은 아들을 많이 낳아 자신의 노후를 의탁하고 조상의 제사를 모시게 해야 한다. 만약 아들을 낳지 못하는 경우에는 조상에 대해서는 불효하는 일이고, 가문의 대(代)를 잇지 못한 책임을 지고 칠거지악의 멍에를 쓴 채 일생을 살아가야 했다. 유교적 봉건사상의 틀 속에서 살아온 한국인은 남자아이를 낳아서 남존여비(男尊女卑) 사회의 종법(宗法) 체제를 계승하는 것이 결혼의 또 다른 목적이기도 했다. 강력한 부권(父權)에 의해 유지되던 과거사회에서 여자의 존재는 오직 남아(男兒) 생산과 집안 살림을 돌보는 정도에 불과했던 것이다.

이와 같은 상황 속에 아들을 낳지 못하는 여인들은 아들을 낳기 위한 수단으로 치성(致誠)을 드리거나 특별한 것을 먹기도 했으며 주술적인 행위를 하기도 했다. 이런 행위를 통틀어 '기자신앙(祈子信仰)' 또는 '기자의례'라 한다. 기자의례는 유감사고(類感思考)에서 비롯된 것이 많은데, 제의(祭儀)로는 삼신제(三神祭)·용왕제(龍王祭)·산신제(山神祭)·미륵제(彌勒祭) 등으로, 이런 가제(家祭)에서는 부녀자들이 제주(祭主)가 된다.

치성기자의 대상은 대단히 다양한데, 명산대찰은 말할 것도 없고 큰 나무·특별하게 생긴 바위·마을의 공동우물·성황당이 주요 신앙대상이었으며, 특히 성기숭배신앙은 주술기자(呪術祈子)의 대표적 형태라 하겠다.

'암석숭배신앙(巖石崇拜信仰)'과 관련된 기자신앙으로는 남성기숭배신앙·여성기숭배신앙·성교행위모방신앙 등이 있고, 모두다 성기유감의 주술에서 비롯된 것들이다. 인왕산의 '선바위'라든지 경남 남해군 남면 홍현리 가천마을의 '암수바위' 등이 남성기숭배신앙이라면, 충북 제천의 '공알바위', 경북 상주의 '처자바위' 등은 여성기숭배신앙 형태이다. 경북 청송의 주왕산 '애기바위'나 동해안의 '기자암(祈子巖)'을 비롯하여 '말바위'나 '거북바위' [付巖부암=붙임바위]에서 특별한 행동을 하는 것은 성교행위를 유감하는 것이다.

울릉도 북면에는 조그만 암산(巖山)이 있는데, 그 위쪽에는 구멍이 뚫려 있어서 석양 무렵이면 이 암혈(巖穴)에 햇빛이 비쳐든다고 한다. 이 빛을 여성기에 쬐면 아들을 낳는다고 해서 부녀자들이 석양 때면 이곳으로 모여들어 치마를 들치는 습속이 전해지고 있다고 한다. 이 풍습은 태양과 인간의 성행위를 유감하는 것이라고 생각된다.

강원도 삼척군 원덕면 신남리에는 다음과 같은 성기숭배 전설이 전해지고 있다.

> 옛날에 마을에 사는 처녀 하나가 해중(海中)에 있는 바위섬에 김을 뜯으러 갔다. 그 때 풍랑이 일어나 처녀는 위험에 빠졌지만, 자기를 싣고 나갈 배는 다시 오지 않았다. 거친 파도 때문에 배가 다시 섬으로 갈 수 없었고 처녀는 결국 파도에 휩쓸려 죽고 말았다. 이 일이 있은 후 고기는 잡히지 않았고, 해난사고가 끊이지 않았다. 어느 날 촌로의 꿈에 죽은 처녀가 현몽하여 자기의 억울함을 호소하고, 자기를 신당에 모셔줄 것을 요구하면서 제를 올릴 때는 남근(男根)을 깎아서 바쳐 달라고 했다. 그 후 동네 사람들이 신당을 설치하고 남근을 바쳐 제를 지내게 되었으며, 그날 이후 마을의 모든 문제가 해결되었다고 한다.

고대로부터 전승된 수령숭배(樹靈崇拜)는 자연스럽게 수령 기자신앙으로 이어졌는데, 가장 오래된 수령숭배(樹靈崇拜)는 고목거수(古木巨樹)의 밑동에 난 구멍 앞에서 하는 등명기도(燈明祈禱)였다.

가장 흔하게 발견되는 것이 '식음기자습속(食飮祈子習)'인데 열거할 수 없을 정도로 다양하다. 누런 장닭의 불알이나, 가지가 있는 고추, 한 가지에 한 개 열린 복숭아 등 먹을 수 있는 물건은 말할 것도 없고, 돌부처의 코나 석비(石碑)의 비명(碑銘) 가운데, 남성과 관계있는 글자들(예 : 子자, 男남, 文문, 武무, 勇용, 力력, 書서, 義의, 禮예, 智지, 劍검, 筆필 등)을 파서 그 가루를 먹기도 했다. 성환(成歡)에 있는 국보 제7호 봉선(奉先) 홍경사(弘慶寺) 비갈(碑碣)에 새겨진 한자(漢字) 가운데 이런 글자가 많이 파손되어 있는 것은 식음기자습속의 남아 있는 모습이라고 할 수 있다.

한편 아이를 많이 낳은 집의 식칼을 훔쳐와 도끼를 만들어 베개 밑에 놓고 자거나, 속옷에 차고 다니기도 하고, Y자형의 나무에 양석(陽石)을 박아 두기도 했다. 남편의 바지가랑이 속에 붉은 고추를 넣어 두기도 하고, 여인의 속옷 속에 살바를 두르고 다니기도 했다.

도끼와 기자속(祈子俗)의 관계는 『삼국유사(三國遺事)』권(券)4 <원효불패(元曉不覊)>에 나오는 설총 탄생과 관련된 설화에 등장하는 다음의 '몰가부가(沒柯斧歌)'를 통해 유추해 볼 수 있다.

> **誰許沒柯斧**수허몰가부　　　**我斫支天柱**아작지천주
> (누가 자루 빠진 도끼를 나에게 준다면, 내가 하늘을 떠받칠 기둥을 깎을 텐데)

또 남자아이를 낳은 집의 금줄을 훔쳐와 부인의 방에 걸어두거나, 그것을 땔감으로 하여 밥을 지어 먹으면 아들을 낳는다는 속신에서 비롯된 '금줄절도[禁繩窃盜금승절도]'의 풍습도 있었다. 아들을 낳은 집에서는 금줄을 절취 당하면 자기 집의 삼신이 옮겨간다고 생각했기 때문에 금줄을 지키기에 힘썼다.

한편 산속(産俗)에서 빼놓을 수 없는 것이 '태몽(胎夢)'이다. 태어날 아이의 운명을 꿈으로 미리 알려주는 것이 태몽이라고 생각했기 때문에 우리 선조들은 이 태몽을 매우 중하게 생각했다. 우리 고대소설의 주인공들이 명산대찰에 기도한 결과 태몽을 얻은 후에 태어나는 경우가 많음을 봐도 임신에서는 태몽이 일상화되어 있었음을 알 수 있다. 태몽의 내용은 인체(人體)·인사(人事)·천지(天地)·가옥(家屋)·기물(器物)·동물(動物)·식물(植物) 등 다양하며, 이를 통해서 임신여부, 남녀의 성별(性別), 아이의 운명을 판단했다. 태몽의 판단은 몽식(夢識)·몽고(夢告)·몽시(夢示) 등에 의한다.

용, 잉어, 돼지, 호랑이, 태양, 고추, 안경, 대추, 사슴 등과 관계 있는 꿈을 꾸면 남자아이를 임신하고, 학, 여자, 꽃, 뱀, 생선, 복숭아, 호박, 달 등과 관계 있는 꿈을 꾸면 여자아이를 잉태한다고 풀이했다.

이상에서 살펴본 기자신앙과 관련된 행위들은 나름대로의 이유를 갖고 있지만, 유감사고에서 생겨난 것들이 대부분을 차지하며 그 방법이 헤아릴 수 없이 많다는 것은 아들을 얻고자 했던 욕망이 처절할 정도로 절실했다는 것을 보여주는 증거가 된다. 남아선호(男兒選好) 사상으로 인하여 생

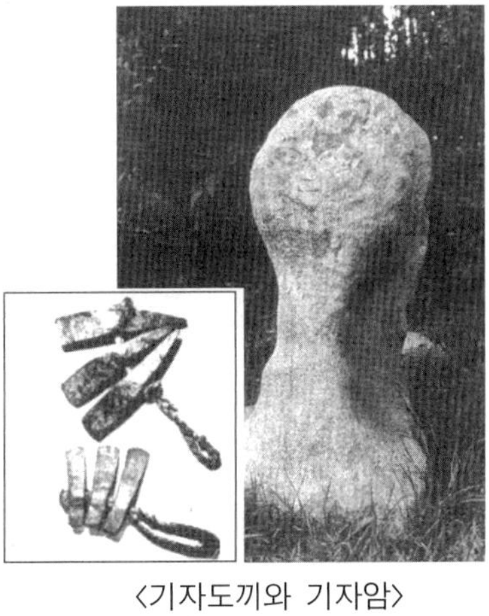

〈기자도끼와 기자암〉

겨난 기자신앙은 부권(父權)사회가 정착하기 시작한 선사시대부터 있었을 것이지만, 주자학(朱子學)의 수입으로 인하여 우리사회에 확고하게 뿌리내린 인습(因襲)이라고 볼 수 있다.

2. 임신의례(姙娠儀禮)

기자의례의 고행(苦行)에 의해 임신이 되었다고 생각하는 경우는 말할 것도 없고, 결혼 후에 자연스럽게 임신이 된 경우에도 임산부와 그 가족들은 아기를 낳을 때까지 여러 가지 금기(禁忌)를 지켰다. 임신부의 생각과 언행은 물론이고, 그를 둘러싸고 있는 주위 환경이 태아에게 중요한 영향을 줄 것이라는 생각은 모든 인류의 공통적인 사고였고, 현대과학에서도 태교(胎教)는 대단히 중요하게 생각하고 있다.

전통사회에서 임산부가 지켜야할 금기는, 음식에 관한 것과 행동에 관한 것으로 『열녀전(烈女傳)』에서는 다음과 같이 가르치고 있다.

> 아이를 가졌을 때 옆으로 잠자지 말며, 한쪽에 앉지 말며, 텁텁한 음식을 입에 대지 말며, 끓인 것이 아니면 먹지 말며, 바르지 않은 자리에 앉지 말며, 눈으로 옳지 않은 일을 보지 말며 귀는 음란한 소리를 듣지 말라."

민속에서는 더 많은 금기사항이 있으며, 지역에 따라 매우 다양하게 발견되고 있다.

① 임산부가 해서는 안 되는 행동

- 상가(喪家)에 가면 아이가 잘 울고,
- 짐승 죽이는 것을 보면 아이의 명이 짧으며,
- 불난 곳에 가면 아이에게 부스럼이 많이 나고,
- 말고삐나 배의 닻줄 등 새끼줄을 넘으면 아이가 더디게 나오고,

- 풀밭에 소변을 보면 오줌소태에 걸리고,
- 외양간에 소변을 보면 아이의 머리카락이 소가 핥은 것처럼 되고,
- 한집에서 같은 달에 두 사람이 해산하면 불길하고
- 문을 바르면 벙어리를 낳고(소경을 낳고),
- 담을 넘으면 아이가 도둑놈이 된다.

② 임산부가 먹어서는 안 되는 음식.

- 임산부가 오리고기를 먹으면 아이의 손가락이 오리발을 닮고,
- 문어나 가오리를 먹으면 뼈 없는 아이를 낳고,
- 닭고기를 먹으면 아이의 피부가 닭살을 닮고,
- 토끼고기를 먹으면 아이의 눈이 빨갛게 되거나 입술이 토순(兎脣)이 되고,
- 게를 먹으면 아이가 옆으로 걷고 물기를 잘하며,
- 숭어를 먹으면 눈에 목화씨가 박힌 아이를 낳고,
- 상어를 먹으면 피부가 까칠까칠한 아이를 낳고,
- 돼지고기를 먹으면 아이의 피부에 돼지껍질이 묻어나오고,
- 비둘기고기를 먹으면 자손이 귀하고,
- 산에 가서 산물[山水]을 먹으면 뱀을 낳고,
- 소뼈나 돼지뼈 등을 먹으면 광대뼈가 튀어나온 아이를 낳고,
- 달걀을 먹으면 아이가 말을 더듬고,
- 자라를 먹으면 목이 짧은 아이를 낳는다.

또 상가나 제사 음식, 혼인잔치나 회갑잔치의 음식을 먹으면 낙태(落胎)를 한다고 해서 먹지 않았다. 이런 음식들을 부정(不淨)하거나, 불결(不潔)한 음식이라고 생각한 것은 매우 합리적 사고였다고 본다.

임신 중의 금기는 가족에게까지 확대되었는데, 죽음과 관계있는 곳(상가, 제사 지내는 곳, 비석 세우는 곳 등)에 가면 안 되고, 살아있는 짐승(특히 뱀이나 고양이)을 죽이거나 상해를 입히면 반드시 아이에게 원한을 갚는다고 믿었

다. 산월(産月)이 되어 창구멍을 바르면 난산을 하고, 아궁이·측간·굴뚝 등을 손보면 언청이를 낳는다고 해서 삼갔다.

이상의 것들은 비과학적이고 주술적인 것 같지만, 여기에는 과학적 근거를 유감사고와 결부시킨 조상들의 슬기가 담겨있는 것들이 많다. 임신 중 금기사항에는 임신 중에 위생(衛生)관리를 철저히 하고, 생활의 절제(節制)와 안정(安定)을 꾀하며, 정신적 교양(敎養)을 쌓고, 언행을 단정(端正)히 하라는 내용들이 알게 모르게 숨겨져 있다.

3. 해산의례(解産儀禮)

출산은 여인들에게 초조와 공포의 대상이며 다른 한편으로는 설렘과 기쁨이 된다. '기다리던 아들을 낳을 수 있을 것인지', '순산을 할 것인지', '뱃속의 아이가 건강한 아이인지' 하는 생각들이 임산부를 초조하게 하며, 이제 얼마 있지 않아 한 아이의 어머니가 된다는 기쁨이 가슴을 설레게 하는 것이다.

해산달이 가까워지면 집안의 어른이 장에 가서 '해산미역'을 한 단 또는 세 단을 사와서 보관한다. 해산미역은 그것을 살 때 값을 깎으면 안 되고, 미역 단을 꺾으면 산모의 허리가 좋지 않게 되며, 뜯어 먹어도 안 되기 때문에 조심해서 다루어야 했다. 또 시장에 다녀올 때 도중에 부정(不淨)한 일이 생기면, 다른 날 다시 준비해야 하기 때문에 사람들이 많이 내왕하기 전에 일찍 시장에 다녀왔다.

아기가 틀면 방에 불을 때서 뜨겁게 하고, 산실 바닥에 짚을 깔기도 하는데, 이것은 생산을 담당하는 곡신의 영험을 얻어 순산을 하고자 했던 것이다. 또 산실의 윗목에는 '삼신상'(三神床=지앙상, 삼지랑상, 재앙상 등 지역에 따라 그 명칭이 다름)을 준비하고, 상위에는 해산미역, 백미, 정화수 등을 차린다. 상 밑에는 깨끗한 짚을 추려 세 개나 다섯 개를 가지런히 놓고 그 위에 삼신상을 놓는다. 또 출산을 도울 조산인(助産人)이 필요한데, 대개는 시어머니나 친정어머니가 해산을 돕지만 경우에 따라서는 '삼할머니'라고 하는 조산 경험이 많은 이웃 할머니를 모셔오기도 한다. 삼신상 밑에 짚을 놓는 까닭도 곡령(穀靈)의 영험을 기대한 것이며, 삼신(三神)은 여러 가신(家神) 가운데 아동 보호신에 해당된다.

아기를 낳을 때 순산인 경우는 별 문제가 없지만 난산일 때에는 남편의 이름을 발바닥에 쓰기도 하고, 열쇠나 문고리를 달여서 그 물을 마시게 하는 등 여러 가지 주술적 방법으로 대처하였는데, 대부분 유감 사고에서 비롯된 것이다.

출산을 하면 제일 먼저 해야 할 일은 태(胎)를 가르는 일인데 탯줄은 아기의 배꼽 부분을 실로 묶고, 거기서부터 한 뼘 정도 남기고 자른다. 남자아이는 낫으로 자르면 농사일을 잘하고, 여자아이는 가위로 자르면 바느질 솜씨가 좋다고 하는 설도 있고, 아이 아버지가 이빨로 끊으면 아이의 명이 길다는 속신(俗信)도 있다.

태를 가르고 나서 아이가 울기 전에 미리 준비해 두었던 깨끗하고 부드러운 솜으로 얼굴을 닦아주고 포대기(쌀깃)로 싼 뒤에 머리가 남쪽으로 가게 해서 자리에 눕힌다. 삼신상에 차려 두었던 쌀과 미역으로 첫국밥을 해서 삼신에게 먼저 차렸다가 산모에게 그것을 먹게 한다.

한편 해산을 하면 아이의 출생을 이웃에 알리는 '금줄'(삼줄 · 인줄 · 금구줄)을 친다. 금줄은 대문이나 부엌문, 또는 산실의 방문 위에 치는데 왼새끼에 특별한 물건을 꽂는다. 금줄에 꽂는 물건은 지역에 따라 다르지만, 일반적으로 사내아이를 낳으면 왼새끼에 숯과 고추 청솔가지를 꽂고, 여자 아이를 낳았을 때는 청솔가지, 숯, 백지를 꽂지만 정해진 것은 아니다.

이 금줄은 아시아 지역의 공통적인 출산(出産)민속이었는데, 그 의미가 '주의(注意)' 또는 '금지(禁止)'로 확대되었다. 그래서 민속에서는 새로 담근 장독이나 마을제를 지내기 전후에 신당(神堂) 주변에 금줄을 쳐서 부정한 것의 접근을 차단하였다.

〈마을 우물과 집 앞에 친 금줄〉

금줄은 거기에 꽂는 물건의 유감사고에서 비롯된 것인데, 재료인 짚은 곡령이 깃들어 있고 생산적 의미가 있기 때문에 벽사력(辟邪力)이 있는 물건이다. 백지는 태양이나 화폐의 의미가 있는데, 돈은 그것을 가지고 다른 물건을 살 수 있기 때문에 조화가 무궁하며, 태양은 그 자체가 신앙의 대상이다. 고추의 붉은 색은 동물의 생명인 피를 상징하기 때문에 귀신이 두려워하는 색이고, 매운 맛은 잡귀가 싫어하기 때문에 금줄에 꽂았다. 숯은 썩지 않는 장구한 생명력을 가진 물건인 동시에 화신(火神)이 깃든 것이고, 청솔가지의 녹색은 살아 있는 식물의 생명을 상징하기 때문에 생명력(生命力)이 있으며 그 모양이 뾰족하여 귀신이 접근하기를 두려워하는 물건이다.

우리 민족은 여러 가지 색 중에서 양색(陽色)인 적색과 녹색을 부정한 것의 접근을 막을 때 사용했다. '황토부역'(黃土負役)이나 '금토방'(禁土榜), 곡비(哭婢)가 손톱에 들이는 빨간 물, 동짓날 집 주변에 뿌리는 팥죽, 새색시의 녹의홍상(綠衣紅裳) 등은 우리 민족의 적색관(赤色觀)과 관련된 문화현상이다.

다른 한편으로 금줄은 성(聖)의 세계와 속(俗)의 세계를 구분 짓는 경계선으로, 금줄이 쳐진 안쪽은 신(神)이 거처하는 신성지역(神聖地域)이고, 그 바깥쪽은 부정한 속(俗)의 세계로 간주하였다. 따라서 금줄을 치는 순간 성(聖)과 속(俗)은 분리되고, 부정한 사람이나 잡귀, 병마 등이 신성지역에 침

범할 수 없도록, 양기(陽氣)가 강한 물건 세 가지를 세 개씩 꽂아 경계를 확실히 하였다.

태어난 아이의 운명을 띠에 따라 점치는 풍속은 간지(干支)에 속한 동물의 특성과 연관되어 있다.

쥐[子자]띠는 영리하기는 하나 밤낮없이 서둘기만 하고, 자기 꾀에 둘리는 수가 있으며 가을밤에 나면 복이 많다고 한다.

소[丑축]띠는 믿음직스럽고 복이 많지만, 3, 4월에 나면 고생스럽고 7, 8월에 태어나면 편하다고 한다.

호랑이[寅인]띠는 성질이 괄괄한데, 여자는 팔자가 세다고 한다. 낮에 태어나면 좋지 않고 밤에 태어나야 좋다고 한다.

토끼[卯묘]띠는 부지런하며 특히 여름 낮에 태어나면 좋다고 한다.

용[辰진]띠는 누워서도 편히 먹고 살 수 있는 팔자로서 여름 낮에 태어나면 특히 좋고, 용띠 여자는 팔자가 세다고 한다.

뱀[巳사]띠는 행동은 느리지만, 성격은 예민하고,

말[午오]띠는 점잖지 못하며 9월생은 고생이 심하고, 여름에 태어나야 편안하다고 한다.

양[未미]띠는 성질이 급하고 행동이 방정맞으며, 봄에 태어나야 좋다고 한다.

잔나비[申신]띠는 머리가 영리하고 순하지만, 여자인 경우는 귀신띠여서 좋지 못하고,

닭[酉유]띠는 부지런하지만 방정스럽고, 새벽에 태어나면 좋다고 한다.

개[戌술]띠는 밥이 많으며, 편하게 세상을 살아갈 운명이고,

돼지[亥해]띠는 먹을 복이 많아 잘 산다고 한다.

여기서 살펴보면 낮에 활동하는 짐승의 띠는 낮에 태어나면 좋고, 밤에 활동하는 짐승의 띠는 밤에 태어나는 것이 좋다고 한다. 초식동물의 띠는 봄에 태어나야 먹을 것이 많고, 여자가 남성적인 동물의 띠를 가지면 팔자가 세다는 등, 해당동물의 띠를 가지면 그 동물의 특징을 그대로 닮는다고 보았다.

4. 산후의례(産後儀禮)

산모(産母)와 신생아(新生兒)는 이틀 동안은 안정을 취하고, 3일째 되는 날 비로소 산후처리를 한다. 3일째 되는 날 아침에 산모와 아기는 목욕을 하는데, 이 때 아이의 머리를 먼저 씻기고 발은 맨 나중에 씻긴다, 이 날 아이에게 처음으로 젖을 먹이는데, 그 이전에는 밥물이나 꿀물을 먹였다. 젖이 부족하면 세 골짜기의 물이 합수하는 곳의 물(또는 세 마을의 우물물)을 바가지에 담아 와서 삼신이나 칠성신께 비는 '젖타기'라는 신앙적 행위를 하였다. 산모는 호박씨를 볶아서 가루를 내어 먹거나, 상추즙을 내어 꿀에 타서 마시기도 하고, 잉어를 고아먹기도 했다.

산실을 정리하면서 나온 오물들은 왕겨 불을 피워서 모두 태우고, 태(胎)도 이때 처리한다. 태를 처리하는 방법은 잿간의 재[灰회] 속에다 태를 묻어버리기도 하고, 왕겨 불에 태운 뒤 그 재를 냇물에 뿌리거나 그냥 땅속에 묻기도 했다. 어촌에서는 태를 돌에 묶어서 바다에 가라앉히는 곳도 있었고, 강촌에서는 강물에 띄우거나 가라 앉혔는데, 어떤 경우든지 '손'이 없는 방위에서 처리했다.

손은 날짜를 따라 다니며 인간생활에 해를 주는 귀신인데, 하루와 이틀은 동방(東方)에 있고, 3일과 4일은 남방(南方)에 있으며, 5일과 6일은 서방(西方)에 있고, 7일과 8일은 북방(北方)에 있다고 한다. 9일과 10일은 손이 없는 날인데, 이사나 집수리 출타 등은 그 방향에 손이 없는 날 해야 한다. 만약에 손이 있는 날 그 방위를 건드리면 '동티'가 나서 병이 생기거나, 재산상의 손실을 가져오며, 심하면 목숨을 잃는 큰 낭패를 본다고 믿었다. 손은 공경하기는 하지만 멀리했으면 좋겠다는 '손님'에서 온 말 같은데, 아마도 궁핍했던 시절에 집에 손님이 찾아오면 대접할 물건이 없어서 반갑다는 생각보다 접대의 두려움이 앞서서 이 두려운 귀신에게 손[客객]이란 이름을 붙인 것 같다.

산후 7일째를 '한이레', 또는 '첫이레'라 하는데, 이 때가 되면 그동안 포대기에 싸두었던 아이에게 깃이 없는 옷을 입히고 할아버지가 그 손자를 첫 대면(對面)한다.

두 이레가 되면 아이에게 옷을 갈아입힌다. 이 때 산아의 배꼽이 떨어지는데, 그것을 버리지 않고 안방 아랫목의 횃대 끝에 매달아 두었다가, 아이가 자라는 동안 경기(驚氣)를 할 때 갈아 먹이면 경기가 멎는다는 속신이 있다.

세 이레가 되면 아이의 배내옷을 벗기고 위아래 옷을 갖추어 입히며, 대문에 걸어두었던 금줄도 걷는다. 이로써 출산에 따르는 모든 금기가 해제되고, 이웃이나 일가친척들에게 산실이 공개된다. 출산일이 성(聖)과 속(俗)의 분리(分離)라고 한다면, 세이레는 성과 속의 통합(統合)이라고 할 수 있다. 산모도 세이레가 지나면 자리에서 일어나 일상의 생활로 돌아온다. 아이의 이름은 일반적으로 백일 때 지어주는데 세이레 때 이름을 지어 부르기도 한다.

산후 100일째를 '백일'(百日)이라 하여 특별한 의미를 둔다. 이 날은 흰옷만 입히던 아이에게 색깔 고운 옷을 입히고 배냇머리도 깎아주며, 여러 가지 백일 음식을 장만하여 손님을 청하고 백일잔치를 베푼다. 백일잔치의 대표적인 음식은 백설기, 수수경단 등의 떡 종류와 미역국, 찹쌀, 팥밥 등이다. 속설에는 백일음식은 백(百)사람이 나누어 먹어야만 아이가 백만장자(百萬長者)로 백세(百歲) 장수할 수 있다고 한다. 그런데 백일 떡을 얻어먹은 집에서는 그 답례로 재물을 상징하는 쌀이나 돈을 보내기도 하고, 수명 장수하라는 뜻에서 실타래를 보내기도 했다. 이와 같은 답례는 백일 뿐만 아니고 첫돌 때도 마찬가지였다. 백일잔치를 베푸는 까닭은 아이의 무사함을 축하하고, 무병장수를 기원하며 복록을 비는데 그 목적이 있다고 생각된다.

백일에 지어주는 아이의 이름 가운데는 아이의 복록이나 장수를 기원하는 특수한 이름들이 있다. '수복(壽福)'이나 '복남(福男)'이 '만수(萬壽)' 등은 장수와 복록을 기원하는 이름이고, '개똥이', '도야지', '돌쇠', '바우' 등은 무병과 건강을 기원하는 이름이었으며, 남아(男兒)에게 여자이름을, 여아(女兒)에게는 남자이름을 붙여서 명(命)이 길기를 기원했다. 남아(男兒) 선호사상에서 붙인 여자아이의 이름으로는 '딸막이', '후남(後男)'이, '말숙(末淑)'이, '필녀(畢女)', '노마(魯馬)' 등이 있고, '분이', '분녀', '분통이', '서분이', '섭섭이'는 딸만 낳은 불만이 표현된 이름들이다. 백일이 되어 아이에게 이름을 지어 준 까닭은 아이가 유아기의 위험한 시기를 넘겼기 때문에, 그 아이의 존재를 사회적으로 공인(公認)한다는 의미가 있었다,

생후 만 1년이 되는 날을 '돌'이라 하는데 '초도일(初度日)'. '쉬일(晬日)', '주일(周日)'이라 하기도 한다. 이날은 아이에게 '돌빔'을 입히고, 돌잔치를 베풀며 '돌잡이' 라는 놀이도 했다.

아이에게 입히는 돌맞이 옷인 '돌빔'은 사내아이의 경우 저고리와 바지, 조끼, 마고자, 두루마기 등이고, 그 위에 남색 쾌자를 입혔다. 머리에는 복건을 씌우고 발에는 수를 놓은 타래버선을 신기며, 가슴에는 돌띠를 둘러주고, 허리에는 '돌 주머니'를 채워준다. 여자아이에게는 색동저고리와 다홍치마를 입히고, 머리에는 조바위를 씌우며, 발에는 타래버선을 신긴다. 가슴에는 돌띠를 둘러주고 치마말기에 '돌 주머니'를 채워준다.

돌잡이는 '시아(試兒)'라고도 하는데, 돌상에 여러 가지 물건을 놓아두고 아이가 먼저 집는 것을 보고 그 아이의 장래를 점치는 일종의 놀이다. 남자아이의 돌상에는 활, 실, 돈, 책, 붓, 대추 등을 늘어놓고, 여자아이의 돌상에는 쌀, 먹, 책, 가위, 실타래 등을 늘어놓는다.

돌날 아침에는 돌상을 삼신(三神) 앞에 차려놓고, 아이의 명복(命福)을 빌었다. 돌상에 차리는 여러 가지 음식 가운데 백설기, 국수, 수수팥떡은 장수(長壽)와 무병(無病)을 기원하는 동시에 부정을 막는 주술적 의미도 갖고 있다.

돌날에는 가족뿐만이 아니고 일가친척이나 이웃 사람들도 함께 모여서 축하하며, 초청받은 사람은 반드시 선물을 준비해가야 한다. 이와 같은 돌잔치는 아이가 춘하추동(春夏秋冬) 4계절의 변화를 극복하고 무사히 성장하

여, 이제는 가정이나 사회의 한 구성원(構成員)이 되었음을 인정하고 축하하는 의식이다. 돌날을 마지막으로 출산의례는 모두 끝이 나지만, 삼신(三神)의 적극적 보살핌은 7세까지 계속된다고 한다.

〈돌빔을 입은 아이〉

Ⅱ. 성인의례(成人儀禮)

성인의례는 어린아이가 성장하여 성인(成人)구실을 할 수 있게 된 것을 격려하고, 사회인으로서의 책무와, 자부심(自負心)을 갖게 하는 일생의례이다. 성인의례는 남녀의 성(性)이 불분명한 어린아이 시절에서 벗어나, 성적(性的)으로 성숙한 남녀로 구분되고, 사회적으로는 가족의 일원에서 사회의 구성원으로 재생하는 의식이라고 할 수 있다.

우리나라의 민속적 성인의례는 전라도의 '모정(茅亭)'이나 경상도의 '농청

(農廳)'에서 그 기원을 찾을 수 있다. 모정이나 농청은 여름철 마을의 젊은 일꾼들이 모이는 두레집단을 지칭하는 동시에 두레패가 모이는 장소도 그렇게 불렀다. 이곳에서는 두레꾼들이 모여 마을의 공동 작업을 계획하거나 의논하고, 노동 후에는 휴식을 취하기도 하였다.

두레는 마을의 장정들이 조직한 단체로서 그 명칭도 농청(農廳)이나 모정(茅亭) 외에도 '농사(農社)', '농계(農契)', '목청(牧廳)' 등으로 매우 다양하다. 두레는 마을의 장정이면 누구나 자신의 의사와는 관계없이 반드시 이 조직에 참여해야 하는 다분히 강제적이고 원시적인 성격을 띤 공동체이다. 두레꾼의 자격은 나이보다 노동력이 우선이어서, 아이가 성장하여 어른 몫의 일을 할 수 있다고 판단될 때 구성원들의 동의를 얻으면 장정(壯丁)의 자격이 부여된다.

두레에 동참하기 위해서는 자기의 힘을 마을 사람들에게 보여줘야 했는데 그 방법은 두레패마다 달랐다. 마을 앞 정자나무 아래에 있는 '들돌'을 등에 업고 일정시간 '엎드려뻗쳐'를 하게 한다든지, 마을의 가장 사나운 황소와 싸움을 시킨다든지, 돌 절구통을 지고 장터까지 갔다 오게 한다든지, 높은 절벽에서 뛰어내리게 하는 등의 고문(拷問)에 가까운 시련을 통과해야만 장정(壯丁)으로 인정했다. 이와 같은 신참례(新參禮)를 '진새', '팔례', '주먹다드미', '진새례' 등으로 불렀고, 이 과정을 통과하면, 부모가(머슴의 경우 주인이) 두레집단에 간단한 술과 안주를 대접한다. 그러고 나면 이 아이는 두레꾼의 일원으로 어른들 축에 어울리게 되며, 어른 몫의 품앗이꾼으로 인정을 받았고, 머슴의 경우에는 상머슴의 노동력이 인정되었다. 그러나 후대에 오면서 마을의 '들돌'을 아이가 몇 번 들어 올렸다 내렸다 하는 정도의 간단한 방법으로 신참례는 간소화 되었다.

한편 양반 사회의 성인의례는 남자의 경우 관례(冠禮)가 있었고, 여자에게는 계례(笄禮)가 있었으나, 둘 다 중국에서 들어온 의례로서 서민사회에까지 파급되지 못하였다. 따라서 서민사회의 전통적인 풍습은 아니기 때문에 진정한 의미의 민속이라고 할 수는 없다.

『사례편람(四禮便覽)』에 의하면 "남자는 누구나 15세부터 20세 사이에 모두 관례를 해야 한다(男子年十五至二十皆冠남자년십오지이십개관)"고 했지만, 조혼을 했거나 상중(喪中)일 때는 그 시기를 조절했고, 부모가 1년 이상 복인(服人)일 때는 관례를 행할 수 없었다. 관례는 정월에 행하는 것이 보통이었으나, 4월이나 7월 초하룻날에도 행하였다. 반상(班常)의 구별이 뚜렷했던 전통사회에서 양반들은 관례나 계례를 하였지만, 서민들은 관례 대신 앞에서 설명한 '신참례'를 통하여 성인의 자격이 부여되었다. 양반들은 관례를 치르고 성인이 되면 자(字)를 지어주었다. 그리고 떠꺼머리 대신에 남자는 상투 위에 갓을 썼고, 여자는 쪽진 머리에 비녀를 꽂았다. 관례는 의식이 복잡하고 삼가의식(三加儀式)에서 오는 복(服)의 부담이 커서 조선 말기에 와서는 단가(單加)로 극히 간소하게 치러졌거나 혼례에 포함되어 행하여졌다. 특히 단발령 이후 상투가 없어짐에 따라 관례의 풍습은 자취를 감추었다. 지금은 선인들의 전통문화를 재현(再現)한다는 뜻에서 각 지역의 문화원이나 향교(鄕校), 성균관(成均館)을 비롯하여 경상대학교 한문학과 등 일부 관련기관에서 형식적으로 치러지고 있는 실정이다.

〈관례〉

Ⅲ. 혼례(婚禮)

1. 혼례의 역사

혼례는 '혼인' 또는 '결혼'이라고도 하는데, 성인이 된 남녀가 결합하여 하나의 가정을 이루는 의례이다. 일생의례 가운데 가장 중요한 이 의식을 우리 조상들은 '인륜지대사(人倫之大事)'라 하기도 하고 '대례(大禮)'라 하기도 했다. 『예기(禮記)』<혼의편(昏義篇)>에는 혼례의 의의를 "… 두 성(性)의 좋은 것을 합쳐 위로는 종묘를 섬겨 조상의 제사를 지내고, 아래로는 자손을 후세에 계승시켜 조상의 대를 끊기지 않게 하기 위해 …"라고 기록하고 있다. 현대적 의미에서도 혼인은 건강한 가정을 이루는 시발점이 되고 건강한 가정은 건전한 사회와 국가를 형성하는 기초가 된다.

이 혼례의 '婚혼'자를 예서(禮書)에는 '昏혼'으로 쓰고 있는데 그 까닭은 혼례의 시각(時刻)이 옛날에는 해가 진 뒤에 거행되었기 때문일 것이다.

우리나라 혼인제도의 변천은 부여(夫餘)에서는 일부일처(一夫一妻)제였으나 형이 죽으면 형수를 처로 맞이하는 풍습이 있었고, 옥저(沃沮)에서는 민며느리 제도가 있었으며, 고구려(高句麗)에서는 남녀 간에 혼담이 성립되면 여자의 집에서 서옥(婿屋)을 짓고 사위를 맞아들인 뒤 자녀를 낳아 자란 뒤에 사위가 처자(妻子)를 거느리고 자기 집으로 돌아갔다. 백제(百濟)에서는 왕실이나 귀족 사회에 다처혼(多妻婚)이 행하여졌고, 신라(新羅)에서는 혈통의 순수성을 보존한다는 뜻에서 혈족혼(血族婚)을 하였으며, 고려(高麗)에서는 일부다처제와 근친혼(近親婚)이 성행하다가, 조선(朝鮮)에 들어와서 유가(儒家)의 예(禮)에 따른 혼례가 행하여졌다.

혼례의 절차는 문화적 상황에 따라 다르다. 일반적으로 널리 행하여지는 것으로 신식혼과 전통혼례가 있고, 종교적 절차에 의해 진행되는 경우도 있다.

2. 신식혼(新式婚)

오늘날 통용되는 신식혼의 진행과정은 맞선과 약혼의 절차를 거쳐 혼인 일시와 장소를 결정한 뒤 주례(主禮)를 위촉한다. 전통혼례에서는 신부집에서 혼례식을 올렸으나, 신식혼의 경우 초창기에는 마을의 공회당 같은 곳을 사용하였고, 요즘은 전문적인 예식장이나 호텔연회장에서 올린다. 주례는 평소에 신랑 신부가 존경하는 은사(恩師)나 선배(先輩) 등의 지인(知人) 가운데 세상을 순탄하게 살아온 덕망(德望) 있는 분으로 모시면 가장 좋다.

과거사회에서는 이혼(離婚)한 사람, 상처(喪妻)한 사람, 자식이 죽은 사람, 신체 불구자(不具者), 고아(孤兒)나 편부모 슬하에서 자란 사람, 궁핍(窮乏)하게 산 사람, 아들이 없는 사람 등은 혼례의 집례를 하지 않았고, 요즘도 이걸 고집하는 사람들이 있다.

신식혼은 사회자(司會者)의 사회에 의해 주례가 진행하는데, 조금씩 차이가 있지만 1975년 5월 30일 정부에서 제정 공포한 <대통령령 제76375호>인 이른바 「가정의례준칙(家庭儀禮準則)」을 원칙적으로 따르고 있다.

신식혼의 순서와 절차는 다음과 같다.

먼저 양가의 어머니가 단상의 양초에 점화한다.

① 신랑 입장 : 신랑이 식장의 중앙을 통과하여 주례 앞에 서면, 주례는 입구를 향하여 신랑을 돌아서게 한다.

② 신부 입장 : 신부는 혼주의 왼편에서 혼주의 왼손을 잡고 나란히 입장하는데, 단에 가까이 오면 신랑이 나가서 맞이해 온다. 이 때 신랑은 오른편에 서고 신부는 왼편에 나란히 서서 신부가 신랑의 왼팔에 팔짱을 끼고 들어와 주례 앞에 나란히 선다.

③ 신랑신부 맞절 : 주례는 신랑과 신부가 적당한 간격을 두고 서로 마주보며 서게 한 뒤 동시에 고개를 숙여 인사하게 한다.

④ 혼인서약 : 주례는 신랑과 신부에게 다음과 같은 질문을 한다. "신랑 ○○○군은 신부 ×××양을 아내로 맞이하여 (신부 ×××양은 신랑 ○○○

군을 남편으로 맞이하여)기쁠 때나 슬플 때나, 즐거울 때나 괴로울 때나, 아껴주고 사랑하며, 부부가 될 것을 맹세 합니까?" 이렇게 두 사람에게 교대로 물으면 신랑과 신부는 "예"라고 대답한다.

⑤ 성혼선언문 낭독 : 주례는 "이제 신랑 ○○○군과 신부 ×××양은 양가 부모와 일가친척들 앞에서 평생토록 부부가 되기로 굳게 맹세하였습니다. 이에 주례는 이 결혼이 원만히 성립되었음을 엄숙히 선언 합니다" 라는 성혼 선언문을 읽는다.

⑥ 주례사 : 주례가 신랑과 신부에게 축하하는 말과 함께 결혼의 의미와 부부의 도리 등 교훈적이며, 교육적인 연설을 간단히 한다. 주례사가 너무 길면 지루해지기 때문에 5분정도가 가장 적합하다고 본다.

⑦ 축가 · 축시 · 축전 낭독(없으면 생략)

⑧ 신랑신부 인사 : 신랑과 신부가 하객에게 감사의 인사를 하는 순서인데, 이 때 양가의 혼주도 함께 나와서 인사를 하면 좋다.

⑨ 신랑신부 퇴장 : 신랑과 신부가 팔짱을 끼고 식장 중앙을 통과하여 입구쪽으로 나간다.

이상의 절차가 끝나면 사진 촬영이 이어지고 신랑과 신부는 양가의 부모와 친척들에게 폐백(幣帛)을 드린다. 이때 신랑신부에게 절을 받으면 '절값'이라고 해서 봉투에 약간의 축하금을 주기도 한다.

※ 혼례 축의금 봉투에 쓰는 문구

• 축 결혼(祝 結婚) • 축 화혼(祝 華婚) • 축 성혼(祝 聖婚) • 축 성전(祝 盛典) • 축의(祝儀) • 하의(賀儀) • 연의(燕儀) • 근의(謹儀) • 화촉지전(華燭之典) • 화촉의(華燭儀)

〈신식혼〉

3. 전통혼례(傳統婚禮)

우리나라의 전통혼례는 도암 이재(陶庵 李縡: 1680~1746)의 『사례편람(四禮便覽)』에 따라 의혼(議婚), 납채(納采), 납폐(納幣), 친영(親迎)의 4단계로 거행하였으며, 주자(朱子)의 『문공가례(文公家禮)』에는 납채(納采), 문명(問名), 납길(納吉), 납폐(納幣), 청기(請期), 친영(親迎)의 육례에 의해 진행되었다.

그러나 실제로는 지역이나 가문에 따라서 차이가 났기 때문에 '가가례(家家禮)'라고 말하여 오고 있는바, 여기서는 전통혼례의 개략적인 설명을 하고자 한다.

가. 의혼(議婚)과 납폐(納幣)

의혼은 혼인할 나이가 된 자녀를 둔 부모가 중매인을 통해 자녀들의 혼사를 성립시키기로 결정하는 과정을 말한다. 이 단계에서 혼인 당사자의 의사는 철저하게 무시되며 오직 양가(兩家)의 혼주에 의해서 모든 것이 결정된다. 의혼에서 중매인의 역할은 대단히 중요하며, 중매인이 없이 이루어지는 혼인을 '야합(野合)'이라고 해서 비도덕적으로 생각했다. 의혼 단계에서는 처녀 총각의 사주(四柱)에 따라 궁합(宮合)을 보기도 하는데, 궁합(宮合)은 총각과 처녀 두 사람이 혼인을 하면 잘 살 수 있는가를 알아보는 방술이다. 궁합을 보는 방법은 수십 가지가 넘지만 두 사람의 사주를 가지고 맞추어보는 경우가 가장 일반적이다. 그런데 사주팔자(四柱八字)가 사람의 운명을 결정짓는다고 보는 생각은 오랫동안 우리 민족의 의식세계를 지배해 왔으나 믿을 것이 못된다. 왜냐하면 앞날 밤11시를 기점으로 2시간 간격으로 태어난 사람은 사주가 같으니, 세상에는 같은 사주를 가진 사람이 부지기수(不知其數)이지만 운명이 똑같은 사람은 하나도 없다. 따라서 사주에 의해 결정되는 궁합도 과학적 근거는 없지만 중매혼에서는 기여하는 바도 있었다.

양가의 합의에 의해 혼인을 하기로 의견이 모아지면 다음과 같은 절차로 의혼이 진행된다.

① 총각 집에서 처녀 집으로 청혼서(請婚書)를 보낸다.

② 청혼서를 받은 처녀 집에서 총각 집으로 허혼서(許婚書)를 보낸다.

③ 허혼서를 받은 총각 집에서는 다시 신랑의 사주(四柱＝생년・생월 생일・생시)를 적은 사성(四星＝四柱單子사주단자)을 보낸다.

④ 처녀 집에서 총각 집으로 연길지(涓吉紙＝擇日紙택일지)를 보낸다.(택일은 양가 합의에 따르지만 처녀 집에 우선권이 있다)

신랑의 사주가 신부될 사람의 집에 도착하고, 혼례식 날짜가 정해지면 약혼이 성립되었기 때문에, 신랑 될 사람이 죽은 경우에도 신부는 정해진 날에 소복을 하고 백가마를 탄 채 시집을 가야만 했던 것이 우리의 인습(因襲)이었다.

※ 사주서식

〈서식1〉	〈서식2〉	〈봉투〉
甲子正月六日未時生	密陽後人朴吉童 甲子 丙寅 丁亥 寅時	李生員宅下執事入納

한편 연길 서간(書簡)을 받으면 남가(男家)에서는 여가(女家)로 감사의 예물을 함에 넣어 보낸다. 함에는 혼서지(婚書紙 = 납폐물목)와 청홍(靑紅)의 채단(綵緞)을 넣고, 혼인 전날 혹은 혼인 당일에 보내는데 이 절차를 ‘납폐’

(納幣)라 한다. 여가(女家)에서는 '함진아비[擔函人담함인]'로부터 함을 받아 대청에 얹어놓은 시루 위에 놓았다가 곧바로 방으로 옮긴다. 이 때 처녀의 어머니가 함 속에 손을 넣어서 붉은색 채단을 집어내면 첫딸을 낳고, 푸른색 채단을 꺼내면 첫아들을 낳는다는 속설(俗說)이 있다.

함진아비에게는 술과 음식은 물론 노자도 후히 주어서 보냈는데 이 풍습이 오늘날에는 함 값을 받는 놀이로 변하였다. 간혹 함 값을 많이 받기 위해 실랑이를 벌이기도 하는데, 이 때 함진아비는 절대로 뒷걸음질을 하면 안 되는 것이 민속사회의 약속이다.

나. 친영(親迎 = 婚行혼행)

친영은 신랑이 신부 집에 도착하여 전안례와 초례(醮禮 = 교배례와 합근례)를 치르고, 신부를 맞아오는 절차를 말한다.

혼례 날 아침이 되면 혼주는 신랑을 데리고 사당에 가서, 자식의 혼인 사실을 조상에게 고(告)한다. 이어서 신랑은 그 부모에게 재배한 뒤 친영(親迎)에 나선다. 혼행의 순서는 앞에서부터 기러기를 안은 안부(雁夫), 다음에 말을 탄 신랑, 상객(上客)과 후행(後行) 등이 그 뒤를 따른다. 한편 신부 집에서는 신랑 일행을 중도에서 맞이할 안내자[對盤대반]를 보내고, 대반은 신랑 일행이 혼례 시각까지 머물러 있을 사처(舍處 = 停房정방)로 안내한다.

1) 전안례(奠雁禮)

전안례(奠雁禮 = 小禮소례)는 신랑이 초례청에서 신부와 초례를 치르기 전에 기러기를 천상의 자미성(紫微星 = 天帝천제)께 드리는 예(禮)를 말한다. 옛날에는 살아 있는 기러기로 예를 드리다가 뒤에 나무기러기[木雁목안]로 바뀌었다고 한다.

이 전안례가 생긴 까닭은 질서(秩序)와 신의(信義)를 지키며, 한 쌍이 짝을 이루면 다른 것과는 교미하지 않는 정절의 새인 기러기의 도덕적 품성을 신랑과 신부에게 가르치기 위함이다.

전안례의 순서는 다음과 같다.

① 신랑이 신부 집 대문에 이르면 짚불을 넘어가게 하여 부정을 쫓고, 신부 집에서 찬인(贊人=안내자)이 나와서 신랑에게 세 번 읍하면, 신랑도 세 번 답례하고, 찬인을 따라 전안석(奠雁席)으로 간다.

② 전안석은 신부 집 마당에 설치한 탁자 위에 붉은 보자기를 깔고, 그 탁자 앞에는 자리를 펴놓는다. 대문에서부터 전안청까지는 행보석(行步席=하얀 광목)을 펼쳐놓는다. 신랑이 행보석을 따라 전안청에 이르면 안부(雁夫=기럭아비)가 신랑에게 기러기를 주고, 신랑은 그것을 받아서 머리가 서쪽으로 가도록 탁자 위에 놓는다. 이어서 신랑이 천상배(天上拜)를 드리는데, 신랑이 절을 하는 동안 신부의 어머니가 나와서 그 기러기를 치마폭에 싸가지고 신부 방으로 가져간다.

※ 전안례창홀예문(奠雁禮唱笏例文)

신랑하마공립(新郎下馬拱立) → 찬인읍(贊人揖) → 신랑답읍(新郎答揖) → 신랑취전안소(新郎就奠雁所) → 신랑궤(新郎跪) → 신랑포안(新郎抱雁) → 치안어지(置雁於地) → 신랑흥(新郎興) → 신랑재배(新郎再拜) → 신랑소퇴(新郎少退)

2) 교배례(交拜禮)

교배례(交拜禮)는 신랑과 신부가 처음으로 대면하여 절을 주고받는 의식으로 신식혼의 '신랑신부 맞절'에 해당된다. 초례상에는 청(靑)·홍(紅)의 양초 한 쌍, 송죽(松竹)을 꽂은 화병 한 쌍, 백미 두 그릇, 과일류와 나물을 차린다. 그리고 청·홍의 보자기에 살아 있는 한 쌍의 닭을 싸서 남북으로 갈라 차려 놓고, 두 개의 세수 대야에 수건을 깔고 물 두 종지를 담아서 초례상 옆에 둔다.

신랑은 사모관대(紗帽冠帶)를 하고, 신부는 녹의홍상(綠衣紅裳)에 원삼 · 큰머리 · 칠보족두리 · 첩지 · 봉잠(鳳簪)또는 용잠(龍潛)으로 성장한다. 그리고 볼과 이마에는 연지와 곤지를 찍어서 부정을 쫓았다

교배례의 순서는 다음과 같다.

① 초례상을 사이에 두고 신랑이 동편을 향해 서 있으면, 신부가 좌우에 수모(手姆)의 부축을 받으며 서쪽에서 나와 초례상 서편에 선다.

② 신랑은 신부를 향해 돌아선 뒤에 먼저 꿇어앉는다. 이어서 신부가 마주 앉으면 시자(侍者)가 준비해 두었던 대야를 신랑과 신부에게 갖다준다. 신랑과 신부는 종지에 담겨 있는 물에 손을 씻는 시늉을 한다. 신랑신부는 다시 일어선 후에 신랑이 읍을 하고 꿇어앉으면 신부가 먼저 재배한 뒤 자리에 앉는다. 이번에는 신랑이 일어서서 한번 답배하고 자리에 앉는다. 이와 같은 동작을 2회 반복한다.

※ 교배례창홀예문(交拜禮唱笏例文)

신랑취초례청(新郎就醮禮廳) → 신랑동향립(新郎東向立) → 신부출(新婦出) → 신랑정향(新郎正向) → 신랑신부궤(新郎新婦跪) → 관세집건(盥洗執巾) → 신랑신부흥(新郎新婦興) → 신랑읍부취석(新郎揖婦就席) → 신부재배(新婦再拜) → 신부기(新婦跽) → 신랑답일배(新郎答一拜) → 신부흥(新婦興) → 신부재배(新婦再拜) → 신부기(新婦跽) → 신랑답일배(新郎答一拜)

※기(跽)는 꿇어앉되 궁둥이가 발뒤꿈치에 닫지 않는 자세

3) 합근례(合巹禮)

합근례는 교배례가 끝난 뒤에 신랑과 신부가 술잔을 주고받는 의식을 말한다.

① 신부 편에서 표주박 잔에 술을 부어 신랑 편에 보내면 신랑은 땅에 조금 붓고 나서 그 잔을 마신 뒤에 술잔을 상 위에 엎어 놓는다.

② 신랑은 자기 앞에 있던 다른 잔에 술을 부어 신부 편에 보내면 신부는 땅에 붓지 않고 조금 마신 뒤 잔을 상 위에 놓는다. 합환주(合歡酒)를 교환할 때 신랑의 술잔은 상 위로, 신부의 술잔은 상 아래로 주고받는다. 이 때 근배교환(謹拜交換)은 모두 시자(侍者)들에 의해 이루어지며 신랑과 신부가 직접 잔을 주고받지는 않는다.

※ 합근례창홀예문(合巹禮唱笏例文)

서읍부각궤좌(婿揖婦各跪坐) → 시자진찬(侍者進饌) → 시자각짐주(侍者各斟酒) → 서읍부제주거효(婿揖婦祭酒擧肴) → 우짐주(又斟酒) → 서읍부거음불제무효(婿揖婦擧飮不祭無肴) → 우취근서부지전(又就巹婿婦之前) → 시자각짐주(侍者各斟酒) → 거배상호서상부하(擧盃相互婿上婦下) → 각거음(各擧飮) → 예필철상(禮畢撤床) → 각종기소(各從其所)

합근례가 끝나면 집사는 "대례필"이라고, 창홀(唱笏)한다. 예필(禮畢)선언이 끝나면 신랑신부는 수모와 시자의 인도로 정해진 방으로 가서 신랑은 큰상을 받는다. 이 때 방 안쪽에 쳐둔 병풍 뒤에는 신부가 수모와 함께 앉아서 신랑이 병풍 위로 넘겨주는 음식을 받아먹는다.(지역에 따라 다양하다)

〈전통혼례〉

4) 신방지킴[守申房수신방 = 신방엿보기]

신랑과 신부가 첫날밤에 함께 지내는 방을 '신방(新房)' 또는 '동방화촉

(洞房華燭)'이라고도 한다. 신방에 든 신랑신부는 간단한 주안상을 받고 합환주를 나눈 뒤에 침소에 든다. 이 때 신랑은 신부의 화관과 옷을 벗겨주고, 신부는 손바람이나 이불자락으로 촛불을 끈다. 신랑신부가 잠자리에 들고 나서도 가족이나 친지들은 창문에 구멍을 뚫고 신방을 엿보는데, 이것을 '신방지킴[守新房수신방 = 신방엿보기]'이라고 한다. 이 풍습은 조혼(早婚)이 성행하면서, 어린신랑과 장성(長成)한 신부 사이에 발생할지도 모르는 불측(不測)한 변을 예방하기 위해 생겼다고 본다. 그러나 후대로 오면서 여러 가지 폐단을 일으키는 바람직하지 못한 인습(因襲)이 되고 말았다.

신방지킴이 생겨난 까닭에 대한 이야기로 다음과 같은 것들이 있다.

> 옛날에 백정의 아들이 장가를 들게 되었는데, 백정은 그 아들에게 "첫날밤은 네가 벗겨주어야 한다."고 가르쳤다. 한편 신부의 어머니는 그 딸에게 "첫날밤에는 설령 아프더라도 참아야 한다."고 가르쳤다. 첫날밤이 되자 신랑은 신부의 가죽을 벗기기 시작했고, 신부는 아프다고 고함을 쳤지만 신부 어머니는 딸의 교양 없음을 부끄러워하며 참으라고 달랬다. 결국 신부는 살가죽이 벗겨진 채 죽고 말았다.

다른 이야기로는

> 옛날 시골 총각이 과거를 보러 가다가 한 관상쟁이를 만났다. 그런데 그 관상쟁이가 하는 말이 '당신은 과거에 장원급제 하겠으나 머지않아 죽을 운명'이라고 하였다. 그래서 이 총각이 사는 방도를 묻자 그 관상쟁이는 종이에 무엇을 써 주면서 절대로 펴보지 말고 죽음 직전에 펴 보면 살 방도가 있을 것이라고 말했다. 과연 관상쟁이의 말대로 총각은 장원급제를 하고 대감집의 사위가 되는 영광을 안았는데 첫날밤을 치르고 나니 신부가 죽어 있었다. 살인 누명을 쓴 이 신랑은 재판관 앞에 가서 관상쟁이가 준 쪽지를 내 보이며 자기의 무죄를 주장하였다. 그런데 그 누런 종이에는 개가 3마리 그려져 있었다. 이 수수께끼를 풀 수 없어서 고민하던 재판관은 딸의 도움으로 황삼술(黃三戌)이란 범인을 체포하였다. 범인은 신부 집 하인인데 죽은 신부와 평소에 부정을 저지르고 있었으며, 훗날 같이 도망가자고 약속까지 했다. 그러나 혼례식을 올린 신부가 배신을 해서 신부를

죽이고 말았다는 것이다. 무죄한 신랑은 관상쟁이의 도움으로 살아나 현명한 재판관의 딸과 결혼해서 행복하게 잘 살았다고 한다.

5) 우례(于禮)

우례(于禮)는 '우귀(于歸)' 또는 '신행(新行)'이라고도 하는데, 이것은 신부가 처음으로 시집에 가는 의식이다. 대례를 마치고 당일로 우례를 치르는 경우(當日于歸당일우귀)도 있으나, 대개는 신부 집에서 하룻밤 또는 이틀 밤을 머물다가 우례를 행하는 것이 일반적이다.('남귀여가'라 해서 신랑이 짧게는 3일 길게는 10년을 신부집에 머무르는 경우도 있었다.) 신행의 순서는 신랑이 탄 말이 앞에 서고, 그 뒤에 신부의 가마, 상객(上客), 수모, 짐꾼들이 따른다.

신부가 시집에 도착하여 대문에 피운 짚불 사이로 가마가 통과하면 목화씨, 콩, 팥, 왕소금 등을 뿌려서 부정을 제거하였다.

다. 기타의 혼인속(婚姻俗)

1) 현구고례(見舅姑禮)

현구고례(見舅姑禮)란 우례가 끝난 신부가 시부모와 시가(媤家) 어른들께 준비해 간 예물을 드리며 첫인사를 하는 의식인데, 신식혼의 폐백과 같은 것이다. 현구고례의 순서는 시부모가 우선이고, 그 다음이 시조부모(媤祖父母)이며, 나머지는 촌수와 항렬의 순서에 따른다. 예서에는 직계존속에게는 술잔을 올리고 4배하며, 그 외는 1배만 하는 것으로 되어 있다. 이 때 시어머니는 며느리의 치마폭에 대추를 한줌 집어 던져주며 부귀(富貴)와 다남(多男)을 축원한다.

시집온 신부는 매일 아침 시부모에게 문안을 드려야하며, 이 새벽문안은 시부모가 그만 두라고 할 때까지 계속해야 한다. 시집와서 3일째부터 신부는 일상적인 삶, 소위 '시집살이'가 시작된다.

2) 재행(再行)과 동상례(東床禮)

신랑은 우례를 치르고 난 며칠 뒤(대개 3일) 처족에게 인사를 드리기 위해 혼자서 처가(妻家)에 가는데(당일우귀의 경우에는 신부와 같이 가는 경우도 있다), 이것을 '재행(再行)'이라고 한다. 신랑이 처가에 가면 그날 저녁에 처가 친척 젊은 남자들과 마을 청년들이 모여앉아 신랑을 데려다 놓고 동상례(東床禮)를 요구한다. 동상례란 신랑에게 술과 안주를 내도록 강요하는 것이지만 실제로는 처가에서 음식과 주효(酒肴)를 내놓는다. 그런데 단순히 동상례를 받으면 흥겹지 못하기 때문에, 음식을 준비하는 동안 신랑에게 여러 가지 문초(問招)를 한다. "남의 마을 처녀를 왜 훔쳐 갔느냐?", "색시 값은 얼마를 내겠느냐?", "이 집에 또 무얼 훔쳐가기 위해 왔느냐?"는 등의 질문을 하면서 신랑의 재치(才致)와 언변(言辯), 인품(人品) 등을 시험하여 본다. 이 때 신랑의 대답이 불손하거나 횡설수설하면 북어나 목침으로 발바닥을 때리고 거꾸로 매다는 시늉도 한다. 동상례는 처가에서 장만한 술과 안주가 나오면 끝나는데, 이 놀이의 목적은 신랑과 거기에 모인 사람들이 서로 낯을 익히는데 있었다. 동상례(東床禮)를 '신랑달기' 또는 '신랑다루기'라고도 하는데, 심하면 비례(非禮)가 되고 본의 아닌 불상사가 야기되기도 하였다.

〈신랑 달기〉

3) 반보기

혼속(婚俗)에는 '반보기'라는 것이 있었는데, 두 가지 의미를 갖고 있다.

첫 번째 의미는 과거사회에서 여인들은 바깥출입이 어려워 안사돈끼리 만나는 일이 쉽지 않았다. 그래서 적당한 날을 잡아 양가의 중간쯤 되는 곳에서 안사돈들이 만나 인사를 나누는 것을 뜻한다.

다른 하나는 시집온 새색시가 근친을 가기까지는 너무 많은 시간을 기다려야 하기 때문에 그 친정 부모와 형제자매들이 그립지 않을 수 없었다. 특히 고된 시집살이에다 명절이 다가오면 고향과 피붙이에 대한 그리움은 더해지기 마련이다. 그래서 아직 근친을 가지 않은 며느리를 시가와 친정의 중간(中間) 쯤 되는 곳에서, 친정부모와 만나 한나절을 보내도록 배려하는 것을 말하는데 대개 추석(秋夕) 전후(前後)에 이루어졌다.

4) 근친(覲親)

신부가 시집을 와서 첫 농사를 지어 수확하면 떡과 술 등의 음식을 장만해가지고 처음으로 친정 부모에게 인사를 가는데, 이것을 '근친(覲親)'이라 한다. 파란치마와 노란저고리를 입고 근친을 간 새댁은 친정집에서 한 달 이상을 머무르는 것이 상례였다. 이 풍속은 고된 시집살이에서 벗어난 여인들의 위로휴가(慰勞休暇)인 셈이다. 친정에 온 새색시는 아무 일도 하지 않고 그야말로 무위도식(無爲徒食)하다가 시집으로 돌아가는데, 돌아갈 때에는 친정에서 마련한 이바지를 해가지고 갔다. 근친(覲親)을 마지막으로 모든 혼례의식은 끝이 난다.

Ⅳ. 회갑(回甲)

1. 회갑의 의의(意義)

회갑이란 자기가 태어난 해의 육갑년(六甲年＝육십갑자)을 다시 맞이한다는 뜻으로 '환갑(還甲)', '화갑(華甲)', '주갑(周甲)'이라 하기도 한다.

중국에서는 '나이 예순에 폐방(廢房)한다'는 말이 있다. 폐방이란 부부가 합방을 하지 않는다는 뜻인데, 이것은 나이가 너무 들어 부부관계를 하기 힘들다는 뜻이다. 회갑년의 생일에는 장수를 축하하는 잔치를 베풀게 되는데, 이 잔치를 '수연(壽宴)'이라 하고, 그 좌석을 '수연(壽延)'이라 한다.

요즘에는 과거에 비해 삶의 질이 향상되고, 의술이 발달되어 나이 60을 장수로 생각하지 않지만, 옛날에는 무병과 무환난으로 60년까지 산다는 것이 매우 경사스러운 일이었기 때문에 그 자손들이 축하연(祝賀宴)을 베풀었던 것이다.

회갑상에는 제사상과 다름없는 음식을 차려놓고, 큰 잔치를 벌이기 때문에 회갑잔치를 산제사[生祭祀생제사]라 하기도 한다. 자손들은 일가친척과 친지(親知)들을 초청하고, 수연시(壽宴詩)도 지으면서 회갑을 축하했다. 이 때 주의해야 하는 것은 회갑연에 오시는 분들에게 축의금(祝儀金)을 받아서는 안 된다. 그 까닭은 회갑잔치는 자손들이 자신의 분수에 맞도록 잔치를 배설하는 것이지, 혼례나 상례처럼 반드시 잔치를 벌여야하는 것은 아니기 때문이다. 다만 선물을 준비해 오는 사람이 있으면 고맙게 접수했다가 나중에 갚아야 하지만 공식적으로 접수대를 마련하는 것은 축하객들에 대한 결례(缺禮)이다.

2. 회갑상(回甲床)

회갑상은 혼례의 교배상이나 제사상처럼 많은 음식을 차리기는 하지만 형식에 크게 구애받지는 않는다. 회갑상차림은 일상적인 음식을 차리는 혼례와 제례의 경우와는 다른 형태의 상을 차린다. 회갑상은 '큰상(=望床망상)'이라고 하는 장식용 상이 있고, 그 앞에 음식을 덜어먹기에 편하도록 '입맷상'이라는 걸 따로 준비한다. 큰상에는 편(餔), 생실(生實), 숙실(熟實), 유과(油果) 등을 높이 괴어서 색을 맞추어 놓는데, 이렇게 음식을 높이 쌓아 차리는 것을 '고배(高排)'라 한다. 고배 음식은 헐어서 먹을 수가 없고, 바라보기만 한다고 해서 '망상(望床)'이라고 하였다.

이날 회갑 당사자의 옷차림은 전통혼례식의 신랑신부처럼 사모관대와 원삼족두리로 성장하고, 자손들도 고운 옷으로 차려입는다.

그런데 회갑을 맞은 사람의 부모가 살아계시는 수가 있었는데, 그런 경우에는 그 분들 앞에도 큰 상을 차려드렸다. 회갑을 맞은 내외는 부모에게 술잔을 드리면서 색동옷을 입고, 어린아이처럼 재롱을 부리기도 하는데 이것을 '오색반란지경(五色斑爛之慶)' 또는 '애교(愛嬌)'라 한다.

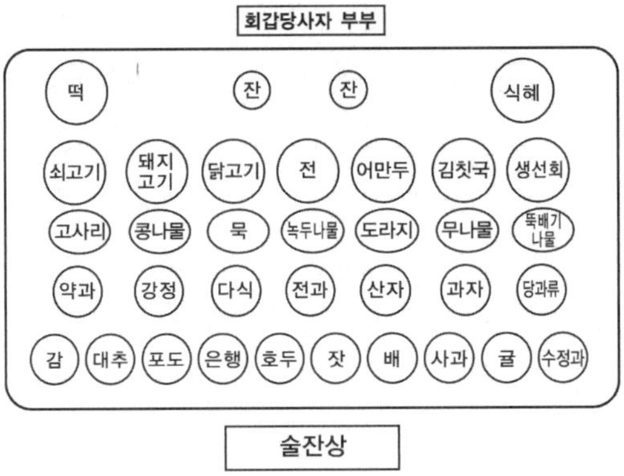

〈회갑상 진설도〉

3. 헌수(獻壽)

'헌수(獻壽)'란 회갑을 맞이한 사람의 자녀들이 큰절을 하면서 장수를 축하한 뒤에, 다시 술잔을 올리면서 여생이 건강하기를 비는 절을 드리는 것을 말한다. 이 때 자녀들의 형편이 여유로우면, 기생을 불러와 권주가를 부르게 하면서 흥을 돋운다. 헌수의 순서는 장남 내외부터 차례로 진행되며, 남자는 2배, 여자는 4배를 한다. 직계(直系)자손의 헌수가 끝나면 일가친척이 항렬(行列)과 연령(年齡) 헌수를 하고, 이어서 빈객(賓客)의 하례를 받는다. 회갑을 맞은 사람의 형제자매 부부도, 회갑당사자의 좌우에 배석하는 경우는 있지만, 자녀들이 부모와 나란히 앉으면 웃음거리가 된다.

회갑 다음해에는 진갑(進甲)잔치를 하고, 70세에는 칠순(七旬=古稀고희), 80에는 팔순(八旬)잔치를 베풀어서 장수를 축하했다. 회갑이 지나면 가부장권(家父長權)은 장남에게 넘겨주고, 시어머니는 며느리에게 '안방물림'을 함으로써 노부부는 자식들의 효도를 받으며 안락한 노후를 즐겼다. 이 시기야말로 살아 있으면서 자손들에게 조상신(祖上神)처럼 대우를 받는 기간인 셈이다.

혼인(婚姻)을 하고 나서 60년이 지나도록 부부(夫婦)가 해로하고 있으면, 그 자손들이 일가친척과 이웃사람들을 초청하여 '회혼례(回婚禮)'라는 장수 축하잔치를 베풀기도 했다. 회혼례 때는 부모님을 혼례복으로 성장(盛裝)시키고, 마치 혼인식을 올리는 것과 같은 놀이를 했다.

※ 나이의 별칭(別稱)

해 제 (孩提)	지학 (志學)	약관 (弱冠)	이립 (而立)	불혹 (不惑)	지명 (知命)	이순 (耳順)	환력 (還曆)	고희 (古稀)	종심 (從心)	희수 (喜壽)	미수 (米壽)	졸수 (卒壽)	백수 (白壽)
2-3세	15세	20세	30세	40세	50세	60세	61세	70세	70세	77세	88세	90세	99세

<48세 : 桑壽상수. 80세 : 傘壽산수. 100세 : 上壽상수. 108세 : 茶壽다수>

※ 서양식 결혼기념일

지혼식(紙婚式)	목혼식(木婚式)	동혼식(銅婚式)	은혼식(銀婚式)	진주혼(眞主婚)	산호혼(珊瑚婚)	녹옥혼(綠玉婚)	홍옥혼(紅玉婚)	금 혼(金婚式)	회 혼(回婚式)	금강혼(金剛婚)
1주년	5주년	15주년	25주년	30주년	35주년	40주년	45주년	50주년	60주년	75주년

V. 상례(喪禮)

상례는 사람이 태어나서 거쳐야 하는 마지막 의례로서 정확하게는 장례(葬禮)와 상례(喪禮)로 구분한다. 장례는 '시신을 처리하는 과정'을 말하는 것이고, 상례는 장례를 포함하는 모든 절차를 포괄하는 의미를 갖고 있지만 일반적으로 상례란 말로 통칭된다. 이 의례는 본인이 아닌 제3자에 의해 이루어지며, 출생이나 혼례 등 다른 의례에 비해 비교적 옛 모습을 그대로 간직하고 있는 편이다. 이와 같이 상례가 전통적인 모습을 고수하고 있는 이유는 망자의 영혼을 정중히 모셔야만 육신을 떠난 영혼이 무사히 사령(死靈)의 세계로 귀환한다고 생각한 조령경외심(祖靈敬畏心)의 발로인 것이다. 법도에 맞게 상례를 치르는 것은 자손이 지켜야 할 마지막 효(孝)이며, 조상의 음조(陰助)를 얻기 위해서도 본래의 모습을 유지해야 한다고 생각했던 것이다.

정부에서는 1975년에 「가정의례준칙」을 제정하고, 국가의 공권력(公權力)을 동원하여 법령을 지키도록 했지만, 상례의 절차와 법도는 바꾸어지지 않았고, 지금도 옛 모습을 비교적 충실하게 유지하고 있는 이유가 바로 여기에 있다.

1. 초종(初終)

가. 임종(臨終)과 수시(收屍)

사람이 운명 직전에 이르면 정침(正寢: 사랑방)이나 내침(內寢: 안방)으로 환자를 옮기고 안팎을 조용하게 한다고 되어 있으나, 이것은 반가(班家)의 습속일 뿐 사랑방이 없는 일반인들은 안방으로 모시는 것이 보통이다.

이때 자손들은 환자의 머리맡에 모여 앉아 마지막 모습을 지켜보고 있는데, 이것을 '임종(臨終)' 또는 '종신(終身)'이라 한다. 자식으로서 부모의 임종을 못하면 대단한 불효라고 여겨서, 옛날에는 부모의 나이가 많아지면 벼슬도 사양하고 낙향하여 부모 곁을 지켰다.

임종이 임박하면 환자의 머리를 동쪽으로 하고, 새 옷으로 갈아입히며, 푸솜(명주솜)을 준비해 둔다. 환자가 숨을 거둔듯하면 준비해 두었던 솜을 콧구멍에 대어보고 죽음을 최종적으로 확인하는데 이것을 '속광'(屬纊)이라 한다.

이렇게 사망이 완전히 확인되면 모여 있던 자손들은 몸의 장신구를 제거한 뒤 머리를 풀고 큰 소리로 곡을 하는데 이를 '애곡벽용(哀哭擗踊)'이라 한다.

'수시(收屍)'는 '소렴(小殮)'이라 하기도 한다. 수시의 절차는 미리 준비해 두었던 햇솜으로 시신의 입과 코와 귀를 막고, 눈을 뜨고 있으면 눈도 감겨준다. 양팔은 주물러서 배 위에 자연스럽게 올려놓는다. 이때 남자는 왼손이 위로 올라가게 하고 여자는 그 반대로 한다. 백지나 삼베로 양손을 묶어 허리에 동여매고, 두 다리를 곧게 편 다음 두발도 꼿꼿이 세우고, 발가락은 한 데 모아 백지나 베로 묶어서 그 끝을 손에 묶어 놓는다. 그리고 깨끗한 솜으로 얼굴을 비롯하여 손발을 깨끗하게 닦고 백포(白布)나 홑이불로 얼굴을 덮은 뒤, 병풍으로 가려두며, 시신이 있는 방에는 겨울이라도 불을 때지 않는다.

나. 고복(皐復)과 사자상(使者床)

고복(皐復)은 '복(復)' 또는 '초혼(招魂)'이라고도 하며, 육신을 떠난 영혼을 다시 불러온다는 뜻이다. 망자와 생시(生時)에 친했던 사람 중에서 시신을 대하지 않았던 사람이 사자(死者)가 평상시에 입던 웃옷을 가지고 지붕으로 올라간다. 그리고 북쪽을 향해 망인의 주소, 성명을 부른다든지, 아니면 "해동대한민국 ○○도 ○○군 ○○면 ○○리 학생 ○○○복. 복. 복."하고 외치기도 한다. "복. 복. 복" 하고 세 번을 외치는 이유는 3이 탄생의 숫자이기 때문이기도 하고, 하늘과 공간과 땅으로부터 혼이 온다고 생각한데서 그렇게 한 것이다. 고복이 끝나면 그 옷은 지붕에 그대로 얹어두거나 가지고 와서 시신 위에 덮어 둔다.

고복은 혼을 불러서 다시 돌아오게 한다는 의미도 있지만, 마을 사람들에게 상(喪)이 났음을 알리는 신호도 된다.

고복이 끝나면 '사자상(使者床)'을 차리는데 사자상을 '사자밥'이라 하는 곳도 있다. 이 절차는 예서(禮書)에는 없는 풍습으로 망자(亡者)의 혼을 데리러 온 저승사자와 망자를 위하여 차리는 상이다. 사자상에 올리는 제물은 대개 밥 세 그릇, 술 석 잔, 엽전 세 개, 짚신 세 켤레를 놓지만, 반찬은 간장이나 된장을 한 그릇만 차린다. 사자(使者)는 둘인데 이렇게 세 개씩 차리는 까닭은 하나는 망자의 몫으로 생각한 데서 유래한 듯하다. 반찬을 한 그릇만 차리는 이유는 다른 것은 자기 몫이 정해져 있는데, 반찬은 한 그릇밖에 없기 때문에, 그것만 퍼 먹은 저승사자가 도중에 갈증을 해소하기 위해 주막이나 샘터에 머물게 되고, 그때 망자의 혼이 물이라도 얻어먹을 것이라고 여겼기 때문이다.

사자상을 차리는 위치는 마당 한가운데나 대문간, 대문바깥 등 다양하며 지역에 따라서는 상(床)이 아닌 키에다 차리는 곳도 있다.

다. 발상(發喪)과 호상(護喪)

수시, 고복 등의 절차가 끝나면 아들과 출가하기 전의 딸, 그리고 며느리 등은 머리를 풀고 곡(哭)을 하며 초상을 알린다.

부모상에는 장자가 주상(主喪=맏상주)이 되고, 장자가 없으면 장손이 주상이 된다. 미혼의 아들이 죽으면 아버지가 주상이 되며, 아들이 없이 아내가 죽으면 남편이 주상이 된다. 그리고 집안의 여인들을 통솔하는 주부(主婦)는 죽은 자의 부인이 되며, 처(妻)가 없으면 주상의 처(맏며느리)가 주부가 된다.

성복(成服) 전까지 남자 상주들은 흰 두루마기를 입는데, 좌단우단(左袒右袒), 즉 부상(父喪)인 경우에는 왼쪽소매, 모상(母喪)인 경우에는 오른쪽 소매를 꿰지 않고 뒤로 젖혀 맨다. 여자 상주들은 흰 치마저고리를 정상적으로 입는다.

호상(護喪)은 주상을 대신하여 상례일체를 처리할 사람이기 때문에 상주의 친척이나 친지 중에서 상례(喪禮)에 밝고 경험이 풍부한 사람으로 정한다. 호상이 하는 일은 부고의 발송, 조문객의 안내, 부의록의 작성, 금품의 출납 등이다. 호상이 해야 할 일 가운데 가장 급선무는 장일(葬日)과 장지(葬地)가 결정되는 즉시 부고를 발송하는 일이다.

부고의 형식은 맨 먼저 주상의 이름을 쓰고, 그 다음에 주상과 망인의 관계를 쓴다. 주상의 아버지는 대인(大人), 어머니는 대부인(大夫人), 조부는 왕대인(王大人), 조모는 왕대부인(王大夫人), 처의 경우 합부인(閤夫人)이라 쓴다. 이어서 망인의 관직을 쓰는데 관직이 없으면 학생(學生), 또는 유인(儒人)이라 쓰고, 망인의 본관, 망인의 성명, 돌아가신 이유, 돌아가신 장소와 발인일시, 장지 등을 쓴다. 부고 발송일, 상주 이름, 호상 이름, 부고를 받을 사람 등을 쓴 뒤 봉투에는 '부고(訃告)'라 쓴다.

※ 부고에 쓰이는 용어

- 노환(老患) : 늙어서 돌아가셨을 때
- 숙환(宿患) : 젊은이가 병으로 죽었을 때
- 사고급사(事故急死) : 사고로 죽었을 때
- 사자(嗣子) : 주상, 즉 망자(亡者)의 맏아들
- 고자(孤子) : 어머니가 생존해 계시는데 아버지가 돌아 가셨을 때
- 애자(哀子) : 아버지가 생존해 계시는데 어머니가 돌아 가셨을 때
- 고애자(孤哀子) : 부모 중 한 분만 생존해 계시다가 그분마저 돌아가셨을 때

2. 습(襲)과 염(殮)

'습'은 시신을 목욕시키고 의복을 갈아입힌 후 마지막으로 수의(壽衣)를 입히는 것을 말한다. 전통적인 방식으로는 운명한 당일에 습을 하고, 그 다음날 시신을 임시로 묶는 소렴(小殮)을 하며, 소렴한 다음날 시신을 단단히 묶고 관에 넣는 대렴(大斂)을 했지만, 요즘에는 이런 것들을 모두 한꺼번에 하기 때문에 '습염한다'(염한다)고 한다.

습염의 절차를 간략하게 소개하면 다음과 같다.

① 솜에 향탕수(香湯水= 향나무를 잘게 쪼개서 삶은 물), 또는 애탕수(艾湯水= 쑥 삶은 물)를 적셔서 시신을 닦는다.

② 머리를 빗기고 손톱과 발톱을 깎는다. 이 때 빠진 머리카락과 손톱 발톱은 '조발낭(爪髮囊)'이란 5개의 작은 주머니에 각각 넣는다. 조발낭을 습의(襲衣)소매나 버선, 관의 한쪽 귀퉁이에 넣고, 수의(壽衣)를 입힌다. <여기까지가 습>

③ 물에 불린 쌀을 버드나무 수저로 오른쪽, 왼쪽, 가운데 이렇게 세 번에 걸쳐서 입안에 떠 넣는데 반함(飯含)이라 한다.

④ 신발을 신기고 교포(絞布) 즉 소렴포로 시신을 묶는데 세로로 묶은

위에 가로로 묶고 매듭 없이 틀어서 끼운다.

⑤ 시신을 입관(入官=大斂대렴)하고 관의 빈 곳에 종이나 헌옷으로 보공(補空)한다. 보공은 시신이 관 속에서 흔들리지 않게 하기 위해 하는 것이다.

⑥ 천금(天衾=홑이불)으로 덮고 관 뚜껑을 덮은 다음 나무못을 치고, 짚과 종이를 섞어 꼰 왼새끼로 결관(結棺)한다.

입관하는 방법은 시신을 관에 넣은 상태로 매장하는 경우와 파관(破棺)하고 시신만을 매장하는 경우가 조금 다르다. 전자의 경우에는 필요 없지만 후자의 경우에는 매장할 때 시신을 관으로부터 들어 올릴 수 있는 넉넉한 길이의 포(布)를 관 내부의 상·중·하에 각각 가로질러 놓고 입관해야 한다.

염습(殮襲)이 끝나면 기물(器物) 중 태울 것은 태우고 묻을 것은 땅에 묻는다.

입관은 복인(服人)들로 하여금 가장 큰 슬픔을 금치 못하게 하는 순간이다. 그것은 생자(生者)와 사자(死者)의 마지막 작별을 고하는 순간이기 때문에 복인들은 대성통곡(大聲痛哭)을 한다.

관의 주인이 누구인가를 나타내는 명정(銘旌)은 붉은 비단에 흰 가루를 아교 등에 섞어서 쓰고, 영좌(靈座 =혼백을 봉안한 곳) 오른쪽에 세운다. (병풍에 걸쳐두기도 한다)

※ 명정(銘旌)

進士金海金公之柩	孺人慶州金氏之柩
(남자)	(여자)

3. 성복(成服)과 발인(發靷)

가. 성복(成服)

상주와 복인(服人)들은 대렴 다음날 즉 사망한지 4일 째 되는 날, 좌단우단(左袒右袒)의 두루마기를 벗고, 자기에게 맞는 상복을 입은 뒤에 성복제(成服祭)를 올린다. 그러나 근래에는 대개 염을 마치면 바로 성복제를 지내고 있으며, 상주 외에는 굳이 복(服)을 입지 않는다.

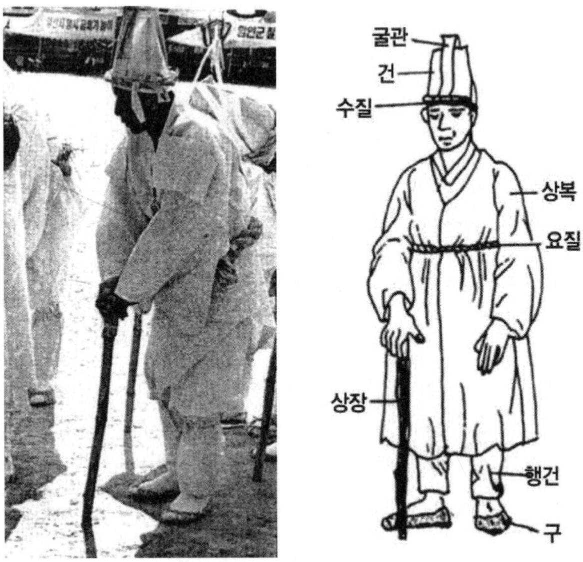

〈굴건제복 차림의 상주〉

※ 일반적인 상복의 명칭

① 상관(喪冠) : 굴건(屈巾)이라고도 하며, 두꺼운 종이로 심을 넣어 수질(首絰)에 달아서 효건(孝巾) 위에 쓴다.

② 효건(孝巾) : 두건(頭巾)으로 상관을 받쳐 쓰는 포건(布巾)인데, 상주 이외의 복인은 이것만 쓴다.

③ 수질(首絰) : 관 위에 쓰며, 짚을 왼쪽으로 꼰 새끼줄에 삼[마麻]을 입히기도 한다.

④ 요질(腰絰) : 삼과 짚을 섞어 왼쪽으로 꼬아서 허리에 맨다.

⑤ 최복(縗服) : 제복(祭服)이라 하며, 삼베로 만든 상주의 겉옷으로 망자와의 친소관계에 따라 옷감이 다르다.

⑥ 단의(單衣) : 최복 안에 입는 짧은 두루마기 비슷한 옷을 말한다.

⑦ 행등(行縢) : 행전이라 하며, 다리에 둘러매는 삼베조각이다.

⑧ 상장(喪杖) : 상주가 짚는 지팡이로, 아버지 계통의 상에는 대나무, 어머니 계통은 오동나무나 버드나무로 한다.

⑨ 구(屨) : 짚으로 거칠게 삼은 신을 말하며, 신총 위에 백지를 감기도 한다.

상주는 성복제를 지내고 난 뒤에라야 정식으로 조객들의 조문(弔問)을 받는 것이 원칙이지만 지금은 굳이 따지지 않는다.

조문의 순서는 조객이 영좌(靈座) 앞에 꿇어 앉아 분향재배(焚香再拜)한 후 상주와 맞절을 하는데, 망인과 생시에 본 적이 없거나, 친구의 부인이 죽은 경우에는 분향만 하고, 절은 하지 않는다고 하는 풍습도 있다.

나. 발인(發靷)

발인은 유해(遺骸)가 장지(葬地)를 향하여 집을 떠나는 것을 말한다. 상을 당하면 그 자손들은 곧바로 장지(葬地)와 장일(葬日), 발인일시(發靷日時)와 하관시각(下棺時刻)을 정해야 하는데, 지관(地官)이나 풍수사(風水師)의 도움을 받는다. 고례(古禮)에는 대부(大夫)는 석 달, 사(士)는 한 달 만에 장례를 지낸다고 되어 있으나, 요즘은 3일, 5일, 7일 만에 장례를 치르는 것이 보통이다.

방에서 관을 운구(運柩)하여 상여 앞에 놓고(또는 상여에 안치하고), 집을 떠나는 망자를 위한 마지막 제를 드리는데 이것을 '발인제(發靷祭)'라 한다. 발인제는 주상이 분향헌작하고, 축관(祝官)이 고축(告祝)하면 모두 곡을 하고 재배하는 것으로 끝난다.

발인제가 끝나면 상여꾼들이 상여를 세 번 올렸다 내렸다 하고나서, 장지를 향해 가는데 행렬의 순서는 다음과 같지만 가문과 지역에 따라서 현저한 차이를 보이고 있다.

<방상씨(方相氏) 2명 → 곡비(哭婢) 2명 → 행자(行者) 2명> → 명정(銘旌) → 영여(靈輿) → 만장(輓章) → 공포(功布) → 상여(喪輿=大輿대여) → 상주(喪主) → 복인(服人) → 무복친(無服親) → 조객(弔客)

※ 경남 지역에서는 < >안의 방상씨 등이 없다

상여가 장지(葬地)를 향해 가던 중 적당한 곳(마을 앞이나 친척집 앞)에서 망자의 친구나 친척이 주가 되어 '마지막 길에 술이나 한 잔 대접 한다'는 의미로 '노제(路祭=노전제)'를 지낸다. 또 개울을 건널 때나 언덕을 오를 때에 정상(停喪)을 하면, 복인들이 술값을 상여에 매단다. 상여가 장지에 도착할 때까지 계속되는 '상여소리'는, 앞소리꾼이 앞소리를 메기고 다른 상여꾼들이 후렴구로 받는 선후창의 형식으로 되어있는데, 지역마다 약간의 차이는 있지만 노랫말의 내용이 비슷하고, 그 가락이 애절하다는 공통점을 가지고 있다.

※ 경남 고성지방의 상여소리

세상천지 만물중에 사람밖에 또 있던가 　어-허화 어-허화 어화리넘차 어-허화
여보시오 시주님네 이내말씀 들어보소 　어-허화 어-허화 어화리넘차 어-허화
이세상에 나온사람 뉘덕으로 나왔는가 　어-허화 어-허화 어화리넘차 어-허화
한두살에 철을몰라 부모은공 아올손가 　어-허화 어-허화 어화리넘차 어-허화
이삼십을 당하여도 부모은덕 못다갚고 　어-허화 어-허화 어화리 넘차 어-허어제
오늘 성튼몸이 저승길이 웬말이냐 　어-허화 어-허화 어화리넘차 어-허하
저승길이 멀다해도 대문밖이 저승이네 　어-허화 어-허화 어화리 넘차 어-허화
잘있시소 잘있시소 동네사람 잘있시소 　어-허화 어-허화 어화리넘차 어-허화
부모한테 효도하고 형제간에 우애있고 　어-허화 어-허화 어화리넘차 어-허화
이웃간에 화합하고 만인간에 적선하소 　어-허화 어-허화 어화리넘차 어-허화
아바아바 우리아바 아들딸 십남매를 　어-허화 어-허화 어화리넘차 어-허화

좋은자리 마른자리 곱게곱게 길러내여　　어-허화 어-허화 어화리넘차 어-허화
애타도록 모은재산 먹고가나 쓰고가나　　어-허화 어-허화 어화리넘차 어-허화
배고프면 요구하고 노잣돈이나 가져가소　어-허화 어-허화 어화리넘차 어-허화
너살기도 어려운데 노잣돈이 어딨느냐　　어-허화 어-허화 어화리 넘차 어-허화

-이하 생략 -

<1996년 고성읍 이당리 132 안윤조(80) 제공

상례풍속 가운데는 집 바깥에서 죽은 사람[客死者객사자]의 시신을 집안으로 들이면 불길하기 때문에 대문 밖에 상청(喪廳)을 배설한다. 이 풍습은 아직까지 그대로 지키는 곳이 많다.

〈상여행렬〉

4. 치장(治葬)과 반우(返虞)

가. 치장

우리 선조들은 집안에 노인이 계시면 미리 산소를 마련하고, 명당자리에 가묘(假墓)를 만들어 두기도 하는데 이것을 '치표(置標)'라 한다. 풍수사상을 믿어왔던 우리 민족은 좋은 산수(山水)의 형세를 찾아 정확한 곳에 묘를 써야만 그 자손이 부귀를 누린다고 생각했고, 명당을 찾기 위해 재물

을 아끼지 않았다. 그러나 정자(程子)는 묘지를 구하는데 다음과 같은 다섯 가지의 걱정을 면할 곳이면 된다고 하였다.

첫 번째로 도로(道路)가 나지 않을 곳,

두 번째로 성곽(城郭)을 쌓을 자리가 아닐 곳,

세 번째로 못이 파일 자리가 아닐 곳,

네 번째로 권력자(權力者)에게 뺏기지 않을 곳,

마지막으로 논밭을 개간(開墾)하지 않을 곳 등이다.

장례일이 되면 발인에 앞서서 지관(地官)은 인부들을 데리고 장지(葬地)로 미리 가서 산신제(山神祭)와 개토제(開土祭)를 지내고 관을 안치할 구덩이를 판다. 구덩이[壙中광중]의 정확한 좌향(座向)·넓이·깊이 등은 지관(地官)의 지시에 따른다. 무덤의 위치는 남편(男便) 무덤의 왼쪽에 아내를 매장한다.

상여가 장지에 도착하고 하관(下棺) 시각이 되면 지관은 하관을 명한다. 이때 상주 이하 백관들은 곡(哭)하는 것을 그치고 하관하는 것을 지켜보며 관이 바르게 놓이는가를 살핀다. 하관할 때는 관을 묶었던 끈을 풀어 관의 좌우에 각각 두 사람이 줄을 길게 하여 잡고 관을 서서히 광중으로 내린다. 이때 관의 머리 쪽은 북으로, 발쪽은 남으로 향하게 하는데 이것을 '좌향(座向)'이라 한다.

이어 흙을 관 높이까지 채우는 '보토(補土)'를 하고, 보토가 끝나면 공포로 관 위에 묻은 흙 등을 깨끗이 한 뒤에, 명정을 펴서 관을 덮은 뒤 상주가 먼저 실토(實土=취토)를 한다. 취토(取土)란 광내에 흙을 채우는 일로서 주상(主喪)이 상복 옷자락에 고운 흙을 담아 가지고 와서 관의 위쪽·중간·아래쪽에 나누어 뿌린다. 이어서 상주와 복인들도 그렇게 하고 나면, 산역꾼들이 흙을 채워 관을 묻는다. 내광이 흙으로 채워져 평지가 되면 평토제(平土祭)를 지내는데, 지방에 따라서는 평토제를 지내지 않고 봉분이 완성되었을 때 성분제(成墳祭)만 지내는 곳도 있다. 봉분을 만들면서 '가래소리'와 '달구소리'를 하는데, 이 가래소리와 달구소리는 상여소리와 함께 우리나라의 대표적인 의식요(儀式謠)이다.

※ 경남고성지방의 달구소리

딸구여 딸구여 어-허연아 딸구여	어-허연아 딸구여 어-허연아 딸구여
다져주소 다져주소 곱게곱게 다져주소	어-허연아 딸구여 어-허연아 딸구여
곱게곱게 지은 봉군 아들딸 곱게나요	어-허연아 딸구여 어-허연아 딸구
상주백관 다 오셔서 이봉군 다져주소	어-허연아 딸구여 어-허연아 딸구여
영상이네 영상이네 ○○가문에 영상이네	어-허연아 딸구여 어-허연아 딸구여
90평생 장수하고 아들딸 갖기두고	어-허연아 딸구여 어-허연아 딸구여
이묘쓴 3년만에 효자충신 많이 나소	어-허연아 딸구여 어-허연아 딸구여
경사가 따로있나 오늘영상이 경사로다	어-허연아 딸구여 어-허연아 딸구
경사로다 경사로다 이가문에 경사로다	어-허연아 딸구여 어-허연아 딸구여
다져주소 다져주소 비가와도 안꺼지고	어-허연아 딸구여 어-허연아 딸구여
지어주소 다져주소 대접봉군 무덤되게	어-허연아 딸구여 어-허연아 딸구여

- 이하생략 -

<1996년 고성군 고성읍 이당리 132 안윤조(80)제공>

나. 반우(返虞)

상주들은 평토제가 끝나면 '신주(神主=魂帛혼백)'를 모시고 곡을 하면서 천천히 집으로 돌아오는데, 이것을 '반곡(返哭)'혹은 '반우(返虞)'라 한다. 반곡을 할 때는 반드시 갔던 길로 돌아와야 하며, 뒤를 돌아보거나 되돌아가면 절대로 안 된다. 반혼 때는 신주와 혼백을 영여(靈輿))에 모시고 오는데, 신주가 집에 도착하면 주부가 곡을 하면서 혼백을 받아 '영실(靈室=祭廳제청 · 喪廳상청 · 几筵궤연 · 殯室빈실 · 殯所빈소)'에 모신다. 영실에는 아침저녁으로 상식(上食)을 하며(지역에 따라서는 삼우제가 끝나면 삭망제 때에만 상식을 하는 곳도 있다), 문상객의 조문도 받고, 매월 초하루와 보름에는 곡을 하면서 '삭망제(朔望祭)'를 드린다. 이 일은 상기(喪期)가 끝날 때까지 계속되고 이 기간은 비록 돌아가셨지만 살아계실 때와 똑같이 생각하고 또 그렇게 모셨다.

5. 우제(虞祭)와 졸곡제(卒哭祭)

죽은 자의 혼이 자기의 육신이 없기 때문에 불안해하며 방황할 것을 우려하여 반혼(返魂) 후에 우제(虞祭)를 모신다. 말하자면 우제는 혼백을 편안하게 하기 위한 제의로 초우(初虞), 재우(再虞), 삼우(三虞)가 있다. 예법에는 재우와 삼우를 일진에 따라 지내도록 하고 있지만, 실제로는 일진(日辰)에 관계없이 장례 다음날 재우제를 지내고, 재우제 다음날 삼우제를 지내는 것이 일반적인 관행이다. 초우는 장지로부터 반혼하는 즉시 거행하며, 재우는 그 다음날, 삼우는 3일째 올린다. 장지가 멀어 당일로 돌아올 수 없는 먼 거리일 때는 도중의 숙소에서라도 초우제를 올려야 한다.

우제는 단작(單酌)이 아니고 다음과 같은 절차로 모신다.

진설(陳設) → 강신(降神) → 진찬(進饌) → 초헌(初獻) → 아헌(亞獻) → 종헌(終獻) → 유식(侑食) → 합문(闔門) → 계문(啓門) → 사신(辭神)

우제를 지낼 때 주상과 주부는 영좌 앞에 지팡이를 짚고 서며, 나머지 복인들도 복(服)의 순서에 따라 서서 곡을 한다. 그 제의(祭儀) 순서가 기제(忌祭)와 같으므로 구체적인 내용의 설명은 기제에서 다시 설명하기로 한다. 삼우제가 끝나면 상식(上食)은 삭망제(朔望祭) 때에만 한다.

졸곡제(卒哭祭)는 무시로 하던 곡(哭)을 그친다는 의미의 제사인데, 삼우제 이튿날 지내는 곳도 있고, 초상 후 석 달 째 맞는 강일(剛日 : 甲갑・丙병・戊무・庚경・壬임에 해당되는 날)에 행하는 곳도 있다. 졸곡제를 지내면 무시곡(無時哭)은 그치지만 삭망제의 상식 때는 곡(哭)을 계속한다.

6. 소상(小祥)과 대상(大祥)

상례에서 흔히 하는 말로 '부모의 삼년상을 치른다.'는 말이 있는데 이 말은 햇수로 3년이란 말이고, 정확하게는 만 2년을 말한다. 소상이나 대상의 한자(漢字)를 보면 '죽을' 상(喪)으로 쓰지 않고 '상서로울' 상(祥)으로 쓰는데, 그 까닭은 부모상을 당하면 자식은 무덤 옆에서 '시묘(侍墓)살이'를 하다가 건강을 해치는 경우가 있는데, 무사히 끝났으니 경사스럽다고 해서 그렇게 썼다고 한다.

소상은 예서에 보면 초상 후 13개월이 될 때 길일(吉日)을 가려 지내도록 되어 있으나 근래에는 초상 후 만 1년이 되는 첫 번째 기일(忌日)에 지내는데 '연제(練祭)'라 하기도 한다.

소상은 절차는 다음과 같은 순서로 진행된다.

진설(陳設) → 진연복(陳練服) → 출주(出主) → 강신(降神) → 진찬(進饌)
→ 초헌(初獻) → 독축(讀祝) → 아헌(亞獻) → 종헌(終獻) → 유식(侑食)
→ 합문(闔門) → 계문(啓門) → 사신(辭神)

대상은 초상 후 만 2년이 지나고 난 뒤 길일을 가려서 치르라고 되어 있지만 일반적으로 두 번째 기일(忌日)에 올린다. 대상의 의식 절차는 소상 때와 같지만 그 규모가 다소 크다. 대상까지 끝나는 것을 '탈상(脫喪)' 또는 '종상(終喪)'이라고 하며 상주는 상복을 벗고 일상의 생활로 돌아온다. 이제 빈소도 철거하고 신주는 사당에 모시며 상주가 사용하던 상복과 관련된 장신구들은 모두 불에 태워 버린다.

※ 부의금 봉투에 쓰는 글귀

• 조의(弔意)	• 부의(賻儀)	• 전의(奠儀)
• 박의(薄儀)	• 미성(微誠)	• 비의(菲儀)
• 비품(菲品)	• 약례(略禮)	• 향촉대(香燭代)

※ 인사장 예문

인 사 말 씀
이번 저희 어머님 상사(喪事) 때에는 공사다망하신 중에도 정중하신 조의를 베풀어 주신데 대하여 깊은 감사를 드립니다. 일일이 진배(進拜)하옵고 인사드림이 도리인 줄은 알면서도 황망 중에 우선 지면을 빌어 인사 올리옵니다. ○○○○ 년 ○월 ○일 嗣子(사자) ○○○ ○○○ 婿(서) ○○○

그런데 요즘에 와서는 상례절차가 간소화되어 삼우제를 지내고 나서, 곧 바로 탈상(脫喪)을 하는 경우가 많아졌다. 모든 장례절차가 끝나면 주상은 조문객들에게 인사장을 보내는데 인사장의 내용은 특별히 그 형식이 정해진 것은 없고 감사의 뜻이 담겨 있으면 된다.

Ⅵ. 제례(祭禮)

제례는 한마디로 불망기본(不忘其本)이라는 조상숭배의 의례로서 모든 인간은 바로 조상에서 비롯되었다는 것을 인식한 후부터 드렸다. 예서(禮書)에 의하면 제례에는 사당제(祠堂祭)·사시제(四時祭)·이제(禰祭), 기일제(忌日祭)·묘제(墓祭)의 다섯 가지가 있다.

1. 사당제(祠堂祭)

가례(家禮)에 보면 "군자가 장차 집을 지으려면 먼저 정침 동편에 사당을 세운다. 그리고 감실(龕室) 넷을 만들어 선대(先代)의 신주를 모신다(君子將營宮室군자장영궁실 先立祠堂於正寢東선립사당어정침동 爲四龕위사감 以奉先世神主이봉선세신주)"고 하였다. 4개의 감실에는 탁자 하나씩을 마련하고, 각각의 신주를 독(櫝=나무궤짝)에 넣어서 탁자 위에 남향으로 모신다. 가장 서쪽 감실에 고조고비(高祖考妣)를 모시고 가장 동쪽에 고비(考妣)를 모신다.

사당제는 신알(晨謁)·출입(出入)·참례(參禮)·천신(薦新)·고사(告祀)의 5종류가 있는데 그 내용은 대략 다음과 같다.

"주인은 새벽에 일어나면 사당에 참배하고, 출입할 때는 반드시 사당에 고하며, 설·동지·초하루와 보름에는 예를 올린다. 속절(俗節)에는 시절음식을 올리고, 무슨 일이 있으면 고해야 하며, 수재·화재·도둑이 들어도 먼저 사당부터 돌봐야한다."고 했다.

① 신알(晨謁):주인이 새벽에 일어나서 사당의 외문 안에 들어서서 분향재배하는 예로서 새벽문안에 해당된다.

② 출입필고(出入必告) : 주인과 주부는 가까운 곳에 갈 때는 사당을 쳐다보는 정도의 예를 드리지만, 타처(他處)에서 유숙하고 와야 할 때는 분향재배하고 고하는 것이 원칙이었다.

③ 정월(正月)·동지(冬至)·삭망참례(朔望參禮):이 때는 각각의 신주 앞에 잔반(盞飯)을 차리고, 강신→참신→헌작 재배→사신의 순서로 제사를 모신다.

④ 속절천헌(俗節薦獻) : 속절에 대한 논의는 분분하나 일반적으로 청명·한식·단오·중양을 말하는데, 이 때는 새로운 음식을 놓고 참례 때와 같이 제사를 올린다. 계절에 따른 새로운 음식이 있어도 '유신물즉천(有新物則薦)'이라 해서 사당에 먼저 올렸다.

⑤ 유사즉고(有事則告) : 집안의 대소사는 사당에 반드시 고해야 하며 절차는 참례와 같다.

2. 사시제(四時祭)와 이제(禰祭)

사시제란 4계절에 지내는 제사로 차례(茶禮)라고도 한다.

예서에 의하면 맹춘(孟春 : 1월), 맹하(孟夏 : 4월), 맹추(孟秋 : 7월), 맹동(孟冬 : 10월)의 하순(下旬)에 정일(丁日)이나 해일(亥日)을 택하여 거행한다. 가문에 따라서는 4대 명절인 설 · 한식 · 단오 · 추석에 거행하기도 하고, 2월, 5월, 8월, 11월에 날을 잡아 지내기도 한다. 근래에는 사시제를 모두 모시지 않고 설날과 추석에만 차례를 지내거나, 연 3회를 드릴 때는 설과 추석 외에 한식(寒食), 단오(端午), 동지(冬至) 중에서 어느 명절 하나를 택하여 드린다.

차례(茶禮)가 기일제(忌日祭)와 다른 점은 다음과 같다.

첫째, 차례는 명절에 지내는 제의로서 가내에 모셔진 모든 조상에게 합동으로 올리는 합사(合祀)인데, 기제는 기일에 거행하는 제의로서 해당되는 내외분만을 위한 개별적 제례다.

둘째, 차례는 명절 아침 일찍 단작으로 거행되며 제수도 비교적 간단히 차리는데, 기일제는 기일(忌日) 자정에 복잡한 절차에 의해 거행된다.

셋째, 차례에는 그때그때 계절의 특이한 음식(예 : 떡국, 송편 등)을 준비하여 천신(薦新)하는데, 기일제에는 그러한 천신이 없다.

이제(禰祭)는 9월 중에 좋은 날을 택하여(대개 9월 9일) 돌아가신 부모님께 드리는 제사인데, 그 절차는 사시제와 같지만 오늘날에는 기일제에 흡수되어 따로 이제를 모시는 경우가 거의 없다.

3. 기일제(忌日祭)

대상을 지낸 다음 해의 기일(忌日) 자정에 사당(또는 제청)에서 지내는 제사를 '기일제'라 한다. 기일제를 『주자가례(朱子家禮)』에서는 다만 한 위(位)만 지낸다고 되어 있으나, 일반적으로는 4대조의 고비(考妣)까지 내외분 8위(位)를 대상으로 하며, 5대조부터는 모시지 않고 묘제(墓祭)로 모신다.

가. 지방(紙榜)

신주를 조성하지 않은 가정에서는 지방(紙榜)으로 신위(神位)를 대신하는데, 깨끗한 백지에 먹으로 내리쓴다. 지방은 맨 윗머리에 '현'(顯)이라 쓰고(처(妻), 제(弟), 자(子)는 '망'(亡)이라 씀), 그 다음에 조부모 이상의 경우에

※ 지방서식 예

고조(高祖)	고(考)	顯高祖考學生府君神位 현 고조고 학생부군 신위
	비(妣)	顯高祖妣孺人金海金氏神位 현 고조비 유인 김해김씨 신위
증조(曾祖)	고(考)	顯曾祖考進士府君神位 현 증조고 진사부군 신위
	비(妣)	顯曾祖妣進士夫人慶州金氏神位 현 증조비 진사부인 경주김씨 신위
조(祖)	고(考)	顯祖考處士府君神位 현 조고 처사부군 신위
	비(妣)	顯祖妣孺人密陽朴氏神位 현 조비 유인 밀양박씨 신위
부(父)	고(考)	顯考總長府君神位 현 고 총장부군 신위
	비(妣)	顯妣總長夫人晋陽姜氏神位 현 비 총장부인 진양강씨 신위
형제(兄弟)	형(兄)	顯兄文學博士府君神位 현 형 문학박사부군 신위
	제(弟)	亡弟學生○○神位 망제 학생○○ 신위
부부(夫婦)	부(夫)	顯辟學生府君神位 현 벽 학생부군 신위
	처(妻)	亡室孺人河東鄭氏神位 망실 유인 하동정씨 신위
자(子)	亡子秀才○○之靈 망자 수재 ○○ 지령	

는 친족호칭(예 : 고조, 증조)을 쓴다. 거기에 이어 아버지 계통에는 '고(考)'라 쓰고, 어머니 계통에는 '비(妣)'라고 쓴다.

남자의 경우 고(考)자 다음에 관직이(學位학위 포함) 있으면 그 관직명을 쓰고 관직이 없으면 '학생(學生)' 혹은 '처사(處事)'라고 쓴 뒤에 이어서 '부군신위(府君神位)'라 쓰면 된다. 여자의 경우에는 비(妃)자 다음에 남편의 관직에다 '부인(夫人)'이라 쓰고(없으면 孺人유인), 본관과 성씨(이름은 쓰지 않는다) 다음에 신위(神位)라 쓴다. 합설의 경우 고서비동(考西妣東)의 원칙에 따라 아버지는 서쪽에 어머니는 동쪽에 모신다.

그런데 근래에는 지방 대신에 사진으로 신위봉안(神位奉安)을 대신하는 추세가 늘고있는 실정이다.

나. 진설(陳設)

진설이란 제물을 차리는 것을 말하는데, 제물은 형편에 따라 가감되지만 가장 기본적인 제수로는 대추, 밤, 배, 곶감 등의 과실류와 나물 종류, 탕 종류, 적이나 전 종류, 뫼(밥)와 갱(국), 병(떡) 등이다. 뫼와 갱을 제외한 모든 제물은 초헌(初獻) 이전에 미리 차려둔다.

진설법은 다음과 같지만 지역과 가문에 따라 다소 차이가 있다. 제주(祭主)가 신위를 향해 섰을 때 오른쪽이 동쪽, 왼쪽이 서쪽이고 제주와 가장 가까운 쪽을 첫 번째 줄로 할 때 다음과 같다.

첫째 줄에는 과일과 조과(造菓)를 차린다. 과일은 홍동백서(紅東白西＝東棗西栗→기호지방의 老論노론 계통) 라고 해서 붉은 대추는 동쪽에, 흰 밤은 서쪽에 놓는다. 털 있는 과일이나 씨 없는 과일은 쓰지 않고 홀수로 진설한다. 조율이시(棗栗梨柿→영남지방의 南人남인 계통)는 왼쪽에서부터 대추, 밤, 배, 감(홍시, 곶감) 순서로 차리는 것을 말한다.

둘째 줄에는 나물을 놓는데 좌포우혜(左脯右醯)법에 따라 제주의 왼쪽(서쪽)에 포를 놓고 오른쪽에 식혜를 놓는다. 나물은 그 사이에 놓는데 생동

숙서(生東熟西)로 차리며 둘째 줄은 짝 수로 진설한다.

셋째 줄에는 탕을 차리는데 탕이란 삶은 제물을 말하며, 어동육서(魚東肉西)법에 따라 홀수로 진설한다.

넷째 줄에는 적(炙)과 전(煎)을 차리는데 적전중앙(炙煎中央), 어동육서(魚東肉西), 두동미서(頭東尾西), 배상복하(背上腹下)법에 따라 진설하고 비늘 없는 생선은 쓰지 않는다. 떡과 면은 면서병동(麪西餠東) 법에 따르고, 짝수로 차린다. 적은 불에 구운 것이고, 전은 기름에 지진 것을 말한다.

다섯째 줄에는 뫼(밥)와 갱(羹=국)을 차리는데 반서갱동(飯西羹東) 법에 따른다.

또 천산양수(天産陽數) 지산음수(地産陰數)라고 해서, 땅에 뿌리를 박고 자란 것은 짝수(陰數)로 차리고 그 외의 것들은 홀수(陽數)로 차린다.(뫼와 갱은 제외)

제수 음식을 만들 때는 가능한 한 잡담을 피하고 정숙한 가운데 조리를 해야 한다. 화학조미료와 고춧가루, 마늘, 파 종류, 생강, 후추 등은 사용하지 않고, 간장, 소금, 참기름 등으로 맛과 간을 맞춘다. 생선도 이름에 '치' 자가 들어가는 것은 쓰지 않기도 한다.

제상은 이북위상(以北爲上)에 따라 북쪽에 놓는데, 만약 제청(祭廳)의 위치 때문에 상을 북쪽으로 놓을 수 없으면, 어느 쪽으로 놓든지 신위가 있

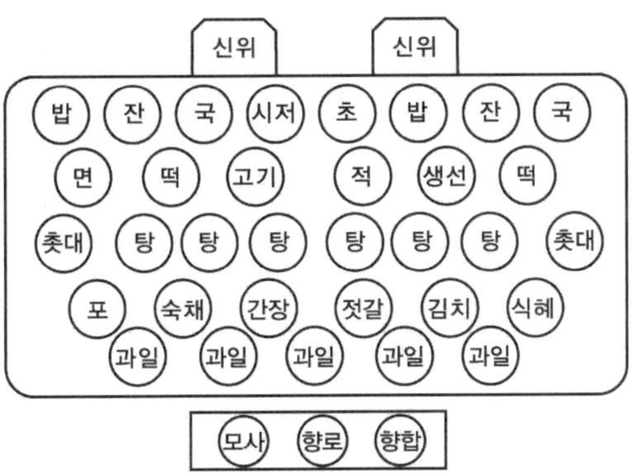

〈제사상 진설도〉

는 곳이 북쪽이 되고, 서쪽이 상위[以西爲上이서위상]가 된다.

그런데 제물의 진설은 가문과 지역에 따라 차이가 있기 때문에 '가가례(家家禮)'라고 하며, "남의 제사에 감 놓아라, 배 놓아라." 하는 것은 옳지 않은 일이다.

다. 제차(祭次)

기일제는 지역이나 가문에 따라 다소 차이가 있지만 대개 다음과 같은 순서로 진행된다.

① 분향강신(焚香降神) : 참사자(參祀者)가 신위를 향하여 늘어서고, 제주는 꿇어앉아 모사(茅沙)에 꽂은 향에 불을 붙이고 재배한다.

② 참신(參神) : 제주 이하 모든 참사자가 재배한다.(신주인 경우는 참신을 먼저하고, 지방(紙榜)인 경우는 강신을 먼저 한다)

③ 초헌(初獻) : 제주는 집사에게서 술잔을 받아들고, 그 잔에 술을 받아서 집사에게 다시 주면 집사는 먼저 고위(考位)앞에 드리고, 이어서 비위(妣位) 앞에 드린다. 참사자들은 꿇어앉고 축관(祝官)이 독축(讀祝)하며 독축이 끝나면 모두 일어나 재배한다.

④ 아헌(亞獻) : 초헌잔을 퇴주 그릇에 비우고, 아헌자(차남 또는 주부)가 잔을 올리고 모두 재배한다.

⑤ 종헌(終獻) : 아헌자 다음의 근친자가 잔을 올리는데, 7부 쯤 채워 신위 앞에 차리고 모두 재배한다.

⑥ 유식(侑食) : 첨작이라고도 하며, 초헌자가 꿇어앉아 7부 쯤 채워져 있는 종헌잔에 첨작하고 재배한다.

⑦ 계반(啓飯)·삽시(揷匙)·합문(闔門) : 뫼와 갱을 올리고, 밥그릇의 뚜껑을 연 뒤, 숟가락 바닥이 동쪽을 향하도록 꽂고, 제주는 재배하고 제청에서 나와서 합문한 채, 문 앞에 엎드려 기다린다.

⑧ 계문(啓門) : 합문 후 식구반(食九飯=아홉 숟가락의 밥을 먹는 시간)

이 지나면 헛기침을 세 번 하고 모두 제청 문을 열고 들어간다.

⑨ **점다(點茶)・철시(撤匙)・복반(復飯)** : 갱을 물리고, 그 자리에 숭늉 그릇을 올린다. 뫼를 조금씩 세 번 떠서 물에 말아놓고, 참사자들은 잠깐 읍(揖)을 한 뒤 뫼 뚜껑을 덮고, 숟가락을 내려놓는다.

⑩ **사신(辭神)** : 참사자들은 재배하고 대문 앞까지 나가서 배웅하고 돌아온다. 신주가 있으면 사당으로 모시고 지방(紙榜)인 경우는 소지(燒紙)를 한다.

제사가 끝나면 자손들은 모여앉아 조상이 남기고 간 복된 음식을 나누어 먹는데, 이것을 음복(飮福)이라 한다. 음복을 하기 전에 제물을 조금씩 떼어 대문 밖에 버리는데, 이것은 배고픈 무주신(無主神)을 대접하기 위한 것이라고 한다. 제상의 제물은 뒤쪽에서부터 물린다.

※ 부모기일제축문

維歲次戊申五月丁酉朔十五日辛亥孝子○○敢昭告于
(유세차무신오월정유삭 십오일신해효자○○ 감소고우)
顯考學生府君(현고학생부군)
顯妣孺人金海金氏歲序遷易(현비유인김해김씨세서천역)
顯考學生府君諱日復臨追遠感時(현고학생부군휘일부림추원감시)
昊天罔極謹以淸酌庶羞恭伸奠獻(호천망극근이청작서수공신전헌)
尙饗 (상향)

<해가 바뀌어 아버님이 돌아가신 날이 되어 부모님을 생각하니,
세월이 흐를수록 하늘같은 은혜 측량할 길 없습니다.
삼가 맑은 술과 갖은 제찬을 드리오니 흠향 하시옵소서>

4. 묘제(墓祭)

고조고위(高祖考位) 즉 4대조까지는 집안에서 기일제로 모시지만, 5대조 고위(五代祖考位) 이상은 묘제로 봉사(奉祀)한다. 시사(時祀)·시향(時享)·시제(時祭)·묘사(墓祀) 등 다양하게 불리는 묘제는 년 중 네 번(청명·한식·단오·중양)에 걸쳐 모셨지만, 지금은 음력 10월 보름을 전후하여 정해진 날에 문중의 후손들이 산소에서 제사를 지낸다.

묘제의 절차는 기일제와 같지만 기일제가 밤에 지내는데 반하여, 낮에 지내고, 강신과 유식 절차가 없는 점이 다르다.

제사에 참여하는 자손이 많기 때문에, 항렬이 가장 높고 나이 많은 사람이 제일 왼쪽(서편) 앞줄에 서고, 그 다음 오른쪽으로 가면서 나이순으로 선다. 그 뒤에는 다음 항렬이 나이순으로 서고, 셋째 줄에는 그 다음 항렬이 나이 순서대로 왼쪽에서부터 선다.

묘제를 지낼 때에는 간단한 세물로 산신제(山神祭)를 먼저 지낸다.

묘제는 성묘(省墓)와는 다른데 성묘는 설날이나 추석, 한식이나 청명 등의 명절날, 기제사의 대상인 4대조까지의 조상 묘를 찾아가 제사를 모시는 것이고, 묘제는 5대조 이상의 묘에서 올리는 제사라고 보면 된다.

묘제는 대개 종손(宗孫)이 초헌관이 되어서 주제하며, 묘제가 끝나면 종친회를 하는 경우가 많은데, 이때에는 그 해 시제(時祭)의 결산보고, 시제의 규모에 대한 논의, 내년도 시제답(時祭畓)의 관리인 결정 등 문중의 대소사를 논의한다.

이상에서 살펴본 제례의 의의는 동족(同族)들이 모여서 조상을 중심으로 혈연(血緣)을 확인하고, 항렬을 밝혀 질서의식을 고취시키며, 가문의 자존심과 상부상조의 미풍을 계승시키는 계기를 삼는데 있었다.

※ 예서(禮書)의 제의(祭儀)와 실제관행의 차이

	예 서	실 제 관 행
제사의 종류	사당제・사시제・이제・기일제・묘제	차례・기제・시제
사당제의 종류	신알・출입・참례・천신・고사	설과 추석에 차례만 지냄
사시제와 이제	예서에만 있음	지내지 않음
기일제	거행함	예서와 동일
묘제의 시기	3월중	10월중(시제・시향・시사・묘사)

〈묘제〉

제4장

의식주

Ⅰ. 의생활(衣生活)

우리 민족은 원시 복식에 대한 자료가 거의 없는 실정이지만 『후한서(後漢書)』나 『삼국지(三國志)』의 <위지동이전(魏志東夷傳)> 또는 민속학적 고찰을 통해서 추측해 보면, 우리 조상들은 여름에는 앞을 가리는 정도의 옷을 걸쳤고, 겨울에는 동물 가죽을 그대로 사용하여 팔, 다리, 목만 나오게 하고 온몸을 감싸는 옷을 입었을 것이다. 이 가죽옷의 형태가 점점 발전하여 상·하복으로 나누어지고, 상의인 저고리에는 소매를 달았고, 하의는 처음에는 치마 모양이었다가 후에 가랑이가 있는 바지로 발전한 것으로 본다.

고구려의 고분 벽화를 보면 모자는 고깔 모양이고, 상의의 깃과 도련, 옷섶이나 소매 끝에 다른 천을 붙여 아름다움을 나타내고 있다. 우리민족 고유의 복식은 저고리, 바지, 치마, 두루마기를 착용했고 머리에는 관모(冠帽)를 썼다. 허리에는 띠를 둘렀으며, 발에는 신을 신었을 것으로 본다. 복식은 우리의 생활에서 실용성(實用性)과 함께 미적(美的) 감각을 표현하는 것이기 때문에 시대와 지역 가문과 가정환경에 따라 매우 다양하고 복잡하다. 고부자는 『한국민속학의 이해』에서 일반 민중의 옷을 의례복·평상복·노동복으로 나누어 설명하고 있는데 소개하면 다음과 같다.

1. 의례복(儀禮服)

의례복이란 의례 때 특별히 갖추는 예복을 말한다. 우리나라에서 가장 큰 의례는 사례(四禮), 즉 관혼상제였으며, 특히 혼례 때 일반가(一般家)에서는 최상의 치레를 하게 되므로 이를 통하여 우리나라 일반 민중들의 의생활 수준을 가늠할 수 있다.

사례 중에서 관례(冠禮)는 조선 후기 단발령에 의해 많이 약화되어 형식만 남아 그 실례가 흔치 않으며 여성의 계례(笄禮)는 찾을 수가 없다.

가장 화려한 치레는 혼례 때이며 이승에서 최상의 치레를 하고 일생에 한 번 관리(官吏) 차림과 관리의 행차를 할 수 있는 예우도 받게 된다. 사람은 일생에 두 번 큰 호사 치레를 하게 되는데, 혼례 때와 죽어서의 수의(壽衣) 치레이다. 따라서 수의도 혼례 때와 같은 격식으로 차리게 된다.

상례 때는 상복(喪服)을 착장하는 상주와, 수의를 입는 사자(死者) 사이에서 상반되는 대립성을 갖게 된다. 즉 전자는 죄인이라 하여 가장 거친 삼베로 입으며, 후자는 이 세상에서 최상의 치레로서 '비단'이라고 하는 명주옷을 입힌다.

제례(祭禮) 때는 의관(衣冠)을 갖추는데, 남자는 흰색의 도포나 두루마기를 입고, 머리에는 갓이나 유건을 쓰고, 여자도 흰색 옷을 입거나 여유 있는 집에서는 '천담복(淺淡服)'이라 하여 엷은 옥색의 치마와 저고리를 입고 장식 없는 검정색 족두리를 쓴다.

의례에는 포함되지 않으나 출생에 따르는 복식도 다양하여 다음에 소개해 본다.

• 삼칠일 옷

출생 후 3일부터 21일 동안 입히는 옷이라 하지만 주로 백일까지 간다. 명칭은 지역에 따라 주로 배내옷 · 일안옷 · 삼칠일옷 · 이레안옷이라고 부르며, 옷감은 부드러운 흰색의 융이나 면 종류로 만든다. 모양은 한복 저고리와 같은 형태이지만 깃이나 섶은 달지 않고 약식으로 간단하게 만들며 옷고름은 장수하라고 실로 단다. 제주도에서는 삼베로 하며, 명칭도 '봇뒤창옷', '창옷', '베창옷'이라 하였다.

남아(男兒)가 입었던 삼칠일옷은 운수가 좋다하여 과거보러 갈 때, 전쟁터에 나갈 때, 소송 사건이 있을 때, 심지어는 노름판에 갈 때도 갖고 갔다. 또 남아가 입던 것을 여아에게는 입히지만 여아가 입던 것은 재수가 없다 하여 금기하였다. 낡아서 못 쓰게 된 남아(男兒)옷은 함부로 버리거나 걸레로 하지 않고 행주로 쓴다. 자손이 귀하거나 검박(儉朴)한 선비들의 집안에서는 무병장수한 남자 조상이 입었던 낡은 옷을 웃옷(큰옷)으로 만들어서 겸양과 조상의 음덕 및 복을 잇고자 하였다.

• 백일 및 돌옷

백일에는 백색 옷감으로 백 줄을 누벼 만든 누비옷을 입히면 백 살까지 산다고 하여 그런 옷을 해 입혔고, 이때는 깃과 섶도 제대로 갖추어 단다. 옷을 백 줄 누비지 못하는 경우는 버선을 누벼 신기기도 하였다. 돌은 아기들이 가장 호사 치레를 할 수 있는 기회다. 돌 전(前)에는 주로 흰색 옷을 입히지만 돌 때는 모두 색깔 있는 것으로 마련하며, 어른처럼 머리에서부터 신발까지 정식으로 차려 입혔다. 저고리나 두루마기의 옷고름은 빨강이나 파란색으로 만들어 허리를 한 바퀴 돌려 맬 수 있도록 길게 달았는데 이를 '돌띠'라고 하였고, 빨간색 천에 길상(吉祥)무늬의 수를 놓은 '수(繡)돌띠'를 허리에 두르기도 한다.

가. 혼례복(婚禮服)

혼례 당일은 일생에 한 번 최고의 호사 치레를 하였다. 신랑은 사모관대(紗帽冠帶)를 갖추고 신부는 원삼·족두리 차림을 하며, 관원들이 행차할 때처럼 가마와 말을 타고 사령을 거느리며 관원(官員) 대우를 받는다.

혼례 날 신부의 옷차림은 웃옷으로 제일 안에 모시 속적삼을 입고, 분홍저고리, 노랑저고리, 연두삼회장저고리를 차례대로 겹쳐 입는다. 아래는 속에서부터 속옷바지, 단속곳, 청치마, 홍치마를 입고 그 위에 원삼을 입는다. 머리에는 달비를 여러 개 모아서 크게 낭자머리를 틀어서 용비녀를 꽂고 족두리를 쓴다.

혼례 날에는 반드시 솜저고리나 솜바지를 입어야 한다는데, 만약에 입지 못할 경우는 저고리 깃이나 바지허리에 솜을 넣는 시늉이라도 해야 한다. 솜의 부풀어 오르는 특성과 따뜻한 보온력은 부(富)와 사랑을 상징하며, 신부가 모시 속적삼을 입는 것은 '시집살이가 시원하라'는 이유에서라고 한다. 이 외에 많은 사례들도 모두 유사연상(類似聯想)의 유감 주술적 속신을 믿고 의지하려는 습속에서 기인되고 있음을 말 해 준다.

나. 상복(喪服)

가장 철저하고 까다로운 격식을 차린 의례가 상례(喪禮)였던 만큼 이 때 갖추는 상복에도 격식이 많다. 상복을 갖추는 일은 예(禮)와 효(孝)의 근본이며 격식의 첫 관문이므로 아무리 어려운 지경이라도 상복은 입었으며 없으면 빌려서라도 입었다.

상복은 상(喪)의 경중(輕重)에 따라 오복제(五服制)가 있었는데, 오복제에 따른 모든 격식을 갖추기는 어려웠고 보통은 자녀나 손자 등의 직계에서 지키는 정도였다.

남자 상주는 굵은 삼베로 만든 굴건제복(屈巾祭服)을 하고 짚신을 신었다. 미혼일 때는 굴건제복을 차릴 수 없으므로 제복 대신으로 중단(中單)을 입고, 건(巾) 대신에 사방 한 폭 너비의 베 헝겊을 머리에 얹고 수질(首絰)을 함께 쓴다. 손자와 사위는 건과 중단을 갖추고 행전을 찬다. 여자 상주들은 삼베로 만든 치마저고리에 중단을 입고 허리에 요질(腰絰)을 매며, 머리에는 베 헝겊에 수질을 쓴다. 남녀 상주들은 지팡이를 짚는데 부상(父喪)에는 대나무(竹杖)로 하고, 모상(母喪)에는 오동나무나 버드나무로 하였다. 복친(服親)들은 복제에 맞는 복을 입었으며 두건을 썼다.

다. 수의(壽衣)

죽은 자가 입는 옷인 수의의 명칭은 지역에 따라 '수의', '머능옷', '저승옷', '호상옷'이라고도 한다. 재료는 양반집에서는 비단으로 하였으나 일반인은 명주로 하였다.

수의는 저승에서 영생토록 입을 옷이라 하여 최상의 것으로 장만하였는데 혼례복과 같다. 그러나 남자의 사모관대는 이승에서 관리들이 입는 관복인 반면, 저승에서는 만인이 평등하여 관복이 필요하지 않기 때문에 이승에서 가장 큰 예복인 도포로 하고, 여자는 혼례 때와 똑같이 갖춘다. 수의는 주로 윤달에 마련하는데, 하루에 완성하여야 하고 완성된 것은 좀이 슬지 않게 담뱃잎이나 박하 잎 등을 옷 사이에 넣어 잘 보관하며, 칠월 칠석에는 수의를 거풍(擧風)시키기도 하였다.

2. 평상복(平常服)

우리나라는 사계절이 뚜렷하여 계절에 맞도록 여름옷은 모시나 삼베를 이용하되 홑으로 하고, 봄과 가을에는 누비옷을 입었으며, 겨울에는 명주나 무명의 겹옷이나 솜옷을 해 입었다.

여름에는 등(藤)이나 대나무로 만든 등걸이 또는 토시를 사용하여 더위를 이겼고, 겨울에는 솜이나 털로 만든 토시를 끼고 머리, 귀, 얼굴에도 방한 용구를 써서 추위를 막았다.

남자들은 바지저고리를 기본으로 입었고, 나들이 때에는 겉옷으로 두루마기나 도포를 입었다. 1800년대 말부터 입기 시작한 서양복은 1900년대 와서 많이 보급되었으며, 이 시기에는 한복과 양복이 공존하는 이중구조 현상이 나타난다.

여자들의 의복은 매우 보수적이었는데, 일부 신식 여성이나 학생, 교회에 다니는 사람을 제외하고는 대부분이 치마, 저고리의 한복차림이었으며, 여유 있는 사람들은 두루마기도 입었다.

기혼 남자들은 망건에다 탕건·정자관·갓[黑笠흑립]을 썼는데, 단발령 이후에는 머리카락을 깎아서 남자 어른들은 외출 때 서양식 모자를 쓰기도 하였다.

1895년 의제(衣制)개혁의 일환으로 실시된 '단발령(斷髮令)'은 우리나라 역사상 가장 큰 변혁이었는데 '효의 근본이념과 한민족의 얼을 말살시키는 일'이라 하여 단발령(斷髮令)은 반일(反日)감정으로 번졌고, 뜻있는 사람들은 자결까지 하였으나 차츰 서양화(西洋化)의 대세에 따라 단발을 하게 되었다.

일제 강점기에 특기할 만한 것은 여성이 '몸빼'를 입기 시작한 것이다. 1940년대 초 태평양전쟁 막바지에 여성 인력의 동원을 목적으로 간편한 복장이 요구되자 강제로 입힌 것이다.

여성들의 치마 여밈은 흔히 '양반은 왼쪽으로 여미고 상민은 바른쪽으로 여민다'고 하였으나 이는 당쟁(黨爭)의 여파가 남긴 일이고, 지역과 가문에 따라 상대방을 멸시해 온 악폐일 뿐이다. 남인계(南人系)를 중심으로 하는 가정에서만 오른쪽으로 여미었고, 대부분이 왼쪽으로 여미었다. 오른쪽으로 여미는 곳은 경상도에서도 남인세력이 강했던 지역과 특이하게 제주도와 거제도 쪽이다. 조선 후기로 오면서 당파의 위세는 가문과 지역을 중심으로 더욱 강화되었고, 이 현상은 여성의 복식에까지 영향을 크게 미쳤다.

3. 노동복(勞動服)

여름에는 삼베옷, 겨울에는 무명옷을 주로 입었고, 신발은 짚신을 신었다. 우천시(雨天時)에는 갈대로 만든 삿갓을 썼고, 띠[茅모]나 볏짚, 풀을 재료로 엮은 우장(雨裝)이나 도롱이, 접살을 비옷으로 입었으며 나막신을 신었다.

제주도에서는 다른 지방과 달리 농부들이 밭일이나 일반 노동을 할 때는 무명옷에 갈물을 들인 '갈옷'을 입고, 바다에서 해산물을 채취하는 여자는 무명으로 만든 '물소중이'라고 하는 옷을 입었다.

산에서 목축을 하는 목자(牧者)들은 겨울에는 털로 된 것들을 이용하였는데, 털모자나 털옷(가죽 두루마기)을 입었고, 하체에는 허벅지까지 긴 '발레(털가죽)'를 꿰고, 가죽 버선을 신었으며, 눈에 미끄러지지 않도록 설피를 덧신었다.

Ⅱ. 식생활(食生活)

우리 민족의 음식은 밥과 죽이 주식(主食)이었고, 국, 찌개, 김치, 장, 나물, 생채(生菜), 장아찌, 적(炙=구이)과 전(煎=부침), 자반(양념조림), 포, 젓갈, 회 등은 부식(副食)이었다. 밥은 재료에 따라 쌀밥, 보리밥, 조밥, 수수밥, 콩밥, 팥밥, 무밥 등 다양한 종류가 있지만 기본적으로 쌀이나 보리가 주재료였고 죽(粥)은 곡식을 빻은 가루로 끓인 것이 많았다.

1. 선사시대(先史時代)의 식생활

우리 민족이 한반도에 살기 시작한 것은 구석기 시대로 추측되는데 이 시대에는 과일이나 나무뿌리 혹은 사냥으로 잡은 짐승을 먹고 살았다. 신석기(新石器) 시대에 들어오면서 자연적 재취의 식생활에서 벗어나 어로(漁撈)나 수렵(狩獵)의 식생활로 바뀌어 갔다. 이 시기에 이르면 마제석기나 토기 등이 등장하며, 조개 무덤 등에서 뼈로 만든 낚시나 작살 등이 발굴되고 있어서 신석기 시대 사람들의 주된 생업이 어로활동이었음을 알 수 있다. 뿐만 아니라 활이나 돌로 만든 창 등으로 동물을 사냥하여 그 고기는 식량을 하고 모피는 의복을 지어 입었으며 뼈는 생활용구로 만들어 사용했을 것으로 추측된다.

고고학적 자료에 의하면 우리 선조들은 기원전 6~7세기경에 원시적 농경을 시작하였는데, 농사가 시작되면서 조리방법도 불을 이용하여 굽거나 삶거나 쪄서 먹었다. 그렇게 하기 위해서는 맷돌, 방아, 절구 등이 필요했고 시루도 있어야 했을 것인데 이 시기에 이런 것들이 출현하였을 것이다.

불의 발명으로 조리 방법이 다양해지면서 식생활은 획기적인 변화를 겪었다. 초창기에는 주로 국이나 죽을 먹었고, 과일 등을 오랫동안 그릇에 담아 두었을 때 그것이 발효되는 것에서 발효식품이 출현하였으며, 술의 발명도 이때부터라고 여겨진다. 이 시기의 농경은 원시 농경으로 주로 피와 기장을 경작하였으며 그 후 귀리, 보리, 콩을 심었는데 이 시기부터 곡물이 주요 식량이 되었다.

옷의 원료로는 삼을 재배하였다.

조미료는 해초, 어패류를 먹었던 관계로 소금을 사용하였을 것이다. 식물(食物) 저장의 방법으로는 말리거나 띄우는 방법, 묻거나 굽는 방법이 이용되었을 것인데, 식기(食器)가 등장한 것도 신석기(新石器) 시대 이후였음을 출토된 유물을 통해 알 수 있다.

신석기 시대 말기부터 청동기 시대(青銅器時代)를 부족국가 시대로 볼 수 있는데, 이때부터 벼농사법이 중국으로부터 전래되었다. 기원전 6세기경의 유적에서 쌀이나 조, 겉보리 등의 탄화된 곡류가 토기에 담긴 채 발굴되고 있다. 기원전 3세기경 벼농사법이 우리나라를 통해 일본에 전해진 것으로 보인다. 부족국가 시대는 어패류에서 농산물(農産物)로 주식(主食)이 바뀐 시기라 할 수 있으며 주식과 부식으로 식생활이 분리된 것도 이때부터라 여겨진다.

부족 국가였던 부여의 예를 보면, 그들의 관직명에 따라 마가, 우가, 저가, 구가 등이 있으니 이로 보아 이때 이미 말, 소, 돼지, 개를 사육하였을 것으로 짐작할 수 있다.

고구려 고분인 무용총의 수렵도에 보면 말 탄 사냥꾼이 범과 사슴을 쫓고 있고, 거기에 사냥개가 등장하고 있으며, 김해의 패총에서도 멧돼지, 사슴 등의 뼈가 출토되었다. 이런 점으로 미루어 보아 부족국가 시대에 노루, 사슴, 곰, 멧돼지 등을 사냥하여 그것을 식량으로 사용하였음을 알 수 있다.

2. 삼국과 고려의 식생활

벼농사의 시작은 삼국시대부터라고 보며, 이때부터 쌀밥이 보편화되고 식생활이 안정되기 시작하였고, 고구려(高句麗)의 경우 철기(鐵器)문화의 발달로 농기구 제조기술이 뛰어났을 것이며, 백제(百濟)는 수리시설이 뛰어났고, 신라(新羅)는 중엽에 벼농사가 보급되었다고 본다. 삼국시대 하층민의 주식은 피, 조, 기장, 콩 등의 잡곡(雜穀)이었다.

신라(新羅)에서는 도서지방에 '방목장(放牧場)'을 두어 육류를 조달하였고, 동해안의 좋은 어장과 잠수 기술도 꽤 발달하여 잠수 어업이 이미 8세기경 성행하였을 것이다. 얼음을 저장하였다가 여름에 먹는 빙고(氷庫)의 등장은 신라인의 지혜를 짐작케 한다.

고구려(高句麗)는 사냥으로 잡은 야생동물이나 소, 닭 등을 식용으로 사용하였고, 잉어를 못 속에 양식(養殖)하기도 했으며, 압록강이나 두만강의 민물고기를 잡아먹었을 것이다.

백제(百濟)는 서남해안에서 풍부한 어족자원을 얻었을 것이고, 7세기 중엽에는 이미 간장과 된장을 담그기 시작하였으며, 김치의 등장도 이때부터가 아닌가 생각된다.

이상과 같은 삼국시대의 식생활은 통일신라까지 이어졌고, 벼농사와 곡류 중심의 식생활로 안정되기까지는 상당한 기간이 걸렸을 것으로 추측된다.

고려(高麗)시대는 우리 식생활 문화의 변천기(變遷期)라 할 수 있다. 초기에는 불교의 영향을 받아 살생을 죄악시 하였으므로 어육식(魚肉食)보다는 채식을 주로 하였으나, 몽고의 침입을 받고 난 후부터 육식도 하였다. 몽고나 원과의 빈번한 접촉으로 북방음식이 전래되었는데, 몽고(蒙古)의 설렁탕, 원(元)의 소주, 사탕, 후추 등이 대표적인 북방음식이다.

고려의 식생활은 태조 때부터 권농정책을 강화하여 '농무도감(農務都監)', '권농별감(勸農別監)'등 농사 독려를 위한 관직이 있었고, 성종은 병장기를 거두어 농기구를 만들어 분배하기까지 하였다. 상류층은 쌀, 보리, 조 등을 주식으로 하였고 피, 기장, 수수, 팥 등은 서민들의 주식이었다.

육류를 얻기 위해 여러 곳에 목장을 설치하고 '전목사(典牧司=목축을 관장하는 관청)'를 두어 말, 소, 닭, 돼지, 오리 등을 사육하였다. 『고려도경(高麗圖經)』 <잡속조(雜俗條)>에 보면, 나라에서는 양과 돼지를 길렀는데 왕공귀인(王公貴人)만이 먹었고, 일반 백성은 수산물인 미꾸라지, 전복, 방합, 진주조개, 새우, 게, 문합(文蛤), 굴, 거북을 먹었고, 해조(海藻), 다시마는 귀천을 막론하고 모두 즐겨 먹은 것으로 되어 있다. 여기서 수산물을 즐겨 먹은 부류는 서민들이었고 그 종류도 다양했음을 알 수 있다.

이규보의 『가포육영(家圃六詠)』에 보면 오이, 가지, 무, 파, 아욱, 박 등의 식품이 나오고, 이규보의 시에도 토란국, 냉국 등이 나오는 것으로 보아 밥과 국이 식생활에서 기본적인 차림이 아니었나 생각된다.

한편 「한림별곡(翰林別曲)」에 황금술, 잣술, 솔술, 댓잎술, 배술 등의 명칭이 나오는 것으로 보아 술의 종류도 다양했음을 알 수 있다. 문종 때(1930년) '도염원(都鹽院)'을 두어 소금의 전매권을 국가가 가지고 있었던 것으로 보아, 소금이 중요한 조미료였다는 사실도 알 수 있다. 고려의 시절 음식으로는 삼짇날의 화전, 단오의 수리치떡, 중양절의 국화주, 동지의 팥죽을 들 수 있다.

3. 조선시대의 식생활

조선시대는 우리 음식의 발달, 완성시대라 하겠는데 오늘날의 식생활과 별로 다를 바가 없다. 강희맹의 『금양잡록(衿陽雜錄)』에는 주식의 경우 벼 27종, 콩 8종, 팥 7종, 녹두 4종, 완두 1종, 기장 4종, 조 15종, 피 5종, 당서 3종, 보리 6종이 소개되어 있다. 당서(唐黍)란 옥수수를 말하며 1700년대 중국을 통하여 들어온 듯하다. 『신증동국여지승람(新增東國輿地勝覽)』에는 어류 50여종, 패류, 해조류 기타 수산물이 각각 수십 종 망라되어 있고, 『임원십륙지(林園十六志)』에는 여러 종류의 젓갈이 소개되어 있다. 중국에서 들어온 고추는 임진왜란을 지나면서 크게 보급되었으므로, 이때부터 매운 김치가 등장했을 것이다. 구황식품으로 뺄 수 없었던 고구마는 영조 39년(1763년) 조엄이 대마도에서 가져왔고, 감자는 고구마 보다 60년 정도 늦게 북관을 통하여 들어왔으며, 호박은 임진왜란 때 일본인들에 의해 유입되었다.

기호식품인 담배는 임진왜란을 전후하여 남방으로부터 전래되었는데, 처음에는 '남초(南草)', '남령초', '담바귀' 등으로 불렀다. 커피나 홍차는 1890년경 궁중에 소개되었던 것으로 알려지고 있다.

조선시대의 식생활은 중기(中期)를 지나면서 남방식품이 들어오고 동시에 외국의 조리법이 수입되면서 매우 다양해졌는데, 풍부한 시절(時節)음식으로도 조선시대의 음식문화를 짐작할 수 있다. 『동국세시기(東國歲時記)』에 기록된 중요한 시절 음식을 요약하면 다음과 같다.

• 설날(1월 1일)

설날 손님에게 내놓는 음식을 '세찬(歲饌)'이라 하고 술은 '세주(歲酒)'라 하는데 세주는 초백주, 소도주가 있다.

찐 쌀가루를 떡메로 쳐서 이것으로 떡가래로 만들고, 떡손으로 눌러 자르면 흰떡(=절편)이 된다. 이 떡가래를 돈 잎 모양으로 잘게 썰어서 장국에 넣고, 쇠고기, 꿩고기를 넣어 끓이는 병탕(餠湯=떡국)은 제사상에도 오르고 손님맞이에도 쓰이는 주요한 설음식이었다. 또 멥쌀가루나 찹쌀가루를 시루 가운데 깔고, 그 위에 붉은 팥을 삶아서 펴는 작업을 반복하여 겹겹으로 해서 찐 시루떡은 제사상에 올리며, 무시(無時)로 신에게 빌 때는 시루 채로 차린다.

• 입춘(立春)

경기도 양근(楊根), 지평(砥平), 포천(抱川), 가평(加平), 삭녕(朔寧), 연천(漣川) 등지에서는 총아(움파), 멧갓, 승검초 등을 먹는다. 멧갓은 눈 녹을 무렵의 이른 봄 산 속에서 자라는 개자(介子)를 말하며, 그것을 끓는 물에 살짝 데쳐서 초장을 찍어 먹으면 맛이 맵쌀하여 고기를 먹은 뒤 입가심으로 매우 좋다. 승검초는 응달에서 자라는 당귀의 싹으로 깨끗한 것은 은비녀 다리와 같고 꿀을 다리에 끼워서 먹으면 맛이 일미라고 하였다.

• 상원(上元=1월 15일)

찹쌀을 찌고, 대추, 밤, 기름, 꿀, 간장 등을 섞어서 이것들을 함께 찐 후 잣을 박은 약밥이 보름날의 대표적인 음식이다. 이 음식은 신라의 옛 풍습이며 제사에도 쓰는데 『삼국유사(三國遺事)』에 보면 신라 소지왕 10년 정월 십오일에 까마귀가 왕을 깨우쳐 주었으므로 까마귀를 위해 제사하는 데서 유래하였다고 한다.

이른 새벽 밤, 호두, 은행, 무 등을 깨물면 종기와 부스럼이 나지 않고 이가 튼튼해진다고 했고, 의주(義州) 풍속에는 아이들이 새벽에 엿을 깨물었다고 한다.

청주를 데우지 않고 마시면 귀가 밝아진다고 해서 마셨다. 박나물, 버섯 등을 말린 것을 나물로 무쳐 먹었는데 이것을 진채나물이라 했으며, 오이꼭지, 가지, 시래기 등도 모두 버리지 않고 말려 두었다가 삶아 먹었다. 이 나물을 먹으면 더위를 먹지 않는다고 했고, 복쌈이라고 해서 배추 잎과 김으로 밥을 싸서 먹었다.

• 삼짇날(3월 3일)

이날은 화전(花煎)을 만들어 먹었는데, 화전은 진달래꽃을 따다가 찹쌀가루에 반죽하여 빚어서 둥글게 만들고 기름에 지진 떡을 말한다. 녹두가루에 붉은색 물을 들여 꿀물에 띄운 수면이라는 것도 삼짇날 시절 음식의 하나였다.

• 한식(동지 후 105일째)

산소에 올라가 제사를 올릴 때 술, 과일, 식혜, 떡, 국수, 탕, 적 등의 음식을 차렸다.

또 봄철에는 녹두묵을 잘게 썰고, 돼지고기, 미나리, 김을 섞어 초장으로 무친 '탕평채'를 먹었고, 계란을 끓는 물에 넣어 반쯤 익혀서 초장을 친 '수란'을 먹었다. 술집에서는 '과하주(過夏酒=소주와 약주를 섞어서 빚은 술)'를 팔기도 했고, 술 가운데는 두견주, 도화주, 송순주와 평안도의 감홍로, 벽향주, 황해도의 이강주, 호남의 계당주, 충청도의 노산춘 등이 뛰어난 술이다.

떡방아 집에서는 멥쌀로 희고 작은 떡을 만들었는데, 떡 속에 콩을 넣어 머리 쪽을 오므려 방울 모양으로 만들었다. 그 떡에다 오색물감을 들여 다섯 개씩 이어놓은 것이 연주(聯珠)모양 같았다. 청색, 백색으로 반월 모양의 산병을 만들어 작은 것은 다섯 개, 큰 것은 두세 개를 이어 붙였고, 찹쌀에 대추 살을 깎아 넣고 시루떡을 만들기도 했다.

• 초파일(4월 8일)

이 날은 석가모니의 탄신일로 등불을 켜는 풍습이 있었는데, 아이들은 제각기 등대 밑에, 석남잎을 넣어서 빚은 증편과 검은 콩 삶은 것과 삶은 미나리나물을 벌여놓는다. 또 느티나무의 연한 순을 넣어 느티떡을 만들어 먹기도 했다.

한편 4월에는 떡집에서 찹쌀가루를 반죽하여 한 조각씩 떼어서 술을 부어 부풀어 오르게 한 후 거기에 꿀을 바른 삶을 콩이나, 대추 살, 밤, 잣 등의 고명을 얹어서 '증편[蒸餠증병 = 술떡]'을 만들어 먹기도 했다. 또 노란색 장미 꽃잎을 따서 떡에다 얹고 여기에 기름을 발라 솥뚜껑에 지져 먹기도 했는데 이것은 삼짇날의 화전과 같다.

생선을 기다랗게 썰고, 기름에 익힌 뒤 여기에 외나물, 국화잎, 파, 송이버섯, 삶은 전복, 계란 등을 섞어서 어채를 만들어 먹었으며, 생선을 두껍고 넓게 포를 떠서 육소로 싼 어만두를 초장에 찍어서 먹었다.

삶은 미나리와 파를 섞어 버무려 이것을 회로 만들고, 여기에 후추가루와 간장을 약간 쳐서 술안주를 하기도 했는데, 이것들은 모두 초여름의 시절 음식이다.

• 단오(5월 5일)

단오는 속어로 '수릿날'[戌衣日술의일]이라 하는데 술의(戌衣)란 우리말의 수레[車차]다. 이 날은 쑥을 쪄서 멥쌀가루와 반죽을 하여 떡을 해 먹었는데, 그 모양이 둥근 수레바퀴 모양이었다고 해서 '수렛날'이라 불렀고, '수렛날'이 '수릿날'로 변하였다는 설이 있다. 떡집에서는 이 떡을 시절음식으로 팔았다.

또 5월 중 콩메주를 소금물에 넣고 항아리에 담가서 장을 만들어 과동(過冬)계획을 세웠다.

• 유두(6월 15일)

멥쌀가루를 쪄서 떡을 길게 만들고 이것을 잘게 썰어서 구슬모양을 만들어 꿀물에 담가 얼음에 채운 수단으로 제사를 지내고 먹기도 했다. 또 반죽한 밀가루에 콩, 깨, 꿀을 섞은 소를 넣고 만든 '연병'과 반죽한 밀가루에 콩, 깨, 꿀을 섞어서 비빈 것을 싸서 찐 '쌍화병'을 먹었다.

6월은 '삼복'(三伏)이 드는데 이날은 개고기에 파를 넣고 푹 끓인 개장국에다, 고춧가루를 넣고 밥을 말아 시절음식으로 먹었다.

밀국수에 청채(靑菜), 닭고기 등을 섞고 어저귀국에 말아먹었으며, 미역국에 닭고기를 넣고 국수를 말아 먹거나, 풋호박에 돼지고기나 굴비 대가리를 섞어 볶아 먹었다. 밀가루 반죽에다 풋호박을 썰어 넣어 호박전을 부쳐 먹기도 했는데, 이런 것들은 모두 소박한 우리의 여름철 시절음식이었다.

- 한가위(8월 15일)

가장 중요한 명절인 추석날에는 많은 사람들이 닭고기, 막걸리 등을 이웃과 나누어 먹고 즐겼다. 술집마다 햅쌀로 술을 빚고 저자의 떡집에서는 햅쌀로 송편을 만들고 또 무와 호박을 섞어 시루떡을 만들었다. 찹쌀가루를 반죽하여 떡을 빚고 검은 팥이나 누런 콩, 깨소금 등의 고물을 묻힌다. 이것을 '인병(=인절미)'라 하며 저자에서 팔기도 했다.

율단자는 찹쌀가루를 계란모양으로 만들어 쪄서 둥근 떡을 만들고 삶은 밤을 꿀에 개어 고명을 놓은 것이다.

- 중양절(重陽節=9월 9일)

중양절에는 누런 국화를 따다가 찹쌀떡을 빚는데, 삼짇날의 진달래떡을 만드는 방법과 같고 이것을 '국화전'이라 했다. 배, 유자, 석류, 잣 등을 잘게 썰어서 꿀물에 타 화채를 해서 먹었고 제사상에도 올렸다.

- 10월의 시절음식

10월 첫 오일(午日=말[馬]날)에는 붉은 팥으로 시루떡을 만들어 외양간에 차려놓고 말의 건강을 빌었는데, 병오일(丙午日)은 피했다.

서울 풍속에 화로의 숯불에 번철을 올려놓은 뒤 쇠고기에 기름, 간장, 계란, 파, 마늘, 고춧가루 등 양념을 하여 화롯불에 둘러앉아 구워먹는 '난로회'가 10월에 있었다. '열국자신선로(悅國子神仙爐)'라는 것은 쇠고기, 무, 외, 훈채, 계란을 섞어서 장국을 만든 것이다.

10월에는 메밀가루로 만두를 만드는데, 채소, 파, 닭고기, 돼지고기, 소고기, 두부 등을 소로 넣어 장국에 익혀서 먹었다. 만두소의 재료에 따라 멥쌀떡만두, 꿩고기만두, 김치만두 등이 있었는데. 김치만두가 조촐하고 소박한 서민들의 시절 음식으로는 인기가 있었다.

반찬 중에는 좋은 두부를 가늘게 썰어 꼬챙이에 꽂아 기름에 지지고, 거기에 닭고기를 섞어 국을 끓인 '연포탕'이란 별미를 만들어 먹었다.

쑥을 뜯어다 쇠고기와 계란을 넣어 끓인 '애탕(艾湯)'이나, 쑥을 찧어서 찹쌀가루와 섞어서 떡을 만들고 거기에 볶은 콩가루를 꿀에 섞어 바른 '애단자'도 시절음식의 하나였다.

찹쌀가루에 술을 넣고 반죽하여 크고 작게 썰어서, 이것을 햇볕을 말렸다가 기름에 튀기면 누에고치같이 부풀어 오른다. 여기에 흰깨, 검은깨, 흰콩가루, 푸른 콩가루 등을 물엿에 버무려 붙인 강정 만들어 먹는다. 오색강정은 오색물감을 들인 강정이고, 송자강정은 잣가루나 송홧가루를 묻힌 것이며, 매화강정은 찹쌀을 불에 튀겨 매화꽃 모양을 만들어 물엿으로 붙인 것이다.

서울풍속에 무, 배추, 마늘, 고추, 소금 등으로 김장을 해서 독에 담갔는데, 여름철의 장 담그기와 겨울철의 김장은 민가의 중요한 일 중의 하나였다.

• 동지(冬至)

동짓날은 '아세'(亞歲=작은설)라 하는데 찹쌀로 새알모양을 만들어 팥죽속에 넣고, 꿀을 타서 시절음식으로 삼았으며 제사상에 올리고 집 주변에도 뿌려서 액운을 막았다.

동짓달에는 메밀국수를 무, 배추, 김치에 말아 여기에 돼지고기를 넣은 냉면을 만들어 먹었으며, 평안도 냉면이 최고였다. 또 잡채, 배, 밤, 쇠고기, 돼지고기 썬 것과 기름, 간장을 메밀국수에 섞은 '골동면(비빔국수)'도 만들어 먹었다.

겨울철의 시절음식 중 동치미는 비교적 작은 무 뿌리로 담근 김치이고,

수정과는 생강을 넣고 끓인 물에 곶감과 잣을 넣은 것이다.

새우를 삭혀서 젓갈을 만들고 여기에 무, 배추, 마늘, 생강, 고추, 청각, 전복, 소라, 굴, 조개, 조기를 넣은 막김치를 만들어 독에 넣어 두었다가 겨울이 지나 꺼내 먹었고, 무, 배추, 미나리, 생강, 고추 등으로 장김치를 담가 먹기도 했다.

Ⅲ. 주생활(住生活)

사람들은 생산물을 저장하고, 자연의 위협에서 자기 자신을 보호하기 위하여 기후와 풍토, 환경에 적합한 주거지를 마련하고 그곳에서 가족과 함께 생활한다. 이 주거형태인 집은 세월이 지나면서 살아가기에 편리한 형태로 변화 발전하여 오늘에 이르렀다.

1. 선사시대(先史時代)의 주생활

신석기 시대 말기에 해당되는 '즐문토기'(櫛文土器 = 빗살무늬토기)시대의 사람들은 대개 하천하류나 해안평야에 거주하였으며, 그들이 남긴 패총(貝塚)은 전국에 걸쳐 발견되고 있다. 이 시기에 속하는 주거는 거의 '수혈주거'(竪穴住居)이고, 남한에서는 아직 발견되지 않았는데 북한에는 10여 개가 발견되었다.

수혈주거의 평면은 원형(圓形) 또는 원형적인 것이 대부분이고, 규모는 직경 6m 내외의 것이 많으며, 수혈의 깊이는 지표에서 60m 내외의 것이 가장 많았다. 이들 수혈의 바닥은 거의가 생땅을 파서 만들었으며 바닥에는 진흙을 엷게 깔고 다진 것이 많았지만, 때로는 그 위에 불을 때서 바닥을 매우 단단하게 한 경우도 있었던 것 같다.

주거 내부의 시설로는 '노'(爐)가 있고, 그 밖에 곡물이나 소기구(小器具)를 넣어두는 '저장공'(貯藏孔)과 출입하기 위한 시설이 있었다. 노는 수혈 중앙에 위치하고 있는데, 바닥을 좀 파서 장경(長頸) 1m 내외의 타원형으로 만들었고, 그 주위에는 돌이나 진흙으로 둑을 만드는 경우도 있었다.

저장공은 대형 항아리 밑 부분을 수평으로 따내어 수혈 바닥에 거꾸로 묻었고, 그 바닥에는 모래를 깐 것 같다. 이와 같은 저장공은 거의 모든 주거에 시설되었던 것 같고, 하나인 경우에는 반드시 노 곁에 만들었으며, 두 개 이상일 때도 하나는 역시 노 곁에 만들었다.

수혈에 출입하기 위한 시설은 수혈의 동남쪽이나 서남쪽에 만들었다. 그 반대쪽 즉 집 안쪽에 해당되는 부분에서는 토기 파편이 많이 출토되는데, 이것은 그 쪽 공간이 여자들의 생활공간이었음을 증명하고, 출입구와 가까운 곳에서는 석기가 출토되는 점으로 미루어 주로 남자들의 작업공간으로 짐작할 수 있다.

'무문토기'(無文土器)시대의 주거지는 전국적으로 100여 개 이상 발견되었고, 이 시기의 주거도 역시 수혈(竪穴) 주거 형식이었지만, 전시기(前時期)의 그것에 비해 변천되었다.

주거지의 입지조건을 보면 대개의 경우 하천 연안 평지에서 발견되지만 한강유역에서는 소구릉(小丘陵) 지대에 만들어진 경우가 많았다. 수혈의 평면은 정방형(正方形)에 가까운 것도 있지만 대부분은 장방형(長方形)으로 그 규모도 매우 다양하다. 수혈 바닥은 즐문토기 문화기와 같이 바닥에 진흙을 깔고 다진 것이 많았지만 생땅을 바닥으로 한 것도 적지 않았는데, 이 경우 바닥에 짚이나 부드러운 풀을 깔고 그 위에 사람들이 기거했을 것이다.

노(爐)가 수혈 중앙에 있는 것은 드물고 대부분이 수혈 안쪽에 치우쳐 만들어졌다. 규모가 큰 수혈에는 노가 두 곳에 만들어지기도 하였는데, 그만큼 노의 사용이 다양화되었음을 보여주는 것이다. 노 주위에는 냇돌을 돌리고, 또 바닥에도 판석을 까는 경우가 있었으나 별다른 시설은 없고 수혈 바닥을 오목하게 판 것도 있었다.

이 시기의 주거지에서는 저장공이 발견되지 않는데, 그 까닭은 이미 농경이 보급되어 규모가 큰 저장시설이 필요하게 되었고, 따라서 저장 시설은 주거 부분과 분리되어 따로 마련되었기 때문이라고 짐작된다.

이 시기의 주거지에서는 종전에는 볼 수 없었던 상면이 평탄하고 비교적 큰 돌이 발견 되는데, 이 시설은 수혈의 어느 부분에서 석기를 제작한 작업대(臺)인 듯하다.

2. 삼국과 고려의 주생활

『삼국지(三國志)』<위지동이전(魏志東夷傳)> '고구려조(高句麗條)'에는 고구려의 판도가 대산심곡(大山深谷)에 위치하여 주거를 산곡(山谷)에 따라 정하였으며, 즐겨 궁실(宮室)을 만들고 거소(居所) 즉 주거의 좌우에는 큰 건물을 세워 귀신, 영성(靈星), 사직을 제사하였다고 한다. 대창고(大倉庫)가 없고 집집마다 '부경(桴京)'이란 소창을 가졌으며 혼인을 하면 여자 집에서 주거의 뒤쪽에 소옥(小屋)을 만들어 사위가 들게 하였는데, 이것을 '서옥'(壻屋)이라고 했다. 여기에서 말하는 궁실, 대옥, 부경, 서옥 등이 과연 어떤 구조 양식으로 된 건물인지 짐작하기는 어려우나 건물 명칭으로 보아 당시의 주택이 벌써 기능분화가 상당히 진전되어 있었음을 알 수 있다. 그러나 이들 기록에 나타나는 건물들은 그 대부분이 당시의 지배계급의 주거 양상이었고 일반 서민들의 주거는 수혈주거나 원시적인 지상건물이었을 것으로 생각된다. 『신당서(新唐書)』<동이전(東夷傳)>에 보면, 고구려의 민가는 산곡(山谷)에 따라 지어지고, 지붕은 자초(茨草=이엉)로 이은 초옥(草屋)이었음을 알 수 있다.

『신당서(新唐書)』의 기록을 다시 한 번 고찰해 보면, 불교 도입 후의 고구려 궁전은 기와를 덮은 집들이며, 현재 볼 수 있는 궁전 건물과 별 다를 바가 없는 것으로 추측된다. 궁전 이외에도 지배계급 또는 귀족 부호들의 저택도 이에 준하는 건물이었을 것으로 짐작되고, 서민들의 주택은 온돌을 사용한 지상의 초옥건물로서 옛날의 초가집과 큰 차이가 없었을 것이라고 상상된다.

백제의 주택에 관해서는 고찰할 만한 자료가 전혀 없고 『신당서(新唐書)』 <동이전(東夷傳)> '백제조 (百濟條)'에도 그들의 풍속에 대해 "… 俗與高麗同속여고려동 …" 이라고 되어있을 뿐 다른 기록이 없는데, 적어도 백제에 불교가 도입된 후의 상황은 고구려와 흡사한 주거양상이 아니었을까 생각된다.

신라는 주택의 규모, 양식 및 용재(用材)에 대하여 계급에 따른 제한법규가 있었는데, 성골(聖骨)은 제한을 받지 않았고 진골 이하 백성들에게는 규제가 적용되었다. 『삼국사기(三國史記)』권(券) 33에서 4두품(四頭品)이하 백성들의 주택은 실(室)의 장광(長廣)이 15척을 넘을 수 없고, 산느릅나무를 건축 용재로 사용치 못하며, 지붕에는 장식을 놓지 못하게 하였고 금·은·동으로 건물을 장식할 수 없었다. 기단(基壇)이나 계단의 재료도 산석(山石)을 쓰지 못하게 하였고, 담장의 높이는 6척을 넘기지 못하며, 사방문이나 대문을 만들지 못하게 했다.

『삼국사기(三國史記)』권(券)2 제(第)11 <헌강왕조(憲康王條)>에 보면 민간주택의 지붕은 기와를 울렸고, 밥을 짓는데 숯을 사용했다고 하지만, 모든 집이 기와집이었다고 생각할 수는 없고 극히 소수의 특별한 지위나 부유층 사람들의 주택이었을 것으로 짐작된다.

고려시대 주택은 귀족계급의 경우 중국의 영향을 강하게 받았던 것 같지만, 서민들은 삼국시대에서 통일신라시대에 이루어진 주거형태에서 크게 변한 것이 없었던 것 같다.

고려시대의 주택에 대하여 서긍(徐兢)은 『선화봉사고려도경(宣和奉使高麗圖經)』(1123년)이라는 견문록에서 다음과 같이 기록하고 있다.

> 왕성은 비록 컸지만, 민가는 평지가 적고 지미(地味)가 풍옥(豊沃)치 못한 언덕과 산 때문에 형세의 높고 낮음이 마치 벌집이나 개미구멍 같고, 모초(茅草)로 집을 이어 근근이 비바람을 막을 정도로 그 크기도 불과 서까래 두 개를 걸친 정도에 지나지 않았다. 부자들 집에는 얼마간 기와를 놓았으나 그것도 10중 한 둘 뿐이다.

위의 기록에는 당시 문화의 선진국이며 종주국의 위치에 있던 중국인으로서의 교만함이 엿보인다. 중국의 도시 민가를 늘 보아온 사람이 개성의 모습을 지나치게 빈약하게 묘사한 것 같은 느낌도 들지만, 당시의 주거 형태는 이 모습을 크게 벗어나지 않았을 것으로 생각된다.

『고려도경(高麗圖經)』에는 주택의 실내 상황을 소개하고 있다.

> 침실 앞에 작은 의자를 놓고 가리개를 세워 비단을 걸고 또 덮으며, 큰 자리를 깔고, 가구들의 모양이 이풍(夷風)을 느끼게 하지 않고 … (중략)… 그러나 서민들은 주로 흙침대를 만들어 땅을 파서 화갱(火坑)을 만들어 여기에서 잠을 잔다.

여기서 보면 귀족계급은 송(宋)의 영향으로 "이풍(異風)을 느끼지 않게 하였다"고 하는 것으로 보아, 중국의 귀족들과 별반 다를 바 없는 생활을 하였던 것 같으나, 서민들은 온돌에서 기거하였음을 알 수 있다. 난방 시설인 온돌의 보급은 이 시대에는 거의 일반화 되었을 것으로 생각된다.

3. 조선시대의 주생활

가. 가사(家舍) 및 가대(家垈)제한

조선 시대에는 왕조(王朝)의 기반이 점차 굳어지면서 주택규모가 자의(恣意)로 거대해져 갔다. 급기야 세종 13년(1431년)에 그러한 폐단을 막기 위하여 '가사규제(家舍規制)'를 정하였는데, 왕의 친자(親子)와 친형제 및 공주(公主)는 50간, 대군은 60간, 이품(二品)이상은 40간, 삼품 이하는 30간, 서인(庶人)은 10간을 넘지 못하게 하는 등 일차적으로 주택의 간수와 초석(礎石) 및 세부장식 등에 규제가 가하여졌다. 세종 22년에는 예조에서 주택의 간수 외에 누(樓)의 간수 및 정침(正寢), 기타 건물 부분에 따른 한 칸의 크기와 기둥 높이 등을 정함이 가하다고 아뢰어 왕의 재가를 얻었고, 세종 31년(1449)에 다시 그 척수(尺數)를 개정하였지만 언제나 유제건축(踰制建築)이 성행되었다. 조선시대에는 가사제한 외에 가대(家垈)에 대한 규제도 있었으나 이 역시 가사(家舍)의 경우와 마찬가지로 잘 이행되지 못하였던 것 같다.

주택의 점지는 도시주택과 지방주택에 따라 달랐는데 도시주택의 경우는 도로나 인접 주택과의 관계 때문에 자유롭게 점지(占地)를 정하지 못하였고 따라서 대문도 방위에 관계없이 도로에 면하여 만들어졌고, 안채는 대개 대문을 향하여 세워지게 되었다.

지방주택 특히 농촌 주택의 경우에는 주택의 점지가 자유롭고 필요에 따라서는 도로를 부설할 수도 있었기 때문에 지형이나 방위가 비교적 이상적인 장소를 선택할 수 있었다. 따라서 대부분의 주택은 북고남저(北高南低)와 배산임수(背山臨水)의 지형에 지었으므로 대문이 남쪽에 놓이며 안채 역시 남향으로 되는 경우가 많았다.

(1) 공간(空間)

조선시대 주택 내부의 공간인 방은, 안방을 비롯하여 건넌방·마룻방·부엌·사랑방 등을 일반 주택에서 볼 수 있고, 규모가 큰 주택에서는 이밖에 행랑방·청지기방·창방 및 각종 광이 있었고, 별도의 건물로 별당과 사랑채, 사당이 있었다.

건물 외부의 공간인 마당의 종류는 바깥마당·사랑마당·안마당·별당마당·뒷마당 등이 있지만 마당의 명칭은 매우 유동적이다.

건물 내부의 공간 명칭과 그 기능을 살펴보면 다음과 같다.

• 안방[内房내방]

이 방은 주택에 있어서 가장 폐쇄적인 주거공간으로 보통 제일 안쪽에 있고, 가정주부의 거처로서 외인 남자의 출입을 금하는 곳인데, 남편과 아들, 직계비족(直系卑族)만이 출입이 허용되는 곳이다. 보통 가정에서는 이곳이 가정생활의 중추(中樞)부가 되며, 각종 광[倉庫]의 열쇠나 귀중품들은 안방에 보관했다.

• 건넌방[越房월방]

이 방은 마루가 있는 주택에 있는 방으로, 마루를 사이에 두고 안방과 마주 보는 위치에 있다. 보통 성년이 된 자녀나 안방물림이 끝난 노부모들이 거처하는 경우가 많은데 안방 다음으로 폐쇄적인 공간이다.

• 마루방[大廳대청]

다른 방이 모두 온돌방인데, 이 방만은 그 바닥이 널마루로 되어 있어서 마루방이라 하는데 중부지방과 도시주택에서 흔히 볼 수 있는 방으로 안방과 건넌방 사이에 있는 가족들의 공용공간이다. 또 각 방으로 통하는 통로가 되며 여름철에는 거실로서의 성격을 가진 공간이기도 하다. 여기는 장식적 가구 또는 기물(器物)로 꾸미고, 안방이나 건넌방에 비해 비교적 개방적인 분위기를 가진다. 대청 천장에 가택신인 성주를 모시고, 굿이나 고사 같은 종교적 행사를 이곳에서 거행하기도 했다.

• 부엌[廚房주방]

바닥이 흙바닥이며 보통 바깥 지표(기단 상면)보다 낮다. 이것은 부엌에 연결된 방의 온돌 아궁이가 여기에 있기 때문이다. 가정의 취사활동이 여기서 행하여졌고 부엌의 상부에는 안방에서 이용할 수 있는 다락을 만들어 의료(衣料)를 비롯한 실내용품 혹은 식기류의 수납고로 쓰였다.

• 사랑방(舍廊房)

이 방은 안방 또는 건넌방과는 격리된 공간으로서 주인의 거실이며, 접객(接客)공간으로 가장 개방적인 방이다. 규모가 큰 주택이나, 남부지방에서는 사랑채라는 독립 건물로 짓는다. 여하튼 이 공간이 접객공간이기에 가장 장식적인 기물(器物)이 많이 놓이는데, 문방가구 등으로 장식하여 서재적(書齋的)인 공간으로 만드는 것이 우리나라의 전통이다.

• 행랑방(行廊房)

행랑방은 대문채에 연결된 담에 붙여 만들어진 방으로 노비를 비롯한 사역인의 거처로서 외부에 가까운 행랑방에는 남자들이, 그리고 안방에 가까운 행랑방에는 여자들이 거처하는 경우가 많다. 청지기방도 행랑방이라고 할 수 있는 방인데 중류내지 상류가정의 청지기(주인의 비서)가 거처하는 방으로 사랑방에 가장 가까운 곳에 있다.

• 별당(別堂)

역시 중류가정 이상의 주택에서 볼 수 있는 공간으로 다른 건물과는 떨어져서 부지 한쪽에 만들어 짓는다. 이 건물은 이미 은퇴한 주인이 여생을 즐기는 곳으로, 집안에서의 통용문 외에 직접 외부와 통하는 문도 만들어지는 경우가 많았다. 이 별당은 화려하고 장식이 많으며 정원수를 심고 연못을 만들기도 한다. 방의 구성은 대개 'T'자나 '十'자형으로 한다.

• 사당(祠堂)

선조의 위패를 봉안하는 곳으로, 보통 중인(中人) 이상의 주택에서 볼 수 있다. 일반적으로 주택 부지의 뒤 쪽에 장벽을 쌓아 독립하여 만들거나 사랑채 동편에 단칸 또는 삼 칸 정도의 건물을 짓는데, 내부는 한 공간이며 바닥은 온돌 또는 마룻바닥이다.

이 밖의 주택 공간으로는 고방·헛간·방앗간·측간·외양간·대문·

장독대 등이 있다.

한편 건물 외부의 공간인 마당은 앞서 말한 대로 그 위치에 따라 바깥마당·사랑마당·안마당·별당마당 등이 있다.

(2) 구조(構造)

우리나라 주택의 건축은 모두 목조건물인데, 이 주택 건축의 구조적인 구성은 기단(基壇)·가구(架構)·옥개(屋蓋)·천장(天障)·바닥 및 벽체(壁體) 등으로 나누어져 있다.

• 기단(基壇=집터)

조선시대의 건물들은 대문, 담장, 행랑, 측간, 외양간을 제외하고는 대개의 경우 30~50cm 정도의 높이를 가진 기단 위에 세워졌다. 이 기단의 높이는 한 주택 내에서도 건물에 따라 차이가 있으며, 사회적 계급이 높은 사람의 주택일수록 그 기단의 높이가 높아지는 경향이 있다. 이들 기단들은 주로 화강암 자연석을 쌓아 올리며 귀족주택의 경우에는 거대한 자연석에 약간 손질한 돌로 석단을 만든다. 석재가 적은 지방의 서민주택의 경우에는 30~40cm 높이의 토단을 만들어 그 위에 집을 지었다.

• 가구(架構)

가구는 기둥 위에 도리[桁형]와 보[樑량]를 걸쳐, 그 위쪽에 서까래를 거는 가구 방식이다. 초석(礎石=주춧돌)은 상면이 편편한 자연석 또는 간단히 가공한 석재를 사용하는 경우가 많다. 그러나 중류 이상의 주택에서는 화강암을 육모뿔로 다듬어 초석으로 사용하는 경우도 있다. 이 초석 위에 사각주 또는 원주를 세우고 기둥머리에는 도리를 돌린다.

• 옥개(屋蓋)

지붕 형태에는 맞배지붕·우진각지붕·팔작지붕 세 가지가 있고, 기와

나 볏짚 또는 풀로 덮었다. 이 밖에 지방에 따라서는 청석(靑石) 혹은 목피(木皮) 지붕이 있는데, 이것은 그 지방에서 그러한 재료가 풍부하게 나오기 때문이다.

그 외에 우리나라 주택의 천장(天障)은 거의가 반자천장이다. 사람이 거처하는 방바닥에는 온돌을 놓고 바닥 면에는 자리를 깔거나 유지를 바르지만, 마루방은 널빤지를 깔았다. 그리고 벽체는 기둥과 기둥 사이에 상대방(上帶枋)·중대방(中帶枋)·하대방(下帶枋)을 끼고 그 사이에 깃을 세운 뒤 다시 얽어 흙을 바른 흙벽이다. 그리고 건물 내부에는 회칠을 하거나 벽지를 바르고 외부에도 회칠을 하기도 했다.

〈전통한옥〉

제 5 장

민간신앙(民間信仰)

Ⅰ. 민간신앙의 개념

민간신앙이란 문명도가 낮았던 민속사회에서 대대로 전승되던 자연적 신앙형태를 말하며, 그 범위가 대단히 넓고 신앙의 형태 역시 다양(多樣)하기 때문에 한마디로 정의하기 어렵다. 원시 미개사회에서는 낮과 밤의 교체・계절의 변화・가뭄과 홍수・질병의 만연・탄생과 죽음 등 당시 사람들의 지식수준으로서는 이해하기 힘든 자연 현상들에 대해 경외심(敬畏心)을 가졌을 것이며, 동시에 그런 현상들은 보이지 않는 초자연적인 존재에 의해 이루어진다고 믿었을 것이다. 이 보이지 않는 절대자를 신앙의 대상으로 삼은 다신론(多神論)적인 민족의 기층종교현상(基層宗教現狀)을 '민간신앙' 또는 '민속신앙'이라고 한다. 민간신앙을 학자에 따라서는 '속신(俗信)', '미신(迷信)'이라 칭하기도 하고, 인위적 종교가 아닌 자연적 종교현상(自然的宗教現狀)이라고 말하기도 한다.

이와 같은 민간신앙은 토속적인 신앙은 말할 것도 없고, 외래종교의 영향으로 생겨난 습속이라고 하더라도, 그것이 민속사회에서 신앙의 형태로 굳어진 것이라면 민간신앙에 포함되어야 한다고 본다.

민간신앙은 천신(天神) · 지신(地神) · 하천신(河川神) · 동물신(動物神) · 수목신(壽木神) 등의 자연신(自然神) 계통과, 가신(家神) · 서낭신 · 장승 등 인공물을 신앙의 대상으로 삼는 경우도 있는데 모두 주술적이고 신비적인 요소가 많은 것이 특징이다.

외래종교가 토속신앙과 습합(習合)되면서 생겨난 새로운 형태의 신앙으로는 산신(山神) · 칠성(七星) · 용왕(龍王) · 조왕(竈王) · 성황(城隍) 등의 토속신앙이 불교에 인입(引入)되었고, 독경(讀經)이나 염불(念佛) 등 불교적인 것들을 무속에서 차용하고 있는 실정이다.

우리 민족의 민간신앙은 동신(洞神)을 위시하여 가신(家神) · 무속신(巫俗神) · 자연신(自然神) · 영웅신(英雄神) 등을 숭배하는 신앙형태(信仰形態)와 풍수(風水) · 점복(占卜) · 금기(禁忌) · 예조(豫兆) · 주술(呪術) · 민간요법(民間療法) 등의 속신(俗信)으로 구분할 수 있다.

민간신앙은 다음과 같은 이유로 기성 종교인들에게 부정적인 비판을 받는 경우가 많다.

① 교조(敎祖)와 교리(敎理=經典경전)가 없다.

② 교단이 조직적이지 못하며 결집 범위도 좁다.

③ 종교적 윤리성이 희박하여 기복(祈福)적이다.

④ 다신론적(多神論的)이며 속신(俗信)과도 깊은 관련을 맺고 있다.

Ⅱ. 가신신앙(家神信仰)

집안의 곳곳에는 여러 신이 존재하고 있으면서 집안을 보살펴 준다고 믿고, 주부(主婦)가 그 신들에게 정기적 또는 필요에 따라 의례를 행하는 것을 가신신앙이라고 한다. 가신은 집안의 최고신인 성주신을 비롯해서 조상신 · 삼신 · 조왕할미 · 터주대감 · 철륭신 · 업신 · 우물신 · 우마신 · 측신 등 그 종류가 매우 다양하다.

1. 성주신[成造神성조신]

민간에서는 성주신을 모시는데, 성주신은 여러 가택신 중에서 제일 높은 신으로서[家宅主宰神가택주재신] 집안의 평안(平安) · 무병(無病) · 행운(幸運) · 장수(長壽) · 다남(多男) 등을 좌우한다고 믿었다.

성주신은 집안에서 가장 높고 중심이 되는 대들보(백지를 접어 붙인다)나, 대청의 가장 구석진 곳에 '성주독(쌀을 담아둔다)'의 형태로 모시는 것이 일반적이다. 성주신에 대한 제의(祭儀)는 새로 집을 짓거나 이사를 했을 때 성주굿을 했고, 정기적인 제의로는 안택과 고사를 들 수 있다.

안택(安宅)은 가을에 하는 경우도 있으나 보통 정월 보름을 전후하여 좋은 날을 가려서 안택굿을 하는데, 이때는 대문 앞에 황토 무더기를 놓고 금줄을 쳐서 부정을 가린다. 이 안택굿은 성주신을 주신(主神)으로 하고, 조왕이나 문신, 터주신도 제의의 대상에 포함되는 종합제의(綜合祭儀)의 성격을 갖는다. 그러나 성주신 이외의 신들은 속신(屬神)에 불과하며 굿은 밤중에 한다.

고사(告祀)는 가을걷이가 끝난 10월 중에 길일을 택하여 성주신에게 드리는 추수(秋收)감사제의 성격을 갖고 있다. 그런데 추수감사제는 본래 천신께 드리는 제의인데, 성주신에게도 감사하는 고사를 지낸다. 그 까닭은 천상계에서 하강(下降)한 신이 인간에게 집짓는 법을 가르쳐주고, 성주신으로 좌정하여 인간을 보살펴주게 되었다는 서사무가(敍事巫歌)에 기인한다.

안택이 무격(巫覡)을 초청하여 굿을 하는 반면 고사는 단골무 한명이나 주부가 비손하는 간단한 제의이며, 제물도 과일 한두 접시, 팥고물시루떡, 막걸리, 소채(蔬菜) 정도로 한다.

농촌에서는 햇곡식으로 음식을 만들거나 집안의 대소사(大小事)에 별식을 만들면, 먼저 성주와 조상신(또는 삼신)에게 천신(薦新)하고 먹는데 이것도 성주신앙의 한 형태이다.

2. 조상신[祖靈조령]

조상은 안방 시렁 위에 모시는 것이 일반적이다. 그런데 명칭과 형태는 '조상단지', '세존단지', '제석오가리', '삼신바가치', '조상당세기' 등으로 다양하다. 조상신은 후손을 보살펴주는 신인데 그 명칭에 세존(世尊)이니 제석(帝釋)이니 하는 불교적 용어가 쓰이고 있는 것은, 우리의 토속신앙과 불교의 습합을 단적으로 보여주는 한 예라고 볼 수 있다. 조상신은 삼신과 함께 육아(育兒)를 맡고, 후손을 보호해주는 신으로도 인식되고 있다.

조상신은 두 종류가 있는데, 하나는 명절이나 기일에 제사를 받는 신분이 확실한 조상으로 그 서열이 명백한 유교적(儒教的) 조상신과 존재가 불분명(不分明)한 막연한 옛 조상신이 있다. 가신(家神)으로 모셔지는 조상신은 후자에 해당되는데, 대개는 색다르게 살다가 돌아가신 조상신이 대부분이다. 그 대상은 아주 윗대 조상에서부터 근래에 돌아가신 분까지 다양하며, 대개 후손들에게 현몽(現夢)을 하거나, 무당들의 점복(占卜)에 의해 모셔졌다. 그러나 다른 가택신과 마찬가지로 지금은 조상신을 모시는 의식이 거의 소멸된 상태이다.

3. 조왕신(竈王神=조왕할미)

조왕신은 화신(火神)인데 부뚜막에 모셔지는 부엌 신으로서, 주부들이 주로 신앙하는 신이다. 부엌에서는 음식을 조리하는데 필요한 불과 물이 있기 때문에 조왕신은 물로 상징되기도 한다. 그런데 불과 물은 정화력(淨化力)을 갖는다는 공통점이 있어서 굿의 서제(序祭)인 '부정풀이'에서는 정화수에 재를 넣어서 제의(祭儀) 장소를 깨끗하게 한다. 기독교의 세례(洗禮)·불교의 욕불(浴佛)·올림픽의 성화(聖火) 등이 모두 불과 물을 통한 정화의식이라고 볼 수 있다. 민속사회에서 이사를 갈 때 불씨를 먼저 가져가는 일이나, 이삿집에 성냥이나 양초를 가져가는 풍습, 전통혼례에서 신랑이 짚불을 넘어 전안청으로 가는 일, 신부가 탄 가마가 불을 통과하게 하는 혼례풍습도 불이 부정한 것을 태워서 정화작용을 한다는 데서 유래된 것이다.

조왕신은 삼신과 함께 육아(育兒)의 기능을 담당하며 집안에서 일어나는 일을 하늘의 옥황상제에게 고(告)한다고 믿었다. 이것은 주부들의 신앙인 관계로 축원내용이 집안 남자들의 복록(福祿)과 무병이었고, 아들이 자라면 가장(家長)보다 아들을 위해서 더 빌었다. 남부지방에서는 부엌의 부뚜막에 정화수를 담은 종지를 매일 아침 주부가 갈아 올리는 것으로 신앙의례를 표한다.

민가(民家)에서는 부뚜막을 함부로 손보지 않았으며, 부뚜막에 함부로 걸터앉지도 않았는데, 이런 것들은 모두 조왕신을 함부로 대하여 노여움을 살까 두려워한데서 생겨난 금기이다.

제주도 무속신화인 '문전본풀이'에 보면, 대문신(大門神)인 남선비의 본처가 조왕신이고 첩이 변소신인데, 이 둘은 그 사이가 좋지 않아서 서로 내왕하면 탈이 난다고 하는 내용이 있다. 이 설화가 갖는 의미는 부엌과 변소는 멀리 떨어져 있어야 한다는 위생관념을 강조한 데서 생겨난 것으로 볼 수 있다.

4. 삼신(三神=지앙할매)

집안의 아동 보호신을 말하며 '삼신할머니' 또는 '지앙할매' 등으로 부르기도 하는데, 이능화는 삼신이 아니라 '산신(産神)' 즉 태신(胎神)이라고 주장한 바 있다. 아이를 낳게 되면 산모와 아이의 건강을 빌기 위해서 삼신상을 차렸고, 아이가 자라는 과정에서도 질병 등이 따르기 때문에 삼신은 언제나 정성스럽게 모셨다. 생일상도 먼저 삼신에게 올린 뒤에 먹고, 차례나 기타 집안의 제의를 비롯하여 별식(別食)이 생겨도 삼신께 먼저 올린다. 삼신의 신체(神體)는 없는 경우(건궁삼신이라 한다)가 많지만, 영남 일부 지방에서는 큰 바가지에 쌀을 담고 한지로 덮어 묶은 다음 안방 시렁 위에 모셔놓는데, 이것을 '삼신바가치'라고 한다.

평소에는 건궁삼신으로 모시다가 산전(産前) 또는 산후(産後) 기간에만 삼신단지를 새롭게 만들어서 모시는 경우도 있는데, 이 때는 금줄을 치고 외부사람의 출입을 금했다. 이것은 어린 생명의 출생과 성장에 부정이 타지 않도록 조심해야 되겠다고 하는 종교적 다짐이라고 하겠다.

삼신의 점지를 받아 태어난 아기는 7살까지 삼신의 보호를 받다가 그 이후의 수명은 칠성신(七星神)이 관장한다는 속신이 있다. 가정이 불화하거나 삼신을 잘 받들지 않을 경우 삼신이 집을 나가버리는데, 그렇게 되면 아이가 태어나지 않아 절손(絕孫) 되거나 아이가 아프게 된다고 믿는 지역도 있다.

5. 터주신

집터를 지켜주는 택지신(宅地神)을 말하며, '지신(地神)', '터줏대감', '터대감'이라 부르는데 집의 뒤곁이나 장독대 옆에 터주가리를 만들어 모신다. 터주가리는 쌀이나 벼를 담은 항아리에 뚜껑을 덮고, 짚으로 원추형을 만들어서(짚주저리) 씌운 것을 말한다. 이 터주가리에는 매년 추수가 끝나면 새로운 곡식으로 갈아 넣고, 먼저 담겨있던 묵은 곡식은 가족들이 먹으며 복 받기를 기원했다. 만약 터주가리에서 꺼낸 곡식을 다른 사람에게 주면 집안의 복이 나간다고 생각해서 외부로 나가는 것을 엄격하게 금했다. 터주는 충청도 이북지방에서 많이 볼 수 있지만 영호남 지역에서는 터주에 대한 관념이 별로 없다. 무당이 굿을 할 때 술을 마신 뒤 떡시루를 이고 집안을 돌아다니면서 '대감놀이'라는 것을 하는데, 이때 대감신이 강신하여 부른다고 하는 '대감타령'을 창한다. 이 대감이 바로 터주대감을 지칭하는 것인데 터줏대감은 집안의 액운을 몰아내고 재물과 운수를 관장하는 신으로 생각하고 있다.

터주신에 대한 제의(祭儀)는 특별히 지신제(地神祭)를 올리는 경우도 있지만, 정초의 차례나 명절 때에 떡 접시를 차리는 정도이고 다른 가신을 모시는 법과 대동소이(大同小異)하다. 어떤 지역에서는 건축할 때에 먼저 지신인 터주신에게 고사를 지낸 다음에 공사를 시작하기도 한다.

6. 업신

집안의 보이지 않게 숨어 있는 신으로(대개는 광에 있다고 생각함), 뱀·두꺼비·족제비 등이 업신이라고 생각한다. 업이란 말이 한자어(漢字語)인 '업(業)'에서 온 것이라 하기도 하는데, '업왕신', '업왕', '업위신', '지킴이', '집지킴이' 등으로 부른다. 이 신은 재물의 운수를 관장하는 신으로서 부자가 되기 위하여 모시는데, 살아있는 동물을 그 대상으로 삼는 점이 특이하다. 이 신은 집안에 부정한 일이 있으면 집을 나가버리고 업이 나가면 집안이 망한다고 여겼다. 옛날에는 업이라고 생각되는 구렁이나 족제비 등이 집에 보이면 밖으로 나가지 못하도록 특별한 주의를 하기도 했다.

제주도 지역에서는 이 재산신을 칠성신(七星神)이라고 부르고, 그 신의 내력을 설명한 다음과 같은 '칠성본풀이'란 무가가 전해지고 있다.

중의 자식을 잉태하고 돌함에 담겨 쫓겨난 귀한 집 외동딸이 제주도에 표착(漂着)하여 어미와 일곱 딸이 모두 뱀으로 변했는데, 막내딸은 뒤꼍 주저리 밑의 기왓장 아래로 들어가 부군칠성(府君七星=밭칠성)이 되었고, 어미는 곳간의 쌀독으로 들어가 곡물을 지켜 부자가 되게 하는 '안칠성' 되었다고 한다.

업신은 설·추석·동지 등의 명절에 다른 가신들과 함께 모시고, 특별히 업이 가족들의 눈에 띄게 되는 일이 있으면, 이는 예사로운 일이 아니라고 생각해서 따로 제의(祭儀)를 행한다.

7. 기타의 가신들

이상 열거한 가신 외에도 문간에는 출입을 단속하는 수문신(守門神)이 있는데, 육지에서는 성주신이 집안의 최고신이지만 제주도에서는 이 수문신을 가신(家神) 중 첫 번째 신으로 모신다.

제주도의 서사무가인 '문전본풀이'에

문신은 남편이고 조왕은 본처이며, 일곱 아들은 '올래지기'(집 입구의 柱木神주목신=정살신)이고, 본처를 간계(奸計)로 죽인 악질 첩 '노일제대'는 본처의 아들들에 의해 살해되어 변소각시가 되었다는 내용과 함께 집안의 다른 신들의 내력에 대해서도 설명해 놓고 있다.

육지에서는 변소신을 '변소각시', '정낭각시', '뒷간신' 등으로 부르며, 대체로 젊은 여성신으로 설정되어 있다. 변소신은 머리카락을 세는 것이 일인데, 변소에 갈 때 인기척을 하는 것은 변소각시가 놀라지 않도록 하기 위해서라고 한다.

민가(民家)에서는 아이들이 변소에 빠지거나 신발을 변소에 빠뜨리면 떡과 뫼를 장만하여 변소에 차려놓고 아이에게도 먹인다. 다른 가신들이 집안에 유익한 신인데 반하여, '변소각시'는 해(害)를 끼치는 존재로 인식되었다. 변소에서 발생하는 사고나 발병은 모두 이 변소각시의 해코지 때문이라고 여겼고 따라서 신앙의 대상이 아니라 잡귀(雜鬼)나 잡신(雜神)으로 취급되고 있다.

우물에는 '정신(井神)'이 있어서 우물물이 늘 맑고 깨끗하도록 유지시켜 준다고 믿는데, 이것은 전통적인 용왕숭배와 관련이 있다. 우물과 용의 관계는 박혁거세의 왕비가 우물에서 출현한 용의 겨드랑이에서 탄생했다는 설화나, 고려태조 왕건의 조모(祖母)가 개성의 대정(大井)을 통해 서해로 출입하였다는 『고려사(高麗史)』의 기록을 통해서도 알 수 있다.(왕건의 祖母說話조모설화는 『삼국유사』소재 '거타지 설화'의 연장선상에 있다)

마굿간에 가면 '우마신(牛馬神)'이 있어서 가축의 번성을 돌봐주고, 장독간에는 '철융신'이 있어서 된장과 간장 등을 돌본다고 생각했다.

이들 가신들은 특별한 신체(神體)가 없고, 그 곳에 변고가 생기면 특별히 제사를 드린다. 어떤 지방(경남 남해의 경우)에서는 섣달 그믐날 밤에 집안 곳곳에 불을 밝혀서 이들 가신을 섬기고 있다.

Ⅲ. 마을신앙[洞神信仰동신신앙]

동신신앙은 같은 지역에서 비슷한 조건으로 함께 생활하는 마을사람들의 공동체(共同體) 신앙이다. 그들은 재앙(災殃)을 면하고, 행복을 추구하기 위하여 마을의 수호신에게 빌며, 편안한 생활을 목적으로 합심(合心)하여 마을의 수호신을 섬겼다. 마을신앙은 마을이라고 하는 사회공동체의 의례이기 때문에 '사회적 의미(社會的意味=마을)'와 '종교적 의미(宗教的意味=제의)'가 복합적으로 내포되어 있다. 단군신화의 신단수(神檀樹)나

삼한시대의 소도(蘇塗)가 바로 오늘날의 당산나무나 서낭당이라고 할 수 있다.

우리나라의 전통적인 마을의 형태는 배산임수(背山臨水) 형이다. 마을의 뒷산에는 산신을 모신 산신당(山神堂)이 있고, 마을 입구에는 서낭당[城隍堂성황당]이 있으며, 그 옆에는 장승이나 솟대가 있는 것이 보통인데 지금은 이런 완벽한 구조로 되어 있는 곳은 거의 없다.

마을신의 신격은 자연신(自然神) 계통과 인격신(人格神) 계통으로 구분되는데, 전자는 천신(天神)·산신(山神)·칠성신(七星神)·지신(地神)·서낭신[城隍神성황신]·용신(龍神)·국사신(國師神) 등이고, 후자는 단군신·공민왕신·김유신장군신·남이장군신·최영장군신·임경업장군신·각시신 등 헤아릴 수 없이 많다.

1. 마을신앙의 형태와 종류

마을의 신당(神堂) 형태를 김태곤(金泰坤)은 다음의 4종류로 구분하고 있다.

① 신수(神樹) 형태.

② 신수와 제단(祭壇)의 복합형태.

③ 신수와 당(堂)집의 복합형태.

④ 신수가 있거나 또는 신수가 없이 전각(殿閣)이 있는 형태.

마을신앙의 대표적인 신당 명칭은 가장 일반화 되어있는 '서낭당'(성황당)을 비롯하여, '산신당(경기·충청)', '당산(전라·경상)', '본향단(제주)' 등이다.

영남지역의 동해안을 끼고 남해로 이어지는 지역에서는 '골매기당'이 집중적으로 분포되어 있고, 서해안의 어촌 지역에는 풍어신의 상징인 임경업장군을 신앙하는 '임장군당' 이 많이 분포되어 있다. 서울과 경기 일원에는 '부군당'이 많이 분포되어 있고, 그 밖의 해안 지방에서는 '용신당'이 분포되어 있다. 신체(神體)는 남성신(男性神)보다 여성신인 경우가 훨씬 많은데, 이는 여성이 풍요와 다산(多産)의 존재로 상징되기 때문이다.

마을제[洞祭동제]의 종류로는 '서낭제', '산신제', '기우제', '장승제', '솟대제', '천제', '단군제', '용수제', '보제', '비제', '무후사제' 등 다양하지만, '서낭제'가 제일 많고, 다음이 '산신제'이다.

제의(祭儀)가 끝나면 제물의 일부는 신(神)에게 바치는데, 신체(神體)의 성격에 따라 다음과 같은 방법으로 한다.

① 천신(天神)에게는 태운다.

② 지신(地神)에게는 땅에 묻는다.

③ 하해신(河海神)에게는 물에 갈아 앉힌다.

④ 산신(山神)이나 목신(木神)에게는 나무에 건다.

⑤ 암석신(巖石神)에게는 바위 위에 놓아둔다.

신에게 바치고 남은 제물은 온 마을 사람들이 나누어 먹는데, 이러한 음복(飮福)을 통하여 신과 인간은 눈에 보이지 않는 신비의 연결고리로 맺어지는 것이다. 즉 신전(神前)에 차려졌던 신성한 제물을 먹었기 때문에 인간은 자신이 신의 축복(祝福)을 받았다고 생각하는 것이다.

가. 서낭신앙

지난날 우리 조상들은 마을과 좀 떨어진 곳에 서낭당을 짓고 서낭신을 모셨는데, 이 서낭신은 천신, 산신과 함께 가장 널리 분포된 대표적 마을 신앙 형태였다. 서낭당의 위치는 마을로 들어가는 동구나 고갯마루의 길가에 있으며, 그 형태는 당산나무 앞에 잡석을 쌓은 누석단(累石壇)을 만들고, 신수(神樹)의 금줄에는 청(靑)·홍(紅)·백(白)·황(黃)·녹색(綠色)의 오색헝겊을 매단 모양이 많다

또 당집을 짓고 그 안에 호랑이와 산신을 그려서 수호신으로 모신 곳도

있으며, 서낭나무와 당집이 함께 있는 곳도 있다. 마을 사람들은 이 서낭당에서 봄철의 기원제와 가을철의 감사제를 드렸는데 그들의 신앙목적을 구체적으로 설명하면 다음과 같다.

첫 번째로 우순풍조(雨順風調)로 오곡의 풍작을 기원한다.

두 번째는 재화(災禍)나 악병(惡病)이 없기를 기원한다.

세 번째로 육축(六畜 : 소 · 말 · 돼지 · 염소 · 닭 · 개)이 번식하기를 기원한다.

네 번째로 부귀(富貴)가 충만(充滿)하여 복록이 증배하기를 기원한다.

다섯 번째로 만사(萬事)가 형통(亨通)하여 집안이 평안하고 마을이 태평하기를 기원한다.

서낭당이 있는 곳은 성역(聖域)이기 때문에 그 주변에 부정한 것이 접근하지 못하도록 황토(黃土)를 뿌려 두거나 금줄을 쳐 두고, 서낭당을 지날 때는 절을 하거나 누석단(累石壇)에 돌멩이를 얹어서 서낭신에게 예를 표하였다. 우리 민족은 돌을 "산의 뼈요, 흙의 정(精)이며, 기(氣)의 핵(核)"이라 하여, 민간신앙에서는 돌을 신성체(神聖體)로 인식하여 왔다. 그래서 서낭당 앞에는 거의 빠짐없이 돌을 쌓아둔 누석단(累石壇)이 있었고, 행인들은 그 누석단에 돌멩이를 보태면서 통과하는 것이 생활화되어 있었다.

신수(神樹)에 쳐둔 금줄에는 정월이나 시월에, 주부들이 집안 식구들의 저고리 동정이나 옷고름을 매달고 제물을 차려, 액운을 막는 '홍수막'이라는 제의(祭儀)를 행하기도 하였다.

나. 장승과 솟대

서낭당 외에 마을신앙 형태로는 장승을 들 수 있는데, 장승의 명칭은 시대와 지역에 따라 그 모양만큼이나 다양하다.

신라와 고려시대에는 '장생(長栍)'이라 하였고, 고려후기부터 조선중엽까지는 '장주(長柱)'라고 지칭하였다. 그러나 그 후에는 장승(長丞), 장승(長承),

장주(長柱), 장선(長善), 소후(小堠), 대후(大堠), 이후(里堠), 송후(松堠), 목후(木堠), 우석목(偶石木), 장생표(長生標), 주첩(柱貼) 등 헤아릴 수 없을 정도로 많은 명칭을 갖고 있다.

지역에 따라서는 평안도를 위시한 북부지방에서는 '더승' 혹은 '더신'이라 하고, 경기도를 중심으로 한 중부지방에서는 '장승'이라고 한다. 충청도 지방에서는 '수살', '수살막이', '수구맥이'라 하고, 영・호남 지방에서는 '벅수', '벅시', '법수'라 하며, 제주도에서는 '하루방'이라 부른다.

장승의 종류로는 그 재료에 따라 석장승과 목장승으로 나누는데, 대부분이 목장승이다. 현존하는 장승중 가장 오래된 것은 전북 부안군 서외리 성문안 석장승(石長丞)으로 조선조 숙종15년(1689)에 세웠다고 한다.

〈석장승과 목장승〉

장승은 그 기능에 따라서 다음과 같이 세우는 곳도 다양하다.

① 사원장승(寺院長丞) : 절 입구에 세워 사찰 경내임을 표시함.

② 벽사장승(辟邪長丞) : 마을 입구에 세워 수호신 기능을 함.

③ 노표장승(路標長丞) : 이정표 겸 노신(路信)으로 길가에 세움.

④ 비보장승(裨補長丞) : 풍수지리설에 따라 지기(地氣)가 허(虛)한 곳을 보호함.

⑤ 수문장장승(守門將長丞) : 제주도의 하루방처럼 성문 앞에 세움.

⑥ 기자장승(祈子長丞=男根石남근석) : 아들 낳기를 염원하여 남근형으로 만들어 세움.

⑦ 시국장승(時局長丞) : 80년대 이후 대학가에서 민주(民主)·민족(民族)·통일(統一)을 염원하며 세운 장승.

⑧ 관광장승(觀光長丞) : 관광지나 유원지에 토속적 분위기 조성을 위해 세운 장승.

이제 장승은 과거의 신앙적 의미는 상실되어가고 있지만, 시국장승이나 관광장승처럼 새로운 의미와 기능을 가진 우리의 전통문화(傳統文化)로 거듭나고 있다. 그런데 작금의 현실이 아무 곳에나 무분별하게 장승을 마구 세워서 오히려 미관을 해칠 뿐만 아니라, 장승 본래의 의미를 손상시키고 있는 것도 문제점이 아닐 수 없다.

솟대는 민간신앙의 대상이 되는 '신간(神竿)', 또는 '조간(鳥竿)'을 말하며, 그 장대 끝에는 나무로 새 모양을 깎아서 앉혀 놓았다. 이 솟대는 단독으로 서 있는 수도 있으나 대개 마을 입구에 장승과 함께 서 있으며, 전국적으로 발견되는 솟대에 대한 명칭도 장승만큼이나 다양하다. 솟대의 끝에는 예외 없이 새가 앉아있는 소위 '우주나무(Cosmic Tree)'와 '하늘 새(Sky Birds)'의 모습을 볼 수 있는데, 새의 종류에 대해서도 까마귀·오리·기러기 등으로 주장이 일치하지 않으며, 그 숫자도 1마리에서 3마리까지 다양하게 발견된다.

고대인들은 새가 신(神)의 세계와 인간(人間)의 세계를 내왕(來往)하며, 인간의 소망을 신에게 전하고 신의 뜻을 인간에게 알리는 메신저 역할을 한다고 생각했다. 그래서 솟대의 끝부분에 새를 매달아 신앙의 대상으로 삼았던 것이다.

『삼국지(三國志)』나, 『후한서(後漢書)』의<마한전(馬韓傳)>에 보면, "소도(蘇塗)에 긴 나무를 세우고, 방울과 북을 달아 귀신을 받들었다"는 기록이 있는데, 여기서 소도란 솟대 그 자체이거나 솟대를 세운 '신성지역(Asylum=도피성)'을 지칭하는 것으로 판단된다.

〈솟대〉

2. 마을 신앙의 개념

마을의 구성원들은 그들의 수호신에게 마을의 무사태평과 생업의 풍성함을 비는 제사를 드렸다. 봄과 가을 두 번에 걸쳐 지내기도 하지만 대개는 정월 대보름이나 시월 보름 전후에 한 번 지내는 경우가 많고, 제의의 절차는 유교식(儒敎式) 또는 무속적(巫俗的) 방법으로 거행하였다.

유교식 제의 절차는 두이레나 세이레 전에 마을의 원로 가운데, 생기복덕(生氣福德)한 사람을 동회(洞會)에서 제관으로 선출한다. 제관으로 선출된 사람은 그날부터 목욕재계하고 언행을 삼가며, 부부간에도 각방을 쓰는 등 각종 금기(禁忌)에 들어간다.

제의(祭儀)의 순서는 초헌(初獻) →아헌(亞獻) →종헌(終獻) →독축(讀祝)으로 간단하며, 마지막에 음복하는 것으로 끝이 난다.

무속적 방법은 무당에 의해 진행되지만, 이때도 먼저 유교적 제의를 간단히 지내고 마을 굿을 하는 것이 일반화 되어 있다.

마을제를 지내기 전후에는 일정기간 동안 신당주변에 금줄을 치고, 곳곳에 황토 무더기를 놓아서 부정을 예방하였다. 마을 사람들은 평소에도 신당 주변을 꺼리지만, 특히 이 기간에는 삼가 조심하여 신당 근처에 얼씬거리지 않는다. 마을제가 끝나면 젊은이들은 씨름이나 줄다리기 등의 민속놀이를 하고, 여자들은 강강술래 등의 놀이판을 벌인다. 한편 마을의 원로들은 따로 모여서 마을의 대소사(大小事)를 의논하는 회의를 열었다.

이와 같은 마을제의 기능과 의의를 요약하면 다음과 같다.

첫째로 사회적(社會的) 기능을 들 수 있다.

마을제를 지내기 전부터 마을 사람들은 몸과 마음을 깨끗이 하며, 자신의 부정(不淨)으로 말미암아 마을제가 무효화되고, 마을에 피해를 줘서는 안 된다고 생각하여 모든 동민(洞民)이 금기를 지킨다. 제물을 준비하는데도 마을 사람 모두가 동참함으로써 심적(心的) 유대와 단합을 촉진시키면서 소속감을 보다 공고하게 만드는 계기가 된다.

두 번째로 정치적(政治的) 기능이다.

제의(祭儀) 후에 음복이 끝나면 마을의 유지들은 화목한 분위기 속에서 마을의 대소사를 의논한다. 논의의 대상은 마을제의 결산 보고, 다음해 마을제에 대한 논의, 관혼상제에서의 부조(扶助)문제, 식목, 도로부역 등이다. 이것은 제정일치시대(祭政一致時代) 이후로 지속되어 왔고, 이와 같은 절차는 한국고유의 대동의결기구(大同議決機構)라고 할 수 있는 '두레'와 '계'로 발전하는 계기가 되었을 것이다.

마지막으로 축제(祝祭) 기능을 들 수 있다.

제의와 음복이 끝나면 풍물이 울리고, 그에 동반되는 각종 민속놀이가 연희된다. 매구패의 풍물가락에 맞추어 춤을 추며, 줄다리기·목우희·차전·석전 등 각종 편싸움이 축제 기분을 돋우고, 약화되어 가는 공동체의식을 더욱 고양시킨다.

한마디로 마을제는 지연적(地緣的)인 협동의식의 표현이며, 한국 전통예술의 근원이 되는 시발점이라고 할 수가 있다.

<쇠머리대기 놀이>

Ⅳ. 무속신앙(巫俗信仰)

1. 무속의 성격

무속은 무당(巫堂)을 주축으로 하여 민속사회에 전승되고 있는 원시적인 종교(宗教)현상으로 민간신앙 가운데 가장 확고한 신앙체계를 이루고 있다. 무속이 비록 원시종교의 틀에서 벗어나지 못하고 있다 하지만 종교지도자(指導者)인 무당이 존재하며, 굿이라는 종교적 제의에 필요한 구비경전인 무가(巫歌)도 전승되고 있다. 무속의 사제자(司祭者)인 무(巫)는 신과 인간의 중간자적 위치에 존재하며, 남자를 격(覡=박수), 여자를 무(巫=무당)라고 한다. 그러나 오늘날에는 '무'와 '격'을 굳이 구분하지 않고 무당으로 통칭하고 있으며, 호남지역에선 '단골'(또는 당골), 제주도에서는 '심방'이라 부르기도 한다.

『주자어류(朱子語類)』에는 '무(巫)'는 신명을 다하여 춤추는 사람으로 춤을 통해 신을 접하기 때문에 하늘과 땅을 이어주는 '工(공)'자의 양측에 두 사람이 춤추는 형상을 취한 '巫(무)'자를 쓰게 되었다고 했다. 여기서 하늘은 신(神)을 뜻하고 땅은 인간을 뜻한다. 또 工(공)이라는 글자는 재주를 뜻하기도 한다. 따라서 무당은 신을 부르는 재주, 즉 굿을 하는 재주를 지닌 사람으로 해석할 수 있다고 풀이하고 있다.

『삼국사기(三國史記)』<신라본기(新羅本紀)>의 제2대왕 기록을 보면

> … 次次雄(차차웅) 惑云慈充(혹운자충) 金大問云(김대문운)
> 方言謂巫也(방언위무야) 世人以巫事鬼神(세인이무사귀신) 尙祭祀(상제사)
> 故畏敬之(고외경지) 遂稱尊長者(수칭존장자) 위자충(爲慈充)
> (… 차차웅은 혹은 자충이라고도 한다. 김대문이 말하기를 방언으로 무당을 말하며, 세상 사람들은 무당이 귀신을 섬기고 제사를 숭상하는 까닭에 이를 경외하여 존장자를 자충이라 한다고 하였다.)

제정일치시대(祭政一致時代)의 무당은 보통사람이 가질 수 없는 탁월한 능력을 가진 영매자(靈媒者)였다. 그들은 사람들의 소망을 신에게 고하고 신의 의사를 탐지하여 사람들에게 계시(啓示)해주는 신과의 교섭자 구실을 했다. 따라서 사람들은 무당이 신계와 인간계를 넘나드는 반신반인적(半神半人的) 존재라고 생각하였기 때문에 그들을 경외(敬畏)하였다는 사실을 위의 기록을 통해서 알 수가 있다.

13세기경 이규보는 『동국이상국집(東國李相國集)』<노무편(老巫篇)>에서 무당의 굿하는 모습을 다음과 같은 시(詩)로 표현하고 있다.

> 女則爲巫男爲覡(여즉위무남위격)　　自言至神降我軀(자언지신강아구)...(略.)..
> 酸甘淡酒自飽腹(산감담주자포복)　　起躍騰身頭觸棟(기약등신두촉동)...(略)...
> 丹靑滿壁畵神像(단청만벽화신상)　　七元九曜以標額(칠원구요이표액)...(略)...

이 시에 나타난 당시의 무속을 살펴보면, 여자를 무(巫), 남자는 격(覡)이라 했고, 그들이 자신의 몸에 신이 내렸다고 말했으니 강신무(降神巫)에 의해 굿이 진행되었음을 알 수 있다. 또 술을 마시고 요란스러운 장구소리에 맞추어 머리끝이 대들보에 닿을 정도로 껑충껑충 춤을 추었다고 했으니 접신(接神)으로 인한 무녀의 도무(蹈舞)를 알 수 있다. 벽에는 단청된 신상(神像)이 가득하고, 신당에 칠원성군(七元星君)과 구요성(九曜星)을 액자에 그려 붙여두었다고 했으니, 고려시대의 굿도 오늘날의 굿과 그 분위기가 매우 흡사했음을 알 수 있다.

〈천도굿〉

2. 무(巫)의 유형과 특징

무당의 유형은 대체적으로 강신무(降神巫)와 세습무(世襲巫) 그리고 학습무(學習巫)로 나눈다. 강신무는 그 성무과정(成巫過程)에서 신병(神病)체험을 통해 신의 초월적인 영력(靈力)을 획득한 무당을 말한다.

자신이 모시는 몸주가 있고, 그 몸주의 영력을 이용하여 미래를 예언하는 점을 치고, 공수를 통해 신의 뜻을 인간에게 전한다. 강신무가 체험하는 무당은 산신(山神)·칠성신(七星神)·지신(地神)·용신(龍神)·장군신(將軍神)·

대감신(大監神)·조상신(祖上神)을 비롯한 가족신(家族神) 등이 있는데, 자신에게 내렸던 최초의 신을 몸주로 모신다. 강신무는 신이 내리면 무당 자신이 신의 행세를 한다. 강신무가 전문적인 굿을 하기 위해서는 그 절차와 형식에 따르는 가무(歌舞) 등을 따로 습득하는 과정을 거쳐야 한다.

세습무는 가계(家系)의 혈통을 따라 사제권(司祭權)이 대대로 이어지는 무당을 말한다. 이 세습무는 몸주를 별도로 모시지 않는 영력이 없는 무당이기 때문에 강신이나 공수가 없고, 따라서 점은 칠 수가 없다. 세습무의 주된 기능은 제의를 집행하는 사제(司祭)기능, 즉 굿이라고 할 수 있는데, 큰 무당에게서 굿의 진행과정이나 가무(歌舞) 등을 전수 받아야 한다.

학습무도 세습무와 마찬가지로 영력이나 공수가 없다는 점에서는 동일하지만, 세습무가 혈통을 따라 사제권이 전승되는데 반하여, 학습무는 혈통과는 관계없이 사제(師弟)의 관계로 사제권(司祭權)이 이어진다.

강신무가 기능이 뛰어나면 '용하다' 하고, 세습무나 학습무가 굿을 잘 진행하면 '잘 논다'고 한다. 무당을 기능별로는 두 가지 유형으로 나누지만, 김태곤은 그 성격에 따라 무당형·단골형·심방형·명두형의 네 가지 유형으로 분류하여 그 특징을 설명하고 있다.

가. 무당형

강신체험을 통해서 된 무(巫)로, 가무(歌舞)로 굿을 주관할 수 있고, 영력에 의해 점을 치며 예언도 한다. 중부와 북부에 분포되어 있는 '무당(巫堂)'과 '박수'가 여기에 속하며, '보살', '신장할멈', '칠성할멈'으로 불리는 '선무당'들의 방계라고 한다. 그러나 선무당은 강신체험으로 무당이 되어 영력을 가지고 있으나, 가무로 정통 굿을 주관할 수는 없다. 그러나 영적인 능력은 가지고 있기 때문에 점을 친다거나 간단한 '비손'을 하는 것이 주된 기능이다.

이 무당형의 성격상 특징은 다음과 같다.

① 강신체험과 영력을 갖고 있다.
② 강신한 몸주신과 그 몸주신을 모신 신단(神壇)이 있다.
③ 신의 실재(實在)를 확신하여 신관(神觀)이 구체화(具體化)되어 있다.
④ 가무로 정통 굿을 주관하는 사제자이다.
⑤ 영력에 의해 점(占)을 친다.

나. 단골형

혈통(血統)에 의해 일정지역 내에서 사제권이 계승(繼承)되는 세습무이다. 이들은 제도적 조직성(組織性)을 갖춘 무당으로서, 영남지역의 '무당'과 호남지역의 '단골'이 있다. 영남지역의 세습무인 무당은 무속상의 사제권이 혈통을 따라 대대로 계승되고 있으나, 관할 구역제라고 하는 의식이 사라진 반면 호남지역의 '단골'은 '단골판'이라 부르는 일정한 관할구역 내에서 그 사제권이 대를 이어 계승되고 있다. 그러나 두 지역 모두 과거에는 '관할구역제'라는 틀 속에서 사제권을 행사했던 것으로 보아 영남의 무당과 호남의 단골은 같은 계통의 제도화(制度化)된 무당으로 보인다.

단골형 무의 성격적 특징은 다음과 같다.
① 혈통에 의한 사제권(司祭權)이 세습(世襲)된다.
② 사제권에 의한 일정지역(단골판) 관할권(管轄權)의 계승(繼承)된다.
③ 세습과 계승이 무속상으로 제도화 되어 있다.
④ 영력이 없으므로 신관이 확립되어 있지 않고, 신단(神壇)이 없다.
⑤ 신을 향해 일방적인 가무(歌舞)로 정통 굿을 주관한다.

다. 심방형

단골형과 같이 무(巫)의 사제권이 혈통을 따라 대대로 계승되는 세습무로서 영력을 중시하여 신에 대한 구체적인 신관이 확립되어 있다.

이와 같은 무(巫)의 대표적인 것으로 제주도에 분포되어 있는 세습무인

'심방'이 있다. 단골형이 신에 대한 인식이 아주 희박한데 비해서 심방형은 영력을 중시하며, 신관이 구체적으로 확립되어 있는 점이 단골형과 다른 점이다.

심방형은 무당형과 같이 영력을 중시하고 신에 대한 인식이 확고하다. 그러나 신이 직접 몸에 강신하지 않고 굿을 할 때는 무점구(巫占具)를 통해 신의 뜻을 물어 전달한다. 따라서 심방형은 단골형과 무당형의 중간형이라고 할 수 있는데, 단골형 쪽에 더 가깝고, 그 특징은 다음과 같다.

① 혈통(血統)에 의해 사제권의 세습이 제도화 되어 있다.

② 영력을 중시하며, 신에 대한 인식이 확고하다.

③ 구체화된 신관이 확립되어 있으나 신단(神壇)은 없다.

④ 직접적인 강신(降神)과 영통(靈通)이 없어 매개물[巫占具무점구]을 통해서만 신의 뜻을 물어 점을 칠 수 있다.

⑤ 신을 향해 일방적인 가무(歌舞)로 정통 굿을 주관한다.

라. 명두형

인간 사령(死靈)의 강신체험을 통해서 된 무(巫)인데, 체험된 사령은 혈연관계가 있는 어린아이가 죽은 아령(兒靈)이다. 대개 7세 미만의 사령이며, 경우에 따라서는 16세 안팎의 사령도 있다. 명두형의 특징은 몸에 실린 사령을 자기 집 신단에 모시고, 필요한 경우 이 영을 불러 영계(靈界)와 미래사(未來事)를 탐지시켜 점을 친다. 여아(女兒)의 사령을 '명두', 남아(男兒)의 사령을 '동자' 또는 '태주'라 한다. 이런 명두형은 남부지역 특히 호남지역에 많은 분포를 보이고 있고, 중부와 북부지방에도 산발적으로 분포되어 있다. 명두형 무는 사령(死靈)을 불러 점을 치는 것이 전문인데, 정통제의(正統祭儀)에까지 침투하여 대립양상을 보이기도 했는데 그 특징은 다음과 같다.

① 사아령(死兒靈)이 강신한다.

② 사아령에 의한 점복(占卜)이 전문(專門)인 점쟁이이다.

③ 사아령의 초령술(招靈術)이 있다.

④ 가무에 의한 정통 굿의 주관이 불가능(不可能)하다.

요약해서 설명하자면 무당형과 명두형은 강신무 계통이기 때문에 점을 치는 것이 주기능이다. 무당형의 강신대상은 자연신[天·地·日·月·星·辰천지일월성신]인데 비해, 명두형은 혈연관계의 사아령(死兒靈)이다. 단골형과 심방형은 제의(祭儀)의 사제(司祭)가 주기능이기 때문에 세습무 또는 학습무 계통이라고 할 수 있다.

3. 성무과정(成巫過程)과 굿

가. 성무과정

무당은 신계(神界)와 인간계(人間界)를 내왕할 수 있는 영통(靈通)한 존재로서 신의 의사(意思)를 사람들에게 전하고, 사람들의 소망을 신에게 고하는 신이(神異)한 존재이기 때문에 특별한 과정을 거쳐서 무당이 된다.

무당이 되는 과정은 강신무와 세습무(학습무 포함)에 따라 다르다. 강신무는 자신의 의사와는 관계없이 강신(降神)에 의해, 신병(神病=巫病무병)이라는 종교체험을 하고, '내림굿'을 한 뒤에 무당이 된다. 세습무와 학습무는 인위적(人爲的)인 학습과정을 거쳐 무당이 되는데, 세습무는 혈통(血統)을 따라서 무당이 되고 학습무(學習巫)는 혈통과는 관계가 없다.

강신무는 신통력을 가진 무당으로서 영력을 획득하기 전에 반드시 신병을 앓게 된다. 신병(神病)은 정신이상 증세와 함께 신체적 고통도 겪게 되는데 약이나 의료행위로는 고칠 수 없고, 내림굿을 하고 무당이 되어야만 낫는다고 한다. 신병의 유형은 개인이 처한 문화적 현상에 따라 다양하게 나타난다.

신병에서 가장 많이 나타나는 증상은 별다른 이유 없이 심신(心身)이 허약해지는 경우이고, 두 번째는 돌발적 정신(精神)이상 증세가 나타나 미친 사람처럼 되는 것이다. 그런가하면 병에 걸렸는데 그 병이 점점 신병으로 발전해 가는 경우도 있고, 흔하지는 않지만 현몽(現夢)에 의해 발병하는 수도 있다. 역시 흔한 경우는 아니지만, 외적(外的) 충격(衝擊)이 원인이 되어 정신이 허탈해진 상태에서 신병으로 발전해 가기도 한다.

신병의 증상(症狀)을 구체적으로 살펴보면 까닭 없이 시름시름 앓으면서 입맛이 없어 음식을 전혀 먹지 못하고, 신체적으로 여러 가지 병적증세가 나타난다. 정신적으로는 환각(幻覺)상태에 빠지거나 의식이 희미해져 꿈과 생시의 구분을 못하는 지경에 이르게 되고, 내림굿이라는 제의를 거쳐야만 치유된다고 한다.

내림굿은 덕망이 있는 강신무에 의해서 진행되는데, 굿의 절차는 지역적 차이를 보이고 있다. 내림굿이 끝나면 '몸주(몸신)'를 봉안하고 내림굿을 해준 무당을 스승으로 삼아, 그를 따라다니면서 굿을 배운다. 스승무당은 '신(神)어머니'가 되고, 강신자(降神者)는 '신딸'이 되어 사제관계(師弟關係)를 형성하고, '신딸'은 굿을 완전히 익혀 독립할 때까지 조무(助巫)노릇을 하면서 무사(巫祀)를 배운다.

무의 영적 기능은 신이 무당에게 내리는 강신(降神), 망인(亡人)의 사령(死靈)이 무당에게 내리는 빙의(憑依), 강신한 신의 영력을 과시하는 작두타기, 영격(靈格)이 무의 입을 통해 점을 치는 공창(空唱) 등이 있다.

강신무가 신의 뜻을 따라 무(巫)가 되는 선천적이고 자연적인 무(巫)임에 비해, 세습무(학습무)는 후천적이고 인위적인 과정을 거쳐 무가 된다. 세습무(학습무)는 그 기능이 무의(巫儀=굿)에만 국한되어 있지만, 무속사회의 엄격한 규율과 질서 속에서 그 사제권이 계승된다. 이들은 한 지역 안에 하나의 무(巫)만 존재하는 것을 원칙으로 하는데, 이 제도는 일반인의 상식으로는 이해하기 힘든 조직 내부의 질서에 의해 정착되었다.

나. 굿

굿은 무당이나 박수에 의해 행해지는 무속제의로서 신을 경외(敬畏)함으로써 제화초복(除禍招福) 하고자 하는 인간의 종교적 심리에서 비롯되었다고 본다. 바꾸어 말하면 굿은 무격(巫覡)의 가무를 통해 신을 '즐겁게 함[娛神오신]'으로써 언제 닥칠지 모르는 불행을 예방하고, 신으로부터 복을 받아 누리고자하는 사람들의 신앙적 행위라고 할 수 있다.

굿의 기본 요소로는 '강신', '가무', '공창(=공수)'을 들 수 있다. 강신(降神)은 굿판에 신을 초청하는 것이고, 가무(歌舞)는 강림한 신을 노래와 춤으로 즐겁게 하는 기능이며, 공창(空唱)은 무격이 신의 말을 전하는 것이다.

굿은 그 목적과 기능에 따라서 민가(民家)의 개별적 제의인 '가제(家祭)'와 마을 공동제의인 '마을제[洞神祭동신제]', 무당의 '신(神)굿'으로 나눈다.

민가에서 행하는 굿의 종류와 명칭은 다음과 같다.

① 아이와 관련된 굿 : 지왕맞이, 삼제왕풀이, 삼신풀이, 칠성제 등

② 치병(治病)을 목적으로 하는 굿 : 푸닥거리, 영장치기, 별상굿(마마굿), 마누라배송 등

③ 가옥 신축(新築)이나 이사(移徙) 굿 : 성주맞이, 성주굿 등

④ 복록(福祿)의 증배를 위한 굿 : 재수굿, 영화굿, 축원굿, 일월맞이, 안택굿 등

⑤ 죽은 넋의 천도제의(遷度祭儀)에 해당되는 굿 : 진오구굿 (=오구굿·수왕굿·해원굿·씻김굿·시왕맞이) 등이 있다.

마을제는 '별신굿'이라고도 하며, 마을의 풍년이나 평안을 기원하는 마을 단위의 '당굿(서낭굿·도당굿)'을 말하는데, 지방에 따라 다양한 명칭을 가지고 있다.

그 외에도 강신무의 성무(成巫) 제의로써 내림굿·신굿 등이 있고, 무당 자신의 몸주를 위해 봄철의 '꽃맞이굿'과 가을철의 '단풍맞이굿' 이라는 것도 있다.

일반적인 굿의 절차는 다음과 같은 열두거리로 짜여있다.

부정거리 → 가망거리 → 산마누라거리 → 별상거리 → 대감거리 → 제석거리 → 성주거리 → 호구거리 → 구릉거리 → 창부거리 → 만신거리 → 뒷전거리

그런데 규장각도서인 『무당내력(巫堂來歷)』에는 열두거리가

감응청배 → 제석거리 → 별성거리 → 대거리 → 호구거리 → 조상거리 → 만신말명 → 신장거리 → 창부거리 → 성조거리 → 구릉 → 뒷전

으로 되어 있다.

이 열두거리 가운데 보편적으로 잘 알려진 굿은 대감(지신)거리·성주거리·별상(마마)거리·창부(광대)거리 등이고, 모든 굿에서 열두거리가 다 행하여지는 것은 아니다.

그리고 각각의 거리는

① 해당 신을 굿에 청하는 **청신과정(請神過程)**

② 청해온 신을 가무로 즐겁게 하는 **가무오신과정(歌舞娛神過程)**

③ 초청된 신의 뜻을 무당이 공수로 사람들에게 알리는 **신의청취과정(神意聽取過程)**

④ 굿에 초청된 신을 돌려보내는 **송신과정(送神過程)**

의 4단계로 구성되어 있다.

그러나 굿의 기능과 성격, 지역과 무격에 따라서 그 규모와 절차가 다양한 형태로 이루어지고 있으며, 무악(巫樂)을 반주하는 악기는 북, 장구, 징, 피리, 해금 등이다.

〈남해안 별신굿〉

Ⅴ. 풍수신앙(風水信仰)

1. 풍수신앙의 개념

우리 조상들은 마을 뒤편으로 큰 산을 의지하고, 앞으로는 큰 내나 강을 두어서 적을 방어하는 방패로 삼아 정착생활을 시작했을 것이다. 그들에게 있어서 산은 천신이 하강(下降)하는 통로(通路)였기에 신성하게 여겼으며, 강은 생명의 젖줄이어서 중요했다. 풍수신앙(風水信仰)은 이 같은 산천숭배사상(山川崇拜思想)과 깊은 관련을 맺고 있다.

옛날에는 집터인 양기(陽基) 뿐만이 아니고, 조상의 음택(陰宅)을 정함에 있어서도 명산의 지기(地氣)가 왕성한 혈(穴)을 구하기 위해 재산을 아끼지 않았다. 이와 같은 풍수설은 주거보다 묘지의 길흉을 보는 것으로 해석되어, 풍수(風水)라 하면 곧 묘지(墓地)의 좋고 나쁨을 판단하는 것으로 생각하여 왔다.

풍수는 인류의 출현과 함께 자연스럽게 형성되어온 땅에 대한 태도의 체계화라고 할 수 있다. 풍수의 기본 논리는 일정한 경로를 따라 돌아다니는 땅속의 생기(生氣)를 사람이 접하여 복을 얻고 화를 피하자는 것이다. 이와 같은 땅의 기운은 산 사람 뿐만 아니고, 죽은 자에게도 필요하다고 보았다. 죽은 자가 얻은 생기는 후손에게 그대로 이어진다고 여겼는데 이를 '동기감응(同氣感應)', 또는 '친자감응(親子感應)'이라고 한다.

풍수의 다른 명칭은 '음양(陰陽)', '감여(堪輿)', '지리(地理)', '지술(地術)'이라고도 하며, 풍수란 말은 중국 동진(東晋)의 곽박(郭璞)이 쓴 『장서(葬書)』에 처음으로 등장한다.

우리나라의 경우 '음양(陰陽)'이란 말이 조선조의 『경국대전(經國大典)』에 쓰이고 있는 것으로 보아 가장 일반적이고 공식적인 용어였다고 생각된다. (경국대전經國大典 권券 3 예전禮典 음양과陰陽科 중에 지리학地理學이 있음)

'감여(堪輿)'는 천지라는 뜻으로, 풍수지리설이 천지에 관한 오묘한 이치라는 뜻을 내포하고 있기 때문에 그렇게 썼다고 본다.

지리(地理)와 지술(地術)은 흔히 같은 뜻으로 쓰이는 말이며, 풍수사를 지사(地師) 또는 지관(地官)이라 부르는 것도 마찬가지다.

중국의 경우 풍수지리설 최초의 경전(經典)이라 할 수 있는 『청오경(靑烏經)』에서 청오자(靑烏子)는

> 陰陽符合天地交通內氣萌生外氣形成內外相乘風水自成
> 음 양 부 합 천 지 교 통 내 기 맹 생 외 기 형 성 내 외 상 승 풍 수 자 성
> 음양이 부합(附合)하고, 천지가 교통하면 내기(內氣)가 솟아나고 외기(外氣)가 형성되어, 내외가 상승(相昇)하여 마침내 풍수가 자성(自成)된다.

라고 기록하여 놓고 있다.

풍수의 근본 목적은 천지간에 기대어 인간의 영화를 도모하고자 하는데 있으며, 땅을 인간의 생모(生母)로 간주하는데서 출발한다. 땅은 인간을 생육하는 여성, 즉 지모(地母)로서의 능력이 있기 때문에 이것을 찾아내는 것

이 풍수의 내용이다.

풍수지리 이론을 수록한 풍수서(風水書)는 『장서(葬書)』나 『청오경(靑烏經)』등 중국의 것이 대종(大宗)을 이루고 있고, 우리나라에서는 『명산론(明山論)』, 『산수도(山水圖)』등에서 명혈(名穴)과 길지(吉地)를 지도와 함께 수록해놓고 있다. 『옥룡자유세비록(玉龍子遊世秘錄)』은가사체로 된 풍수지침서이며, 이밖에도 수많은 풍수서가 나와 있지만, 앞서 나온 책을 베끼고 거기에다 주석(註釋)을 다는 형식의 책들이 대부분이다.

그런데 풍수에서 길지는 그 주인이 따로 있다고 믿고 있으며, 이와 같은 생각이 다음에 인용한 『옥룡자유세비록(玉龍子遊世秘錄)』의 구절에도 잘 나타나고 있다.

연장칠십(年長七十) 늙은몸이 감천지성(感天至誠) 효자(孝子)로다
적덕수선(積德修善) 하온후에 이 혈(穴)을 얻으리라
천장지비(天藏地秘) 하였으니 허욕(虛欲)을 내지마라
어~와 벗님내야 길지(吉地)를 얻을진대
아는것도 쓸데없고 순천적덕(順天積德) 하여서라
그르친것 물욕(物欲)이요 해로운것 혈기(血氣)로다
우리선생 가르칠제 조선산수(朝鮮山水) 길흉지(吉凶地)와
선악인심(善惡人心) 취택(取擇)하야 주인(主人)찾아 맡기리니
팔로(八路)를 둘러보나 혈(穴)줄사람 전혀없다.

위의 가사가 주는 교훈은, 풍수에서는 무엇보다도 인간의 심성(心性)이 중요하며, 길지(吉地)는 고운 심성에서 얻어지는 것이지 욕심을 낸다고 차지하는 것이 아님을 말해주고 있다.

2. 풍수의 원리

풍수에는 세 가지 조건이 있는데 첫째는 산이고, 둘째는 물이며, 셋째는 방향으로 풍수이론은 이 세 요소의 배합에 의해서 결정된다. 좀 더 구체적으로 설명하면, 풍수에 있어 가장 중요한 것이 산을 택하는 방법인데 이것을 ① **간룡법**(看龍法)이라하고, 둘째로는 바람을 막는 방법인데 이것이 ② **장풍법**(藏風法)이다. 세 번째는 물인데 이것을 ③ **득수법**(得水法)이라 하고, 마지막으로 길지(吉地)를 선택하는 방법을 ④ **점혈법**(占穴法)이라고 한다. 간룡, 장풍, 득수, 점혈 이 네 가지 요소가 음양오행(陰陽五行)과 서로 작용하여 하나의 국(局)을 형성하게 된다는 것이다.

가. 간룡법(看龍法)

풍수에서는 지맥(地脈) 즉 산을 용(龍)이라 부르는데 산맥의 모양이 꿈틀거리는 용과 같기 때문일 것이다. 모든 산은 반드시 종산(宗山)이 있어서 그로부터 수 천만리에 이르는 대산맥을 이루어 뻗어나가고 있다. 풍수에서는 모든 산의 종산을 태조산(太祖山)이라 하는데, 우리나라의 태조산은 백두산(白頭山)이다. 이 태조산에서 뻗어 나오는 주(主)된 산맥을 간룡(幹龍)이라 하고, 주산맥(主山脈)에서 나누어지는 지맥(支脈)을 지룡(枝龍)이라 한다. 용에는 귀천(貴賤)·장단(長短)·노약(老弱)이 있고, 그 모양에 따라서 길흉(吉凶)과 생사(生死)가 있다. 지기(地氣)의 왕성(旺盛) 여부는 산세가 웅장 수려하고 산맥이 긴 것이 좋은데, 아무리 고준(高峻)한 산이라도 흉룡(凶龍)이거나 사룡(死龍)인 것은 쓸모가 없다.

대표적인 흉룡은 석산(石山=돌산)·단산(斷山=지룡이 단절된 산)·과산(過山=산세가 지나치게 뻗은 산)·독산(獨山=산맥에 연결되지 않은 산)·동산(童山=초목이 자라지 않은 산)이 그것이다.

산은 정기가 모이는 곳일수록 길산(吉山)이고, 길산은 산세가 높고 길고

수려하며, 기복(起伏)과 변화(變化)가 조화(調和)를 이루면서 다양하다. 그러나 흉산은 기복이 불균형을 이루면서 정기(精氣)가 죽어 있고, 지기(地氣)가 집결할 수 없는 산을 말한다.

나. 장풍법(藏風法)

풍수에서는 문자 그대로 바람이 매우 중요한 요소 중의 하나가 된다. 천지의 기운은 바람을 타면 흩어져 버리기 때문에 이 바람을 막지 못하면 아무리 명혈(名穴)이라 하더라도 그 곳에 정기가 모일 수 없다. 그러므로 정기(精氣)의 보존 여하는 지국(地局)의 방풍 여하에 따라서 결정된다. 그런데 바람은 천지의 음양에 의해 생겨나는 것이고, 천지의 생기(生氣)는 바람에 의해 이동하는 것이다. 따라서 바람이 운반해 오는 생기는 받아들이고, 모인 정기는 바람에 흩어지지 못하도록 하는 것이 장풍법이다.

혈에 모인 정기가 사방으로 흩어지지 못하도록 막아주는 역할을 하는 사(砂)라고 하는, 언덕이나 산이 있어야 하는데, 사는 동서남북에 위치하여야 하고, 이를 사신사(四神砂)라 한다. 혈의 후산(後山)인 현무(玄武)는 안정된 정지상(停止相)을 지녀야하고, 주작(朱雀)인 전산(前山)은 낮고 춤추는 멋이 있어야 하며, 좌청룡(左靑龍)은 길게 뻗으면서 감싸주는 맛이 있어야 한다. 우백호(右白虎)는 범이 웅크리고 앉아있는 형국이라야 하지만, 그 가운데서도 주산(主山)인 현무가 가장 중요하다고 한다.

주산인 현무 앞에는 혈(穴)이 있고, 혈 앞에 조산(朝山)과 안산(案山)이란 것이 있는데, 조산은 주산인 왕의 앞에 시립(侍立)한 신하를 상징하며, 안산(案山)은 주산(主山)의 책상 구실을 하는 산을 말한다.

사신사(四神砂) 외에도 혈을 중심으로 하여 그 주위에서 중첩적으로 장풍의 임무를 하는 산들이 있는데(輔弼沙보필사 · 水口沙수구사 · 羅城沙나성사), 원래 명혈(名穴)은 이러한 장풍과 장식이 많으면 많을수록 좋다고 한다.

다. 득수법(得水法)

풍수 이론에서 물은 또 하나의 중요한 요소가 된다. 물은 생명의 근원이 되며, 지상에서는 하수(河水)로서, 땅속에서는 지하수(地下水)로서 생기(生氣)와 지기(地氣)를 운반한다. 곽박(郭璞)은 『장경(葬經)』에서

> 風水之法得水爲上藏風次之… 氣者未之母有氣斯有水…
> 풍 수 지 법 득 수 위 상 장 풍 차 지 기 자 미 지 모 유 기 사 유 수
> 풍수에서 득수를 상으로 하고, 장풍은 그 다음이며, 물이 있는 곳에 반드시 생기가 있다.

고 하여 득수의 중요함을 말하고 있다. 산수(山水)가 상승(相乘)하면 음양이 화합하고, 양자(兩者)가 상극(相剋)하면 음양이 괴리(乖離)하여 불화를 이룬다. 이렇게 산수가 화합하는 곳에 생기가 모이고, 그 곳이 바로 명산(名山), 길지(吉地)가 되는 것이라고 한다.

풍수설에서는 흘러들어오는 물을 득(得)이라 하고, 흘러나가는 물을 파(破)라고 하는데, 물은 고여 있으면 부패하기 때문에 득수의 법은 들어왔던 물이 나가야 하는 것이다. 또 청룡(青龍)은 양(陽)이고 백호(白虎)는 음(陰)인데, 청룡의 내면을 따라 흐르는 물은 양수(陽水)고, 백호의 내면을 따라 흐르는 물은 음수(陰水)가 된다. 이 양수와 음수가 합하는 곳을 수구(水口)라 하는데, 여기에 음양의 기(氣)가 모여서 혈의 정기를 순화·보강하게 된다.(산과 물의 대응에서는 산이 양이고 물은 음이지만 물 자체도 음양(陰陽)으로 나누어진다.)

물은 흐르는 방향, 물살의 세기, 바닥의 고저와 물줄기의 굽은 모양에 따른 변화 등 그 모습이 천태만상이므로 풍수에서 중요하고, 지술(地術) 중에서 득수법의 해석이 가장 어렵다고 한다.

라. 점혈법(占穴法)

점혈(占穴)이란 지술에서 화룡점정(畵龍點睛)에 해당된다고 하겠는데, 앞

서 살펴본 간룡법, 장풍법, 득수법이 궁극적으로는 이 점혈에 귀착되고 있다. 그런데 이 점혈을 정확하게 찍기란 쉽지가 않고, 털끝만한 차이로 길흉(吉凶)이 뒤바뀐다고 한다. 점혈이 얼마나 어렵고 중요한 것인지는 다음과 같은 예화(例話)를 통해서도 알 수가 있다.

당나라 현종이 동궁으로 있던 어느 날 지술의 대가인 장설(張說)과 함께 길을 가다가 새로 만든 묘지를 발견하였다. 풍수설에 조예가 깊었던 장설은 현종에게 이 묘지는 점혈이 잘못되어 삼년 내에 시체가 썩어서 자손에게 큰 재앙이 내리는 '대흉혈(大凶穴)'이라는 것이었다. 동정심이 많은 왕자는 묘의 주인을 찾아가서 이장(移葬)할 것을 권유하였다. 그런데 묘주(墓主)는 아버지의 유언대로 시행했으며, "그 곳에 묘를 쓰면 3년 내에 만승천자(萬乘天子)가 몸소 이곳까지 찾아올 것"이라 하였다고 했다. 이러한 상주(喪主)의 말에 동궁은 말할 것도 없고 당대의 대석학인 백운(白雲)선생도 그의 지술(地術) 이 정교하지 못하였음을 자인하였다고 한다.

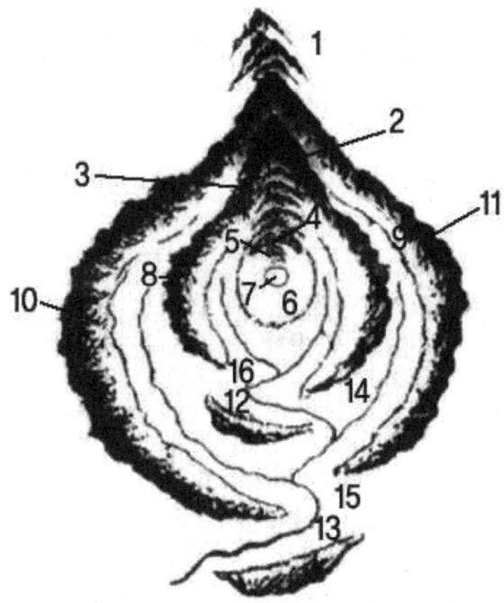

<풍수도(風水圖)>

1. 조종산(祖宗山) 2. 주출(主出) 3. 입수(入首)
4. 두뇌(頭腦) 5. 미사(眉砂) 6. 명당(明堂)
7. 혈(穴) 8. 내백호(內白虎) 9. 내청룡(內靑龍)
10. 외백호(外白虎) 11. 외청룡(外靑龍) 12. 안산(案山)
13. 조산(祖山) 14. 수(水) 15. 외수구(外水口)
16. 내수구(內水口)

이상에서 풍수신앙의 대략을 살펴보았으나, 미묘하고 세밀한 부분보다는 원리적(原理的)인 것만을 서술하였다. 특히 구체적인 결혈(結穴)이나 점혈(點穴) 등은 매우 복잡해서 전문가들 사이에도 논의가 분분한 것이 풍수신앙의 현주소다.

풍수신앙을 한마디로 요약하면, 지상과 지하에 흐르는 생기(生氣)가 어떤 곳에 집결해 있고, 그 집결지를 정확하게 지점(指點)하는 기술이라고 할 수 있다.

3. 풍수의 유형(類形)

국(局)과 혈(穴)을 중심으로 한 그 주위의 여러 사(砂)를 복합(複合)·종합(綜合)한 것을 풍수에서는 통상적으로 형(形)이라 부르는데, 길지로 선정된 묘지를 살펴보면 다음과 같은 유형들이 있다.

※ 금계포란형(金鷄抱卵形)

금계는 천계(天鷄)인데, 이 천계가 한밤중에 먼저 새벽을 알린 후에 지상의 닭이 따라서 운다. 따라서 이 금계형은 상길(上吉)이며, 닭은 한번 알을 품으면 이십여 마리의 병아리를 부화시키기 때문에 포란형도 역시 대길(大吉)이다. 지형의 소응은 무리를 이끄는 위대한 호걸이 나오고, 대대로 많은 자손이 번성한다.

※ 와우형(臥牛形)

소는 성격이 온순하고 강직하며, 음식을 먹을 때 자주 누워 먹는다. 이 지형의 소응은 큰 사람을 내고, 자손대대로 누워 먹을 수 있는 행복한 자손이 난다. 그러나 소는 새끼를 많이 낳지 않기 때문에 자손의 번성은 금포계란형에 비하여 떨어진다.

※ 금구몰니형(金龜沒泥形)

금구는 천귀(天龜)이다. 천귀는 기(氣)를 잘 합해서 사물을 만든다. 이 천귀가 진흙탕 속에 빠지면 토생금(土生金), 즉 오행의 상생관계가 되기 때문에 오행의 기를 받아 땅속으로부터 오는 기를 합해서 사물을 잘 만든다. 따라서 이 형은 묘지보다도 택지(宅地)로서 더 좋다.

※ 옥녀탄금형(玉女彈琴形)

옥녀는 유예(遊藝)에 숙달한 여자이고, 금(琴)은 악기인데 풍류에 뛰어난 절세미인인 옥녀가 악기를 타면 모두가 춤추고 노래할 것이므로 환희(歡喜)가 넘칠 것이다. 이 지형의 소응은 대대로 인재가 나서 과거에 급제하고 부자와 옥녀가 태어나는 형이다.

※ 쌍룡농주형(雙龍弄珠形)

용은 입에 호주(狐珠)를 물고 승천한다. 만약 이 호주를 얻지 못하면 만년이 지나도 승천할 수 없기 때문에 이 구슬을 얻으려고 노력하고, 만약 구슬을 얻게 되면 즐거워서 가지고 놀게 될 것이다. 그래서 농주(弄珠)는 오래지 않아 승천할 조짐이므로 이 지형의 소응은 대관(大官)을 내는 형이다.

※ 보도출갑형(寶刀出匣形)

희대의 보검이라 해도 갑(匣) 속에 넣어두고 사용하지 않으면 무용지물이다. 그런데 한번 갑 속에서 나오면 간사(奸邪)함을 진압하여 큰 이익을 이루게 될 것이다. 따라서 이 지형의 소응은 날카로운 칼로써 허공을 자르듯, 위대한 자손이 나와 천하를 재단할 형국이라고 한다.

※ 비봉귀소형(飛鳳歸巢形)

봉황은 희대의 영조(靈鳥)이다. 만일 이 새가 나오면 인간에서는 군자가 나오고 성인이 나온다고 한다. 봉이 보금자리로 돌아옴은 새끼를 만들기 위해서이기 때문에 이 지형의 소응은 성인군자(聖人君子)를 출생시키는 곳으로 대단히 좋은 땅이다.

※ 산구형(産狗形)

개가 그 새끼를 낳는 형국이다. 개는 다산(多産)하며, 쉽게 낳기 때문에 이 지형의 소응은 장차 자손이 번창(繁昌)할 수 있는 길지이다.

※ 연화부수형(蓮華浮水形)

연꽃은 꽃과 열매가 구비된 완벽한 식물이지만 물 밖이나 물속에 있을 때는 꽃이 피지 않는다. 수면에 뜰 때에 바야흐로 아름다운 모습과 그윽한 향기를 발하는 것이다. 이 소응은 자손이 모두 원만(圓滿)하고, 고귀(高貴)하며 화려한 생활을 하게 된다는 땅이다

※ 옥토망월형(玉兎望月形)

옥토는 암토끼이며 달 속에는 수토끼가 있다. 때문에 이 옥토가 달을 바라보는 것은 수토끼에 의해 잉태(孕胎)하기를 원하는 것이므로, 그 의욕이 강하다. 따라서 산운(山運)의 소응 발복(發福)도 역시 강하므로 길지임은 물론이다.

※ 매화낙지형(梅花落地形)

매화는 고결한 꽃이며, 그 꽃이 떨어지면 향기가 사방에 퍼진다. 이 형국은 자손이 크게 발복(發福)할 수 있는 땅이다.

※ 야자형(也字形)

이 형은 혈 뒤에 호(乎)자 형의 사가 있고, 혈 앞에 천(天)자형의 사(砂)가 있어야 하며, 만약 이것들이 구비되면 대단한 길지이다. 그 이유는, 문자의 시작은 天地玄黃宇住(천 지 현 황 우 주)……(『千字文』(천자문))로서 '천(天)'자가 맨 처음 나오고, 문장의 끝은 반드시 '야(也)' 또는 '호(乎)'자로서 끝맺는 것이 보통이다. 이 야(也)자형은 문장으로 세상에 이름 있는 학자를 내고, 일세를 풍미할 문호

(文豪)를 내며, 시종일관 문(文)에 뛰어난 자손을 내는 땅으로 되어 있다.

※ 갈마음수형(渴馬飮水形) · 갈록음수형(渴鹿飮水形)

두 가지 모두 혈 앞에 연못이 있어야 한다. 만약 이것이 없을 때는 못을 파서 충당시키지 않으면 안 된다. 목마른 말이나 사슴이 물을 마시고 싶을 때는 그 생각에만 몰두해서 딴 것을 되돌아보지 않는다. 이 지형의 혈 앞에 물이 있으면 이들 동물은 급하게 물로 뛰어든다고 한다. 이 기운이 있기 때문에 산기운이 발(發)해서 복을 가져온다는 것이다. 따라서 이 두 형국은 모두 길지(吉地)이다.

지금까지 인용한 것은 유형의 극히 일부에 해당하는 것이며, 주로 길지 중심으로 살펴보았다. 그러나 풍수의 유형은 헤아릴 수 없이 많아서 일일이 소개할 수 없음을 밝혀둔다.

4. 풍수설화(風水說話)

풍수설의 이론(理論)이 어떠한 것이든 그것이 민속사회에서 지지를 받을 때는 하나의 신앙이며, 신앙은 증명을 필요로 하지 않는 것이다. 풍수에 의하여 구체적인 화복(禍福)을 얻지 못한다고 해도, 신앙으로서의 존재에는 의심이 없지만, 만일 풍수에 의하여 구체적인 화복(禍福)의 영향이 있었다면 그 신앙은 한층 강한 것이 된다. 이러한 강한 신앙을 실증(實證)하는 수많은 전설들이 전해지고 있으며, 이들 설화를 통해서 실증적 사실을 말하려 하고 있다.

※ 아버지를 길지(吉地)에 장사지내고 왕(王)이 됨

고려(高麗) 제 6대 왕 성종(成宗)에게는 욱(郁)이라는 숙부(叔父)가 있었는데, 이웃에 제 4대 경종(景宗)의 미망인 비 황보씨(未亡人 妃 皇甫氏)가 살고 있었다. 그런데 서로 내왕하며 지내다가 불륜의 씨를 배고 말았다.

그 일이 탄로 나자 성종(成宗)은 욱(郁)을 사수현(泗水縣)으로 유배시켰다. 그가 귀양 가는 날 황보(皇甫)는 남아를 낳고, 자신은 죽고 말았다. 그래서 성종은 유모를 정해 그 아이를 키우게 했다. 유모는 그 아이에게 항상 '아버지'라고 부르도록 하였다. 그 아이가 두 살이 된 어느 날 성종이 이 아이를 보았는데, 이 아이가 스스럼없이 '아버지'라고 하면서 성종의 무릎에 올라와 그리운 듯 '아버지, 아버지'를 되풀이 하였다. 성종은 불쌍히 여겨 눈물을 흘리면서 "이 애가 아버지를 그리워하니 불쌍하다"하고 명을 내려 사수(泗水)의 아버지 있는 곳으로 보냈다. 욱(郁)은 문장에 능하였고, 특히 지리풍수술(地理風水術)에 정통했다. 그는 몰래 금(金) 한 주머니를 아들에게 주면서 내가 죽거든 이 돈을 풍수사(風水師)에게 주면서 현(縣)의 성황당 남쪽 귀룡동에 묻어달라고 당부를 하라고 해두었다. 욱(郁)이 성종 15년에 죽자 아들은 유언대로 술사에게 금을 주고, 복매(伏埋)를 청했다. 술사도 이곳이 신속하게 발복(發福)할 것을 알았다. 그렇게 한 결과 매장한 이듬해 2월 목종(穆宗)이 즉위하자 바로 이 아이가 태자가 되었다가 왕위에 올라 제 8대 현종(顯宗)이 되었다.

- 『高麗史』 宗室 -

※ 사환(使喚)의 자손이 순찰사가 됨

충청남도 서천군 한산에 한산 이씨(韓山李氏)의 조묘(祖墓)가 있다. 이 묘는 군(郡)의 사환(使喚)이었던 사람이 조상의 뼈를 길지(吉地)에 묻었기 때문에 그 자손이 번영해서 많은 고관이 배출되었다는 것으로 유명하다. 고려의 어느 때인지 확실치 않으나 한산 이(李)씨의 조상이 아주 가난하고, 신분도 낮았기 때문에 한산 군청(韓山郡廳)의 사환(使喚)을 하면서 근근이 생계를 꾸려가고 있었다. 그런데 이상하게도 군청사(郡廳舍)의 중앙에 깔아 둔 널판이 해마다 썩어서 못쓰게 되어 매년 새나무로 바꾸어 깔아야 하는 일이 있었다. 딴 사람들은 이것을 연중행사처럼 여기고 별로 이상하게 생각하지 않았지만, 이 사환은 이것을 이상히 여겨 노인이나 유식한 사람들에게 찾아가서 물어보았다. 그 결과 그곳이 대지(大地=吉地)이며, 생기(生氣)가 왕성하기 때문에 군(郡)의 기지(基地)로 정해진 것이고, 그 널판이 썩는 것은 거기가 바로 지중(地中)의 생기가 넘쳐흘러서 새어 나오기 때문이라는 것을 알았다. 그는 이렇게 지기(地氣)가 왕성한 곳에 자기 조상을 매장한다면 반드시 자기 일가는 사환으로 끝나지 않고 번영의 소응(昭應)이 있을 것이라고 생각하였다. 그래서 자기 조상의 뼈를 파내어 남몰래 군청사의 중앙 밑에 깊이 암장하였다. 그 결과 한산이씨(韓山李氏) 집안에서 많은 인재가 배출되었고, 자손도 번성했다. 그 후손이 지방 순찰 중 이 한산군(韓山郡) 청사의 중앙 청마루 밑을 파본 즉 말 그대로 유골이 발견되었다. 크게 기뻐하며, 자기의 돈으로 군청사(郡廳舍)를 딴 곳에 지어 옮기게 하고, 그 곳에 무덤을 만들어 한산이씨시조(韓山李氏始祖)의 무덤으로 했다는 것이다. 현재 묘비에는 "고려호장이공지묘(高麗戶長李公之墓)"라고 적혀 있다.

※ 나룻터 뱃사공이 통합삼한공신(統合三韓功臣)

충청남도 공주(公州)에서 북쪽 20리 쯤 금강(錦江)변에, 회룡고조격(回龍顧祖格)의 묘가 있다. 이것은 전의이씨(全義李氏)의 조묘(祖墓)로 이 지방에서 유명하다.

전하는 바에 의하면, 고려조(高麗朝)가 생길 무렵 이 산 밑에 이모(李某)라는 가난한 나루터 뱃사공이 살았다. 그는 대단히 자비스러운 사람으로서 궁색한 사람을 보면, 자신의 빈곤을 무릅쓰고 도왔다. 그래서 공주(公州) 부근을 배회하는 많은 거지들로 부터 신(神)처럼 존경받았고 아버지처럼 친해졌다. 어느 날 나그네 중이 나루를 건네 달라기에 건너 주니 얼마 되지 않아 되돌아 와서 또 건네 달라는 것이다. 한 숨 돌릴 사이도 없이 이렇게 하기를 몇 차례나 되풀이 하는 것이었다. 보통사람 같으면 화를 내겠지만 이 뱃사공은 조금도 싫어하는 얼굴을 하지 않고 친절하게 건네주었다. 그러자 이 중이 크게 감탄하면서, 뱃사공의 얼굴을 한참 들여다보더니 "상중(喪中) 같은데 좋은 묘지(墓地)라도 찾았느냐"고 묻는 것이었다. 뱃사공은 "아버지가 별세하고 3년이 되었으나 좋은 묘지가 없어서 그냥 두고 있다"고 대답했다. 그 중은 강 건너편 산을 가리키며, "저 산복(山腹)이 길지(吉地)이니 묘지로 정하여 아버지를 매장하라"고 말하였다. 다만 그곳은 양지(陽地)이기 때문에 반드시 후세 사람이 파헤치는 일이 있을 것이니 그것을 막기 위해서는 묘혈을 석회 천가마니로 굳게 만들고, "남래요사박상래단지일절지사미지만대영화지지(南來妖師朴相來單知一節之死未知萬代榮華之地)"의 문자를 돌에 새겨, 묘의 상층에 묻어 두어야 한다고 가르쳐 주었다. 뱃사공은 전부터 은혜를 베풀어온 많은 거지들의 협력을 받아 석회로 광을 만들고, 아버지의 유해를 넣은 다음 석회로 여러 겹으로 굳게 다지고 상층 밑에 각석(刻石)을 넣어 공사를 마쳤다.

과연 이 뱃사공의 자손은 눈에 띠게 부귀영달하여, 지금 전의이씨(全義李氏)씨의 시조라 불리는 탁(棹)은 고려 태조에게서 통합삼한삼중대공신(統合三韓三重大功臣)으로까지 추증(追贈)되었다. 그런데 몇 해 뒤 박상래라는 지관이 이 산을 둘러보고 자손에게 말하기를 "이 뒷산의 용(龍), 즉 내룡(來龍)의 맥이 중단되어 있으니, 일시 발복(發福)해도 몇 대 안가서 일족이 망할 우려가 있다"고 하면서 강하게 이장(移葬)을 권하였다. 유명한 지관의 말이라 자손이 믿고 그 묘를 파려고 했다. 그런데 모두 석회로 굳게 다져져 있어서 좀처럼 쉽게 팔 수가 없었다. 겨우 상층을 벗겨 보니 한 장의 각석(刻石)이 나왔다.

그 내용은 "남래요운운(南來妖云云)" 즉 박상래(朴相來)라고 하는 요지관(妖地官)이 와서 이곳을 흉지(凶地)라고 하며 이장(移葬)하기를 권하는 일도 있을 터이나 결코 흔들려서는 안 된다는 것이다. 자손들은 조상의 주도면밀함과 참서(讖書)에 부합(符合)한 것에 놀라고 다시 본 모양대로 묻고 말았다. 이 이(李)씨의 일족은 수만 여명으로 번성했으니 예안이씨(禮安李氏)도 그 자손이다.

※ 보검의 칼끝에서 왕비가 속출

서울에서 약 20리 떨어진 경기도 양주군 망우리(忘憂里) 고개의 오른쪽에 민(閔)씨의 묘가 있다. 그 묘는 금곡(金谷)에 있는 홍릉(洪陵)의 백호(白虎)에 해당되며 천마산(天魔山)에 대해서는 회룡고조격(回龍顧祖格)을 이루고, 천마산(天魔山)의 지맥(支脈)인 호적산(好積山)에서 보검출갑형(寶劍出匣形)을 이루고 있다. 전하는 바에 의하면 이 묘는 민씨(閔氏)의 13대조가 왕비와 재상이 속출할 수 있는 땅으로 선정한 곳이며, 그 중에 보검(寶劍)의 칼끝 부분에 묘를 쓴 자손이 더욱 영달했다고 한다. "보검의 칼몸도 양쪽이 모두 좋기는 하지만, 칼의 가치는 뭐니뭐니해도 칼끝이 좋은데, 이 보검은 출갑형(出匣形)이니 그 칼끝이 더욱 힘이 있다고 했다" 그 말처럼 후손들 가운데 고관대작이 속출했고, 조선조에 와서는 3대에 걸쳐 왕비가 나왔다. 이는 훌륭한 대지(大地)에 조상의 묘를 잘 쓴 소응(昭應)이라 한다. 고종이 금곡(金谷)의 홍릉(洪陵)을 왕릉으로 선정하기 위하여 묘지를 중심으로 20리 안의 땅에 무덤 쓰는 것을 금하고, 원래부터 있었던 것도 이장시켰다. 이 때 옮긴 묘지는 660여 기(基)에 이르렀으나 민씨의 묘만은 그대로 두었는데, 그 까닭은 고종의 어머니와 고종의 왕비가 민씨인 점도 있었겠지만 처음부터 이 묘지가 좋은 땅이었기 때문이었다고 할 수도 있다.

※ 생기(生氣)를 뽑힌 명당

경상북도 안동군 가천(佳川)에는 선조(宣祖)시대의 유명한 학자 김성일(金誠一)의 묘가 있다. 이 묘가 유명한 사람의 것이고 또 그 모양이 금계(金鷄)가 알을 품은 형으로써 명당이라고 일컬어져 왔다. 이 묘의 소응에 대한 다음과 같은 이야기가 전해지고 있다. 김성일(金誠一)이 죽자 그 자손들은 훌륭한 길지(吉地)를 찾고자 멀리 서울에서 당대 풍수의 제 일인자라는 지관을 초빙했다. 그러나 사람을 보내도 그 지관은 촌 양반의 부름에 쉽게 응하지 않았다.

재삼 부탁한 결과 기일(期日)보다 늦게 도착했다. 그런데 몇 차례고 헛되게 기다린 김씨 일가의 사람들은 크게 분개해서 지관의 늦음을 질책하고, 먼 길을 온 수고에 대한 위로는커녕 곧 바로 산으로 데리고 가서 묘지의 선정을 재촉했다. 지관은 김씨 집안의 처사에 내심 불쾌하게 생각했지만 자신의 권위를 생각해서 함부로 선정도 할 수 없었다. 여기저기를 돌아보고 풍수술의 제1인자로서 이름을 더럽히지 않도록 금계포란형(金鷄抱卵形)의 좋은 터를 잡았다. 묘혈을 파고 관(棺)을 묻을 단계에서 흙속에 묻혀 있던 탕건암(宕巾岩)을 파내버렸다. 이 바위는 이 혈(穴) 속에 와있는 용[生氣]를 누르고 있었던 것이다. 그런데 이를 제거했기 때문이 이 내룡(來龍)이 혈중(穴中)에 머물지 못하게 되었다. 이 바위를 그냥 두고 매장했더라면 매우 좋았을 것인데, 지관을 홀대했기 때문에 이 바위를 치워 버려서 외형은 훌륭한 금계포란형(金鷄抱卵形)이지만 그 내용은 비어 있게 되었다.

그러므로 김성일(金誠一)의 자손은 그 후 번영하지 못했다는 이야기이다. 탕건암(宕巾岩)은 지금도 이 묘역(墓域) 근처에 버려져 있다고 한다.

※ 귀신을 모시고 부자가 됨

전라남도 진도군 진도면 남동리(南東里)의 부자 곽(郭)씨는 그 선조가 귀신으로부터 받은 길지(吉地)에 묘를 쓰고 부자가 되었다고 한다. 원래 곽(郭)씨의 선조는 지독하게 가난하고 일정한 직업도 없이 거지처럼 여기저기 배회하면서 살고 있었다. 어느 날 읍내 장터에서 일을 마치고 해가 저문 뒤 군내면 수유리(水流里)의 자기 집으로 돌아갈 때 약 200여 미터를 남겨 놓고 산허리에 이르렀을 때, 술에 취한 귀신들이 많이 모여서 누워 자고 있는 것을 보았다. 곽(郭)씨는 깜짝 놀라 간(肝)이 뚝 떨어졌다. 그 소리에 눈을 뜬 귀신들은 사람이 죽어 있으니 정기(精氣) 있는 곳에 매장하는 것이 좋다고 의논한 다음 힘을 합쳐서 그를 걸머지고 가서 군내면 수성리 뒷산 꼭대기에 흙을 파고 묻으려 했다. 그 때 실신(失神)하고 있던 그가 눈을 뜨고 크게 두려워하며 용서를 빌었다. "여러분의 신세를 져 참으로 감사하다. 여러분의 은혜에 사례할 도리가 없다. 시간을 좀 주면 좋겠다."고 말하고 급히 도망쳐 돌아왔다. 그리고 귀신(鬼神)에게 좋아하는 것을 대접하면 원하는 요구를 귀신이 모두 들어 줄 것이라 생각하고, 술과 여러 가지 안주를 준비해 가지고 귀신을 만났던 곳으로 가서 귀신들과 만나 전날의 일을 인사한 뒤에 귀신들을 대접했다.

그랬더니 귀신들이 매우 기뻐하며 좋은 묘지를 가르쳐 주겠다고 하면서 그를 안내했고, 그는 그곳을 돌로 표시해 두고 왔다.

3년쯤 지나 그가 병이 들어 죽게 되었을 때 장남에게 귀신을 만났던 일과 자기가 죽으면 그곳에 매장하면 자손이 번영할 것이라고 유언하였다. 그가 죽자 장남은 유언대로 그 지점에 장사하였다. 그랬더니 얼마 되지 않아 곽(郭)씨는 거부가 되었다. 진도에서는 '부자가 되려면 솔개를 기름에 튀긴다'고 하는 이야기가 있는데, 밤중에 산 속에서 이것을 태우면 그 냄새를 맡고 귀신이 나타나고, 그 때 귀신이 좋아하는 기름에 튀긴 솔개고기를 주면 귀신이 그 사례로서 원하는 요구를 모두 들어 준다고 하는 신앙이 있다. 이와 같이 해서 부자가 된 사람이 지금도 많다고 한다.

※ 묘지 때문에 음분자(淫奔者)가 나오다.

전라북도 영암군 곤이시면(昆二始面) 독천리(犢川里)에 있는 독천장(犢川場)은 수십년 전에 용산리(龍山里)에서 옮겨 왔는데, 그 이유는 다음과 같다. 현재(現在) 이 독천장(犢川場)에서 조금 떨어진 곳에 한 무덤이 있었다. 이 무덤은 영암면(靈岩面) 망호리(望湖里)에 사는 이(李)씨의 조묘(祖墓)로서 풍수상 아주 좋은 길지(吉地)였다. 그런데 이 묘를 쓴 후에 자손의 번영은 있어도 일족 중에서 자주 음분자(淫奔者)가 배출(輩出)되었다. 그 이유를 조사해 보니 그 묘지(墓地)가 여근형(女根形)을 하고 있었고, 그 뿌리 부분에서는 사철 마르지 않고 샘이 흐르고 있었다. 이 샘의 지기(地氣)가 왕성해서 새어 나오는 것이기 때문에 자손 번영을 위해서 더없이 좋은 묘지이지만, 이 샘이 음수(陰水)이기 때문에 자손(子孫) 가운데 음기(陰氣)가 작용해 음분자(淫奔者)가 배출된 것이라는 했다. 자손의 번영은 좋지만 음분자(淫奔者)가 나오는 것은 곤란하기 때문에 무슨 좋은 방법이 없을까 하고 여러모로 생각했다. 결국 왕성한 음기를 딴 곳으로 흘리든지 충화(沖和)시켜야 했는데, 그 목적을 달성하기 위하여 한 달에 여섯 번씩 많은 남자가 모이는 장(場)을 개설하기로 했다. 망호리(忘好里)의 이가(李家)일족은 시장이전(市場移轉) 운동을 벌여 용산리(龍山里)에 있던 장(場)을 그들의 조묘(祖墓) 앞으로 이전한 것이다. 그 후 이(李)씨 일족에서는 음분자(淫奔者)가 전혀 나오지 않았다고 한다. <1929년>

※ 송시열(宋詩烈)의 묘와 시장(市場)

충청북도 괴산군 청천면 청산동에 청천시장(青川市場)이 있다. 이 시장은 150여년전(正祖 3년-1779) 같은 면(面) 화양동(華陽洞)에 거주하는 송종수(宋宗洙)가 그의 7대조인 우암(尤庵) 송시열의 묘를 경기도 수원에서 이곳으로 이장할 때 개설한 시장이다. 이 묘는 풍수상으로 장군대좌형(將軍對坐形)이라 한다. 장군은 병졸이 필요하다. 병졸이 없으면 장군으로서의 위력이 없고 따라서 발복(發福)도 없다. 그래서 이 명당을 위하여 묘 앞에 병졸에 해당하는 사람의 무리가 있어야 한다는 것이었다. 송종수(宋宗洙)는 청천동민(青川洞民)과 의논하여 시장신설비(市場新設費)를 주선했고, 엽전(葉錢) 300냥을 기부했다. 결국 묘지 앞에 시장이 개설되어, 한 달에 여섯 번씩 반드시 사람이 모이게 되니 마치 병졸의 무리처럼 보였고, 또 시장이 있는 곳에 동민(洞民)이 번창하고 묘 앞을 떠나지 않기 때문에 묘지의 지세(地勢)에 잘 순응되어 자손이 영구히 창성한다는 것이다.

이 시장은 산간 마을의 작은 시장이지만 아직도 많은 물화(物貨)가 집산(集散)하며 사람들이 많이 모이고 매매가 성하다. 그러나 송씨의 자손이 지금 그렇게 번영하고 있다고는 말할 수는 없다. 과거에 번영했던 것은 우암(尤庵)이 유명한 학자이었고, 그가 살았던 화양(華陽)의 집을 문제(文弟)들이 서원(書院)으로 받들어 그 학풍을 흠모하는 사람이 많았기 때문이다. 반드시 장군대좌형(將軍對坐形)의 묘지 때문이라고는 할 수 없다. <1930년>

※ 흥왕지(興王地)에서 왕(王)이 나오다

조선태조(朝鮮太祖)가 아직 어릴 때의 이야기이다. 그는 함경남도 함흥에서 아버지 상을 당했는데, 좋은 묘자리에 장사 지내려고 남몰래 초조해하고 있었다. 그때 함흥 땅에 두 사람의 행각승(行脚僧)이 지나갔는데 그들은 풍수지리에 능통한 사람처럼 보였고, 그들이 길가에 쉬면서 다음과 같은 대화를 나누고 있었다.

사승(師僧)은 제자에게 동산(東山)을 가리키며 말하기를 "저기에 장사지내면 자손이 왕이 될 터인데, 너는 알겠느냐?"라고 한다. 그러니 제자승(弟子僧)은 대답하기를 "저 세 개의 지맥(支脈) 가운데 중앙의 지맥이 낙하하여 짧은 기슭을 이루고 있으니 바로 그 곳 우암(尤庵)이 정혈(正穴)인 듯합니다." 사승(師僧)이 말하기를 "너는 아직 자세히 모르는구나. 사람의 양손도 오른손이 중요한 것처럼 저 오른쪽 지맥(支脈)의 기슭이 진혈(眞穴)이다" 라고 했다. 때마침 그 곳을 지나던 태조의 가복(家僕)이 이들의 문답을 몰래 듣고 바로 달려가 이 일을 태조(太祖)에게 아뢰었다. 태조는 급히 말을 달려서 두 승려의 뒤를 쫓아 달려가 겨우 함관령(咸關嶺) 기슭에서 만났다. 그는 그들을 모시고 노상에서 문답했던 흥왕지를 지시받았다. 거기에 아버지를 장사지냈는데 그것이 정릉(定陵: 함흥군 북주 동면 경흥리)이다. 그 소응(昭應)이 참으로 놀라와 얼마 되지 않아 태조가 고려 왕씨(高麗王氏)를 대신해서 조선조의 태조가 되었다는 것이다. 이때의 사승(師僧)은 나옹화상(懶翁和尙)이며 제자는 무학(無學)이었다고 전한다.<북로릉전지(北路陵殿志)>

※ 왕비를 낸 명당

조선에는 각지에 왕비를 냈다는 명당이 있다. 이미 말한 민(閔)씨의 묘가 그것이다. 그 외에도,

• 황해도 은율면(慇栗面) 남천리(南川里)에 남양홍씨(南陽洪氏)의 묘가 있다. 황해도에 솟아 있는 구월산의 지맥이 동남쪽으로 우회해서 남천평야(南川平野) 가운데 우뚝 솟은 남산(南山)이 있고, 그 맥이 평야를 건너서 멀리 구월산에 마주하여 서서히 하강하는 간향(艮向)의 사면(斜面)에 묘가 있다. 그 지세는 구월산에 대해서는 회룡고조(回龍顧祖)의 격이고, 앞으로는 남

천(南川)의 조수(助水)를 받은 옥녀탄금(玉女彈琴)의 형(形)을 하고 있다. 묘분(墓墳)은 조묘(祖墓) 2기가 나란히 있고, 그 아래쪽에 수십기의 자손들의 묘가 계단식으로 만들어져 있다. 전하는 바에 의하면 지금으로부터 13대 전의 조상이(약 300년전) 경기도의 남양(南陽)에서 거지처럼 흘러 왔으나, 이 길지(吉地)에 묻혔기 때문에 그 자손이 번성했다고 한다. (墓(묘)의 표석에 "學生南陽洪公(학생남양홍공), 儒人韓山李氏(유인한산이씨)"라고 새겨져 있다).

헌종(憲宗)의 왕비 홍(洪)씨도 남양 홍씨이고, 지금도 일족 중에 벼 6000석을 하는 부자가 몇 사람이나 된다고 한다. <1930년>

- 경기도 개성군 중면 식현리에 파평윤씨(坡平尹氏)의 조묘(祖墓)가 있다. 금릉(金陵)이라 하는 이 묘의 묘형(墓形)은 복치형(伏雉形)이다. 묘지의 뒤에 취봉(鷲峯)이 솟아 있고, 묘 앞에는 응봉(應峰)이 서 있고, 그 왼편에 황견곡(黃犬谷)이 있어 취(鷲), 응(鷹), 견(犬)의 3자가 서로 노려보고 있다. 때문에 복치(伏雉)는 아무 두려울 것 없이 평안과 부유를 계속 누릴 수가 있다. 풍수상 이것을 삼수부동지격(三獸不動之格)으로 절호의 길지이다. 전하는 바에 의하면 현재 그 장소에 사는 윤철용(尹哲鎔)씨로부터 32대조(祖)가 경주(慶州)에서 개성(開城)으로 와 살았는데, 그가 죽자 시체를 고향인 경주로 운반하는 도중 여기까지 오니 이상하게도 갑자기 가마의 막대기가 부러지고 말았다. 할 수 없이 그 곳에 매장하게 되었는데 그곳이 길지였고, 그래서 그 자손이 번영해서 파평 윤씨(坡平 尹氏), 남원 윤씨(南原 尹氏), 칠원 윤씨(漆原 尹氏) 등의 분파(分派)가 나왔다. 즉 그 자손이 수만에 이르렀다고 한다. 1926년에 별세한 순종비(純宗妃) 윤씨도 그 후손이다.

- 경상북도 안동군 풍서면(豊西面) 소산동(素山洞)에는 왕비를 낸 유명한 매화낙지형(梅花落地形)의 묘가 있다. 현재의 안동 김씨(安東 金氏) 16대조가 14대조의 묘를 여기에 쓴 후 자손이 번영했다. 한 때 당쟁이 심할 때는 노론파(老論派)의 중견인물이 배출되었다고 한다. 현재 이곳에 사는 김씨족(金氏族)은 약 300호 정도이고 모두 잘 살고 있다.

※ 성인(聖人) · 무장(武將) · 문장(文章)을 배출한 묘

경기도 개성군 중면 덕수리(德水理) 왕대동(王垈洞)또는 황매동(黃梅洞)에 덕수 이씨(德水 李氏)의 묘가 여니산(如尼山) 서쪽에 있다. 전하는 바에 의하면 고려 말기에 중국의 지관이 와서 정성을 다해 정한 것임을 알 수 있다. 이 형(形)은 야자형(也字形)으로, 중국의 성인 공자를 낳은 니산(尼山)과 닮았다하여 여니산(如尼山)이라 한다. 이 산이 주산이고 동쪽으로 군자암(君子岩), 북쪽으로 성인암(聖人岩), 서쪽으로 대장암(大將岩), 남쪽으로 성현암(聖賢岩)이 둘러 있다. 성인군자(聖人君子)·문재무장(文宰武將)의 영기(英氣)를 모으고 있기 때문에 훌륭한 묘지라 한다. 그래서 6대 이후에는 반드시 중국의 공자(孔子), 제갈공명(諸葛孔明), 이태백(李太白)에 비견할 만한 위인이 나온다고 한다. 일설에는 중국의 지관이 정한 것은 아니고 묘가 생긴 다음에 중국의 유명한 풍수사가 왔기에 이(李)의 자손이 이 묘를 보였던 바 그가 놀라면서 반드시 이 무덤의 후손 가운데 공자, 공명, 태백에 비할 만한 성현(聖賢)이 배출될 것임이 틀림없다고 했다는 것이다. 그 소응(所應)은 예상대로였다.

6대째 쯤부터 동방(東方)의 군자로서 공자에 비할 만한 이율곡(李栗谷)이 나왔고, 제갈량(諸葛亮)에 비견할 만한 이순신 장군(李舜臣 將軍)이 나왔으며, 이태백(李太白)에 비할 만한 문인 이택당(李澤堂)이 나왔다.

<이상 무라야마지준(村山智順)의 『조선의 풍수』에서 인용>

※ 유성룡 탄생 길지

안동 김씨 가문의 한 규수가 유씨(柳氏) 문중으로 시집을 갔는데, 어느 날 묘하게도 시아버지와 친정아버지의 상(喪)을 동시에 당했다. 그러나 친정인 김씨 가문은 부자였으므로 명지관(名地官)을 들여 명당을 잡았으나, 시댁인 유씨집은 가난하여 아직도 묘자리를 못 잡고 있었다. 이 때 유씨댁으로 시집 온 며느리가 잠시 친정아버지의 문상을 가서 풍수가 친정 오라버니에게 이르는 다음과 같은 말을 엿들었다. “그 자리는 정승이 날 명당입니다. 산역(山役) 후에 보니, 광중(壙中)에는 황흑적백청(黃黑赤白靑)의 오색영롱한 서기가 발할 뿐 아니라 내일 오시(午時)까지 물이 안 나오면 후일 반드시 정승이 날 자립니다.” 이 말을 들은 그녀는 이 날 밤 아무도 모르게 광중에다 물을 길어다 가득 부었다. 다음 날 광중에 물이 난 사실을 안 김씨네는 이 자리를 버리고 다른 자리를 잡아 장례를 치렀다. 그녀는 물론 이 자리에다 시아버지를 모셨다. 그 후 김씨 가문은 기울어지고 대신 유씨네는 일어나게 되었는데 과연 얼마 후 유씨 가문에 정승이 났다. 서애 유성룡(西厓 柳成龍)이 바로 그 인물이었다.

우리나라 풍수설화는 한국인의 행복관(幸福觀)·신앙심(信仰心)·보상심리(報償心理)·생명(生命)과 부활의식(復活意識)·평안(平安)함·주거환경(住居環境)·조상숭배(祖上崇拜)·가문(家門)의 혈통(血統) 등에서 생각해 볼 때 간과할 수만은 없는 것들이라 생각된다.

Ⅵ. 귀신과 도깨비

귀신은 사람이나 동물 등 생명체가 죽은 후에 남아 있는 영적(靈的)존재를 말하며, 과학적으로는 비실존적(非實存的) 존재로 파악하고 있다. 그러나 일반 대중들은 귀신의 존재를 쉽게 부인하지 못하고 있고, 신학을 연구하는 학자나 심령과학자들 사이에도 영혼의 존재에 대해 관심을 갖는 사람이 늘어나고 있는 실정이다. 영혼(靈魂)의 문제는 인류 역사와 함께 논의되어왔고, 어느 누구도 자신 있게 긍정(肯定)하지도 부정(否定)하지도 못하는 문제가 바로 이 부분이다. 우리나라의 경우 설화나 고대소설 가운데는 귀신에 관련된 것들이 매우 많고, 현실세계에서도 과학적(科學的) 증명만 안 될 뿐 귀신과 인간관계에 대한 불가해(不可解)한 실례(實例)가 많이 전해온다.

이 귀신에 대하여 우리 민족은 일찍이 음양(陰陽)으로 엄격하게 나누었다. 사람이 죽으면 혼이 흩어지는데, 귀(鬼)는 혼(魂)이 아래로 내려온 음(陰)의 영(靈)이고, 신(神)은 위로 상승한 양(陽)의 영(靈)으로 보아왔다.

산사람의 영혼은 생령(生靈)으로서 귀신이 될 수 없으며, 죽은 자의 영혼만이 귀나 신이 되는 것이다. 사람은 육체적인 제한으로 그 능력이 한정되어 있으나 귀신은 육체를 떠난 존재이기 때문에 능력에 한계가 없다. 귀신은 사람의 기(氣)가 허약한 틈을 타서 귀신이 침입하는데 그것을 제대로 다스리지 못하면, 귀신의 속임수에 빠진다고 한다.

우리 민족은 사람이나 동물 등 생명체의 혼령은 말할 것도 없고, 무생물인 암석이나 오래된 수목(樹木)에도 정령(精靈)이 있다고 믿는 다신론적 신관(神觀)을 형성하고 있기 때문에 이런 것들을 함부로 훼손하지 않았다.

1. 선신(善神)과 악귀(惡鬼)

귀신은 하나의 개념으로 귀와 신을 굳이 구분하지 않는 것이 일반적인 견해이다. 그러나 김시습은 『남염부주지(南炎浮洲志)』에서 "鬼者陰之靈
귀 자 음 지 영
神者陽之靈
신 자 양 지 영
(귀는 음의 영이고, 신은 양이다)"라고 했고, 이익(李瀷)은 인간의 유산(遊散)하는 혼(魂) 가운데, "오르는 것은 양(陽)이요, 내리는 것은 음(陰)이며, 오른 것은 신(神)이요, 내린 것은 귀(鬼)라"고 해서 귀와 신을 구분하여, 음양설로 해석하려 하였다.

무속(巫俗)에서도 영혼을 생령(生靈)과 사령(死靈)으로 나누고, 사령 중에서 세상을 순조롭게 살았던 혼령은 저승으로 들어가 선령(善靈)인 신(神)이 되고, 이승에 한(恨)이 남아 있는 영은 저승에 들어가지 못한 채, 악령(惡靈)인 귀(鬼)가 되어 이승을 부침(浮沈)하고 있다고 한다. 여기서 선령은 신격(神格)이 부여되는데, 이승에서 특별한 인물(왕, 장군, 학자 등)이었던 사람의 영(靈)은 국가나 마을의 수호신이 되는 경우가 많다. 고구려의 주몽은 국조신이 되었고, 신라의 문무왕은 수중능(水中陵)에 묻혀 동해의 용이 되어 수호신이 되었다고 믿고 있는 것 등이 그 예이다.

악령은 귀(鬼)의 개념에 해당되는 '손각시', '몽달귀신', '영산', '수부' 등인데, 좁은 의미의 귀신은 이 악령에 해당되는 귀령(鬼靈)을 지칭하고 있다. 이들은 자기 친척들에게 붙어 병을 앓게 하거나 일을 방해해서 실패하게 하며, 가족에게 손재(損財)나 화재 등의 화(禍)를 끼쳐 가정적인 손실을 입힌다. 그런데 가족도 없이 악귀가 된 영혼은 외로이 떠돌면서 더욱 가혹한

악령이 되어 사람들을 괴롭힌다고 생각했다.

그래서 비명(非命)에 죽은 자나 억울하게 죽은 자는 해원(解冤)굿이나 회혼제(回魂祭)를 통해서 그 혼을 달래주려 했고, 불교에서는 천도재(薦度齋)를 올렸다. 원혼은 굿을 해주거나 재를 올리면 원한이 풀려 저승으로 들어가지만, 모든 원령이 다 그렇게 되는 것은 아니고 스스로 원한이 다 풀어지기 전에는 악귀로 남는다고 한다.

가. 선신(善神)

선신이란 국가를 수호하고 백성들에게 안위(安慰)를 갖게 하는 국조신(國祖神)을 비롯하여, 성씨의 조상이 되는 시조신(始祖神)이나 자손에게 음덕을 끼치는 조상신 등 인물신이 대부분이다. 그런가하면 마을을 지켜주는 마을신[洞神동신]을 비롯하여 천신(天神), 지신(地神), 산신(山神), 하천신(河川神), 수목신(樹木神), 암석신(巖石神) 등 자연신 계통의 선신도 매우 많다. 그 까닭은 우리 민족의 신앙세계가 다신론(多神論)이어서 다양한 형태의 신들이 등장하는 것이다.

우리 민족의 국조신 가운데 단군(檀君)이나 주몽(朱蒙)은 처음부터 천신의 자손이었고, 사후(死後)에도 격(格) 높은 신으로 모셔졌다. 『삼국유사』에 보면 단군은 천제(天帝)인 환인의 손자로 고조선을 세워 1,500년간 다스리다가, 그 후 산신(山神)이 되어 수(壽)를 1,908세까지 누렸다고 한다. 따라서 단군은 우리 민족 최초의 국조신으로 신앙되고 있으며 전국 각지에 단군전(檀君殿)이나 단군제단(檀君祭壇)이 설치되어 하나의 종단(宗團)을 형성하고 있다. 주몽의 경우도 천제(天帝)의 아들 해모수(解慕漱)와 하백(河伯)의 딸 유화(柳花) 사이에서 출생한 천손(天孫)으로 고구려의 시조신으로 추앙되었다. 신라의 국조 혁거세(赫居世＝해의 아들이란 뜻)는 태양신의 아들이며, 가락국의 시조 수로왕(首露王)은 하늘에서 내려온 알 속에서 태어난 신인(神人)으로서 이들은 모두 생전(生前)에는 말할 것도 없고 사후(死後)에도 국가의 시조신으로 모셔졌다.

한편 여성으로서 한나라의 시조모(始祖母)이거나 이와 동등한 위치의 성녀(聖女)를 신으로 숭상했는데, 이들을 성모신(聖母神)으로 통칭(統稱)한다. 성모신으로 가장 대표적인 존재는 『삼국사기(三國史記)』에 등장하는 신라의 선도산 성모(仙桃山聖母)를 비롯하여, 고구려의 유화(柳花), 백제의 소서노(召西奴), 고려의 동신성모(東神聖母) 등이 있고, 특히 지리산 성모신(智異山聖母神)은 민중들 사이에 신앙의 대상으로 숭상되었으나, 지금은 사당(祠堂)만 남아있는 상태다.

자연신 가운데는 우주를 지배하는 최고의 신으로 천계(天界)의 신을 들 수 있는데 옥황상제를 비롯한 일월성신(日月星辰)의 신들이 여기에 해당된다.

그 외에도 산을 관장하는 산신(山神)이 있는데, 고산(高山)이나 명산(名山)의 신들에게는 나라에서 특별한 경우에 신조(神助)를 기원하는 제를 올리기도 했다. 우리 민족의 산신에 대한 신통(神統)은 천신이 산정(山頂)에 하강하여 산신으로 좌정하고 산신령으로 불리며 대개 흰옷 입은 백발노인의 형상으로 묘사된다.

산신은 크게는 국가가 흥망성쇠의 기로에 처해 있을 때 나라와 민족을 구해주고 개인이 지극정성으로 발원(發願)하면 백발노인으로 현몽하여 소망을 들어주는 능력을 갖고 있다. 우리 민족은 고대에서 현대에 이르기까지 '산신숭배사상'이 이어지고 있다. 그 까닭은 산이 하늘(천신이 있는 곳)에 닿아 있고, 국토의 대부분이 산악인 까닭에 자신들의 삶 속에서 산이 차지하는 비중이 높았기 때문으로 본다.

그런가 하면 삼면이 바다인 우리민족에게는 수신(水神) 또한 다양했다. 바다의 해신(海神), 강과 하천의 하천신(河川神), 나루터의 독신(瀆神), 연못의 지소신(池沼神), 우물의 정신(井神) 등이 그것인데, 이런 수신을 통틀어서 '용신(龍神)'으로 지칭하고 있다.

이외에도 마을의 동신이나 집안의 각종 가택신, 조상신 등이 선신(善神)의 계열에 든다고 하겠는데 이런 신들에 대해서는 앞에서 언급한 바 있고 식물신이나 동물신 암석신도 그 설명이 중복되는 관계로 여기서는 생략한다.

나. 원귀(寃鬼)

사람이 비명(非命)에 억울하게 죽었거나, 세상에서 불행하게 살았던 사람의 영혼은 원령(怨靈)이 되어 이승을 맴돌다가 원귀(寃鬼)로 나타난다고 앞에서 설명한 바 있다.

애매한 사람들에게 해를 끼치고, 심하면 생명까지도 앗아가는 원귀(寃鬼)의 종류 가운데 첫 번째로 들 수 있는 것이 객사(客死)귀신이다. 사람이면 누구나 편안하게 살다가 천수(天壽)를 다하고, 자손들이 지켜보는 가운데 편안하게 운명하기를 원한다. 그러나 객지나 길거리에서 급사한 혼령은 승천하지 못하고 가족이나 친척을 괴롭히는데, 그 가운데 목매어 자살한 자의 원귀가 가장 두려운 존재라고 한다. 그래서 가족 가운데 객사자가 생기면 무당을 불러 해원(解寃)굿을 하거나 중을 불러 천도재(薦度齋)를 지냄으로써 원혼이 조용히 극락왕생(極樂往生)하도록 달래준다.

다음은 물에 빠져 죽은 사람의 혼령이 원귀로 나타나는 '물귀신'이라고 하는 수사귀(水死鬼)이다. 이 원귀는 원한이 깊고 잔인하여 사람의 생명을 빼앗아 가는데, 바다나 연못, 물살이 빠르고 소용돌이가 심한 강이나 하천에 있다고 믿는다. 이런 곳은 사고가 나기 쉽고 한번 사고가 났던 곳에서 똑같은 익사(溺死)사고가 나기 때문에, 사람들은 그것이 모두 물귀신의 소행에 의한 것으로 보고 있다. 물귀신은 대체로 산발한 여인으로 화신(化身)하여 나타나거나, 노인이나 동자(童子)로 현현(顯現)하기도 하지만, 형체는 드러내지 않고 그 기운 만으로 사람을 물속으로 끌어당기는 경우가 많다고 믿고 있다.

원귀 가운데 잔인하고 악독하기로는 '손각시'를 빼놓을 수 없다. 손각시는 '손말명'이라고도 하는데, 혼기(婚期)를 앞둔 처녀가 시집을 가지 못하고 죽은 처녀 귀신을 말한다. 처녀들은 손각시가 몸에 붙으면 꼼짝없이 죽게 된다고 믿기 때문에 무당을 불러 방액(防厄)을 하기도 했다. 민속에서는 처녀가 죽으면, 그 혼령이 손각시가 되지 못하도록 하기 위해 남자 옷을 입히고, 시신을 엎어서 입관하며, 사람들의 왕래가 심한 길거리에 거꾸로 매장한다. 관 위에는 가시나무 가지를 덮어서 그 혼령이 기(氣)를 펴지 못하도록 하는 풍습이 있다고 한다.

총각이 죽으면 '몽달귀신'이 된다. 몽달귀신은 혼인을 못하고 죽은 총각의 원귀이기 때문에 이 원귀 역시 갖은 악행을 저지른다고 믿는다. 특히 상사병(相思病)으로 죽은 몽달귀신이 악독하지만, 손각시에는 미치지 못한다고 한다.

<문호장굿>

2. 도깨비

앞에서 언급했듯이 귀신은 사람이 죽어서 그 혼령이 귀(鬼)나 신(神)이 된다고 했다. 그런데 도깨비는 그 근본이 뚜렷하지 않고 문헌에는 '독각귀(獨脚鬼)', 또는 '허주(虛主)'라고 기록하고 있다. 도깨비의 '깨비'는 몸체라는 뜻으로(장작개비, 성냥개비) 도깨비를 '허깨비'라 하는 것으로 봐서 옛날부터 도깨비를 실체(實體)가 아니라고 인식해 오고 있는 것 같다.

도깨비는 인적이 드문 곳이나 빈집, 숲이 우거져서 대낮에도 햇빛이 잘 들어가지 않는 음습(陰濕)한 곳에 있는데, 비가 내리거나 음산(陰散)할 때만 나타난다고 한다.

도깨비의 종류는 '달걀도깨비', '등불도깨비', '홑이불도깨비', '더벅머리도깨비', '삼태기도깨비' 등인데, 설화에 등장하는 도깨비의 모양이나 행동에 따라 그렇게 명명한 것이다.

설화를 통해본 도깨비의 성정(性情)은 다음과 같다.

① 장난기가 심하여 인간에게 골탕 먹이기를 즐겨하고

② 가무를 즐기며 씨름하기를 좋아하고

③ 돈을 빌려갔다가 다시 갚는데 건망증이 심해서 계속해서 갚고

④ 인간에게 재물을 주는 우호적 존재로 등장하기도 하고

⑤ 신통력을 발휘하여 하룻밤에 다리를 놓거나 연못을 메우기도 한다.

그런가 하면

① 밤길에 씨름을 청하고 귀찮게 해서, 칡넝쿨이나 허리끈으로 나무에 묶어 놓고 뒷날 가보니 헌 빗자루나 부지깽이였다.

② 미녀와 하룻밤을 잘 지내고 아침에 깨어 보니 헌 빗자루나 부지깽이를 안고 있었다.

위의 설화에서는 도깨비의 실체가 집안에서 써다가버린 낡은 빗자루나 헌 부지깽이 등 사람들의 손때가 묻은 물건이라는 것이다.

도깨비는 '도깨비방망이'를 가지고 있는데, 그 방망이는 무엇이든지 소원하는 바를 이루게 되는 귀중한 보물로 그려져 있다. 마음씨 착한 설화의 주인공은 우연한 기회에 도깨비방망이를 얻어 부자가 된다. 그러나 탐욕스러운 부자(富者)는 이 방망이를 억지로 얻으려고 하다가 가지고 있던 재산마저 잃게 된다는 내용이 도깨비방망이 설화의 일반적인 내용이다.

> "귀신은 인간의 생명을 앗아가는 결정적인 가해(加害)를 하지만, 도깨비는 잔인하거나 악의(惡意)에 찬 가해보다는 심술이 심하고 장난이 정도를 넘으며 씨름이나 가무(歌舞)를 즐기고 때로는 신통력을 발휘하고, 사람에

게 재물을 주거나 협력해서 발복(發福)의 기회를 마련해주는 구세주가 되기도 한다. 그런가하면 윤리관도 있고 은혜를 미침으로서 사람과는 우호적 관계를 맺기도 한다."

는 임동권의 설명은 앞에서 설명한 '도깨비망망이' 설화와 함께 도깨비의 성정을 잘 말해주고 있다.

장주근은 제주도의 '도채비'에 대해 다음과 같이 말하고 있다.

"제주도의 도채비는 마치 그리스의 여신 아르테미스(Artemis)가 월신(月神), 출산수호신(出産守護神), 야수번식신(野獸繁殖神), 수렵신(狩獵神) 등 다각적인 성격을 지니고 있었던 것처럼, 요괴성(妖怪性), 부신(富神), 풍어신(豊漁神), 가업수호신(家業守護神), 역신(疫神), 야장신(冶匠神), 부락공동체(部落共同體)의 당신(堂神) 등 실로 잡다(雜多)하고 광범한 속성들을 조화성있고 자연스럽게 그리고 아주 도깨비답게 많이 지니고 있다."

도깨비의 속성과 능력은 다음 설화에 잘 드러나 있다.

어느 시골에 인색하기로 유명한 영감이 살고 있었다. 어느 날 저녁에 누가 들창 밖에서 돈 닷 냥만 꾸어 달라는 것이었다. 인색한 영감은 선뜻 돈을 꾸어 주었다. 그날 밤부터 떠꺼머리 총각하나가 매일 밤 돈 닷 냥을 갚고 가는 것이었다. 영감은 곧 부자가 되었다. 그러다가 어느 날 밤에 가족들에게 부자가 된 내력을 이야기 하는데 지나가던 도깨비가 이 말을 듣게 되었다. 자신의 건망증 때문에 영감은 부자가 되고 자신은 가난뱅이가 된데 대해 화가 난 도깨비는 영감의 논에 돌을 산더미 쌓아놓고 여가저기 말뚝을 박아서 농사를 지을 수 없게 만들어 놓았다.

Ⅶ. 속신(俗信)

속신은 고대사회에서부터 있어온 원시적(原始的)이며, 주술적(呪術的)인 문화현상이다. 그것은 종교나 과학에까지 이르지 못한 채, 단편적으로 민간에 전해 내려오는 막연한 믿음의 한 형태라고 할 수 있다. 대부분의 속신은 비과학적(非科學的)이고 비합리적(非合理的)이지만 어떤 것들은 합리적이고 과학적인 요소를 가지고 있는 것들도 있다는 데에 속신(俗信)의 중요성이 있다. 경우에 따라서는 한동안 과학적으로 규명하지 못하였기 때문에 그 타당성을 인정하지 못하다가 근래에 그 이유나 근거가 밝혀진 것들도 있다. 예를 들면 '겨울에 눈이 많이 오면 보리농사가 잘된다.', '연기가 땅으로 깔리면 비가 온다.', '개구리가 울면 비가 온다.'는 등의 속신은 오랜 경험(經驗)에서 나온 매우 과학적인 근거(根據)를 갖고 있는 것들이다. 이런 예조(豫兆)들은 신앙과는 아무 관계도 없는 것들이기 때문에 모든 속신을 신앙형태라고 정의할 수도 없다. 그렇지만 속신은 신앙이나 종교와 병행하여 존재하는 것이 또한 사실이다.

속신을 '사람을 혹(惑)하게 하는 잘못된 신앙'인 미신(迷信)이라고 정의하기도 하는데, 미신이란 말은 학술용어(學術用語)로는 부적절하다고 본다. 왜냐하면 신앙(信仰)은 어떤 경우에도 과학으로 증명할 수 없는 주관적(主觀的)인 것이며, 신앙의 형태도 시대와 상황에 따라 변하는 것이다. 따라서 타(他) 종교를 미신이라고 한다든지 민간전승(民間傳承)을 싸잡아서 미신이라고 하는 것은 옳은 태도가 아니니다. 더구나 속신은 지식(知識)이나 기술(技術)과 관련된 것들도 있어서, 정신적 사상성만이 존재하는 신앙보다는 오히려 그 영역이 넓다.

속신 가운데 과학적 근거가 있는 것은 자연과학에서 수용해 버리고 유감사고적인 것이나 현재의 과학으로 규명하기 힘든 것들을 싸잡아 속신의 범주에 넣음으로써 일반인들은 속신이 마치 과학이나 종교의 적(敵)처럼 생각하고 있는데 바람직하지 못한 태도라고 본다.

속신의 종류는 '예조(豫兆)'·'섬복(占卜)'·'금기(禁忌)'·'주술(呪術)' 등이다. 이들은 서로 밀접한 관계에 놓여 있기 때문에 그 구별이 쉽지 않지만, 점복과 주술은 재앙에 대처하기위한 적극적 기술이고, 예조와 금기는 소극적 지식으로 볼 수 있다. 일본의 야나기다(柳田國男)는 '조(兆)'·'금(禁)'·'주(呪)'·'점(占)'을 다음과 같이 설명하고 있다.

조(兆) … 사전(事前)의 지식, 미래를 예측하는 기초가 되는 것.
금(禁) … 알 수 없는 결과를 두려워하여 경계, 근신하는 것. 말하자면 사전의 기술.
주(呪) … 불행의 결과를 구출하는 사후 처리로서의 기술.
점(占) … 알고 싶은 미래를 미리 구하여 장래의 일을 미리 시험하려는 기술.

위에서 알 수 있는 것은 조(兆)나 점(占)은 미래를 사전에 예지하는 지식과 기술이고, 금(禁)과 주(呪)는 불측(不測)의 결과를 예방하고 처리하는 기술이라는 것이다. 그리고 조(兆)는 점(占)의 기초가 되고, 금(禁)은 주(呪)의 사전조치라는 점이다. 결국 속신(俗信)은 서로 간에 인과관계(因果關係)를 이루고 있다는 뜻이다.

1. 예조(豫兆)

가. 예조와 점복

예조란 어떤 일이 발생할 징조(徵兆)를 말한다. 고대인들은 사건에 앞서 일어나는 특이한 현상인 예조를 통해서 앞으로 일어날 사건을 추측하려 하였는데, 그것이 바로 점복인 것이다. 예조가 원인이라면 점복은 그 원인에 따르는 결과를 알아내는 기술인 셈이다. 그런데 '예조'에 의해 그 결과를 추측하는 '점복'의 기술은 하루아침에 이루어진 것은 아니고, 오랜 경험과 유감사고에 의해 형성된 것이 대부분이다.

'까마귀가 울면(예조) →사람이 죽는다(점복).'
'당산나무를 함부로 훼손하면(원인) →동티가 난다(결과)'

고 하는 것은 현재의 상황으로 미래를 점치는 일이다.

그런가하면 그 반대로 점복은 어떤 일의 원인을 찾아내는 기술이기도 하다. 예컨대 '사람이 죽었는데←지난밤에 까마귀가 울었다'든지 '갑자기 앓아눕게 되었는데←당산나무 가지를 꺾었기 때문이다' 등이 그런 것이라고 할 수 있다.

가. 예조의 유형

원인이 되는 예조를 통하여 결과를 추측하는 점복은 과학적 인과관계는 없다. 앞에서 언급한 바와 같이, 합리적 근거를 갖고 있는 현상들은 이미 과학에서 수용해 버렸기 때문에, 그것이 과거에는 비록 예조였다고 하더라도 이제는 예조가 아닌 과학인 것이다.

박계홍은 예조의 유형을 직접연상(直接聯想)·간접연상(間接聯想)·경험지식(經驗知識)·심리적현상(心理的현상)의 넷으로 나누어놓고 있다.<박계홍, 『한국민속학개론』>

① 직접연상

직관적으로 연상에 미치는 것인데, '지진(地震)은 천재지변의 조짐'이라 할 때 지구가 요란하게 움직이는 것은 천변지이(天變地異)의 전조(前兆)로 생각하는 것이고, '입이 크면 일생동안 먹을 걱정은 안 한다'거나 '노래를 잘 한다'는 것은 입이 음식을 먹는 곳이고, 입으로 노래를 부르기 때문에 그렇다고 하겠다. '머리에 가마가 둘이면 두 번 시집간다'는 말은 머리의 가마에서 시집갈 때 타는 가마를 유감(類感)하기 때문으로 볼 수 있다.

② 간접연상

어떤 대상이나 행위로부터 그 결과를 직접 연상하는 것이 아니고, 그것이 상징하는 것과 관련지어 결과를 연상하는 것을 말한다.

'비오는 날 문지방을 밟으면 논둑이 무너진다.' (문지방이 논둑을 연상함)

'사람을 만나러 갈 때 장님을 보면 그 사람을 만나지 못 한다.' (장님은 앞을 못 보니까 만날 사람을 못 본다)

'손톱이나 발톱을 태우면 불길하다.' (신체의 일부를 태우는데서 화장(火葬)을 연상함)

③ 경험지식

오랜 경험에 의해 얻어진 지식으로 가장 합리적이고 과학적이라고 할 수 있다.

'연기가 땅에 깔리면 비가 온다.' (저기압이니까)

'겨울 날씨가 매우 추우면 여름에 질병이 없다.' (병균이 동사(凍死)했으니까)

④ 심령적 현상

가장 유감사고적 심리현상과 관계가 깊다.

'귀가 가려우면 남이 나를 욕하기 때문이다.' (귀는 듣는 신체 기관이므로)

'아이를 무겁다고 하면 살이 빠진다.' (삼신이 기분이 나빠서)

'장맛이 변하면 집안이 망한다.' (뭔가 집안이 안 될 징조이다)

2. 점복(占卜)

가. 점복의 역사

인류역사와 더불어 시작된 점복의 역사는 과학문명이 발달한 현대사회에 이르러서도 그대로 존속하고 있는 주술적 행위이며, 사람이 살고 있는 곳에는 어디에나 점복이 존재하고 있다.

우주선이 지구와 달 사이를 왕복하며 동물의 생명까지 복제(複製)하고 있는 이 시대에도 도시의 한복판에 점복자의 간판이 버젓이 걸려 있고 용하다는 소문이라도 나면 그야말로 문전성시(門前成市)를 이루고 있다. 주간지나 스포츠신문, 심지어 중앙일간지의 광고란에도 '금주의 운세(運勢)'나 '오늘의 운세'가 단골 메뉴로 등장하고 있다.

점복은 점(占)과 복(卜)의 합성어인데, 글자의 원리를 풀이한 중국의 『설문(說文)』에서 점은 거북껍질에 나타난 조짐을 보고 앞날의 길흉을 예측하는 것이고, 복은 거북을 불태워 갈라지게 하는 것이라 했다. 이 설명대로라면 점(占)은 자연현상(自然現象)을 보고 미래를 예측하는 것이고, 복(卜)은 인위적(人爲的)으로 어떤 현상을 만들어서 미래를 예측하는 것이다.

이와 같은 점복은 고대로 거슬러 올라 갈수록 심했으며 정치와도 관계를 맺고 있어서 제정일치시대(祭政一致時代)에는 점복자(占卜者)가 곧 통치자(統治者)였다. 그 후 제정이 분리된 후에도 전문적인 점복자들을 관직에 두어 국가의 제반사를 점치게 한 관제점(官制占)이 있었다. 문명사회에서도 점복자는 계속 존재하고 있으며 점복행위를 주업으로 하는 전문적인 점복자와, 다른 직업을 갖고 있으면서 점복을 부업으로 하는 사람도 있다.

점(占)을 치는 것은 어디까지나 주관적(主觀的)이고 직관적(直觀的)인 것이기 때문에 그 결과를 그대로 믿기는 곤란하지만 현대 사회에도 계속되고 있는데 그 까닭은 다음과 같다.

첫째, 진실탐구에 있다. 여기서 말하는 진실은 곧 신의(神意)를 말한다. 천재지변(天災地變)이나 병마(病魔)의 원인을 알고자 하는 것은 인간의 기본적인 심리이며 이런 재앙은 신의 뜻에 의해 발생된다고 보았다. 사람들은 그런 것들을 사전에 알아서 예방하거나 본래의 모습대로 되돌리기 위해 신의 뜻이 무엇인가 알고자 했던 것이다.

둘째, 선택의 목적이다. 두 가지 이상의 무엇이 있을 때 어느 것을 택하는 것이 자신에 유리할 것인가 하는 고민에 빠질 때가 있다. 이 경우에도 어떤 보이지 않는 힘의 도움을 받고자 하는 것이 인간의 본능이라고 볼 때 점복은 그 기능을 수행하는 것이다.

셋째, 미래를 예측하기 위한 목적이다. 미래에 대한 예지욕(豫知欲) 또한 사람의 본능이다. 사업의 성패나 자신이 하고자 하는 일의 결과를 미리 알고 싶은 욕망은 누구에게나 있다. 과학이 논리적·실증적으로 미래를 예측하는 기술이라면 점복은 직관적(直觀的)으로 미래를 파악하려고 하는 것이다.

나. 점복신앙의 기능

점복신앙은 인류의 역사와 그 궤를 같이 하고 있고, 갈래가 다양하기 때문에 그 영향이나 기능을 단언하기는 어렵다. 김창진이 정리한 점복신앙의 기능을 요약하면 다음과 같다.(김창진, 『한국의 점복』, PP. 95-102)

① 지적(知的) 호기심 충족의 기능

인간은 모르는 것에 대해 알고 싶어하는 본능적 욕구가 있다. 게다가 그것이 자기 자신이나 또는 자기가 속해 있는 집단의 운명과 관련된 사실이라 할 때 인간은 그것에 대해 더욱 강렬한 호기심을 갖게 마련이다. 점복 행위는 바로 이러한 본능에 뿌리를 두고 생겨난 것이고, 이것이 신앙으로 확장된 것이 곧 점복신앙이다. 그러므로 현대가 아무리 발전하고, 과학문명에 힘입은 바가 크다고 해도 자연과학이 인간과 우주에 대한 의문점을 명백히 밝혀주지 못하는 한 점복신앙은 끊임없이 추구될 것이다.

② 정서적(情緖的) 불안해소의 기능

정의적(情意的) 측면에서 볼 때 인간은 잘 모르는 대상에 대해 막연한 불안감을 갖는다. 그 대상이 시간일 수 있고 공간일 수도 있으며, 다른 사람이나 어떤 일일 수도 있다. 이러한 대상에 대한 미지(未知)에서 정서적 불안감, 초조감, 공포감 등이 발생한다. 그런데 점복신앙은 미지의 대상에 대한 점복 행위를 통해 정서적 불안을 해소해 주는 구실을 한다.

③ 제액초복(除厄招福)의 기능

인간은 누구나 행복하게 살고자하는 의지와 욕망이 있다. 따라서 자신의 운명에 닥칠 수 있는 액의 개연성(蓋然性)을 물리치고 복을 끌어들이고 싶은 본능이 있게 마련이다. 점복신앙은 바로 이러한 제액초복의 의지를 실현시켜주는 구실을 한다.

④ 농사 등에 관한 과학적 기능

인간은 과학이 발달하기 이전부터 기상 현상 등을 살펴서 경험적으로 농사를 지어왔다. 이런 일을 계속하다 보니 기상에 따른 결과를 공식적으로 체득하게 되었다. 이것이 소위 농사점(農事占) 또는 풍농점(豊農占)으로서 한해의 흉풍(凶豊)을 예측하는데 쓰였다. 이와 같은 선험적(先驗的) 지식은 어느 정도의 과학적 합리성에 바탕을 두고 있기 때문에 다른 점사와는 성격상 다를 수도 있다.

⑤ 정해진 방향으로 유도하는 주술적 기능

어떤 일을 선택해야 하는 경우 선택된 점괘의 결과에 대한 강한 기대감과 확신과 기대를 갖게 한다.

⑥ 교육적 기능

점복의 내용이 긍정적일 때는 더욱 노력하게 되며, 부정적일 때는 조심하여 액을 피하려고 한다.

이외에도 점복은 놀이의 기능과 정치적 기능도 갖고 있다고 한다.

다. 점복자와 점복관(占卜官)

앞서 설명한 바와 같이 점복자는 그것을 직업으로 하는 전문 점자와 다른 직업을 갖고 있으면서 점복을 부업으로 하는 사람으로 나눌 수 있다. 그런가하면 점치는 대상에 따라 천문을 점치는 자・지리를 점치는 자・신려(神慮)를 점치는 자・꿈을 점치는 자・인상을 보는 자・날을 점치는 자・국운을 예언하는 자・사물의 변화를 보고 점을 치는 자 등으로 나눌 수도 있다.

전문 점복자 가운데 역서(易書)나 관상전(觀相專)을 바탕으로 점복행위를 하는 복술자(卜術者)는 상당한 역리(易理)나 상리(相理)를 공부해야 했다. 따라서 복술자는 대부분이 남자였고, 그 가운데서도 맹인이 주류를 형성하고 있다. 그러나 신접(神接)한 강신무가 전문 점복자의 본류인 것이다.

고대사회에서는 '일관(日官)', '일자(日者)', '무자(巫者)', '사무(師巫)', '점복관(占卜官)' 등의 전문적인 점복자를 관직에 두고, 그들로 하여금 국가의 제반사를 점치게 하였다. 점복을 맡은 관청을 신라에는 '관상감(觀象監)'이라 하였다. 이러한 제도는 고려 이후에 더욱 구체화 되어 천문(天文), 역수(曆數), 측후(測候) 각루(刻漏)를 담당하는 '태사국(太史局)'과 그 밖의 점복을 담당하는 '태복감(太卜監)'을 설치하였다. 여기에 복박사직(卜博士職)과 복정직(卜正職)이란 관직을 두고 점복을 국가적 차원에서 다루었다. 조선조의 경우 태조 원년에는 고려의 제도를 따라 '서운관(書雲觀)'을 설치하고, 천문(天文), 지리(地理), 역수(曆數), 점산(占算), 측후(測候) 등의 일을 관장하게 하였다. 그 후 세종, 연산군, 중종 대에 직제와 명칭이 변경되기도 했지만, 조선조에서는 서운관과 관상감이 넓은 의미에서 점복을 관장하는 관청이었다고 말할 수 있다.

신라시대에는 일관(日官)이 있어 역상(曆象)을 관장함과 동시에 천상의 변이를 점치고, 혹은 이를 물리쳤는데, 당시의 일관이란 전적으로 점복으로써 국이국난(國異國難)에 대비한 자들이라고 할 수 있다. 고려시대의 일자(日者)도 천상을 보고 길흉을 점치는 자로 기록되어 있다. 조선조에서는 추일관(諏日官)이 길일을 택하는 풍수사였다고 기록되어 있는 점으로 미루어 조선시대의 일관은 천상의 관찰보다는 오히려 길일을 택하는 기능을 담당한 듯하다. 조선시대의 전문적인 점자(占者)를 '복사(卜師)'라고도 하였는데, 복사는 박사와 같은 말로 박수 즉 남무(男巫)를 지칭하며, 이들은 모두 무인(巫人)으로서의 기능을 발휘하였다.

라. 점복의 유형

점복의 유형을 살펴보면 ① 자연현상에 의한 점복 ② 인사(人事)에 의한 점복 ③ 신비점(神秘占) ④ 인위점(人爲占) 등으로 나눌 수 있다.

고대인들은 특이한 자연 현상이 발생하였을 때, 그것을 앞으로 다가올 미래에 대한 예조(豫兆)로 믿는 일이 많았다. 일월성신의 이변이라든가 풍운뇌우(風雲雷雨), 수변(水變), 지변(地變), 동식물의 이변 등으로 미래를 점치는 행위가 이러한 자연현상에 의한 점이라고 할 수 있다.

일반적으로 민간에 널리 알려진 자연현상에 의한 점복을 살펴보면 다음과 같다.

※ 천체현상과 점복

① 정월 보름날 밤 달빛이 붉으면 그 해 한발이 들고, 달빛이 희면 풍년이 든다.
② 설날 남풍이 불면 풍년의 전조이고, 동풍이 불면 흉년의 전조다.
③ 설날 눈이 오면 그 해 흉년이 들고, 정월 보름날 눈이 오면 풍년이 든다.
④ 이월 일일에 바람이 불면 그 해 폭풍이 많고 흉년이 든다.
⑤ 청명일에 남풍이 불면 풍년이 든다.
⑥ 한식날 서리가 내리면 크게 가문다.
⑦ 정월 보름날 월출시 구름이 걸려 있으면 그 해에는 수해가 있다.
⑧ 정월보름날 달이 희게 보이면 대풍(大風)이 있고, 붉게 보이면 대우(大雨), 누렇게 보이면 풍년이 든다.
⑨ 동짓날 눈이 많이 오면 다음 해에 충해가 있다.

※ 동물의 변태와 점복

① 집 남쪽에 있는 나무 위에 까치가 집을 지으면 그 집 주인이 관리로 등용된다.
② 정월 보름날 아침 다른 새보다 먼저 가치가 울면 그 해에는 풍년이 든다.
③ 개가 풀을 뜯어 먹으면 비가 온다.
④ 설날 아침 여우가 울면 사람이 죽는다.
⑤ 길을 갈 때 여우가 길을 끊고 지나가면 흉한 일이 생긴다.
⑥ 아침 일찍 닭이 세 번 울면 좋은 일이 생긴다.
⑦ 수탉이 알을 낳으면 대복이 터진다.

※ 식물의 변태와 점복

① 대나무 꽃이 피는 것은 대흉사의 전조다.
② 송죽이 말라 죽으면 전쟁이 일어난다.
③ 입춘에 보리 뿌리를 캐어 보아 그 뿌리가 세 가닥 이상이면 풍년이 들

고, 두 가닥이면 평년이고, 한 가닥이면 흉년이 든다.

인사에 의한 점복이란, 그 사람이 지니고 있는 운명적(運命的)·생득적(生得的)인 신체의 특징, 어떤 행위나 동작, 일상생활 가운데 발생한 우연한 일 등을 원인으로 하여 미래를 점치는 것을 말한다. 인사에 의한 점복으로는 다음과 같은 것들이 널리 민간에 전승되고 있다.

※ 생득적(生得的) 특징에 의한 점복

① 귀가 큰 사람은 부귀를 누린다.
② 눈썹이 긴 사람은 장수한다.
③ 코가 낮은 사람은 욕심이 많다.
④ 신부의 배가 유난히 부르면 딸을 낳는다.
⑤ 머리가 큰 사람은 장차 장군이 된다.

※행위나 동작에 의한 점복

① 밤에 손톱을 깎으면 불길하다.
② 다리를 꼬고 자거나 앉으면 집안 일이 꼬인다.
③ 숟가락을 멀리 잡으면 먼 데로 시집(장가) 간다.
④ 다리를 까불면 복이 달아난다.
⑤ 밥숟가락을 털면 복이 달아난다.
⑥ 다리를 꼬고 앉는 여자는 음란하다.

※ 우연한 일에 의한 점복

① 개꼬리에 짚이 달려오면 손님이 온다.
② 길을 가다가 상주 세 사람을 보면 재수가 있다.
③ 정월 보름날 아침 키가 작은 사람이 제일 먼저 찾아오면 그 해 농작물의 키가 자라지 않아 흉년이 든다.
④ 큰 잔치에 여자 손님이 제일 먼저 찾아오면 불길하다.
⑤ 주연에서 마지막 잔의 술을 마시면 아들을 낳는다.
⑥ 아침 일찍 여자가 찾아오면 불길하다.

신비점은 신령이 점자(占者)의 육신에 강림빙의(降臨憑依)하게 함으로써 일시적으로 점자 자신이 신령이 되어 미래의 길흉을 점쳐주는 인체강령점(人體降靈占=神託占신탁점)과, 각종 기물(器物=쌀, 엽전, 神竿신간 등)에 신령이 빙의하도록 하고, 거기에 나타난 신의(神意)를 점자가 알아내는 기물강령점(器物降靈占=神示占신시점)이 있다. 이러한 점은 신의 강림과 빙의를 본질로 하기 때문에 특이한 능력과 기술이 요구되고, 고도의 정신훈련과 기술을 연마한 전문적(專門的)인 점자가 아니고는 이 점을 칠 수가 없다. 그런데 같은 현상이라고 하더라도 문복자(問卜者)가 누구인가에 따라 다르게 해석한다고 하는데 다음의 파자점(破字占) 설화가 그것을 말해준다.

- 어떤 암행어사가 '복(卜)'자를 짚고 점을 쳤는데, 점쟁이는 허리에 마패를 찼으니 암행어사가 분명하다고 치하를 하였다. 이것을 구경하던 거지가 옷을 바꾸어 입고 역시 같은 글자를 짚으니, 점쟁이는 허리에 쪽박을 찼으니 거지가 분명하다고 하였다.

  - 암행어사와 거지 -

- 이성계가 '문(問)'자를 짚고 점을 치니, 점쟁이는 좌로 보나 우로 보나 임금 '군(君)'자가 분명하니 틀림없이 군왕이 되겠다고 하였다. 이번에는 거지가 같은 글자를 짚으니까 문 앞에 입을 달고 있으니 빌어먹겠다고 하였다.

  - 이성계와 거지 -

인위점은 의도적으로 어떤 일을 조작하여 거기에 나타난 결과를 가지고 미래를 점치는 것을 말한다. 각종 민속놀이의 승부를 가지고 점을 치는 승부점 같은 것이 대표적인 인위점이라고 하겠다.(예 : 줄다리기에서 암줄이 승리하면 풍년이 든다.)

점복은 현대적 시각에서 볼 때 비과학적이고 비합리적인 면이 없지 않지만, 오랜 세월동안 인류의 삶 속에서 강한 생명력을 가지고 전승된 기층문화 현상이다. 따라서 무조건 미신(迷信)으로 몰아갈 것이 아니라 체계적인 연구가 필요한 분야라고 본다. 왜냐하면 그것은 그 민족 고유의 정신세계와 신앙세계가 축적되어 있는 귀중한 문화유산이기 때문이다.

3. 주술(呪術)

주술이란 초자연적 존재의 신비한 힘을 빌어 재앙을 막거나 복을 빌기 위한 소박한 신앙(信仰)행위를 말한다. 원시적 종교(宗教) 관념이나 신앙(信仰)에서는 정신요법적(精神療法的) 기능을 하지만 구체적인 체계를 갖추지 못하고 있다.

프레이즈(J. G Frazer)는 원시사회에는 두 가지 원칙에 바탕을 둔 주술이 있다고 하였다. 그 하나가 유사법칙(類似法則=law of similarity)에 근거를 둔 모방주술(模倣呪術)과 동종주술(同種呪術)이며, 다른 하나는 접촉법칙(接觸法則)에 기초한 감염주술(感染呪術)이고, 이 둘을 포괄하는 의미로 유감주술(類感呪術)을 들었다.

유사법칙은 '유사는 유사를 낳는다.' 또는 '결과는 그것의 원인을 닮는다.'는 법칙이다. 예컨대 어떤 사람의 초상화에 계속해서 핀을 꽂으면 그 사람이 상처를 입을 것이라는 믿음 같은 것이다.

접촉법칙은 한번 접촉한 사실이 있는 사물은 그 실질적인 접촉이 단절된 뒤에도 시간과 공간을 초월하여 상호작용을 계속한다는 원리에 의한 주술이다. 가령 어떤 사람의 머리카락이나 손톱을 불에 태우면 그 사람도 불에 타 죽는다고 믿는다거나, 도둑을 잡기위해 그 도둑의 발자국에다 마른 쑥을 놓고 거기에 불을 붙이면 도둑의 발이 썩는다는 속신이 여기에 해당된다.

주술은 그 자체에 공덕(功德)이 있다고 믿어지는 주문(呪文)이나 의식을 사용하여 행해지기 때문에, 초자연적이고 초월적인 신에게 의지하고자 하는 종교와는 다르다고 한다. 그러나 양자(兩者)를 구별할 만한 확실한 근거는 없고, 확실한 것은 인류의 역사에서 주술이 종교에 선행한다는 사실 뿐이다.

주술의 종류에는 유감주술, 방어(防禦)주술, 대항(對抗)주술 등이 있다. 유감주술은 기자신앙 등에서 이미 설명한 바 있기 때문에 여기서는 방어

주술과 대항 주술만을 간략하게 살펴보고자 한다.

방어주술로는 부적(符籍)·주가(呪歌)·주무(呪舞)·주문(呪文) 등이 있다. 부적은 마력이 있는 부호나 글귀를 그린 종이나, 초능력이 있는 물건을 몸에 지니거나 필요한 곳에 부착하여 재앙에서 벗어나고자 하는 것이다. 주가는 대상이 되는 신령을 찬송하거나 위협하는 노래를 불러서 소원하는 바를 이루고자 하는 것이다. 굿판에서 무당이 부르는 무가(巫歌)가 대표적인 주가라고 할 수 있다. 주무는 신을 즐겁게 하기 위한 춤이며, 주문은 주술성이 강한 말이나 글귀를 읊어 재앙을 물리치고자 하는 것이다.

대항주술이란 어떤 사항에 적극적으로 대처하여 소망을 성취하고자 하는 적극적 형태의 주술을 말한다. 대항주술은 동짓날 팥죽을 집 사방에 뿌리는 일이나, 기우제 대신 용소에 돌멩이를 던지는 행위, 정초의 소발(燒髮) 풍속 등 매우 다양하다.

가락국의 시조인 수로왕 탄생의 배경설화에 등장하는 「구지가(龜旨歌)」에서 '머리를 내놓지 않으면 구워먹겠다'고 하는 위협적 내용은 대항주술이 고대 가요에 등장하는 예라고 하겠다. 그런데 대항주술은 유감주술과 흡사한 것들도 많아서, 이 둘을 확연하게 구분 짓기가 어려운 것들도 상당수 있다.

4. 금기(禁忌)

금기는 일상생활 가운데 지켜야 하는 금지(禁止)·금제(禁制)·근신(勤愼)의 관념(觀念)과, 이러한 관념을 핵심(核心)으로 하여 형성된 종교적 주술적 습속에 대한 총칭이다.

이 말은 원래 폴리네시아(Polynesia) 지방의 토속어(土俗語)인 타부(taboo)와 같은 의미로 사용되고 있다. 많은 학자들이 나름대로 타부의 개념을 파악하려 하였으나 워낙 광범위하고 내용 또한 복잡하여 아직도 한마디로 그 본질에 대한 파악은 하지 못한 상태에 있다. 다만 주변의 상황들로부터 자신을 보호하기 위한 원시사회의 도덕적 행위이며, 계율(戒律)의 기원이라고 하는 막연한 개념 정리에 머무르고 있는 정도이다.

금기는 도덕적(道德的)·심리적(心理的)·신앙적(信仰的)·법적(法的)으로 위반할 수 없는 집단구성원 간의 무언(無言)의 압력이었고 사회적인 규범으로 존재하여 왔다. 예컨대 신수(神樹)를 함부로 훼손한다거나 신당(神堂)에 함부로 접근하다가는 본인은 물론 마을에 재앙을 초래한다고 믿었기에 삼가 조심하였다.

금기에는 두 가지 유형이 있다. 신성(神聖)한 것에 대하여는 몸을 조심하고 부정(不淨)한 것에 대하여는 기피하는 경우가 그것인데, 정반대처럼 보이는 이 관계는 언제나 동시에 존재한다. 말하자면 부정한 것을 멀리하는 것은 신성성을 유지하기 위한 것이고, 신성성을 유지하려고 하면 부정한 것을 피해야하기 때문이다.

금기는 다음과 같이 행동이나 표시로 하는 금기와 말로써 하는 금기가 있다.

※ 행동이나 표시로 하는 금기

① 아이를 낳고 대문 위에 금줄을 거는 일
② 동짓날 팥죽을 쑤어 집 안팎에 뿌리는 일
③ 대문 앞에 엄나무를 심어서 병마의 침입을 막는 일
④ 신당 주변에 황토 무더기를 만드는 일
⑤ 서낭당의 누석단에 돌멩이를 놓거나 침을 뱉는 일
⑥ 산야(山野)에서 음식물을 먹기 전에 '고시레'를 하는 일

※ 금기어(禁忌語)

① 호칭금기 : 공포의 대상을 기피하고자 하는 의도로 부르는 말.

- 홍역이나 천연두 → 마마, 손님
- 호랑이 → 산신령, 영감
- 뱀 → 업, 긴 짐승

- 쥐 → 서생원, 서동지
- 아이의 이름 → 개똥이, 도야지 등

② 완곡어법 : 불쾌한 연상을 일으키거나 꺼려지는 대상에 대해 간접적이고도 우아하게 바꾸어 부르는 말

- 변소 → 뒷간, 화장실
- 똥 누다 → 뒤 보다, 볼일 보다
- 변소 → 화장실, 해우소(解憂所)
- 죽다 → 돌아가시다
- 술 → 곡차 등

③ 본격적인 금기어 : "…을 하면 안 된다"는 식의 말(일반적으로 금기어라 함은 여기에 해당된다.)

제 6 장

세시풍속(歲時風俗)

Ⅰ. 태음력(太陰曆)과 간지(干支)

우리가 사용하는 역서(曆書=달력)는 두 종류로 나눌 수 있다. 지구가 태양을 중심으로 공전하는 것을 기준으로 해서 만든 역법(曆法)인 태양력과 달의 모양이 변화함에 따라 만든 역법인 태음력이 그것이다. 우리나라는 1653년(조선조 효종 4년)부터 태음력인 '시헌력(時憲曆)'을 사용하기 시작한 이래 지금까지 민속사회의 역법으로 지켜져 오고 있다.(1895년 9월 9일 관보에 조칙령(詔勅令)을 내려 태양력을 쓸 것을 공포하고, 음력으로는 1895년 11월 17일인 1896년 1월 1일부터 양력을 공식적으로 쓰게 되었다)

음력은 달의 모양이 한번 바뀌어 본래의 모양으로 돌아오는 기간을 한 달로 하는데, 정확하게는 29.5일 정도이기 때문에 한 달을 29일 과 30일로 정해 놓았다. 그런데 음력은 달의 변화 현상과는 일치하지만 태양의 운행과는 다르기 때문에 계절과는 약간의 차이가 나서, 33.6년이 되면 1년의 차이가 난다. 따라서 태음력에서는 계절과 절후를 맞추기 위해 약 3년에 한 달씩(정확하게는 5년에 두 달) 윤달을 두고 있다.

윤달은 '공달', '덤달', '여벌달', '군달'이라고도 하며, 어느 달에 넣어도 상관없으나 대개 절기가 하나 밖에 들지 않는 달에 넣는다. 그러나 윤동짓달은 없다. 그래서 하기 싫은 일을 시키면 "윤동짓달 초하루에 하겠다."느니, 빚을 갚을 수 없을 때 "윤동짓달 초하루에 갚겠다."는 속설(俗說)이 생겨나기도 했다. 윤달은 정상적인 달이 아니기 때문에 무슨 일을 해도 재액(災厄)이 없다고 해서 "윤달에는 송장을 거꾸로 세워도 탈이 없다"는 속담이 있다. 그래서 조상의 묘를 손보는 일, 건축, 이사, 결혼 등을 '날받이' 없이 마음대로 하였고, 특히 윤달에 수의(壽衣)를 만들면 장수한다고 하여 윤달이 든 해는 삼베 값이 치솟을 정도로 수의를 많이 만들었다.

음력에서 또 하나 중요한 것으로 12간지(干支)를 들 수 있다. 간지는 천간(天干)과 지지(地支)의 줄인 말로서 하늘과 땅을 가리키며, 정확하게는 갑(甲), 을(乙), 병(丙), 정(丁), 무(戊), 기(己), 경(庚), 신(辛), 임(壬), 계(癸)의 '천간(天干)' 10개와, 자(子), 축(丑), 인(寅), 묘(卯), 진(辰), 사(巳), 오(午), 미(未), 신(申), 유(酉), 술(戌) 해(亥)의 12개 '지지(地支)'라고 할 수 있다.

※ 12지지표(12地支表)

명 칭	상징(띠)	방 위	시 간
자(子)	쥐	북	앞날 오후 11시~오전 1시
축(丑)	소	북북동	오전 1시~오전 3시
인(寅)	범	동동북	오전 3시~오전 5시
묘(卯)	토끼	동	오전 5시~오전 7시
진(辰)	용	동동남	오전 7시~오전 9시
사(巳)	뱀	남남동	오전 9시~오전 11시
오(午)	말	남	오전 11시~오후 1시
미(未)	양	남남서	오후 1시~오후 3시
신(申)	원숭이	서서남	오후 3시~오후 5시
유(酉)	닭	서	오후 5시~오후 7시
술(戌)	개	서서북	오후 7시~오후 9시
해(亥)	돼지	북북서	오후 9시~오후 11시

※ 육십갑자표(六十甲子表)

갑 자 (甲子)	을 축 (乙丑)	병 인 (丙寅)	정 묘 (丁卯)	무 진 (戊辰)	기 사 (己巳)	경 오 (庚午)	신 미 (辛未)	임 신 (壬申)	계 유 (癸酉)
갑 술 (甲戌)	을 해 (乙亥)	병 자 (丙子)	정 축 (丁丑)	무 인 (戊寅)	기 묘 (己卯)	경 진 (庚辰)	신 사 (辛巳)	임 오 (壬午)	계 미 (癸未)
갑 신 (甲申)	을 유 (乙酉)	병 술 (丙戌)	정 해 (丁亥)	무 자 (戊子)	기 축 (己丑)	경 인 (庚寅)	신 묘 (辛卯)	임 진 (壬辰)	계 사 (癸巳)
갑 오 (甲午)	을 미 (乙未)	병 신 (丙申)	정 유 (丁酉)	무 술 (戊戌)	기 해 (己亥)	경 자 (庚子)	신 축 (辛丑)	임 인 (壬寅)	계 묘 (癸卯)
갑 진 (甲辰)	을 사 (乙巳)	병 오 (丙午)	정 미 (丁未)	무 신 (戊申)	기 유 (己酉)	경 술 (庚戌)	신 해 (辛亥)	임 자 (壬子)	계 축 (癸丑)
갑 인 (甲寅)	을 묘 (乙卯)	병 진 (丙辰)	정 사 (丁巳)	무 오 (戊午)	기 미 (己未)	경 신 (庚申)	신 유 (辛酉)	임 술 (壬戌)	계 해 (癸亥)

우리 민족은 개인이나 가정생활, 그리고 사회적 활동까지도 음력에 근거하였고, '삶의 마디'라고 할 수 있는 절기도 모두 음력으로 제정하였다. 명절뿐만이 아니고 관혼상제(冠婚喪祭), 이사(移徙), 건축(建築), 각종 제의(祭儀) 등에서는 아직도 음력을 따르는 보수성을 그대로 유지하고 있다, 특히 어촌에서는 말할 것도 없고, 농촌이나 산촌에서도 양력 보다는 음력의 절기(節氣)에 따라 그들의 삶이 이루어지고 있는 경우가 많다.

Ⅱ. 세시풍속과 24절후(二十四節候)

세시풍속이란 1년을 주기로 하여 해마다 같은 시기에 반복되는 자연 및 인간사에 관한 주기전승행사(週期傳承行事)이다. 이 풍속은 향토나 민족단위의 광범위한 지역에서 나타나는 문화현상 또는 생활현상이라고 할 수 있다. 이와 같은 계절적 의례를 다른 말로는 '세시(歲時)', '세사(歲事)', '시령(時令)', '월령(月令)'이라고도 하며, 일본에서는 '연중행사(年中行事)'라 하기도 한다. 동일한 자연환경과 역사 속에서 생겨난 공동체의 생활습관인 세시풍속은 한 번 뿌리를 내리면 쉽게 사라지지 않는 특징을 갖고 있다.

세시풍속은 단조로운 생활에 리듬과 질서를 주는 한편, 그 민족의 정서가 살아 숨 쉬는 문화유산(文化遺産)이라고 할 수 있는데 우리민족의 경우 풍농기원의 주술적 의미가 상당수 내포되어 있다.

세시(歲時)에 따르는 연중행사를 언급한 문헌으로는 일찍이 『삼국사기(三國史記)』, 『고려사(高麗史)』, 『조선실기(朝鮮實記)』 등이 있었고, 중국에서는 종늠(宗懍)이 쓴 『형초세시기(荊楚歲時記)』 이후에 세시풍속을 보다 소상하게 기록한 문헌들이 많이 나왔다. 우리나라에서는 조선조에 들어와서 홍석모(洪錫謨)의 『동국세시기(東國歲時記)』, 유득공(柳得恭)의 『경도잡지(京都雜誌)』, 김매순(金邁淳)의 『열양세시기(冽陽歲時記)』 등 3권의 본격적인 세시기가 나왔다.

한편 음력에서는 1년을 계절의 변화에 따라 24절기로 나누고, 한 달에 두 번의 절후(節侯)를 두었는데, 이 절후에 맞추어 농사를 지었기 때문에 대단히 중요한 것이었다. 따라서 우리나라의 음력은 순수한 음력이라고 하기보다는, 태음력에다 태양력을 혼합한 형태라고 할 수 있는 '태양·태음력'이라고 하는 편이 더 적절한 표현이라고 생각된다.

※ 24절후표(二十四節候表)

월 별	절후(節侯)	의 미	월·일(양력)
정 월	입춘(立春)	겨울이 가고 봄이 시작되었음	2월 4~5일
	우수(雨水)	눈 대신 비가 내리기 시작함	2월 19~20일
2 월	경칩(驚蟄)	동면하던 동물들이 깨어남	3월 5~6일
	춘분(春分)	봄철의 중간 (밤낮의 길이가 같음)	3월 21~22일
3 월	청명(淸明)	하늘이 높고 맑게 보임	4월 5~6일
	곡우(穀雨)	곡식이 잘 자라도록 비가 내리기 시작함	4월 20~21일

4 월	입하(立夏)	본격적으로 여름이 시작됨	5월 5~7일
	소만(小滿)	여름 곡식이 조금씩 알이 차기 시작함	5월 21~22일
5 월	망종(芒種)	보리를 베고 모심기가 시작됨	6월 6~7일
	하지(夏至)	여름이 시작됨(낮이 가장 김)	6월 21~22일
6 월	소서(小暑)	무더움이 시작됨	7월 7~8일
	대서(大暑)	더위가 절정에 이름	7월 23~24일
7 월	입추(立秋)	가을이 시작됨	8월 8~9일
	처서(處暑)	더위가 물러감	8월 23~24일
8 월	백로(白露)	이슬이 내리기 시작함	9월 8~9일
	추분(秋分)	가을의 중간(밤낮의 길이가 같음)	9월 23~24일
9 월	한로(寒露)	찬 이슬이 내리기 시작함	10월 8~9일
	상강(霜降)	서리가 내리기 시작함	10월 23~24일
10월	입동(立冬)	겨울이 시작됨	11월 7~8일
	소설(小雪)	눈이 내리기 시작함	11월 22~23일
11월	대설(大雪)	눈이 많이 내리는 계절이 됨	12월 7~8일
	동지(冬至)	겨울의 막바지에 이름(밤이 가장 김)	12월 22~23일
12월	소한(小寒)	혹독한 겨울이 됨	1월 6~7일
	대한(大寒)	겨울 추위가 극에 달함	1월 29~21일

위에 열거한 24절후 외에도 여러 가지 명절이 있는데, 대표적인 명절은 설(1월 1일), 한식(寒食 : 동지로부터 150일째 되는 날), 단오(端午 : 5월 5일), 추석(秋夕 : 8월 15일)의 4대 명절을 들 수 있다. 그리고 정월의 상원(上元 : 정월 보름), 2월의 중화절(中和節 : 2월 1일), 3월 삼짇날(3월 3일), 4월 초파일(4월 8일), 6월 유두(流頭 : 6월 보름), 7월 칠석(七夕 7월 7일)과 백중(百種 7월 보름), 9월 중양절(重陽節 : 9월 9일) 등이 각 달[月월]의 중요한 명절이었다. 10월은 상달[上月상월]이라고 해서 햇곡식을 신(神)에게 천신(薦新)하였고, 11월에는 동지 명절이 있었으며, 섣달에는 납일(臘日 : 동지로부터 세 번째 未日미일)을 명절로 정하여 거기에 따르는 민속행사를 가졌다.

Ⅲ. 세시풍속의 실상(實相)

우리나라의 세시풍속 문헌은 앞에서 언급한 바와 같이 『경도잡지(京都雜志)』, 『열양세시기(洌陽歲時記)』, 『동국세시기(東國歲時記)』의 3종이 있다.

『경도잡지』는 조선조 정조(正祖) 때의 실학자이며 연암 박지원의 제자인 유득공(柳得恭 1748~?)의 저작이다. 모두 두 권으로 되어 있는데 첫째 권은 풍속편으로 문물제도를 19항목으로 나누어 설명하고, 둘째 권에서는 서울의 세시풍속을 원일(元日)부터 제석(除夕)까지 21항목으로 나누어 설명하고 있다. 『경도잡지』는 우리나라 최초의 세시서(歲時書)이지만 구체적으로 서문(序文)과 발문(跋文)이 없어 정확한 저술연대를 알 수 없다.

『열양세시기』는 김매순(金邁淳 1776~1840)의 저작으로 단권인데 저자 자신이 발문을 썼다. 순조 19년(1819년) 유두일(流頭日 6월 15일)로 저작연대가 명확하며 내용은 정월의 입춘을 시작으로 해서 섣달의 제석(除夕)까지 모두 26개항을 설정하여 설명해 놓고 있다.

『동국세시기』는 홍석모(洪錫謨 1781~1857)의 저작으로 세시풍속서 가운데 가장 풍부한 내용을 담고 있다. 이자유(李子有)의 서문에 기유중양후일(己酉重陽後日 : 1849년 9월 9일 이후)로 되어 있어서 저작 연대가 확실하며, 정월부터 12월까지의 세시행사를 자세히 기록하고 있고, 그 내용 중에는 『동국여지승람(東國輿地勝覽)』에서 인용한 부분도 있다. 이 책에서는 우리의 세시풍속을 중국의 세시서인 『형초세시기(荊楚歲時記)』를 인용하여 비교하며 그 시원(始原)을 밝히려 하고 있어서 사대적(事大的)이란 비판도 있다. 그러나 긍정적 측면에서 살펴보면 중국과 우리나라의 세시풍속을 비교 문화적 측면에서 이해하려 했다고 할 수 있다.

1. 정월(正月)의 세시풍속

가. 원일(元日)

원일은 일 년의 첫날이기 때문에 '원단(元旦)', '세수(歲首)', '연수(年首)'라 부르기도 하고 대개는 '설' 또는 '설날'이라고 한다.

이 날은 새해의 첫 번째 날이기 때문에 원조(元朝)란 의미가 있다. 설을 한자어로 '신일(愼日)'이라고 쓰기도 하는데, 이 말의 뜻은 근신하여 언행을 경거망동(輕擧妄動)하지 말라는 의미이다.

섣달 그믐밤인 제석(除夕)을 마지막으로 하여 묵은 한해를 보내고 설날을 기점으로 하여 새로운 한해가 시작되기 때문에 그 해의 모든 계획을 이 날 세웠다. 또 한 해의 모든 운세(運勢)는 그 첫날에 해당되는 설날에 달려 있다고 생각해왔기 때문에 우리조상들은 새로운 정신자세와 몸가짐으로 설을 맞았던 것이다. 그래서 설날에는 한해의 복을 빌고 부정(不淨)을 쫓는 여러 가지 민속행사가 있었다. 특히 농업을 생업으로 삼아온 우리 조상들은 1년의 우순풍조(雨順風調)를 기원하는 제의를 한해의 첫 번째 날인 설날에 많이 행하였다.

① 설빔

설날 아침이 되면 일찍 일어나서 세수를 하고 미리 마련해 놓은 새 옷으로 갈아입었는데 이것을 '설빔'이라고 한다. 이 설빔은 남녀노소나 빈부귀천에 관계없이 생활의 정도에 따른 차이는 있을망정 모두 마련해 입었다. 옷감이 흔치 않았던 시절, 겨울에 새 옷을 입는 경우는 이 설빔 정도가 고작이었고, 아이들은 어른들에 비하여 이 설빔에 대한 기대 또한 대단히 컸다.

어른들은 바지, 저고리, 두루마기 등이 주요 설빔이었고, 아이들에게는 색깔이 있는 화사한 옷감으로 마련하였으며, 부녀자들도 고운 색깔의 설빔을 차려 입었다. 옷뿐만이 아니고 버선이나 대님도 모두 새로 만들었으며, 이와 같은 설빔의 풍속은 현재에도 남아 있어서 설날이 되면 화려한 한복(韓服)으로 차려입은 사람들을 많이 볼 수 있다.

② 차례(茶禮)

설날 아침이 되면 사당이 있는 종가(宗家)에 설빔을 차려입은, 원근의 자손들이 함께 모여 제사를 지낸다. 세찬(歲饌)과 세주(歲酒)를 사당에 진설하고, 8위(位)의 조상에게 '정조차례(正朝茶禮)'를 올린다. 사당에 모시는 조상은 서편에서부터 고조고비(高祖考妣), 증조고비(曾祖考妣), 조고비(祖考妣), 고비(考妣)까지 8위(位)이며, 5대조 이상의 신주는 무덤 옆에 묻고, 시제(時祭)로 봉사(奉祀)한다. 지금도 설이나 추석이 되면 객지에 있던 사람들도 조상과 일가친척을 찾아 고향으로 모여든다. 오늘날 사당(祠堂)은 거의 없어졌으나 차례를 지내는 옛 풍습은 그대로 지켜지고 있다. 경남 지역에서는 사당이 없는 집안이 많기 때문에 지방(紙榜)을 지방 틀이나 병풍에 써 붙이고 모시는데 지방을 쓰지 않는 경우에는 "조상님네, 많이 드시이소" 하고 고(告)하면서 제를 올리기도 한다. 차례의 제물은 기일제보다는 간소하게 차리지만, 뫼 대신에 떡국을 차리기 때문에 '떡국제'라고도 한다. 절은 재배를 하며 여자는 제사에 참여하지 않는 것이 보통이다.

③ 세배(歲拜)와 덕담(德談)

차례가 끝나면 모두 자리에 앉고 어른들에게 새해 인사를 올리는데 이것을 '세배'라 한다. 세배는 웃어른부터 차례대로 하는데 항렬(行列)이 자기보다 높은 사람에게는 마루에서 하고, 같은 항렬끼리는 방안에서 맞절로 새해 인사와 덕담(德談)을 나눈다. 어른께 하는 인사는 "새해 복 많이 받으십시오", "새해에는 더욱 건강하십시오" 등이고, 세배를 받은 측에서는 "금년에는 소원성취하게", "금년에는 꼭 결혼하게" 등 상대방에게 적절한 덕담을 한다. 세배가 끝나면 아이들에게는 새해 선물이나 세뱃돈을 주기도 한다. 집안에 상청(喪廳)이 있으면 차례 후에 즉시 상청에 상식(上食)을 하고 세배를 하며, 이웃집에 세배를 갈 때도 그 집에 상청이 있으면 그 곳에 먼저 세배를 한다. 세배를 받은 집에서는 세찬과 세주로서 손님을 접대하는데, 세찬으로 중요한 떡국은 닭고기나 쇠고기 국물로 만들지만 원래는 꿩고기 국에 끓였다. 그러나 꿩을 구하기가 쉽지 않아서 '꿩 대신 닭'으로 떡국을 끓였고, 손님이 오면 떡국을 대접하는 것이 예의였다.

〈설날의 세배〉

④ 성묘(省墓)

세찬과 세주로 식사(食事)를 마치면 온가족이 조상의 묘를 찾아가 새해 인사를 드린다. 성묘의 대상은 집안에서 차례를 지낸 고조고비(高祖考妣)까지의 조상들이며 시제의 대상이 되는 산소에는 성묘를 하지 않는다.

성묘는 대개 설이나 한식, 추석에 하는데, 경남의 해안도서(海岸島嶼)지방에서는 추석 대신에 7월에 조상의 산소를 벌초(伐草)하고, 8월초에 별도의 날을 잡아 성묘를 하는 풍습도 있다. 정초(正初) 성묘는 설날에 주로 하지만 초닷새까지 연장되기도 하고, 먼 곳의 자손들은 그 밖의 날에도 성묘를 한다.

나. 정초의 벽사초복(辟邪招福)

① 복조리

섣달 그믐날 자정이 지나면 복조리 장수의 외침이 들린다. 자정이 지나면 벌써 다음날이기 때문에 따지고 보면 새해 들어 맨 처음 있는 세시풍속이라 할 수 있다. 복조리 장수들은 조리를 한 짐 메고 골목골목을 다니면서 복조리를 사라고 외친다. 그러면 각 가정에서는 자다가 일어나서 복조리를 샀으며, 밤에 사지 못한 사람들은 아침에 사기도 했는데 일찍 살수록 좋다고 믿었기 때문에 서로 남보다 먼저 사려고 했다. 설날 이른 새벽에 조리를 사두면 1년 동안 복을 받는다는 데서 설날 사는 조리를 특별히 '복조리'라고 한다. 조리는 쌀을 이는 기구인데, 대나무를 잘게 쪼개서 만들었다. 설날에 산 복조리는 사용할 때까지 부엌이나 방 귀퉁이에 매달아 두는데, 그 안에 돈이나 성냥 등을 넣어두기도 했다. 지금은 조리가 실생활에 별로 소용없는 물건이 되고 말았지만 풍속은 남아 있어서 복조리 장수들은 설날 새벽에 남의 집 대문에다 조리를 달아놓고는 며칠 뒤에 찾아가서 복조리 값을 받아가는 경우도 있다.

② 삼재면법(三災免法)

그 해에 삼재가 드는 사람은 세 마리의 매를 그려 문설 주에 붙인다. 삼재는 사람에게 닥치는 세 가지 재해(災害)를 말하는데, 도병재(刀兵災)·질역재(疾疫災)·기근재(饑饉災)라 하기도 하고, 수재(水災)·화재(火災)·풍재(風災)라 하기도 한다. 아래 표에서 알 수 있듯이 누구나 9년에 한 번씩은 삼재운(三災運)이 드는데, 삼재 운이 드는 첫해를 '들 삼재', 둘째 해를 '누운 삼재', 셋째 해를 '날 삼재'라 한다. 삼재를 면(免)하기 위해서 매를 그려 붙이는 것 외에도 정월 보름날 달집을 태울 때 삼재가 드는 사람의 옷 동정을 던져 넣거나 삼재 부적을 몸에 지니기도 하였다.

※ 생년에 따른 삼재표

태어난 해의 간지(干支)	삼재가 드는 해의 간지
사(巳)・유(酉)・축(丑)	해(亥)・자(子)・축(丑)
신(申)・자(子)・진(辰)	인(寅)・묘(卯)・진(辰)
해(亥)・묘(卯)・미(未)	사(巳)・오(午)・미(未)
인(寅)・오(午)・술(戌)	신(申)・유(酉)・술(戌)

③ 십이지일(十二支日)

설날에서부터 열이틀 동안은 일진(日辰)에 따라 여러 가지 민속이 있었다. 설날이 유모일(有毛日)이면 풍년이 드는 반면에 무모일(無毛日)이면 흉년이 든다고 했으며, 상점(商店)이 새해 처음으로 가게 문을 열 때도 무모일은 피한다고 하였다. 십이지(十二支)일 가운데 무모일은 진일(辰日)과 사일(巳日) 뿐이고 나머지는 모두 유모일이다.

새해 첫 번째 드는 십이지일의 풍속을 살펴보면 다음과 같다.

- **상자일**(上子日) : 정월의 첫 쥐날은 쥐와 관련된 민속이 많은데, 이날 일을 하면 손가락이 아린다. 이날 자시(子時)에 방아를 찧으면 쥐가 없어진다고 해서 빈 방아라도 찧는다. 논둑이나 밭둑에 불을 놓아 쥐를 잡는데 이것을 '쥐불'이라 한다. 이날 콩을 볶으면서 "쥐 주둥이 지진다"는 주문을 외면 그 해 쥐의 피해가 없다고 한다.
- **상축일**(上丑日) : 정월 첫 소날에는 소에게 일을 시키지 않고 말린 채소와 콩을 섞어 소죽을 끓여 먹인다. 이 날은 도마질을 하지 않고 쇠붙이 연장을 다루지 않는다. 도마질은 쇠고기 다지는 시늉이 되고 쇠붙이 연장은 쟁기질이 연상되기 때문이다.
- **상묘일**(上卯日) : 정월 첫 토끼날에는 가장(家長)인 남자가 먼저 일어나 대문을 열어야 가운(家運)이 융성해진다. 이날 새로 뽑은 실을 토사(兎絲))라고 하는데, 이것을 몸에 차고 다니면 재앙(災殃)이 물러간다고 한다. 이날 베를 짜면 명(命)이 길어진다고 하여, 베틀에 올라가 베를 짜거

나 베 짜는 흉내를 내기도 한다. 토끼날이 정초에 들면 그해 목화(木花)가 잘 된다고 한다.

- 상진일(上辰日) : 정월 첫 용날에는 부녀자들이 남보다 먼저 일어나 우물에 가서 물을 길어 오는데, 이것을 '용알뜨기'라 한다. 이날 새벽에 용이 하늘에서 내려와 우물에 알을 낳아놓고 가는데 그 물을 먼저 길어다 먹으면 그해 자기 집 농사가 잘 된다고 한다.(지역에 따라서 '용알뜨기'가 상원행사로 전승되기도 한다)
- 상사일(上巳日) : 정월 첫 뱀날에는 머리를 빗거나 감으면 그 해 집안에 뱀이 들어온다고 한다. 빨래도 하지 않고 바느질도 하지 않으며, 땔나무를 옮기거나 집안에 들여놓지 않는다. 그렇게 하면 집안에 뱀이 들어온다는 속신(俗信)이 있기 때문이다. 또 '뱀 지지기'를 하는데 긴 나무 끝에 솜뭉치나 머리카락을 달아매고 불을 붙여, 뱀 구멍에 대면 연기가 들어가서 뱀이 나오는 것을 예방할 수 있다고 믿었다.
- 상오일(上午日) : 옛날에는 말을 숭상하는 풍습이 있었으므로 이 날 말에게 제사를 지내고, 말이 잘 먹는 먹이를 주어 말을 위로하였다. 경남지방에서는 오일(午日)에 장을 담그면 장맛이 달고 장의 빛깔이 좋다고 하는데 그것은 말이 콩을 좋아하기 때문이라고 한다. 말은 강한 양기(陽氣)를 가진 동물이므로 말해[午年오년]에 난 남자는 좋지만 여자는 팔자가 세다고 한다. 특히 병오(丙午)년에 난 '백말띠'의 여자는 과거에는 혼처(婚處)를 구하기가 어려웠다.
- 상미일(上未日) : 정월 첫 양날에는 특별한 풍속이 없지만 어촌에서는 출어를 하지 않고 제주도에서는 약을 먹어도 효험이 없는 날이라 하여 약을 먹지 않는 습속이 있다.
- 상신일(上申日) : 정월 첫 원숭이날에는 일손을 놓고 쉬는 날이며 칼질을 하면 손을 벤다고 한다. 이 날은 부엌에 귀신이 있는 날이라 하여 새벽에 남자가 먼저 부엌에 들어가기도 한다.
- 상유일(上酉日) : 정월 첫 닭날에는 바느질이나 길쌈을 하면 손이 닭발

처럼 흉하게 된다고 해서 이런 일을 하지 않았다.

- 상술일(上戌日) : 정월 첫 개날에는 일을 하면 개가 텃밭에 가서 해를 준다고 한다. 이 날은 풀을 쑤지 않는데 풀을 쑤면 개가 먹은 것을 토한다고 전해오기 때문이다. 제주도에서는 이 날 메주를 쑤면 좋다는 습속도 있다.
- 상해일(上亥日) : 정월 첫 돼지날에는 얼굴이 검은 사람은 팥가루로 세수를 하면 얼굴이 희어진다고 한다. 바느질을 하지 않고 머리를 빗지 않는다. 바느질을 하면 손가락에 덧이 나서 아리고 머리를 빗으면 풍기(風氣)가 생긴다고 한다.

④ 인일(人日)

정월 초이렛날은 인일(人日 : 사람날)이라고 하여 절대로 외숙(外宿)을 하지 않는다. 이날 객(客)이 와서 묵고가면 그 집안에 그해 불운이 든다고 한다. 부득이 묵어가야 되는 손님이 찾아오면 주인과 객은 머리를 반대로 두고 자야한다. 경남 지방에서는 칠인팔곡(七人八穀)이라 해서 7일은 '사람날', 8일은 '곡식날'(또는 '좀날')이라고 한다. 곡식날에는 곡식을 볶아 먹으면 집안에 둔 곡식에 좀이 생기지 않는다고 하여 콩을 볶아 먹기도 한다.

⑤ 소발(燒髮)

남녀가 1년 동안 빗질을 할 때 빠진 머리카락을 빗 상자 속에 모아 두었다가 설날 황혼 무렵에 대문 밖에서 태웠다. 그렇게 하면 그 해에 나쁜 병을 막을 수 있다고 생각했으며, 이 방법은 머리카락이 빠지는 염병을 막기 위해 머리카락을 태우는 유감주술(類感呪術)에서 비롯되었다고 볼 수 있다. 뿐만 아니라 귀신을 쫓는 방법으로 오감법(五感法 : 색채・소리・냄새・맛・촉각)이란 것이 있는데 머리카락을 태울 때 나는 고약한 냄새는 바로 귀신이 싫어하는 냄새이기도 하다.

⑥ 야광귀(夜光鬼)

귀신 이름에 '야광'이란 것이 있다. 이 야광귀는 설날 밤에 세상에 내려와 사람들의 신을 신어보고 자기 발에 맞는 것이 있으면 신고 가버는데, 이 때 신을 잃어버린 사람은 일 년 내내 불운(不運)하다고 전한다. 그래서 사람들은 신을 모두 방에 들여놓거나 다락에 넣어두고 자며, 대문이나 안방 문 위에 체를 걸어 놓기도 한다. 그러면 야광귀가 밤새도록 체의 눈을 세다가 날이 밝아 닭 우는 소리가 들리면 도망가 버린다고 한다. 곳에 따라서는 이 야광귀가 정월 열 나흗날 밤에 내려온다고 전해 오는 곳도 있다.

⑦ 복토훔치기

이 외에도 정월 열 나흗날 저녁에 가난한 사람이 부잣집에 몰래 들어가서 그 집 마당의 흙[福土복토]을 훔쳐와 자기 집 벽이나 부뚜막에 바르면 부자가 된다는 속설이 있어 '복토 훔치기'를 했다.

⑧ 제웅

그 해 나이가 10, 19, 28, 37, 46, 55, 64, 73, 82세가 되는 남자나, 11, 20, 29, 38, 47, 56, 65, 74, 83세가 되는 여자를 '직성(直星=액년이 드는 것)'이 든 사람이라고 한다. 직성이 든 사람은 '제웅(짚으로 만든 일종의 인형)'을 만들어 거기에 그 사람의 옷을 입힌 다음, 머리나 배에 돈이나 쌀을 넣고, 이름과 출생한 해의 간지(干支)를 적어서(사주를 적기도 함), 14일 밤에 길이나 개천에 내다 버리면 액을 막을 수 있다고 한다.

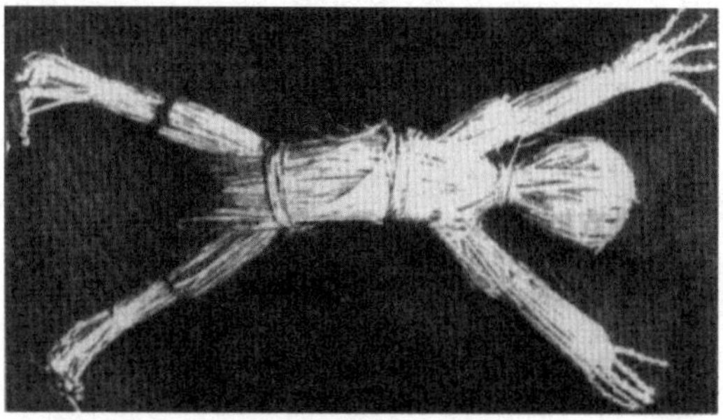

〈길거리에 버려진 제웅〉

⑨ 농점

농경민족이었던 우리 민족은 농사의 흉풍이 최대의 관심사였고, 그에 따라 다양한 '농점(農占=농사점)'이 발달 하였다. 정초의 대표적인 농점으로는 열 나흗날 밤에 12개(윤달이 든 해는 13개)의 그릇에 물을 담고 콩을 넣어두었다가, 15일 아침에 콩이 얼마나 불었느냐를 보고 그 달을 우량(雨量)을 점쳤다. 가령 6번째 그릇의 콩이 많이 불었으면 6월은 비가 흡족하게 내려 농사에 어려움이 없을 것이라고 생각했던 것이다. 이와 같은 농점은 전국적으로 너무 많아서 그 종류와 방법을 헤아릴 수 없을 정도지만 일기(日氣)와 관련된 것이 대부분이다.

다. 상원(上元)

정월 보름을 '상원' 또는 '대보름날'이라고 하는데, 이 날을 마지막으로 정초의 모든 근신이 끝나고 생업활동에 들어간다. 대보름날에는 지역마다 여러 가지 형태의 세시풍속이 있었는데 경남 지방의 것을 요약해 보면 다음과 같은 것들이 있다.

① 부럼 깨물기

정월 보름날 이른 새벽에 밤, 잣, 호두 등을 깨무는데 이것을 '부럼'이라고 한다. 자기 나이 수대로 깨무는데 첫 번 것을 깨물어 던지며 "부럼이요"하고 소리치면 1년 동안 병에 걸리지 않고 이빨이 튼튼해지며 부스럼이 나지 않는다고 한다. 견과(堅果)류 대신 사탕을 깨무는 곳도 있다.

② 복쌈

보름날 아침 오곡밥을 먹을 때 첫술을 김이나 마른 야채의 잎에 쌈을 싸서 먹는 습속이 있는데, 이를 '복쌈' 혹은 '나락쌈' 싼다고 한다. 이렇게 하면 벼농사가 풍년이 든다고 하며 복을 싸서 먹었으니 그 해 운수가 대통(大通)하고 여름에 더위를 타지 않는다고도 한다. 지역에 따라서는 수저를 사용하지 않고 맨손으로 쌈을 싸먹으면 손거스러미가 일지 않는다고 하는 곳도 있다.

③ 보름밥 아홉 그릇 먹기

보름날은 "밥 아홉 그릇 먹고, 삼 아홉 광주리 삼는다."는 말이 있는가 하면, "나무 아홉 짐 하고 밥 아홉 그릇 먹는다."는 말도 있다. 둘 다 보름밥을 많이 먹고, 열심히 일하라는 뜻이다.

또 상원 날에 나무를 아홉 짐 하면 큰 부자가 된다고 하는 말도 전하는데 하루에 나무를 아홉 짐이나 할 수 있을 정도로 부지런하면 부자가 된다는 뜻으로 근면을 강조한 말이라고 하겠다. 겨울철의 긴 농한기가 끝나고 바야흐로 농사철이 시작되었으니 기운을 차리고 부지런히 일하라는 의미가 담긴 말이다.

④ 생두부 먹기와 보름 밥

정월 보름날 조반 때에 생두부를 먹으면 그 해 살이 찐다고 한다. 또 정월 보름날 조반을 숟가락으로 먹으면 그 해 자기네 밭에 잡초가 무성하게 자란다고 하여 부녀자들이 일부러 맨손으로 밥을 집어 먹는 풍습도 있다. 아침에 보름 밥을 먹을 때 생선을 먹지 않으면 몸에 비리(몸이 야위고 살갗이 가려움)가 오르기 때문에 보름날에는 반드시 생선을 먹는다.

⑤ 귀밝이술[耳明酒이명주]

정월보름날 이른 새벽에 맑은 술을 조금씩 마시는데 이것을 '귀밝이 술'이라고 한다. 이 술은 데우지 않고 남녀노소 구분 없이 온 식구가 조금씩 다 마시는데, 그렇게 하면 귓병에 걸리지 않고 귀가 밝아지며, 좋은 소식을 듣는다고 한다.

⑥ 진채식(陣菜食)

상원날에는 호박고지, 무고지, 외고지, 가지나물, 버섯, 고사리 등 여름에 말려 둔 나물을 삶아 먹는데, 이것을 '진채식'이라고 한다. 이것들을 먹으면 여름에 더위를 먹지 않는다고 하며 지역에 따라서는 묵은 나물 9가지 이상을 먹으면 1년을 탈 없이 지낸다는 속신(俗信)도 있다. 상원 날에는 묵은 나물만 먹는 것이 아니고 콩나물, 시금치, 미역 등도 같이 무쳐 먹는다.

⑦ 첫밥

아이들이 성씨가 각각 다른 세 집의 보름 밥을 체나 조리에 한 술씩 얻어 와서 절구통가에 앉아서 개에게 한 숟가락 주고 자기도 한 숟가락 먹는다. 이렇게 하면 여름에 더위를 타지 않는다고 한다.

⑧ 나무 시집보내기[嫁樹가수]

설날이나 대보름날에 과수(果樹)를 가진 집에서는 나무의 두 가지 사이에 돌을 끼워 둔다. 이렇게 하면 그해에는 과실 풍년이 든다고 하는데 이것을 '나무 시집보내기'라 한다. 정월 보름날 도끼로 감나무를 세 번 찍으면서 "이놈의 감이 빠지면 벤다."라는 말을 하면 감이 떨어지지 않고 잘 익는다고 한다.

⑨ 유지방

정월 보름날 높이가 두발 가량 되고, 굵기가 팔뚝만한 장대 끝에 짚단을 깃봉 모양으로 묶어 마당에 세우고 새끼를 늘여놓는다. 이것은 벼 이삭이 새끼줄 길이만큼 길어지라는 뜻이며, '유지방'이라 한다.

⑩ 상원의 민속놀이

- 보름 널뛰기 : 널뛰기는 정월 보름까지 하는 놀이로 정월 보름이 마지막 날이기 때문에 이날 밤에 처녀들이 널을 뛰지 않으면 그 해 '발에 가시가 잘 든다'거나 '나물 캐러 가서 가시에 찔린다'고 한다.
- 횃불싸움 : 정월 보름날 저녁에 강을 사이에 두고, 두 마을 청소년들이 횃대에 달집의 불을 붙여 대치하며, 횃불과 돌멩이를 던지다가 접근하

여 서로 횃불을 빼앗는 패싸움놀이를 했다고 한다.

- **쥐불놀이** : 14일과 상원날 밤에 농가에서는 밭둑 논둑을 불태우는데 이것을 '쥐불놀이'라고 한다. 이렇게 하면 잡귀를 쫓고 풍작을 거두며 1년 동안 무병하고 액을 멀리할 수 있다고 믿는다.
- **액연 띄우기** : 연은 섣달 그믐께부터 띄우기 시작한다. 보름날 해질 무렵에 자새(얼레)에서 연실을 모두 푼 뒤에 실을 끊고 연을 날려 보내 버린다. 연에는 '액(厄)' 또는 '송액(送厄)'이라 쓰는데 그렇게 하면 그 해의 모든 액을 면한다고 믿었다.
- **병신굿** : 정월 보름날 저녁에 마을 사람들이 곡식알을 자기 나이대로 쥐고, 한 알씩 버리며 답교(踏橋)를 하는데 그 축에 끼지 못하는 사람들이 이를 한스럽게 생각하여 병신춤을 추며 놀았다고 한다.
- **지신밟기(매구치기)** : 정월 보름날 농민들은 풍물을 치며 일종의 가장행렬로 지신(地神)을 위로하는 '지신밟기'를 한다. 이렇게 지신을 밟으면 1년 동안 지신의 덕을 받아 복이 있다고 한다.
- **동신제(洞神祭)** : 그해 마을의 무사태평과 풍농을 기원하며 마을의 수호신에게 제사를 드린다. 동신제는 제관뿐 아니라 동민 전체가 합심하여 금기를 지키고 부정이 없도록 하며 원행(遠行)을 하지 않고 외출해서 부정한 것을 본 사람은 제사가 끝날 때까지 마을로 돌아오지 못한다. 동신제는 동민 전체의 길흉(吉凶)과 관계가 있다고 믿었고 지금도 동신제를 지내는 마을이 많다.

⑪ 상원의 벽사초복(辟邪招福)

- **더우팔기[賣暑매서]** : 이른 아침에 아이들이 서로 이름을 불러 대답하면 "내 더우 사가라" 또는 "내 더우 가지고, 네 명복 내 다 주라"고 하며 더위를 판다. 그래서 아이들은 서로 불러도 대답을 하지 않는다. '더위팔기'라고도 한다. 무의식적으로 대답을 해 버린 사람은 "내 더우 네 더우 맞더우 싹 가져가라"고 하는데, 이것을 '맞더우 판다'고 한다.('더우'

는 '더위'의 경남지역 방언이다.)

- 용왕 먹이기 : 정월 보름날 새벽에 목욕재계한 뒤에 깨끗한 옷을 입고 개울가에 가서 제수(祭需)를 차리고 비는 것을 '용왕 먹인다'고 한다. '용왕산제', '용왕제' 혹은 '물산제'라고 하는데 그렇게 하면 용왕의 도움으로 일기가 좋아 풍년이 든다고 한다.
- 새 쫓기 : 보름날 새벽에 긴 장대를 가지고 집안을 돌아다니면서 '후여 후여' 소리치면서 새 쫓는 시늉을 하면 전답에 참새가 많이 오지 않는다고 한다.
- 새삼 볶기 : 정월 보름날 오전에 아이들이 밭에 콩을 가지고 가서 깨어진 옹기조각을 돌 위에 괴고, 그 밑에 불을 피워 '새삼볶자'라고 하며, 콩을 볶으면, 그해 밭에 새삼(잡초의 일종)이 생기지 않는다고 한다.
- 버선 버리기 : 보름날 저녁에 그해 신수가 나쁘면 자기의 새 버선에 돈을 넣어서 길거리에 버리면 액운을 막는다고 한다. 그해 신수가 나쁜 사람은 보름날 저녁에 길거리에 나가 동쪽으로 나이 수만큼 걸어가서, 자기가 입었던 옷의 동정을 떼어 버리고, 달을 보며 네 번 절을 하여 액을 막는다는 풍습도 있다.
- 헛새비 버리기 : 제웅을 '헛새비'라고 하는데 그 해 신수가 나쁜 가족이 있으면 짚으로 사람 형상의 제웅을 만들고, 동전을 넣어 피륙이나 종이 옷을 입히고 신수 나쁜 사람의 성명과 생년(生年) 간지(干支)를 써넣어 삼거리에 버린다.(앞에서 설명한 바 있음)
- 진대 끗기 : 정월 14일 저녁이나 상사일(上巳日) 아침에 주로 가정부인이나 남녀 어린이들이 행하는데, 여름에 뱀이 나오는 것을 예방하려는 뜻이다. 새끼줄 끝에다 헌 짚신짝을 달고 집 주위를 돌면서 '진대끗자, 망대 끗자'하고 다니다가 그것을 개울에 갖다 버린다.
- 디지기 방아 : 보름 새벽에 매나 공이로 집안 마당을 찧으면서 '디지기 방아 찧자'하고 다니는데 이것을 '디지기 방아'라 하며 자기 밭에 그해 두더지가 없기를 바라는 행위이다.

• 노내기 침주기(산애기 간질) : 정월 보름 아침에 솔잎이 붙은 소나무 가지 끝을 한 뼘쯤 잘라서 초가지붕의 추녀 끝 이엉에 꽂거나 지붕 위에 던져두기도 한다. 이것을 '노낙각시 침주기'라 한다. 그러면 그 해 집안에 노린재가 안 생긴다고 한다.
• 개보름 쇠기 : 보름날에는 개에게 밥을 주지 않는다. 밥을 주면 개에게 비리가 오른다고 한다. 저녁에 달이 뜨면 개에게 밥을 주고, '개 파리 쓸자'하면서 개의 등을 비로 쓸어준다. 속담에 '개 보름 쇠듯'이란 말은 개는 보름날 쫄쫄 굶는데서 온 말이다.
• 귀신날 : 정월 열엿새 날은 '귀신날' 또는 '귀신 붙는날'이라 하여 모든 사람이 외출을 삼가고 집안에서 푹 쉬는 날이다. 이 날 남자가 일을 하면 일 년 내내 우환이 있고, 여자가 일을 하면 과부가 된다고 하는데, 만약 이승에서 과부가 되지 않으면 저승에 가서라도 과부 신세를 면할 길이 없다고 한다. 또 이 날을 '까치날'이라고도 하는데 이날 일을 하면 까치가 목회를 모두 쪼아버려서 그해 목화농사를 모두 망친다고 한다.

이상 경남지방의 상원 민속을 간략하게 살펴보았다. 이와 같은 민속은 그 명칭에 차이가 약간 있을 뿐 전국적으로 대동소이하게 전승되고 있다.

〈다리밟기[踏橋답교]〉

⑫ 정초의 민속놀이

정월 대보름을 전후한 우리민족의 대표적인 민속놀이는 달맞이[望月망월]·다리밟기[踏橋답교]·기세배((旗歲拜)·줄다리기·사자놀이 등이다. 이런 놀이들은 유희적(遊戱的)목적과 제의적(祭儀的)목적을 동시에 충족시키며, 다른 한편으로는 마을 사람들에게 일체감을 심어주는 기능도 했다. 이 부분은 <제7장 민속놀이>에서 자세히 설명하기로 한다.

〈널뛰기〉

라. 입춘(立春)

입춘은 봄이 되었음을 알리는 절후인데 입춘일이 되면 대궐 안에서 춘첩자(春帖子)를 붙이며 일반 가정에서도 대문이나 기둥, 대들보, 천장 등에 뜻이 좋은 글귀를 써서 붙였다. 이 글귀를 입춘축(立春祝) 또는 춘축(春祝)이라 하며 자신이 글을 모르는 사람은 다른 사람에 부탁해서 써 붙이기도 했는데, 상중(喪中)에 있는 집안에서는 써 붙이지 않았다. 널리 쓰이는 입춘문은 대개 다음과 같은 대련(對聯)을 썼다.

수여산(壽如山)	부여해(富如海)
거천재(去千災)	내백복(來百福)
입춘대길(立春大吉)	건양다경(建陽多慶)
국태민안(國泰民安)	가급인족(家給人足)

요지일월(堯之日月)	순지건곤(舜之乾坤)
애군희도태(愛君喜道泰)	우국원년풍(憂國願年豊)
천하태평춘(天下泰平春)	사방무일사(四方舞一事)
국유풍운경(國有風雲慶)	가무계옥수(家無桂玉愁)
봉명남산월(鳳鳴南山月)	인유북악풍(麟遊北岳風)
재종춘설소(災從春雪消)	복축하운흥(福逐夏雲興)
유색황금눈(有色黃金嫩)	이화백설향(梨花白雪香)
북당훤초록(北堂萱草綠)	남극수성명(南極壽星明)
천상삼양근(天上三陽近)	인간오복래(人間五福來)
소지황금출(掃地黃金出)	개문만복래(開門萬福來)
계호신세덕(鷄呼新歲德)	견폐구년재(犬吠舊年災)
문영춘하추동복(門迎春夏秋冬福)	호납동서남북재(戶納東西南北財)

이 날 농가에서는 보리를 뽑아서 그 뿌리를 세어 보고, 그 해 농사의 흉풍(凶風)을 점치는 풍속도 있었는데, 뿌리가 한 가닥이면 흉년이 들고, 두 가닥이면 평년, 세 가닥이면 풍년이 든다는 속설이 전해지고 있다.

입춘절에는 시절 음식으로 움파·멧갓·승검초를 먹었다. 멧갓은 개자(芥子)의 싹인데 더운 물에 데쳐 초장에 무쳐서 먹는다. 육식을 하고 나서 먹으면 뒷맛이 개운하다. 승검초는 당귀의 싹인데 이 풀은 은비녀 같으며 그 줄기를 꿀에 개어 먹었다고 한다.

『동국세시기(東國歲時記)』에는 함경도 풍속에 입춘이 되면 관청에서 나무로 만든 소를 마을에 끌고 돌아다녔는데 이것은 농사를 권장하고 풍년이 들기를 기원하는 놀이였다고 한다.

2. 2월의 세시풍속

가. 초하루(朔日)

2월 1일은 '머슴날', '노비날', '중화절'이라 한다. 가을의 추수가 끝나고 겨울철의 농한기에 머슴들이 비교적 가벼운 일만 하다가, 2월이 되면 농사일을 본격적으로 시작해야 한다. 그래서 주인이 머슴들에게 술과 음식을 한턱내고 그들을 위로하는 것이다. 머슴들은 주인이 내어 놓은 주식(酒食)을 배불리 먹고 풍물을 치며 춤과 노래로 하루를 즐겼다.

그 해에 20세가 된 머슴은 이 날 마을의 두레집단에 속한 장정들에게 술을 한턱낸다. 이것은 이제 꼴머슴에서 상머슴이 되었다는 일종의 성인의식으로, 이때부터는 품앗이 등에서 어른과 동일한 취급을 받는다.

이 날 농가에서는 집안 청소를 하며, 지역에 따라서는 노린재를 쫓는 습속(대개는 상원일의 행사임)이 행해지기도 한다.

나. 풍신제(風神祭 = 영등할미제)

하늘에는 '영등할미[風神풍신]'가 있는데, 2월 초하루에 지상에 내려왔다가 20일에 승천한다고 한다. 풍신제는 영남지방에 전파된 민속으로 2월 초하룻날 이른 아침 바가지에 물을 담아 장독대, 광, 부엌 등에 올려놓고 소원을 빌거나, 여러 가지 제물을 장만하여 차려놓고 풍년과 무사태평을 기원한 뒤에 식구의 숫자대로 소지(燒紙)를 올리기도 한다.

속설(俗說)에 의하면 영등할미는 지상에 내려올 때 딸이나 며느리 중 하나를 데리고 온다고 한다. 그런데 딸을 데리고 오는 해는 딸의 치마를 버릴까봐서 날씨가 좋고, 며느리를 데리고 오는 해는 비바람이 몰아쳐서 농가에서는 피해를 입는다고 한다. 영등할미가 지상에 있을 때는 황풍(荒風)이 일어나기 때문에 어부들은 출어(出漁)를 삼가고, 풍신제를 지내는데 이것을 '바람 올린다'고 한다. 또 영남지방에서는 2월(= 바람 달)에 혼례를 올리면 부부 중에 한사람이 '바람이 난다'고 하여, 혼인을 하지 않는 풍습이 전해지고 있다.

〈진도 영등굿〉

다. 경칩일(驚蟄日)

2월에는 경칩이 드는데 이 무렵이면 날씨가 풀리고 각종 초목의 싹이 돋아나며 뱀이나 개구리 등도 긴 겨울잠에서 깨어나 땅 밖으로 나와 기동(起動)을 시삭한나. 이 날 농촌에서는 논이나 물이 고여 있는 웅덩이를 찾아가서 개구리 알을 건져다가 먹는데 해소병이나 허리 아픈 데 좋다고 한다.

경칩에는 흙일을 해도 탈이 없다고 해서 집안의 벽을 바르거나 무너진 담을 쌓았다. 이 날 벽을 바르면 빈대가 없어진다고 해서 일부러 흙벽을 바르는 풍속도 있다. 또 보리의 성장 상태를 보고 그 해 보리농사의 흉풍(凶豐)을 점치기도 했다.

라. 한식(寒食)

한식일은 동지로 부터 105일째 되는 날인데 3월에 들기도 하지만 대개는 2월에 든다. 설, 단오 추석과 함께 4대 명절 중의 하나이다.

이 날은 더운밥을 먹지 않고 찬밥을 먹는데 이것은 중국 진나라의 충신 개자추(介子推)의 혼령을 위로하기 위해서라고 전한다. 개자추가 간신에게 물려 면산(緜山)에 숨어 있었는데 진 문공(晋 文公)이 개자추의 충성심을 알고 찾았으나 나오지 않았다. 그를 나오게 하기 위하여 면산(緜山)에 불을 놓았으나 개자추는 끝내 나오지 않고 불에 타 죽고 말았다. 이때부터 사람들이 그의 충성됨에 감동하여 찬밥을 먹는 풍속이 생겼다고 한다. 따라서 찬밥을 먹는 풍속은 중국에서 전해 온 유속(遺俗)이다.

한식날 농가에서는 나무를 심거나 채소 씨를 뿌리는 등 새해의 농사 준비를 하기 시작한다. 이 날 천둥이 치면 흉년이 들고 나라에도 불행한 일이 있다고 해서 매우 꺼려한다. 한식 무렵엔 봄갈이가 시작되고 풀도 새싹을 보이기 시작하여 봄기운이 완연하다.

이 날은 조상의 산소에 술·과일·포·식혜·떡·국수·탕·적 등을 차려놓고 '한식차례(성묘, 또는 節祀절사)'를 지낸다. 조상의 무덤이 헐었으면 잔디를 다시 입히는 '개사초(改莎草)'를 하고 묘 주변에 식목도 한다. 그러나 한식이 3월에 들면 개사초를 하지 않는다.

3. 3월의 세시풍속

가. 삼짇날

3월 3일은 '삼짇날', 또는 '삼월 삼질'이라고도 하며, 한자어로는 상사(上巳)·중삼(重三)이라고도 한다. 이 때가 되면 날씨도 따뜻해지고, 강남 갔던 제비도 옛집을 찾아온다고 한다. 이 날은 들판에 나가서 꽃놀이를 하고 새풀을 밟으며 봄을 즐기기 때문에 '답청절(踏靑節)'이라고도 한다

삼짇날에는 전국의 한량들이 모여 '활쏘기대회'[弓術會궁술회]를 열었으며 '닭싸움놀이'도 하였다. 사내아이들은 버들피리를 만들어 불었고 계집아이들은 풀각시라는 인형을 만들어 가지고 '각시놀음'을 하면서 놀았다. 이 날 처음 보는 짐승을 보고 그 해의 운수를 점치기도 하는데 입이 큰 개구리를 보면 먹을 복이 있고 도마뱀은 바쁜 일이 생길 징조이며 흰나비를 보면 상

복을 입을 운수라고 한다. 이날 시냇물에 머리를 감은 뒤에 머리카락을 끊어서 냇물에 흘려 보내면 머릿결이 좋아지고, 삼짇날 바람이 불면 그 해 삼[麻마]농사를 망친다는 속신(俗信)도 있다.

삼짇날의 시절 음식으로는 '화전(花煎)', '화면(花麵)', '수면(水麵)' 등이 있다. 화전은 진달래꽃을 따다가 찹쌀가루에 반죽하여 둥근 떡을 만들고 그것을 기름에 지진 것이고, 화면은 녹두가루를 반죽하여 익힌 다음 가늘게 썰어 꿀을 타고 잣을 띄운 국수를 말한다. 수면은 녹두가루와 진달래꽃을 섞어서 국수로 만들어 꿀물에 띄운 음식이다.

흰떡을 방울 모양으로 만들어 속에 팥을 넣고, 오색 물감을 들여 구슬을 꿴 것 같이 연결하여 만든 '산떡[算餅산병]'을 먹었다. 또 찹쌀과 송기와 쑥을 섞어서 만든 떡이나 쑥떡을 해서 먹었는데, 이런 시절음식들은 제사상에도 차렸다.

나. 곡우(穀雨)

곡우는 24절기 가운데 여섯 번째 드는 절기인데 백곡(百穀)을 기름지게 한다는 날이다. 이 무렵이면 흑산도 근처에서 겨울을 보낸 조기떼가 북상해서 서해의 격렬비도 쯤에 올라와 있는데, 이 때 전국의 어선들이 이곳에 모인다. 곡우 때 잡히는 조기를 특별히 '곡우사리'라고 하는데 아직은 살이 많지 않지만, 맛이 연하고 부드러워 곡우사리는 조기 가운데 으뜸 상품으로 친다.

곡우 때는 나무에 물이 가장 많이 오르는 시기인데 경남의 산청, 함양 등지에서는 '곡우물'을 먹으러 깊은 산으로 들어간다. 곡우물은 거제수 나무에 상처를 내어 거기서 나오는 수액인데, 이 물을 마시면 몸에 좋다고 하여 약수로 먹는다. 이 때는 약수제도 지내고 곡우물을 마시고 오는 부녀자들의 행렬이 길을 메운다고 한다. 이들은 풍물을 울리고 춤을 추면서 이 지방에서만 전승되는 '진굿내기'란 노래를 불렀다.

함양지방의 진굿내기 노랫말을 소개하면 다음과 같다.

오르랑 내리랑 잔지침 소리는　자다가 들어도 우런님 소리라　(후렴)
용추폭포야 니 잘 있거라　명년아 춘 삼월 또 다시 만나자　(후렴)
춥나 덥나 내 품에 들어라　벨 것이 없으면 내 팔을 베여라　(후렴)
오동추야 달밝은데　님오 생각이 절로 난다네　(후렴)
임오야 생각을 안할라 하여도　저달이 밝으니 또 생각나노라　(후렴)
청춘이 오는가 뒤돌아 봤더니　원수에 백발이 날 찾아온다네　(후렴)
가는 줄 모르게 내 청춘 다가고　오는 줄 모르게 백발이 왔나　(후렴)

\- 이하생략 -

<후렴 : 얼시구 가잤으면 잤제 제가 설마나 갈소냐>

4. 4월의 세시풍속

가. 초파일

4월 8일은 석가모니의 탄신일로 우리의 전통 명절이 아니고 불가(佛家)의 명절이다. 그러나 불교는 신라와 고려 왕조를 거치면서 민중의 삶에 지대한 영향을 끼친 관계로 우리 민속 가운데는 불교적인 것이 상당수 있다. 이 날은 등불을 켜기 때문에 '등석(燈夕)'이라고도 한다. 초파일 며칠 전부터 집집마다 등대(燈臺)를 세우고 그 위쪽에 꿩의 꼬리나 솔가지를 꽂은 뒤 채색 비단으로 깃발을 만들어 장식한다. 여기서 장대를 높이 세우는 것은 하늘을 향해 제사지내던 천신숭배(天神崇拜) 사상에서 비롯된 것으로 보이며 꿩 꼬리나 솔가지를 꽂는 것은 솟대를 연상시키는 행위로서 민간신앙적 요소를 담고 있다고 볼 수 있다.

저녁이 되면 연등놀이를 하는데 가족의 수만큼 등을 사거나 만들어서 각자의 이름을 써 매달고는 "만등(萬燈) 불사하니 소원 성취하여 주옵소서" 하고 빈다. 등(燈)의 이름으로는 수박등・마늘등・연꽃등・칠성등・오행등 · 참외등 · 알등 · 잉어등 · 거북등 · 학등 · 봉등 · 자라등 · 공등 · 배등 · 종등 · 만세등 · 남산등 · 일월등 등 색깔과 모양에 따라서 그 이름이 매우 다채롭다. 등의 재료는 종이나 채색비단을 사용하고 거기에 글씨와 그림을 그려 매우 화려하게 꾸몄다.

또 절에 있는 탑을 돌면서 자신의 소원성취를 빌었는데 이것을 '탑돌이'라 한다.

『동국세시기(東國歲時記)』에는 물동이에다 바가지를 엎어놓고 빗자루로 두드리면서 소리를 내는 '수부희(물장구)'와 어린 아이들의 '수고(水鼓)'를 초파일의 민속으로 소개하고 있다.

또 손님을 청해서 음식을 대접하는데, 느티떡 · 볶은 콩 · 삶은 미나리 등을 내어 놓는다. 이것을 '부처생신날 소밥(고기반찬이 없는 밥)'이라 한다.

〈초파일의 연등〉

나. 4월의 시절음식

4월의 시식(時食)으로는 화전(花煎) · 어채(魚采) · 미나리강회 · 파강회 · 증병(蒸餠) 등이 있다.

화전은 찹쌀가루에 장미꽃을 섞어 반죽을 해서 원형 또는 반원형으로 만들어 기름에 튀긴 것이다. 기름에 튀기기 때문에 '유전(油煎)'이라 부르기도 한다. 어채는 생선을 익히지 않고 날것으로 썰고, 파와 석이버섯, 전복을 달걀로 부친 것과 국화잎을 가늘게 썰어 버무리고 기름과 초를 쳐서 먹는다. '파강회'는 파를 삶아서 생육(生肉)에 감아 초간장에 찍어 먹는 것이고, '미나리강회'는 미나리를 데쳐서 생육을 넣고 파강회처럼 만들어 먹는 것이다. 이 때 쇠고기인 경우는 생육을 쓰지만 돼지고기는 삶은 것을 사용한다.

4월에는 풋보리를 베어다가 청맥(靑麥) 가루를 만든다. 만드는 과정은 먼저 보리를 솥에 쪄서 그것을 손으로 비벼 풋보리 알만을 가려 햇볕에 말린다. 이것을 다시 맷돌에 갈고 체에 쳐서 고운 가루를 만들어 초여름의 주전부리 음식을 만들어 먹는다. 시골에서는 풋보리가 날 때 절식(節食)으로 '보리 그을림'과 함께 이것을 꼭 마련해 먹었다.

경남지방에는 풋보리 죽과 풋보리 밥을 망종일(亡種日)에 해먹는 습속이 있었다. 풋보리 죽은 풋보리 이삭을 뜯어 가지고 와서 손으로 비벼 보리알을 모아서 솥에 볶고, 맷돌에 갈아 체로 쳐서 그 보릿가루로 죽을 끓인다. 이것을 먹으면 여름에 보리밥을 먹어도 배탈이 나지 않는다고 한다. 풋보리 밥은 풋보리 죽을 끓이기 위하여 체에 치고 남은 거친 알갱이로 지은 밥을 말한다. 미역국을 끓여서 풋보리 밥과 함께 먹고 난 뒤는 짚으로 똬리를 만들어 지붕에 올려놓는다. 이렇게 하면 그 해 보리밥을 먹어도 소화가 잘 된다고 한다.

5. 5월의 세시풍속

가. 단오(端午)

5월 5일은 단오인데 설, 추석과 함께 중종 13년(1818년)에 3대 명절로 정하여졌고, 그 명칭도 '천중절(天中節)', '중오절(重五節)', '수릿날' 등 다양하게 불린다. 이 날은 일 년 중 가장 양기(陽氣)가 왕성한 날로 여겼는데 단오의 '오(午)'는 한낮을 뜻하고 동물로는 말(馬)을 상징한다.

단오에는 부녀자들이 산에 가서 수리치를 뜯어와 떡을 해먹었으며 궁중에서는 왕이 대신들에게 '단오선(端午扇)'이란 부채를 하사하였다. 이날 여자들은 창포 삶은 물에 머리를 감는데 이렇게 하면 머리카락이 잘 빠지지 않고 머릿결에 윤기가 흐른다고 여겼기 때문이다. 어린아이들은 창포 탕에 세수를 하게 하였고, 부녀자들은 '단오장(端午粧)'이란 비녀를 만들어 꽂았다. 단오장은 창포 뿌리를 깎아 만든 비녀에 '수(壽)'자나 '복(福)'자를 새기고 끝에 붉은 연지를 칠한 것이다. 단오절에는 익모초(益母草)나 쑥 등의 여름 약초를 채취해 말려 둔다. 익모초는 글자 그대로 산모의 몸에 유익하며 여름에 입맛이 없을 때 즙을 내어 먹으면 입맛을 돋우고 부인병에도 효과가 있다고 한다. 또 쑥을 단으로 묶어서 문 옆에 세워두면 재액(災厄)을 물리친다고 믿었다. 쑥으로는 떡을 빚어 먹기도 했고 제사상에도 올렸다.

단오절의 중요 민속놀이는 남자의 경우 씨름이 있고 부녀자들은 그네뛰기를 하면서 즐겼다. 이와 같은 축제 분위기 속에서 처녀 총각의 만남도 용이해져서 그들에게는 가슴 설레는 날이었고 저녁이면 모닥불을 피워놓고 각종 민속놀이를 하면서 하루를 즐겼다.

단오절의 민속 가운데 '대추나무 시집보내기'라는 것이 있는데 이것은 대보름날의 '과일나무 시집보내기'와 똑같은 주술적 의미가 있다고 본다.

강릉에서는 중요무형문화재 13호로 지정된 '강릉 단오제'가 거행되는데 소개하면 다음과 같다.

※ 강릉 단오제의 유래와 절차

• 유래

단오제는 음력 3월 20일 신주(神酒)를 빚는 데서 시작하여, 5월 6일에 소제(燒祭)를 하고 신을 봉송(奉送)하는 데까지 장장 50일간에 걸친 대대적인 행사로 이어진다. 본격적인 제의는 5월 1일부터 시작되는데, 단오 굿과 관노가면극(官奴假面劇)을 중심으로 한, 그네 · 씨름 · 줄다리기 · 윷놀이 · 궁도 등의 민속놀이와 각종 기념행사가 벌어진다. 이 때 모여드는 구경꾼은 수십 만 명에 달하는데 예나 다름없이 지금도 대성황을 이룬다. 강릉 단오제가 옛날에는 관(官)에서 주도하여 행하여졌으나 현재는 민간주도형으로 바뀌었다. 강릉 단오제에 관한 문헌적 전거(典據)는 조선조 남효온(南孝溫 : 1454-1492)의 『추강냉화(秋江冷話)』에 나타나지만, 경종(景宗 : 1721~1724) 때 간행된 『강릉지(江陵誌)』에는 그 역사가 고려 초로 거슬러 올라간다. 강릉 단오제의 근원설화는 대관령산신(大關嶺山神)으로 모신 김유신(金庾信) 설화와 대관령국사서낭신(大關嶺國師城隍神)인 범일국사(梵日國師) 설화가 있다. 그리고 후대로 내려오면 국사서낭신과 부부신이 된 여국사서낭신(女國師城隍神)에 대한 설화가 전해지고 있다.

- **제의와 일정**

· 3월 20일 : 신주(神酒) 담그기
· 4월 1일(초단오) : 헌주(獻酒)와 무악(巫樂)
· 4월 8일(재단오) : 헌주와 무악
· 4월 14일 : 봉영(奉迎) 출발(현재는 15일 출발)
· 4월 15일(삼단오) : 봉영. 대관령국사성황제(홍제동 여(女)성황에 모심)와 산신제.
· 4월 27일(사단오) : 무제(巫祭), 대성황사
· 5월 1일(오단오) : 화개(花蓋), 관노가면극(본제 시작)
· 5월 4일(육단오) : (본제)관노가면극, 무악, 줄다리기, 시조창, 체육대회, 그네, 씨름, 궁도, 윷놀이
· 5월 6일(팔단오) : 소제(燒祭), 봉송(奉送)

대개 이상과 같은 순서로 진행되나 제의(祭儀) 일정과 규모는 사정에 따라 다소 신축성이 있다.

또 단오절에는 부부가 잠자리를 함께 하지 않는다. 이 날은 만물의 기운이 치솟아 오르기 때문에 혈기가 왕성하여 부부관계를 하는 것은 위험하다고 생각한 것이다. 뿐만 아니라 이 날 아이가 태어나면 내다 버렸다고 하는데, 단오절의 출산이 그만큼 해롭다고 생각했기 때문에 생긴 말이라고 본다.

〈강릉 단오제〉

나. 기우제(祈雨祭)

음력 5월은 대체로 모심기를 하는 시기이다. 이 때를 놓치게 되면 모내기의 적기(適期)가 지나므로 풍년을 기약할 수 없었고, 공교롭게도 이 무렵에 가뭄이 드는 경우가 많아서 모내기에 차질을 빚는 수가 많았다. 이 무렵에 찔레꽃이 한창 피어나기 때문에 이 가뭄을 '찔레꽃가뭄'이라 하고, 찔레꽃가뭄을 해소하는 비를 '태종우(太宗雨)'라 했다.

조선조 3대 왕인 태종이 병상에 누워서 가뭄을 걱정하다가, 5월 10일에 승하하면서 "내가 죽은 뒤 상제께 청하여 비를 내리게 하리라"하고, 승하한 뒤 곧바로 소나기가 내려서 가뭄을 면하였다고 한다. 그 뒤에도 해마다 5월 10일이면 날이 흐리고 비가 내린다하여, 이 날 내리는 비를 '태종우(太宗雨)'라 한다.

모내기철이 되어 비가 내리지 않으면 전국적으로 용소(龍沼)나 개천에서 기우제(祈雨祭)를 지냈다.

경남 산청지방에서 '디딜방아 기우제'를 지내는데 소개하면 다음과 같다.

> 디딜방아 기우제는 여자들에 의해 이루어지며 각 마을마다 비슷하게 행하여진다. 먼저 다른 마을에 가서 주인 몰래 디딜방아를 가지고 나오는데, 주인 이것을 보고도 못 본 체한다. 만일 주인이 못가지고 가게하면 그 집

은 화를 당한다는 속설이 있다. 떼어 낸 방아공이를 흰 광목으로 씌운다. 그리고 일곱 매의 삼끈으로 방아공이를 염을 하고 거기에다 두건을 씌워 메고 나온다. 방아를 메고 갈 때는 상여소리를 하는데 그 가락이 매우 구성지고 처량하다. 길가는 행인들도 이 행렬을 보면 돈을 내어 놓고 절을 하기도 한다. 방아공이를 가지고 자기 마을로 돌아와 큰 상주와 작은 상주를 정하고 큰 상주의 속옷 바지를 벗어 방아공이에 입혀 거꾸로 세운 뒤에 음식을 차려놓고 장례식을 한다. 그렇게 하면 비가 온다고 하는데 지금도 가뭄이 계속되면 산청군 신등면 일원에서는 '디딜방아 기우제'를 지낸다고 한다.

〈산청기우제〉

경남 창녕의 영산지방에서는 단오에 굿을 하는데 이 굿을 '단오굿' 혹은 '문호장굿(文戶長굿)'이라고 하며, 음력 5월 1일부터 이틀 동안 계속한다.

전설에 의하면 영산 지방에 문호장이란 사람이 살았는데 그는 초인적인 능력을 갖고 있었다. 어느 여름날 영산에 시찰 온 관찰사의 말에게 도술을 걸어 움직이지 못하게 하는 장난을 쳤다. 화가 난 관찰사는 문호장을 사형에 처하게 하였는데 그는 죽으면서 단오에 제사를 지내 달라고 유언을 남겼다. 그 날 이후 이 지역 사람들은 해마다 문호장을 위한 굿을 하였고 만약 굿을 하지 않으면 호환(虎患)이 있거나 마을에 재앙이 든다고 한다.

6. 6월의 세시풍속

가. 유두(流頭)

유두일은 6월 15일인데, 유두란 말은 '동류두목욕(東流頭沐浴)'이란 말의 줄인 말이다. 유두일의 풍속은 신라 때부터 있었던 풍속으로 이날 동쪽으로 흐르는 물에 가서 머리를 감으면 불길함이 씻긴다고 한다. 동쪽은 청(靑)이요 양기(陽氣)가 가장 왕성한 방향이기 때문에 그 쪽의 냇물을 택한 것 같다.

이 무렵이면 참외 등의 여름 과일이 나오기 시작하는데 과일과 함께 국수와 떡을 만들어 사당에 '유두천신(流頭薦新)'을 한다. 이 날의 시절음식으로는 '유두면', '수단', '건단', '연병' 등이 있다.

영남과 호남 지방에서는 논둑이나 물꼬 밑에 찰떡을 한 덩이씩 차려놓고 논의 물이 새어 나가지 않기를 비는 '용신제'(또는 유두고사)를 지내는데, 이 떡을 '유두알'이라 하고, 아이들이 주워 먹기도 했다.

한편 유두날 천둥소리가 나는 것을 '유두 한 애비 운다'고 하며, 이 천둥소리가 나야 풍년이 들고 일찍 나면 올곡식이 잘되고 늦게 나면 늦곡식이 잘 된다고 한다.

나. 삼복(三伏)

유월에는 삼복이 드는데 초복(初伏)·중복(中伏)·말복(末伏)이 그것이다. 초복은 하지(夏至)로부터 세 번째 경일(庚日)이고, 중복은 네 번째 경일이며, 말복은 입추(立秋) 후 첫 번째 경일이다. 그러니까 초복에서 10일이 지나면 중복이지만 말복은 그 계산법이 다르다. 이 때의 더위를 '삼복더위'라 하는데 1년 중 더위가 가장 심한 시기이다.

『동국세시기(東國歲時記)』에는 복날 개를 잡아 파를 넣고 푹 끓인 것을 '개장'이라 하며, 여기에 닭이나 죽순을 넣으면 더 맛이 좋다고 되어 있다.

또 개장국에 고춧가루를 넣고 밥을 말아서 시절음식으로 먹으면 더위를 물리치고 몸을 보(補)한다고 한다. 요즘의 풍속에도 개장국이 삼복 음식으로는 가장 좋다고 생각하는 사람들이 많은 편이다. 또 붉은 팥으로 죽을 쑤어 삼복에 먹는데 개장국도 처음에는 팥죽과 마찬가지로 벽사적(辟邪的)인 의미가 있었으나, 후에 영양 섭취를 위한 보신탕으로 바뀐 것 같다.

전라도 지방에서는 식욕을 돋우기 위해 밀전병이나 수박을 먹는 풍습이 있었고, 충청도 지방에서는 복날 새벽에 우물물을 길어다 먹으면 복이 온다는 속설도 있다.

복날에는 시내나 강에서 목욕을 하면 몸이 여윈다고 하는 속신(俗信)이 있기 때문에 아무리 더워도 목욕을 하지 않는다. 그러나 초복에 목욕을 하였으면 중복과 말복에도 목욕을 해야만 몸이 여위지 않는다고 한다.

복날에는 벼가 나이를 한 살씩 먹는다고 한다. 벼는 줄기에 마디가 있는데, 초복과 중복, 말복에 각각 하나씩 생기고, 이 마디가 벼의 나이인데, 마디가 셋이 되어야만 비로소 이삭이 피게 된다고 한다.

경남 창녕의 영산지방에서는 6월 20일에 아이들에게 '인복(횟배)'이나, '자라'(배가 부르고 소화가 안 되는 병)를 없애기 위해 삼계탕을 먹이는 풍습이 있다. 보신(補身)으로는 삼계탕 이외에도 닭 속에 말린 지네, 마늘, 옻, 지렁이 등을 넣어서 삶아 먹기도 하고, 소머리, 소뼈, 자라, 가물치, 뱀장어도 고아 먹는다. 삼복에 닭백숙을 먹으면 겨울에 감기에 걸리지 않는다고 하여 초복 · 중복 · 말복에 각각 한 마리씩의 삼계탕을 해서 먹었다.

7. 7월의 세시풍속

가. 칠석(七夕)

7월 7일을 '칠석(七夕)'이라고 한다. 칠석날 저녁에 처녀들은 직녀성에게 바느질 솜씨가 늘게 해 달라고 빌었고, 학동(學童)들은 견우성(牽牛星)과 직녀성(織女星)을 시제(詩題)로 하여 글을 짓기도 했다.

칠석의 유래에 대한 '견우직녀'의 전설을 소개하면 다음과 같다.

> 하늘과 땅을 다스린다는 옥황상제에게 어여쁜 달 직녀(織女)가 있었고, 옥황상제의 궁전과 은하수를 사이에 둔 건너 쪽에는 견우(牽牛)라는 젊은이가 있었다. 옥황상제는 이 젊은이가 착하고 부지런하여 농사일에 열중함을 인정해서 자기 딸과 결혼을 시켰다. 그런데 이 젊은 부부는 너무나 사이가 좋아서 자기들이 맡아 하던 일을 하지 않았다. 열심히 베만 짜던 직녀는 베틀을 멀리 했고, 밤낮으로 농사짓기에 힘을 다 하던 견우의 부지런히 일하던 모습은 보이지 않았다. 이들이 일을 하지 않으니 천계(天界)의 현상이 혼란에 빠져 버렸고, 농작물은 열매를 맺지 못했으며, 사람들은 천재(天災)와 기근(饑饉)으로 고통을 받게 되었다. 이것을 본 옥황상제는 크게 노하여 직녀 공주를 은하수 동쪽에 살게 하고, 견우 부마(駙馬)는 은하수 서쪽에 살게 하였다. 그렇지만 둘이 서로 만나지 못하게 한 것을 애처롭게 여겨서, 1년에 한 번 칠석날 밤에만 서로 만나게 해 주었다. 이 때 지상의 까치들이 하늘로 올라가 은하수에 모여 자기들의 몸을 잇대어 오작교(烏鵲橋)를 놓고 견우와 직녀가 만날 수 있도록 하여 주었다는 것이다. (또는 까마귀와 까치가 머리로 돌을 날라다 은하수에 다리를 놓아 두 사람을 만나도록 했기 때문에 칠석 다음날 아침 까마귀와 까치의 머리는 벗겨진다고 한다.) 칠석날에는 비가 내리는 것이 보통인데, 이날 오는 비는 견우와 직녀가 1년 만에 만나는 환희의 눈물이라고 한다. 또 이튿날 오는 비는 만나자 이별하는 작별의 구슬픈 눈물이라고 전한다.

칠석은 원래 중국의 속절(俗節)로 우리나라에 전래된 명절이다. 고려 공민왕은 몽고 출신 황후와 더불어 내정에서 견우성(牽牛星)과 직녀성(織女星)에 제사를 드리고 백관에게 녹(祿)을 주었다고 한다. 조선조에 오면 칠석날 궁중에서 잔치를 베풀고 성균관 유생(儒生)들에게 과거를 실시하였다. 칠석날이 되면, 거풍(擧風=장마철에 습기가 찬 책과 옷가지를 햇볕에 말리는 일)을 하였으며, 농가에서는 '칠석차례'라 하여 올벼를 사당에 천신했다. '칠석제'(또는 칠성제)는 부인들이 밤에 단을 모아 놓고 집안의 부귀와 자손의 복을 비는 제사이며, 떡을 빚어 논에 가지고 나가 '용신제(龍神祭)'를 지내기도 했다.

나. 백중(百中=百種백종)

7월 15일을 백중이라고 하는데, '백종일(百種日)', '백중절(百中節)', '망혼일(亡魂日)'이라고도 한다. 정월 보름을 '상원(上元)', 10월 보름을 '하원(下元)'이라 하는데, 백중은 1년 중 후반부가 시작되는 중요한 날이기 때문에 '중원(中元)'이라 하기도 한다.

백중날에는 조상의 사당에 천신(薦新)을 하고, 맛있는 음식을 장만하여 노래와 춤으로 하루를 즐겼다.

농촌 지역에서는 이 날을 전후해서 '백중장'이 서는데 이 때에는 여러 가지 놀이와 노름판이 벌어진다. 머슴을 둔 가정에서는 주인이 머슴에게 새 옷 한 벌과 난장판에 가서 놀 수 있도록 용돈을 주는데 이 돈을 '백중돈'이라고 했다.(머슴뿐만 아니고 집안의 장정과 아이들에게도 백중돈을 주었다.) 그래서 백중날을 전후해서 곳곳에 씨름판이 벌어졌고 사당패나 오광대패 등의 연희집단도 모여들었다.

이날 밤에 채소·과일·술·떡·밥 등의 제물을 차려놓고 돌아가신 어버이의 혼을 불러들여 제사를 지내기 때문에 이 날을 '망혼일'(亡魂日)이라 하기도 한다.

또 '백중 물맞이'라는 것이 있었는데 이 날 물을 맞으면 피부병도 낫고 더위도 먹지 않는다는 속신이 있어서 폭포수처럼 물이 떨어지는 곳에 물을 맞으러 갔다. 물을 맞으러 갈 때는 비린 음식물이나 부정한 음식물은 먹지 않고 근신하며, 가는 도중에 뱀을 보거나 궂은 일을 보면 중도에서 포기하고 되돌아 왔다.

백중절 전후에 농가에서는 '호미씻이'라는 걸 하였는데, 이 말은 농사일도 거의 끝나 호미가 필요 없어서 호미를 씻어 둔다는 의미이다. 각 가정에서는 제각기 술과 음식을 마련하여 산이나 계곡 같은 곳에 모여 노래와 춤으로 하루를 즐긴다. 이날 농사를 가장 잘 지은 집의 머슴을 축하하는 행사도 했는데, 삿갓을 씌워 소에 태워 마을을 한 바퀴 돌게 했으며 그 집

주인은 마을의 젊은이들에게 술과 안주를 대접 하였다.

경남 밀양 지방의 '백중놀이'를 소개하면 다음과 같다.

• 첫째마당 : 앞 놀음

농신제 고사장(農神祭 告祀場)을 깨끗이 하기위해 오방신장(五方神將)을 불러 잡귀막이 굿을 먼저 한다. 모정자놀이를 해서 흥을 돋운 다음 덧배기 춤으로 한바탕 놀다가 농신에 대한 고사풀이를 한다. 그런 다음 농신제를 올리는데. 놀이판 가운데 겨릅대로 만든 농신대로 세운다. 거기에 동네 사람들이 쌀이나 콩, 돈, 축원문 등을 넣은 주머니를 주렁주렁 매달고, 둥그렇게 둘러서서 삼배(三拜)하며, 그해의 풍년과 오복(五福)을 빈다.

• 둘째마당 : 놀이마당

그해 농사의 장원(座上)이 작두말(지게목발로 만든 말)을 타고 나와서 말놀음을 하다가 다시 양반으로 분장하여 작두말놀이를 한다. 그런데 머슴들끼리 노는 놀이판에 별안간 양반이 뛰어들어 머슴들을 물리치고 거드름을 피우면서 춤을 추고 논다. 그러자 머슴들과 부엌에서 일하는 정지꾼들이 어기저기에서 니디니 갖기지 병신춤으로 양빈을 놀려댄다. 이욱고 양반이 물러가고 서민들끼리 서로 어울려 격려하는 춤을 추고 있는데, 이번에는 양반이 범부(凡夫)의 차림으로 나타나 독특한 몸짓으로 범부춤을 추면서 신나게 논다.

• 셋째마당 : 신풀이

북잡이들이 큰북을 메고 나와서 오북 놀이를 한다. 다섯 개의 북으로 이

〈밀양의 백중놀이〉

루어진 오복 춤은 오행(五行)과 오기(五氣)가 순조롭기를 빌며, 오체(五體)가 성하고 오곡(五穀)이 풍성하여 오복(五福)을 누릴 수 있기를 기원하는 뜻이 담긴 춤이다. 오북놀이는 밀양에서만 전승되고 있다.

오북놀이에 이어 끝 놀음으로 모든 놀이꾼들이 한꺼번에 나와서 구경꾼들과 어울려 화동(和同)하는 춤을 추며 대단원을 이룬다.

8. 8월의 세시풍속

가. 추석(秋夕)

'추석', '추석절', '중추(中秋)', '중추절', '가위', '한가위' 등으로 다양하게 부르는 이 명절은 신라의 풍속에서 비롯되었다. 농촌지역에서는 일 년 중 가장 중요한 명절로 여기는 까닭은 이 무렵이면 햇곡식이 익었고 추수가 멀지 않았기 때문이다. 한가위에 대한 유래와 민속을『삼국사기(三國史記)』에는 다음과 같이 설명하고 있다.

> 신라 유리왕 9년에 국내 6부의 부녀자들을 두 편으로 갈라 두 왕녀(王女)로 하여금 그들을 인솔·지휘·감독하여 7월 16일부터 8월 보름까지 베를 짜게 하였다. 그 후 그 질(質)과 양(量)을 심사하여 승부를 결정하고 진편에서 술과 음식을 차려 이긴 편을 대접하게 하였다. 이때 노래하고 춤추며 온갖 놀이를 하였는데, 이것을 당시의 말로 '가배'라고 하였다.

'가배'가 오늘날 '한가위'의 '가위'에 해당하는 차자표기(借字表記)라고 한다. 추석이 되면 햇곡식이 나오기 시작하고 추수가 멀지 않았기 때문에, 이날은 모든 사람들이 술과 음식을 장만하여 즐겼다. '5월 농부 8월 신선(五月農夫八月神仙)'이란 말이 이와 같은 사정을 잘 말해주고 있다. 영호남 지역에서는 '올벼심리'라고 해서 햇곡식 가운데 잘된 것의 이삭을 가려 뽑아서 가마솥에 말려 떡과 밥을 만들어 조상에게 천신하였다.

추석을 전후한 민속으로 '반보기'라는 것이 있는데, 자세한 내용은 <혼례>에서 설명한 바 있다.

추석날은 명절이기 때문에 새 옷이나 깨끗한 옷으로 갈아입는데 이것을 '추석빔'이라 한다.

추석차례를 올리고 나면 조상의 산소에 성묘를 하고, 성묘가 끝나면 마을 사람들은 모여서 여러 가지 놀이를 즐겼다. 놀이의 내용은 대개 수확의례(收穫儀禮)와 관련된 것들로서, 중서부지방(경기도, 충청도, 강원도)에서는 소멕이놀이, 영남과 호남지방에서는 농악놀이를 주로 하였고, 씨름이나 강강술래는 전국적인 민속놀이였다.

〈강강술래〉

9. 9월의 세시풍속

가. 중양절(重陽節)

9월 9일을 '중양' 또는 '중구(重九)'라고 한다. 중양(重陽)이라 하는 것은 9가 양수이기 때문에 양수가 겹친 것을 이르는 것이다. 속설에는 제비가 3월 3일에 왔다가 중양절에 강남으로 간다고 한다. 중국 고대 사회에서는 양수의 극인 9가 겹친 날이기 때문에 중양절을 쌍십절(10월 10일)과 함께 큰 명절로 삼았다고 한다. 중양절에는 높은 곳에 올라가서[登高등고], 먼 데를 바라보며 고향 생각을 하였다고 한다. 중양절을 '상국일(賞菊日)'이라고 하는 까닭은 이날 국화 구경을 즐겼다고 해서 붙여진 이름이다.

우리나라에서는 신라시대부터 중양절을 명절로 정하여 잔치를 베풀고, 군신(君臣)이 더불어 즐거움을 같이 하였다고 전한다. 조선시대에는 봄의 삼짇날(3월 3일)과 가을의 중양절(9월 9일)에 노인잔치를 크게 베풀어 경로사상을 드높이는 동시에 조상에게는 차례를 올렸다고 한다. 지방에 따라서는 이날 성묘를 하고 시제(時祭)를 지내는 곳도 있고, 추석에 '올벼심리'를 못하면 이 날 하기도 했다. 각 가정에서는 국화꽃잎을 따서 찹쌀가루와 반죽하여 국화전을 만들어 먹거나 술에 국화꽃을 넣어서 국화주를 빚어 먹었다. 그리고 경치 좋은 산이나 계곡을 찾아가서 시식(時食)을 배불리 먹고 단풍구경을 하면서 하루를 즐겼다.

10. 10월의 세시풍속

가. 성주제(成造祭성조제)

10월은 '상달'이라고 해서 여러 가지 세시풍속이 있었고 어느 가정에서나 성주제를 올렸다. 성주신은 집안의 안녕을 담당하는 신이기 때문에 집안의 평안을 기원하는 뜻에서 제사를 드렸다. 햇곡으로 술을 빚고 시루떡을 하였으며 백과(百果)를 진설한다. 성주제는 주부에 의해서 간단히 끝나는 수도 있지만 크게 할 때는 무당을 불러 안택굿(=성주굿)을 하기도 했다.

나. 시제(時祭)

시월 보름을 전후하여 문중에서는 오대(五大)조 이상의 조상 산소를 찾아가 '시제(時祭)'를 모신다. 이 제사의 명칭은 '시향(時享)', '시사(時祀)', '묘제(墓祭)', '묘사(墓祀)' 등 다양하며, 옛날에는 춘향제(春享祭)와 추향제(秋享

祭)로 지냈다. 그러나 요즘은 시월 보름을 전후하여 일 년에 한번 원근의 후손들이 모두 모여 제사를 올리며, 제의(祭儀)의 절차는 기제(忌祭)와 비슷하다.

10월 20일경이 되면 연례적(年例的)으로 강풍(强風)이 불어오는데, 이것을 '손돌바람'이라고 한다. 손돌풍(孫乭風)에 대해서는 다음과 같은 설화가 있다.

> 옛날 고려시대에 어느 임금이 배를 타고 강화도로 가게 되었는데 손돌이란 사공이 노를 젓게 되었다. 손돌은 배를 부리다 잘못하여 위험한 곳에 진입했고, 왕은 손돌의 행위를 의심하여 손돌의 목을 베고 위험을 벗어났다. 이러한 일이 있은 후로 이곳을 '손돌목'이라 불렀고, 손돌목에는 이날이면 해마다 강풍이 심하게 부는데, 억울하게 죽은 손돌의 원한이 바람이 되어 분다고 해서 '손돌바람'이라 한다.

11. 동짓달의 세시풍속

가. 동지(冬至)

동지는 24절기 중 입춘에서부터 22번째의 절후(節候)이다. 하지(夏至)를 지나면 해가 점점 짧아져서, 동짓날이 되면 1년 중 해가 가장 짧고 밤이 가장 긴 날이 된다.

민간에서는 동지를 '아세(亞歲)'라고 하여 팥죽을 쑤어 먹는데, 설날 떡국을 먹고 나이를 한 살 더 먹는 것처럼 동지 팥죽을 먹고도 한 살 더 먹었다고 한다.

옛날에는 동지가 되면 관상감(觀象監)에서 다음해의 역서(曆書)를 만들어 궁중에 바치고 왕은 여기에 '동문지보(同文之寶)'란 어새(御璽)를 찍어 백관에게 나누어 주었다. 친지들끼리 여름에는 부채를 주고받는 풍속이 있었고 동짓날에는 달력을 주고받는 풍속이 있는데 이것을 '하선동력(夏扇冬

曆)'이라고 한다. 이날 팥죽을 쑤어 먹고, 붉은 팥죽 국물을 벽이나 문짝에 뿌리면 집안에 역귀(疫鬼)가 침입하지 못한다는 속신(俗信)이 민간에 전해지고 있다.

그런데 동지가 초순에 들면 '애동지'라고 하는데 아이들에게 나쁘다고 팥죽을 쑤어먹지 않고 '중동지(中旬중순)'와 '노동지(下旬하순)'에만 팥죽을 쑤어 먹었다.

동지 팥죽의 유래를 『형초세시기(荊楚歲時記)』에서 살펴보면, 중국의 공공씨(共公氏)가 불초자(不肖子)를 두었는데, 동짓날에 죽어 역귀(疫鬼)가 되었다. 그런데 이 역귀는 팥을 무서워했기 때문에 동짓날에는 팥죽을 쑤어 귀신을 쫓는 풍습이 생겼다고 한다. 또 팥은 그 색이 붉기 때문에 귀신이 두려워하는 양(陽)의 색이다. 그래서 중국에서도 귀신을 쫓고자 할 때 사용했다고 한다.

12. 섣달의 세시풍속

가. 납일(臘日)

동지(冬至)를 지내고 나서 세 번째 술일(戌日)을 '납일'로 정하였으나, 조선조 태조 이후에는 셋째 미일(未日)을 납일로 정하였다. 납일에는 그 해 지은 농사 형편과 그 밖의 일을 여러 신에게 고(告)하는 '납향(臘享)'이란 제사를 올렸다. 납향에는 새나 짐승 고기를 사용하였고 또 이날 새를 잡아서 아이들에게 먹이면 마마(天然痘)에 걸리지 않는다고 해서 납일 밤에 민간에서는 새를 잡기 위해 지붕의 추녀를 찾아다녔다.

납일에 내린 눈이 녹은 물을 '납설수(臘雪水)'라 하는데 부스럼이 난데 바르거나 한약을 달이는데 약용으로 썼고 물건에 바르면 좀이 생기지 않는다고 한다. 민간에서는 납일에 눈이 오면 장독 뚜껑을 열어놓고 눈이 장독으로 들어가게 했다. 그렇게 하면 장맛이 변하지 않고 구더기가 생기지 않는다고 한다. 눈을 받아서 눈(眼)을 씻으면 안질이 예방되고 시력도 좋아진다고 한다. 이 날 약을 만들면 변질이 되지 않는다고 해서, 내의원(內醫院)에서는 여러 가지 환약(丸藥)을 지어 임금에게 진상하였는데 이것을 '납약(臘藥)'이라 했다. 납약으로 중요한 것은 청심원(淸心元=淸心丸청심환), 안신원(安神元=安神丸안신환), 소합원(蘇合元=蘇合丸소합환) 등인데 청심원은 정신장애에, 안신원은 열을 다스리는데, 소합원은 토사곽란에 효험이 크다고 한다.

나. 제석(除夕)

한해의 마지막 날인 섣달 그믐날 밤을 '제석(除夕)' 또는 '제야(除夜)'라 하고 민간에서는 '작은설'이라 한다. 청소년들은 친척 어른들을 찾아가서 인사를 올리는데 이것을 '묵은세배(舊歲拜)'라 한다. 『동국세시기(東國歲時記)』에 의하면 묵은세배를 하느라고 이 날 초저녁부터 밤중까지 길거리에 등불이 줄을 이었다고 한다.

제석은 한 해의 마지막 날이기 때문에 그 해 남에게 진 모든 빚을 청산하였고, 만약 빚 청산을 다 못하면 정월 보름까지는 빚 독촉을 받지 않았다.

제석날 밤 인가(人家)에서는 다락, 마루, 방, 부엌, 외양간, 변소 등에 모두 등잔불을 환하게 켜놓고 밤새도록 잠을 자지 않는데, 이것을 '수세(守歲)'라 한다.

아이들에게는 '제야에 잠을 자면 두 눈썹이 모두 센다'고 하면 아이들은 대개 속아서 잠을 자지 않는다. 간혹 자는 아이가 있으면 다른 아이가 분(粉)이나 쌀가루를 개어 자는 아이의 눈썹에 바르고 깨워서 거울을 보게 하면서 놀린다고 『열양세시기(列陽歲時記)』에 기록되어 있다.

제석 전날에 대궐에서는 '연종포(年終砲)' 또는 '연종방포(年終放砲)'라 하여 대포를 쏘았다. 또 불화살을 쏘고, 마당에 불을 피운 다음 청죽(靑竹)을 불에 태우면 그 청죽 마디가 탈 때마다 터지면서 큰소리를 내는데 이것을 '폭죽놀이' 또는 '대불놀이'라고 한다. 이렇게 하면 집안에 숨어 있던 사귀(邪鬼)가 놀라 도망가기 때문에 집안이 길(吉)하게 된다는 것이다.

경상도 지방에서는 횟배앓이 하는 사람을 제석날 땅에 엎드리게 하고 앞에서 한 사람이 두 손으로 끌고, 뒤에서 또 한 사람이 호미로 땅을 파면서 "거싱이 묻자, 거싱이 묻자"하면 낫는다고 한다.

이상에서 살펴본 우리나라의 세시풍속의 특징을 임동권(任東權)은 『한국세시풍속연구(韓國歲時風俗硏究)』에서(PP. 49-51) 다음과 같이 요약하고 있다.

춘계(春季)에 있어서는
가. 신(神)과 조령(祖靈)을 제사하고
나. 기복(祈福), 기풍(祈豊)의 축원(祝願)을 하고 점복(占卜)했으며
다. 오신(娛神)과 명절(名節)을 맞이한 기쁨과 흥(興)에 놀이를 즐겼고
라. 인간적(人間的)인 효성(孝誠)을 보여 주었다.

하계(夏季)에 있어서는
가. 하계(夏季)의 건강(健康)과 질병(疾病)에 관심(關心)을 모았고
나. 농작물(農作物)이 성장(成長)할 때라 기풍(祈豊)했다.

추계(秋季)에는
가. 신과곡(新果穀)을 사당(祠堂)에 먼저 천신(薦新)했고
나. 농사(農事)에 수고한 농부(農夫)를 위로(慰勞)했고
다. 풍작(豊作)에 만족(滿足)해서 감사(感謝)했고
라. 농악(農樂)·탈춤·민속놀이 등을 즐겼으며

동계(冬季)에는
가. 월동준비(越冬準備)를 마치고
나. 일년(一年)을 마무리 하였으며
다. 풍작(豊作)에 감사제(感謝祭)로 보답했다.

세시풍속에 나타난 신관(神觀) · 점복사상(占卜思想) · 조상숭배(祖上崇拜) · 협동성(協同性) · 예능(藝能) 등은 민족의 공감대로 형성된 생활의 단면이고, 정신세계가 반영된 문화현상이다. 우리는 그 속에서 삶의 교훈을 찾아 현대사회에 계승시키는 작업이 주체적으로 이루어져야한다. 그래야만 국제화하고 무개성화(無個性化)하는 현대 속에서 한국인의 의식(意識)과 좌표(座標)를 설정할 수가 있을 것이다.

※ 1년 열두달의 이칭(異稱)

季節 계절	春춘			夏하			秋추			冬동		
月월	1	2	3	4	5	6	7	8	9	10	11	12
異稱 이칭	孟春 맹춘	仲春 중춘	季春 계춘	孟夏 맹하	仲夏 중하	季夏 계하	孟秋 맹추	仲秋 중추	季秋 계추	孟冬 맹동	仲冬 중동	季冬 계동
	初春 초춘		晩春 만춘	初夏 초하		晩夏 만하	初秋 초추		晩秋 만추	初冬 초동		晩冬 만동
	元月 원월	令月 영월	嘉月 가월	乏月 핍월	星月 성월	長夏 장하	首秋 수추	壯月 장월	菊月 국월	吉月 길월	朔月 삭월	終月 종월

제 7 장

민속놀이

Ⅰ. 민속놀이의 개념

민속놀이에 대한 명칭은 민속유희(民俗遊戱)·민속오락(民俗娛樂)·민속경기(民俗競技)·민속예능(民俗藝能) 등이 있는데 이것은 민속놀이에 유희·오락·경기·예능적 요소(要素)가 두루 포함되어 있기 때문이다.

특히 마을의 구성원들이 하나가 되어 벌이는 공동체의 민속놀이는 오랜 세월 민속사회에 전승되어 오면서 강한 향토성(鄕土性)과 민간 신앙적 요소가 포함된 것이 많다. 예를 들면 매구(지신밟기)나 탈춤은 신(神)을 즐겁게 해주는 기능을 갖고 있고, 줄다리기나 고싸움 등은 신의 뜻을 파악하는 놀이였다.

오늘날 전해지고 있는 민속놀이의 역사를 거슬러 올라가 보면 신앙행위에서 비롯된 것이 대부분이었으나, 후대로 내려오면서 신앙적인 요소는 거의 없어지고 유희적 기능만 남게 된 것이 많다. 예컨대 본래는 무속제의(祭儀)였던 '굿'이 현대로 오면서 신성성(神聖性)이 약해지고 오락성(娛樂性)이 강해진 것이 그런 류라고 할 수 있을 것이다. 현재 전하는 민속놀이의 대부분은 굿의 경우처럼 신사(神祀)와 관계없이 전승되고 있다고 해도 지나친 말은 아니라고 본다.

마을의 집단놀이 중에는 전승되어 오는 과정에서 세련미를 더하여 단순한 놀이의 차원을 넘어서 민속예술의 경지에까지 이른 것들도 상당수에 이른다. 놀이를 예술의 경지에까지 끌어 올리는데 결정적 역할을 한 것은 모든 놀이에 빠짐없이 등장한 풍물 덕이었다고 보는데, 풍물은 자체의 가락만으로도 훌륭한 예술적 가치가 있다고 본다. 그런데 놀이판의 흥취를 돋우기 위해서는 풍물의 반주가 빠질 수 없었고, 그 가락에 맞추어 자연스럽게 나오는 춤사위와 하나로 어우러진 악(樂)과 무(舞)는 아름다운 하나의 예술품이 되는 것이다.

민속놀이를 갈래 지우는 방법은 그것을 즐기는 계층에 따라 어른놀이와 아이놀이로 나눌 수도 있고, 성별에 따라 여자놀이와 남자놀이로 갈래 지울 수도 있다. 놀이의 방법에 따라 개인놀이와 집단놀이로 구분할 수도 있을 뿐 아니라, 계절별(季節別)·지역별(地域別) 구분도 가능할 것이다. 그러나 민속놀이는 어떻게 나누어도 고정되어 있는 것은 아니며 어른들의 놀이를 아이들이 할 수도 있고, 겨울철의 놀이지만 다른 계절에도 그 놀이를 즐겨왔다. 따라서 민속놀이를 어떤 특별한 기준에 의해서 구분하기는 매우 어려운 일이지만, 여기서는 비교적 널리 알려진 민속놀이를 주된 향유(享有)층을 중심으로 간략하게 소개하기로 한다.

Ⅱ. 아이들의 놀이

1. 남자 아이들의 놀이

가. 연날리기

연날리기는 정초(正初) 남자아이들이 즐겼던 대표적인 놀이로서, 전국 어디서나 행해지는 놀이인데 정월 대보름날 황혼에 '액(厄)연'을 띄우는 것으로 이 놀이는 끝이 난다.

연의 기원에 대하여 『삼국사기(三國史記)』권41 열전(列傳)제1 <김유신상(金庾信上)>조의 기록을 요약하면 다음과 같다. 647년 신라에서 반란이 일어났는데 별똥별이 월성에 떨어지는 것을 보고 군인들의 사기가 떨어졌다. 김유신은 다음날 연에 허수아비를 달고 불을 붙여 하늘로 띄운 뒤 '어제 떨어졌던 별이 다시 하늘로 올라갔다'고 소문을 내어 군사들의 사기를 되찾아 반란군을 진압하였다고 한다. 이 기록을 통하여 볼 때 삼국시대에 이미 연이 군사적 목적으로 사용되었음을 알 수 있다.

『동국세시기(東國歲時記)』 <상원(上元)>조에도 연에 대하여 다음과 같은 기록이 있다. 1374년 탐라(제주)에서 몽골의 목부(牧夫)들이 반란을 일으켰는데 섬이 바위로 되어 있어 군사들이 범접할 수가 없었다. 그래서 최영장군이 연에 사람을 달아 섬 안에 들여보내 진압하였다는 내용이 있는가 하면 봄에 연을 이용하여 풀씨를 섬에 뿌리고 가을에 불을 질러 섬을 평정하였다고도 한다.

또 임진왜란 당시 평양성 안에 있던 계월향이 연을 이용하여 성안의 적정(賊情)을 성 밖에 있는 김응서 장군에게 알려주어서 평양성을 탈환하였다는 설화도 전해지고 있는데 이렇게 보면 연은 군사적 목적에서 제작되었던 것으로 짐작할 수 있다.

우리나라 연의 종류는 무려 70여종이 넘는 것으로 조사 되었는데 모양이 크게 다른 것은 아니고, 대부분 사각장방형(四角長方形)인데 빛깔을 다르게 칠한다거나, 여러 가지 모양의 색지(色紙)를 오려 붙인 뒤 이 색지에 따라 연의 이름을 다르게 붙이고 있다. 전체적인 모양에 따른 이름으로는 가오리연・지네발연・까치날개연・나비연 등이 있기는 하지만 사각장방형이 가장 많다.

최상수가 도표화(圖表化)한 한국 지연의 종류는 다음과 같다.

※ 한국지연(紙鳶)분류표

㉠ 꼭지연

1. 먹꼭지(一名먹다구리) 2. 청꼭지 3. 홍꼭지 4. 금꼭지 5. 쪽꼭지 6. 별꼭지

㉡ 반달연

1. 먹반달 2. 청반달 3. 홍반달 4. 임반달 5. 쪽반달

㉢ 치마연

1. 먹치마 2. 청치마 3. 홍치마(一名 분홍치마) 4. 황치마 5. 보라치마 6. 이동치마 7. 삼동치마 8. 사동치마

㉣ 동이연

1. 먹머리동이 2. 청머리동이 3. 홍머리동이 4. 보라머리동이 5. 반머리동이 6. 실머리동이 7. 눈깔머리동이 8. 허리동이 9. 눈깔허리동이

㉤ 초연

1. 먹초 2. 청초 3. 홍초 4. 황초 5. 보라초

㉥ 박이연

1. 돈점박이 2. 귀머리장군긴코박이 3. 눈깔귀머리장군 4. 눈깔귀머리장군긴코박이

㉦ 발연

1. 사족발 2. 국수발 3. 지네발

◎ 기타연

1. 귀머리장군발연 2. 바둑판연 3. 구리팔계연 4. 오색연 5. 돌쩌귀연 6. 문자연 7. 소딱지연 8. 거북선연 9. 봉황연 10. 박쥐연 11. 나비연

12. 쌍나비연 13. 고기바늘연 14. 삼봉산연 15. 삼봉산눈쟁이연 16. 주엄리연 17. 접시연 18. 편자연 19. 방상씨연 20. 상주연 21.액막이연 22. 제비연 23. 쟁반연 24.관연 25. 용연 26. 호랑이연 27. 방패연 28. 까치날개연 29. 가오리연

연은 대(竹)와 종이를 재료로 하여 만들며, 연을 띄울 사람의 나이나 바람의 세기에 따라 크기를 다르게 만든다. 나이 많은 아이와 바람이 센 지역에서 띄울 연은 크게 만들고, 그 반대의 경우는 작게 만들어 날린다.

연 만드는 법을 간단히 소개하면 다음과 같다.

① 잘 마른 대나무를 잘게 쪼개고 다듬어서 연살 5개를 만든다.

② 한지를 가로 2, 세로 3의 비율로 재단한다.

③ 종이의 윗부분은 대나무 가지를 싸서 접을 만큼의 여분을 표시해 두고, 연의 한 가운데를 둥글게 오려내어 바람구멍을 낸다.

④ 대나무 가지 한 개를 맨 위에 가로질러 싸서 바르고, 나머지 4개는 바람구멍을 중심점을 교차하도록 가로 세로[†], 대각선[×]의 순서로 붙인다.

⑤ 윗부분의 양끝 모서리를 실로 매어 잡아 당겨서 활처럼 만든다.

⑥ 맨 나중에는 종이를 그 연에 알맞게 오려서 꼭지와 양쪽 발을 붙이고 나서 벌잇줄을 잡는다.

연줄은 중국산 명주인 당백사(唐白絲), 한국산 명주인 상백사(常白絲)를 비롯하여 무명실, 양실 등을 사용한다. 연싸움에서 이기기 위해 연실에 아교나 부레풀을 먹인 다음 사기그릇 조각이나 유리조각을 깨어 그 가루를 실에 올린다. 이것을 '사 먹인다' 또는 '가미 먹인다'고 하는데 사를 잘 먹인 실에는 손을 베는 경우가 많았다. 연실을 감는 기구인 '자새(얼레, 감개)'는 두발자새 · 네발자새 · 육각자새 · 팔각자새 등이 있고, 네발자새를 가장 많이 사용한다.

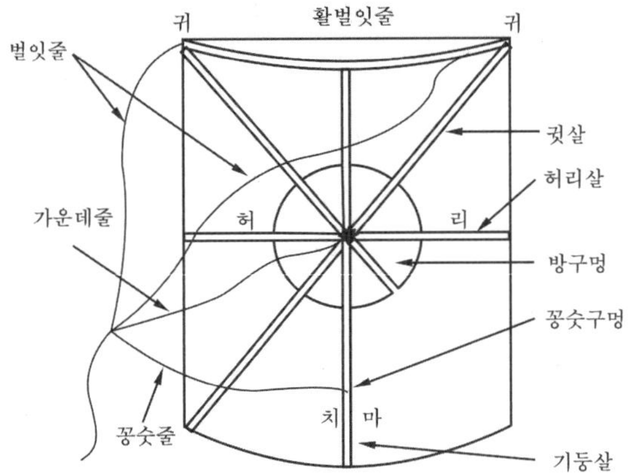

〈방패연의 부분 명칭〉

연날리기는 아이들뿐만 아니고 어른들도 즐겼으며, 정월 대보름이 되면 연에다 '액(厄)', '축액(逐厄)', '송액(送厄)'이라 쓰고 하늘에 띄운 뒤에 자새에 감긴 실이 모두 풀리면 실을 끊어 버린다. 이것을 '액연 띄운다' 또는 '액연 날린다'고 했다. 액연을 띄우는 까닭은 그해의 모든 액운을 연에 실어 보낸다는 의미가 있지만, 그 본래의 뜻은 대보름이 지나면 본격적인 농사일이 시작되기 때문에 놀이기구인 연을 없애기 위해 만든 민속이라고 본다. 군사적 목적에서 비롯된 연날리기는 오락 중심의 놀이로 발전하였고, 마침내 벽사진경(辟邪進慶)의 염원이 표현된 민속신앙으로까지 변모된 것이다.

나. 팽이치기

팽이는 축(軸)을 중심으로 회전 운동을 하는 일종의 완구로서 팽이치기는 얼음판이나 굳은 땅, 마루나 방바닥에서도 가능한 놀이이다. 팽이의 종류는 모양과 기능에 따라 여러 가지로 나눌 수 있으나 전통적인 팽이는 나무를 원추형으로 깎아서, 밑 부분의 축에 해당되는 곳에 못을 박아 나무가 닳지 않고 잘 돌아가게 만든다. 팽이는 팽이채로 쳐서 돌리는 것이 대부분이지만, 손으로 비벼서 돌리는 팽이도 있다.

팽이가 조선시대의 문헌에 '핑이'로 표기되어 있는 것을 보면 팽이의 역사도 상당히 오래되었다고 본다. 팽이치기는 연날리기와 함께 겨울철 사내아이들의 대표적인 놀이였다. 팽이를 돌리는 기구인 팽이채는 40~50cm정도 되는 막대기 끝에 그 막대기 정도의 길이로 헝겊이나 끈을 꼬아 매단다.

팽이치기 놀이는 팽이가 넘어지지 않고 오래 돌리기와, 서로 자기 팽이를 쳐서 상대방의 팽이와 부딪쳐 넘어뜨리는 팽이 싸움, 목표지점을 정해놓고 팽이를 치면서 빨리 돌아오는 놀이 등이 있다.

팽이치기는 겨울철의 추위 속에서 하는 놀이기 때문에 아이들에게는 신체를 단련하는 기회가 되고 물체운동에 대한 지식도 익히며 여러 가지 형태의 팽이를 만들고 색칠을 하는 과정은 손재주와 사고력을 키우는 기회가 되었다.

다. 비석치기

비석치기는 지역에 따라 '돌치기', '비사치기', '망깨까기', '돌맞히기' 등으로 불리는 아이들의 놀이이다. 그 요령을 설명하면 양 편으로 갈라서 대여섯 걸음 정도의 거리를 두고 줄을 2개 긋는다. 한 줄에는 같은 편이 각자의 돌(말)을 그어 놓은 줄 위에 비석처럼 세운다. 그러면 상대방은 반대쪽 줄에서 자신들의 돌을 가지고 세워둔 상대방의 돌을 맞혀서 넘어뜨려야 한다. 처음에는 손으로 던지고, 다음은 발로 차거나 신체의 일부에 자기의 돌을 얹어 가지고 가서 상대방의 돌에 접근한 뒤 맞혀서 쓰러지게 해야 한다.

필자가 어렸을 때 했던 놀이의 순서를 소개하면 다음과 같다.

① 선상에 세워둔 상대편 돌을 자기편 선에서 손으로 던져 맞혀서 넘어뜨린다.

② 발등에 돌을 얹은 채 뒷짐을 지고, 세 걸음을 가서 발등의 돌을 앞으로 차듯이 해서 세워둔 상대방의 돌을 맞혀 넘어뜨린다.

③ 두 발 사이에 돌을 끼고 세 번 뛰어가서 모둠발로 발 사이의 돌을 앞으로 보내어 맞혀 넘어뜨린다.

④ 무릎 사이에 돌을 끼고 세 번 뛰어가서 돌을 앞으로 보내어 맞혀서 넘어뜨린다.

⑤ 사타구니 사이에 돌을 끼고 세 번 뛰어가서 가랑이를 벌려 돌을 떨어뜨려 세워둔 상대방의 돌을 맞혀서 넘어뜨린다.

⑥ 배를 앞으로 내밀어 그 위에 돌을 얹고 뒷짐을 지고 걸어가서 멈춘 뒤 돌을 떨어뜨려 맞혀서 넘어뜨린다.

⑦ 등을 앞으로 구부려 엉덩이 위에 돌을 얹고 뒷걸음으로 걸어가서 멈춘 뒤 일어서면서 돌을 떨어뜨려 맞혀서 넘어뜨린다.

⑧ 왼쪽이나 오른쪽 어깨 위에 돌을 얹고 뒷짐을 지고 걸어가서 멈춘 뒤 돌을 떨어뜨려 맞혀서 넘어뜨린다.

⑨ 몸을 뒤로 젖힌 뒤 이마 위에 돌을 얹고 뒷짐을 지고 걸어가서 멈춘 뒤 돌을 떨어뜨려 맞혀서 넘어뜨린다.

⑩ 돌을 머리 위에 이고 뒷짐을 지고 걸어가서 떨어뜨려 맞혀서 넘어뜨린다.

⑪ 자기편의 선상에서 돌을 손에 들고 등 뒤로 돌려 한쪽 다리를 들고 그 밑으로 돌을 던져 세워둔 돌을 맞혀서 넘어뜨린다.

⑫ 자기편의 선상에서 돌을 손에 들고 머리 위쪽으로 팔을 곧게 펴서 구부리지 않고, 위에서부터 앞쪽으로 던져서 세워둔 돌을 맞혀 넘어뜨린다.

이 놀이를 할 때 자신의 말을 떨어뜨리거나 상대방의 말을 맞히지 못하거나 상대방 선을 밟는 등의 반칙을 하면 교대가 된다. 정해진 순서를 먼저 끝내는 편이 이는 것인데, 진편은 이긴편을 일정한 거리까지 업어주기를 한다든지 동구 밖까지 뛰어갔다 오게 하는 등의 벌칙을 받는다.

이 놀이는 목표물을 정확히 맞히는 감각이 필요한데 그러기 위해서는 거리감각, 정신집중력 등이 뛰어나야 한다. 고대사회에서 사냥의 목표물을 일격에 쓰러뜨린다거나 적의 침입에 돌멩이를 사용해야 되는 경우를 대비하여 어린 시절부터 운동신경과 지능을 발달시키고 체력단련을 위해서는 이런 놀이가 필요했을 것이다.

라. 제기차기

제기차기는 제기를 땅에 떨어뜨리지 않고 발로 차올리면서 재주를 부리거나 누가 많이 차는 가를 겨루는 놀이이다.

제기를 만드는 방법은 동전 모양의 구멍 뚫린 쇠붙이나 엽전에 창호지나 미농지, 헝겊 등을 감은 뒤 그 종이나 헝겊의 양쪽 끝을 엽전의 구멍에 같은 방향으로 꿰어서 그 끝을 갈래갈래 찢어서 만든다.

제기를 차는 방법으로는 외발차기 · 발들고차기 · 양발차기 · 뒷발차기 등이 있다.

외발차기는 한 번 차고 발을 땅에 딛지만 계속해서 차야 하는데, 이 경우 차지 않는 발로 몸의 중심을 잘 잡는 것이 중요하다.

양발차기는 양발을 교대로 차는 방법이며, 뒷발차기는 가장 어려운 방법으로 발 바깥쪽으로 제기를 차는 방법이다.

제기차기는 두 사람 이상이 개인별로 승부를 겨룰 수도 있고, 편을 갈라서 자기편이 찬 개수를 모두 합하여 승부를 결정하는 수도 있다.

여럿이 제기를 찰 때는 두 명이 마주서서 주고받는 놀이도 있고, 제기를 제일 잘 차는 아이가 중심에 서서 빙 둘러선 아이들에게 순서대로 주고받는 놀이 방법도 있다. 또 제기를 차면서 일정한 거리까지 갔다 오는 놀이도 있는데 이때에는 릴레이식으로 한다.

승부가 끝나면 진편은 이긴 편에게 제기를 '드리고'(던져주고) 이긴 편은 받아 차는데 헛발질을 하거나, 받아 찬 제기를 드린 사람이 맞받아 차거나, 손으로 받으면 술래는 끝나고 다시 시작한다.

제기차기는 한발로 오랫동안 몸의 균형을 유지하면서, 발을 자유자재로 놀림과 동시에 빠르고 정확한 동작을 필요로 하는 놀이이다. 따라서 아이들의 정신집중력과 물체의 낙하에 대한 정확한 판단력을 키워주며, 발 운동에도 좋고 몸의 중심을 잘 잡게 해주는데 필요한 놀이이다.

마. 자치기

두 명 이상의 어린이가 길이가 50cm내외의 긴 막대기(어미자)와 15cm내외의 짧은 막대기(새끼자)를 가지고 노는 놀이이다. 놀이의 방법은 땅 바닥에 흙을 파 작은 구덩이를 만들고, 이 구덩이에 새끼자를 비스듬히 세운 뒤 그 위쪽을 어미자로 치면 새끼자가 공중에 튀어 오른다. 이것이 땅에 떨어지기 전에 어미자로 쳐서 멀리 날려 보내어, 낙하지점과 구덩이까지의 거리를 어미자로 잰다. 다른 하나는 구덩이에 새끼자를 가로로 걸쳐 놓고 어미자로 그것을 떠서 날려 보내면 새끼 자가 떨어진 지점에서 수비하던 사람이 구덩이를 향하여 새끼 자를 던지는데, 이 때 공격자는 어미자를 가지고 이것을 받아쳐서 날려 보낸다. 어떤 경우에라도 수비하는 측에서 새끼 자를 받게 되면 공수(攻守)를 바꾼다. 이와 같은 순서를 몇 번 되풀이 하면서 정해진 자수[尺數척수]를 먼저 따면 이긴다.

구덩이 대신에 원을 그리고 돌멩이를 원안에 놓은 뒤 그 돌멩이에 새끼자를 걸쳐놓고 하는 경우도 있다. 일정한 지역을 정해놓고 그 지역을 벗어나면 '낙'이라 하여 공수를 교대한다. 이 놀이는 공간의 넓고 좁음에 따라 자기의 역량과 기술, 요령을 발휘해야 하며, 새끼자를 받기 위해 뛰어 다녀야 하므로 아이들의 좋은 놀이가 되지만, 잘못하면 행인들을 다치게 하는 수도 있어서 한적한 곳이나 넓은 공터에서 해야 한다.

바. 썰매타기

썰매는 눈 위나 얼음판 위에서 미끄러져 가게 만든 놀이기구로써, 다른 명칭으로 '서르메' '산서' '산서르매' '설매' 등으로 부르며, 한자어로 설마

(雪馬)·설응(雪鷹)이라고 표기한 것을 보면 말이나 매처럼 빠르다는 뜻을 나타내고 있다. 혹자는 우리말 썰매가 한자어 '설마(雪馬)'에서 온 것이라 하나 오히려 '썰매'를 한자음으로 표기한 것이 아닌가 한다.

썰매의 형태에는 여러 가지가 있으나 가장 일반적인 것은 어린이가 앉을 만한 널빤지에 적당한 높이의 각목을 나란히 붙이고 밑에 대나무나 철사 줄을 박아서 눈이나 얼음 위에서 잘 미끄러지도록 만든 것이다.

얼음 위에서 탈 때에는 끝에 뾰족한 쇠꼬챙이를 꽂은 송곳을 양손에 쥐고 이를 이용하여 썰매를 움직이거나 방향전환 또는 멈춰서는 동작을 한다. 그러나 송곳으로 양쪽의 얼음을 찍어가며 타는 방법으로는 속도가 느려서 큰 즐거움을 느끼지 못하기 때문에, 보통은 한 어린이가 탄 썰매를 다른 어린이가 뒤에서 민다. 이 때 능숙한 아이는 일일이 송곳을 쓰지 않고 몸을 틀어서 방향을 잡는다. 또 기차놀이라 하여 여러 개의 썰매를 한 줄로 이어 붙이고 앞에서 끌어당기며 노는 방법도 있다.

눈밭이나 얼음판이 좁은 도회지에서는 썰매와 썰매가 부닥치는 일이 많기 때문에 썰매 자체의 바닥을 높게 하며, 앞에는 자동자의 범퍼(bumper)처럼 토막나무를 붙이기도 한다. 그 이유는 높은 썰매는 상대에게 겁을 줄 뿐만 아니라 충돌하였을 때 부상의 위험이 적기 때문이다.

평평한 데에서는 썰매 위에 올라앉아서 이곳저곳을 옮겨 다니지만 비탈진 곳에서는 엎드리거나 누워서 타기도 한다. 특히 누워서 탈 때에는 내어뻗은 두 다리로 방향을 잡는다. 힘을 적게 들이고도 빨리 달리도록 하려면 바닥의 날이 좋아야 하지만, 그보다도 날이 정확하게 평행을 이루도록 하는 것이 중요하다. 썰매타기는 그냥 즐기는 놀이이기도 하지만 여러 가지 형태의 경주도 한다. 겨울철 아이들의 빼놓을 수 없는 놀이인 썰매타기는 추위를 견디는 인내력과 함께 빠르게 움직이는 물체에 적응하는 순발력과 체력단련에 유용한 놀이였다고 본다.

사. 대말타기[竹馬죽마놀이]

이 놀이는 대[竹죽]로 만든 말[馬마]을 타고 논다고 해서 '대말타기' '죽마놀이' 또는 '죽족(竹足)'이라고 한다.

이 놀이에 대한 문헌자료를 보면 우리나라를 비롯하여 중국과 일본에서도 대말타기가 전승되고 있었음을 알 수 있는데 중국의 문헌인 『잠확유서(潛確類書)』에는 당나라 때 덕연(德延)이 어린이들을 위하여 고안하였다고 기록하고 있고, 일본의 『잡언봉화(雜言奉和)』에도 이 놀이에 대한 기록이 있다. 우리나라에서는 박태순(朴泰淳)의 『동계집(東溪集)』, 김영작(金永爵)의 『소정문고(邵亭文稿)』에 이 놀이에 관한 기록이 나오고 있다. 따라서 이 놀이는 오랜 옛날부터 동양 삼국의 어린이들이 즐기던 놀이였음을 알 수 있다. '죽마고우(竹馬故友)'라는 말도 바로 이 놀이에서 나온 것이다.

대말타기 놀이의 종류는 두 가지인데, 하나는 긴 막대기나 마당비 따위를 가랑이 사이에 넣고 여러 명의 어린이가 앞사람의 허리를 잡고 한 줄로 서서 타는 요즘의 기차놀이와 같은 방법이다. 다른 하나는 나무 말을 2개 만들어서 한손에 1개씩 잡고 거기에 올라서서 걸어 다니는 놀이가 있다. 나무 말을 만드는 방법은 2개의 긴 막대기 아랫부분에 발을 올려놓을 수 있을 정도로 짧은 나무토막을 대고 단단하게 못을 박거나 노끈으로 묶어 발받침을 만든다. 나무 말을 탈 때는 팔을 굽히거나 펴면서 몸의 중심을 잡아야 하는데, 익숙해지기 위해서는 나무 말을 타고 걷는 연습을 많이 해야 한다. 특히 발받침을 여러 개 만든 것을 탈 경우에는 위쪽 발받침에 서서 걸을 때는 갑자기 키가 커진듯하여 각별한 재미를 느낄 수 있다.

놀이 방법은 일정한 지점을 목표로 정해 놓고 그곳까지 말을 타고 달려 반환점을 돌아서 출발점까지 와서, 다음 사람에게 말을 넘기면 다음 사람이 또 같은 방법으로 달린다. 이런 식으로 계속해서 어느 편이 먼저 끝내는가에 따라 승부를 결정하고 등급을 매긴다.

나무 말을 타는 데에는 빠른 걸음도 중요하지만 몸의 중심을 잡는 기술이 필요하다. 만약 걷다가 중심이 흔들려 더 못가고 중도에서 포기하게 되면 패하기 때문에 몸의 균형을 잡는 기술이 무엇보다 중요한 놀이이다.

〈대말타기(목마타기)〉

아. 꼬리잡기

이 놀이는 앞사람의 허리를 잡고 일렬로 늘어선 놀이 대열의 맨 끝에 있는 아이를 잡아떼는 집단 놀이이다. '꼬리따기'라고도 하고 제주도에서는 '기러기놀이'라 하는데 아이들의 행렬이 기러기 떼처럼 늘어서 있기 때문에 붙여진 이름인 것 같다.

놀이방법에는 두 가지가 있는데 두 패로 나뉘어 한패의 맨 앞쪽에 선 우두머리가 상대편 대열의 맨 끝 사람을 잡는 방법과 다른 하나는 술래 하나를 정해 놓고 술래가 대열의 끝 사람을 잡는 방법이다.

대개는 첫 번째 놀이를 하는 경우가 많은데 이 때 편장의 역할이 매우 중요하다. 상대편의 꼬리를 따느냐 못 따느냐는 편장의 능력 여하에 달려 있으며 자기편의 꼬리가 잡히지 않도록 방어하는 데도 주도적 역할을 해야 하기 때문이다. 그러나 편장이 아무리 잘하려고 해도 끝에 있는 아이가 민첩하지 못하거나 대열의 중간이 끊어져 버리면 패배하기 때문에 모든 아이들의 호흡이 잘 맞아야 한다.

긴 대열이 한 번에 움직이기 때문에 꼬리는 꼬리대로 미리 짐작하여 재빠르게 피해 다녀야 하고 놀이하는 어린이 모두가 허리를 잡고 있기 때문에 선두가 이들을 이끌고 상대편의 맨 끝 사람을 떼어 내기는 쉽지 않다.

꼬리잡기 놀이는 아이들의 정황판단력과 체력을 단련시키며, 집단적인 행동통일을 필요로 하는 놀이이기 때문에 협동심을 길러주는데 유익한 놀이라고 본다.

자. 고누두기

'고누', '꼬누', '고니', '꼬니', '꿘', '꼰' 등으로 불리는 이 놀이는 한자로는 '지기(地碁)'라고 한다. 장기나 바둑의 원초적인 형태로 널빤지나 흙바닥, 편편한 바위 등에 말판을 그리기만 하면 아무 데서나 둘 수 있는 서민층의 놀이로 그 종류와 놀이방법은 지방에 따라 매우 다양하다.

고누의 종류는 밭고누 · 강고누 · 우물고누 · 곤질고누 · 줄고누 · 참고누 · 장수고누 · 꽂을고누 · 호박고누 · 팔팔고누 · 불알고누 · 사발고누 · 자동차고누 등이 있는데 이 중에는 지역에 따라 명칭만 다를 뿐 실제는 같은 놀이도 있다. 고누는 어린이뿐만 아니라 어른들도 즐기는 놀이였는데 그 중 대표적인 것들을 소개하면 다음과 같다.

※ 줄고누

줄고누(가로, 세로 각 4줄)의 말판에 양편이 각기 그림과 같이 6개의 말을 놓고 직선으로 한 칸씩 두어 간다.

직선상에서 상대방의 말 1점을 자기 말 2점으로 둘러싸서 따낸다.

이와 같이 말을 두어 가면서 어느 편이든 먼저 상대편의 말을 다 잡아내는 편이 이긴다.

※ 참고누

곤지 · 참 · 쌀 등으로 부르기도 하는데, 각각 12개씩의 말을 가지고 양편이 번갈아 가며 말 하나씩을 말판의 교차점에 놓아간다. 이때에 말 3개가 일직선 위에 나란히 놓이면 이것을 '곤'이 됐다고 한다. '곤'이 되면 상대편의 말판 위에 놓인 말 중 어느 것이나 하나 따내고, 그 자리에는 ×표를 긋고 말을 놓지 못하게 한다. 말을 놓을 자리가 없어지면 그 다음부터는 말판 위에 놓인 말들을 움직여 '곤'을 만들고 상대편의 말을 떼어 낸다. 말을 떼어낼 때는 상대편이 곤을 만들지 못하도록 말을 골라서 떼어내는 것이 이기는 요령이다. 어느 쪽이든 말이 2개 이하가 되어 곤을 만들 수 없게 되면 패하게 된다.

※ 자동차고누

고누판의 바퀴 4개 중 한 곳을 돌아 마주치는 상대방의 말을 떼어내는 놀이인데 '자전거고누'라 하기도 하고 뱅글뱅글 돌면서 둔다고 하여 '물레고누'라 하기도 한다. 상대방의 말을 잡을 때는 반드시 바퀴를 돌아야 하며 돌아가는 말 앞에 가로막는 자기 말이 있으면 멈추어야 한다. 전후좌우로 한 칸씩 움직이지만 바퀴를 돈 말은 똑 바로는 한꺼번에 여러 칸을 건너갈 수 있다.

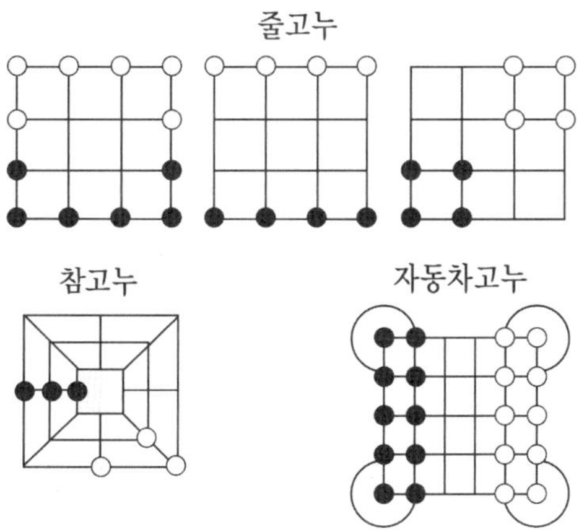

※ 호박고누

그림과 같이 각각 양편에 4개의 말을 놓고 한 칸씩 두어간다. 이 놀이는 상대편의 말을 잡는 것이 아니고, 서로의 말이 한 칸씩 움직이다가 길이 막혀 움직일 수 없을 때 지는 것이다. 말의 움직임은 양편의 약속에 따르면 되지만, 대개 말은 뒤로 빼지 못하고 앞과 옆으로만 가도록 규칙을 정하고 둔다.

호박고누

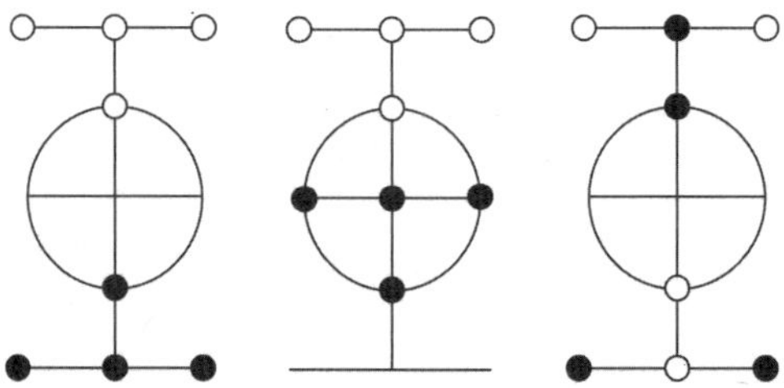

〈겸정말이 이긴 모양〉 〈비긴 모양〉

2. 여자 아이들의 놀이

가. 공기받기(공구받기)

여자아이들이 큰 대추알만한 다섯 개의 돌을 가지고 노는 놀이로서 '공구', '공개', '깔래' 라고도 한다.

놀이를 하기 위해서 동글동글한 돌을 줍거나 기왓장 등을 문질러서 작은 돌멩이 5개를 땅바닥에 흩어 놓고, 그 중 하나를 집어 공중으로 던지고, 땅바닥의 돌을 집은 뒤 공중에 던진 돌을 받는 것이다. 처음에는 하나씩, 두 번째는 둘씩, 세 번째는 한 개, 세 개를 집고, 네 번째는 네 알 모두를 한꺼번에 집은 뒤 공중의 돌을 받는다. 마지막에는 공기돌 5개 모두를 공중으로 던져서 손등으로 받아 다시 공중으로 던진 뒤 이번에는 그것을 다시 손바닥으로 받는다. 이 때 손등에 얹힌 돌은 모두 받아야 하며 다 받지 못하면 실격이 된다. 손등에 하나를 얹었다가 받으면 '한 동', 두 개를 얹었다가 받으면 '두 동' 이런 방법으로 계산해서 정해진 '동'을 먼저 나면 이긴다.

또 다른 놀이의 방법으로는 우선 공기알 다섯을 한 손에 쥐고 하나는 공중으로 던지는 동시에 나머지 4개는 땅바닥에 깔면서 하나 집기, 둘집기, 셋집기, 모두집기, 솥걸기까지 먼저 하면 이기는 놀이가 있다. 공기알을 공중으로 던졌다가 받는 요령은 비슷한데 솥걸기는 돌을 하나씩 모아 3개를 놓고 나머지 하나로 세 개의 돌 위에 솥을 걸듯이 얹어놓는 것인데, 이때 솥을 걸지 못하면 실격이 된다. 이 놀이를 '참공기(=솥발공기)'라 하고, 앞의 것을 '개공기'라고 하는데, 참공기는 개공기보다 훨씬 어려운 놀이로 나이가 조금 많은 여자애들이 한다. 공기돌을 위로 던지고 받을 때는 언제나 같은 손을 사용하며, 양손을 사용하지는 않는다.

공기놀이를 할 때 공중으로 던진 돌을 받지 못한다거나 땅바닥의 돌을 집으면서 옆의 돌을 건드리면 '틀렸다'고 해서 상대편이 하게 된다. 참공기와 개공기 외에도 다양한 놀이방법이 있다. 공기받기는 생활 주변에서 손쉽게 구할 수 있는 돌을, 놀이 기구로 이용했던 우리 조상들의 지혜를 엿볼 수 있게 하는 놀이이다.

나. 땅빼앗기(땅재먹기)

땅바닥에 원이나 네모를 그린 뒤 자기의 왼손 엄지손가락과 장지를 이용해 반원을 그려서 집을 마련한 뒤 그곳을 기점으로 땅을 넓혀 가는 놀이를 '땅빼앗기', '땅재먹기', '땅파먹기'라고 한다.

놀이 방법은 가위바위보를 하여 이길 때마다 엄지와 장지를 이용해 효율적으로 자기 땅을 넓혀가는 방법과 작고 납작한 돌멩이를 손가락으로 튕겨서 땅을 넓혀가는 방법이 있는데, 마지막에 땅을 많이 차지하는 사람이 승자가 된다.

땅빼앗기 놀이는 농경시대 민중의 어린이들이 장차 자신들의 삶의 터전이 될 토지에 대하여 애착심을 갖게 하고, 땅의 확보가 바로 풍요로운 삶의 전제 조건임을 깨닫게 함과 동시에 흙에 대한 친화력을 어린 시절부터 키우는데 유익한 놀이였다고 본다.

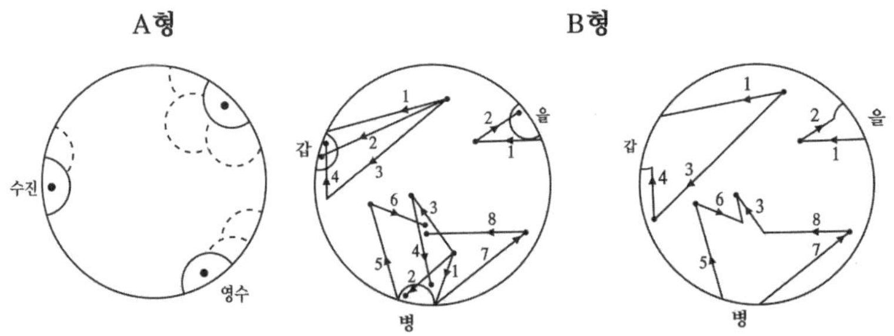

〈땅따먹기 놀이〉 〈옆의 결과로 생긴 현재까지의 각자 땅 모양〉

다. 줄넘기

줄넘기가 언제부터 우리나라에 있었는지 명확하게 알 수는 없지만 아주 오래 전부터 현재까지 전승되는 놀이인 것만은 사실이다.

최영년(崔永年)의 『해동죽지(海東竹枝)』에는 새끼줄을 잡고 뛰는 '도색희(跳索戱)'에 대하여, "조선시대 조중봉(1544~1594)이 어린이들로 하여금 이 놀이를 하게하여 다리 힘을 기르고 각기병(脚氣病)을 없어지게 하였다"라는 대목이 나온다.

줄넘기 방법에는 '짧은 줄넘기'와 '긴 줄넘기' 두 가지가 있다.

짧은 줄넘기는 자기 키의 1.5배쯤 되는 줄의 양쪽 끝을 두 손으로 잡고 어깨를 축으로 위 아래로 돌리면서 뛰어 넘는 놀이이다. 놀이의 방법으로는 앞으로 돌려 넘기, 뒤로 돌려 넘기, 몸이 공중에 떠있는 동안 줄을 2~3회 이상 빨리 돌려 넘기, 한 사람이 앞 또는 뒤로 들어가 함께 넘기 등이 있다.

긴 줄넘기는 긴 줄을 양쪽에서 두 사람이 마주 잡고 돌리면서 한 사람 또는 서너 사람이 가운데에 뛰어 들어가 노래에 맞추어 뛰어넘다가 반대편으로 나오는 방법이다. 사람의 수에는 제한이 없고, 줄의 길이는 사람의 수에 따라 달라진다. 뛰어 넘다가 줄이 발에 걸린 사람은, 다음 판에 줄을 잡고 돌리는 술래가 된다. 뛰어 넘는 방법은 한 사람이 줄 속에 들어가 뛰는 놀이 외에 여럿이 서 있다가 한 사람씩 차례로 들어가서 뛰어 넘다가 되돌아 나오기, 둘 또는 셋이 동시에 들어가 함께 뛰기, 셋이 옆으로 손을 잡거나 어깨동무를 한 채 모둠발로 뛰기, 두 사람이 함께 줄을 뛰어 넘으면서 '가위바위보'를 하거나 공을 주고받는 등 다양한 놀이 방법이 있다.

요즘도 줄넘기 놀이는 운동이나 미용체조로 많이 하고 있고, 줄넘기를 할 때는 2박자나 4박자 노래를 부르는 경우가 많다. 줄넘기 놀이는 아이들의 팔과 다리의 힘을 키우고, 온 몸을 단련시키며, 율동에 대한 교양과 협동심을 고취시키는데 필요한 놀이였다.

라. 실뜨기

실뜨기는 한 가닥의 실이나 노끈만 있으면 언제 어디서든지 간단히 즐길 수 있는 놀이로, 두 아이가 마주 앉아 실테(실의 양쪽 끝을 묶어서 테처럼 만든 것)를 번갈아 가며 손가락으로 걸어 떠서 여러 가지 형태를 만들면서 논다.

놀이 방법은 다음과 같다.

① 한 아이가 실을 양손에 한번 감아서 걸고 다시 양손 가운뎃손가락으로 감은 실을 집어 떠서 아이 앞에 내놓는다. 그 모양은 그림 1과 같은 형태로 되는데 이를 '날틀'이라고 한다.

② 날틀 양쪽의 가위처럼 벌어진 부분을 엄지와 검지 두 손가락으로 걸어 쥐고 위로 들어 밖의 줄을 감으면서 밑으로 올려 뜬다. 이렇게 하면 그림 2처럼 되며 이를 '쟁반'이라고 한다.

③ 쟁반의 가운데 줄이 교차된 두각을 엄지와 검지로 걸어 잡고 위로 들어 밖의 줄을 감으면서 아래로부터 올려 뜬다. 이렇게 하면 그림 3처

럼 되며 이를 '젓가락'이라고 한다.

④ 젓가락의 가운데 평평하게 놓여있는 두 줄을 양쪽 새끼손가락으로 걸어 다시 두 손의 엄지와 검지를 벌려 바깥쪽을 걸어 아래로부터 가운데로 올려 뜬다. 모양은 그림 4처럼 되며 그림1과 반대방향의 형태를 이룬다. 이를 '베틀'이라고 한다.

⑤ 엄지와 검지로 베틀의 양쪽 각을 걸어 쥐고 밖으로 뺐다가 이번에는 위쪽에서 아래쪽으로 내려뜨면 두 번째의 쟁반형태(그림 2)가 된다. 쟁반을 젓가락으로 만들 때처럼 베틀을 떠올린다. 이렇게 하면 그림 5처럼 가운데가 마름모꼴이 되는데 이를 '방석'이라고 한다.

⑥ 새끼손가락으로 엄지와 검지 사이의 줄을 건 다음 자기의 엄지와 검지로 방석의 양쪽 각을 걸어 쥐고 가운데의 마름모를 향해서 아래에서 위로 올려 뜬다. 이렇게 하면 다시 '쟁반'이 만들어지며 손가락은 모두 아래로 향하게 된다.

실뜨기는 위의 방법이 아니라도 제 마음 내키는 대로 실을 떠서 모양을 바꾸어 나갈 수 있다. 예를 들면 '방석(그림 5)'이 나왔을 때 솜씨가 있는 아이는 엄지와 검지로 양쪽 줄을 걸어 쥐고서 가운데를 밑에서 위로 떠올리면 그림 7과 같은 지금까지 볼 수 없었던 새로운 형태가 나타나게 되는데 이를 '물고기'라 하며, 상대가 다시 뜨려고 이를 건드리면 실은 풀어져 버리고 만다.

(그림 8)은 먼저 아이가 '날틀(그림 1)'을 만들면 다른 아이가 가위줄 밑으로 가로 걸린 한쪽 줄을 잡고 있고, 반대쪽의 가로 걸린 줄을 입으로 물고, 가운뎃손가락에 걸린 줄이 벗겨지지 않도록 조심해서 안으로 내려 뽑는다. 이 때 실이 엇갈려서 왔다 갔다 하는데 이를 '톱질 뜨기'라 한다.

실뜨기 놀이는 손가락을 잘못 걸거나 움직이면 실이 풀어지거나 엉켜서 더 이상 놀 수 없게 된다.

실뜨기는 한 가닥의 실로 여러 가지 형태를 만들어 가면서 아이들의 손재주와 응용력을 키워주고 지능을 계발시켜주는 놀이였다.

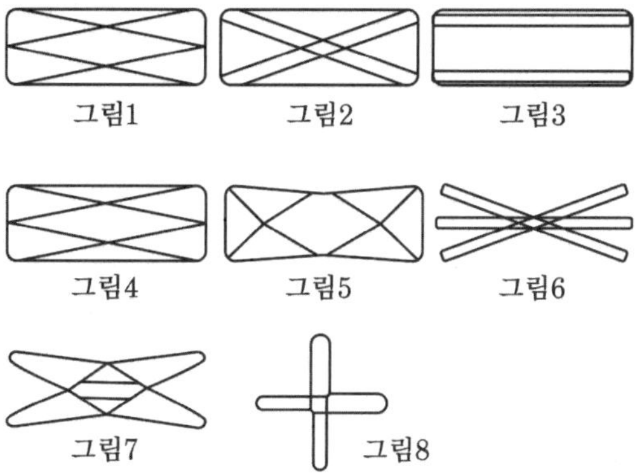

<실뜨기의 모양>

마. 돌차기

돌차기는 땅바닥에 여러 형태의 판을 그려 놓고 둥글납작한 돌을 가지고 이를 던지거나 한발로 뛰기(이를 '깨금발'이라 한다)를 하여 노는 여자 아이들의 놀이이다.

명칭은 지역에 따라서 '패차기', '사방치기', '목자놀이', '깨금집기', '망차기' 등으로 불린다.

오래 전부터 전해져오는 이 놀이는 우리나라뿐만 아니라 지구상의 거의 모든 나라에 비슷한 형태의 놀이가 분포되어 있지만 그 정확한 기원이나 유래는 자세히 알 수 없다.

이 놀이는 두 명 이상이 하는 놀이인데, 인원이 많을 때는 편을 나눠서 한다. 놀이에 필요한 '말'은 각자 자기의 것을 따로 준비한다. 돌차기는 처음부터 끝까지 앙감질(깨금발)로 뛰어야 하며, 말이 금에 닿거나 잘못 차서 자기 말이 금 밖으로 나가면 죽는 것을 원칙으로 하는 놀이이다.

놀이 방법은 다음과 같다.

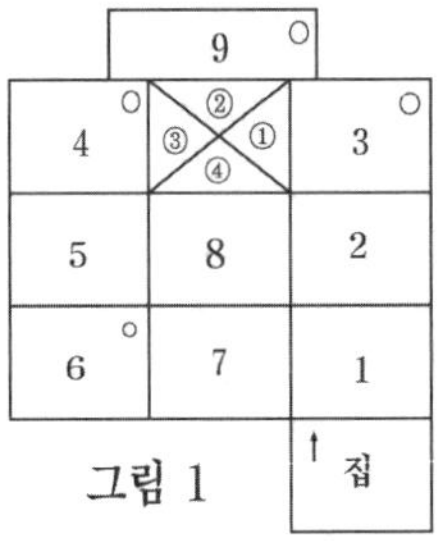

그림 1

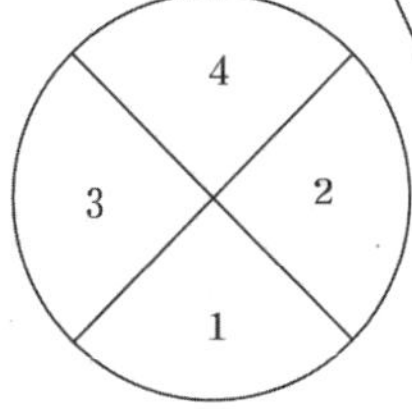

그림 2

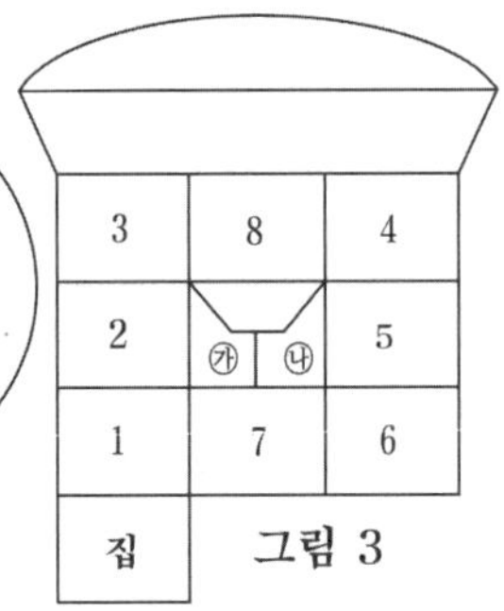

그림 3

그림 1의 경우, 출발점을 '집'이라 하고, 차고 간 돌을 손으로 받는 9는 '하늘'이라고 한다. O표가 있는 곳에서는 두 발을 딛고 쉰다.

이 놀이는 맨 처음에 집에서 말을 첫째 칸 1에 던져 놓고, 1에서부터 앙감질(깨금발)로 말을 차 2를 거쳐 3으로 가서, 말을 4로 차 보낸 뒤 그 다음 칸에서는 ①에 깨금발 ②에는 왼발 ③에는 오른발을 짚으며 쉬고 ④에서는 깨금발, 4에서는 양발을 내려서 쉰다. 5를 거쳐 6에서 쉬고, 7을 거쳐 8에서 단번에 9로 찬다. 9에서는 말을 한쪽 발등에 올려놓고 이를 위로 차올려 한 손으로 받아 쥐고 역순으로 되돌아 나오면 한 단계가 끝난다.

다음에는 '집'에서 둘째 칸 2에 말을 던져 놓고 앙감질로 같은 동작을 반복한다. 이렇게 하여 9번 칸, 즉 하늘까지 마치면 한 판이 끝나는 것이다.

돌차기의 판은 고누판만큼이나 다양한데. 그림 2처럼 단순한 것도 있고, 그림 3처럼 복잡한 판도 있는데, 어떤 방법이든지 깨금발로 돌을 차면서 놀이를 한다는 점에서는 공통이다.

그림 3의 놀이법도 앞의 것과 거의 비슷하나, 7에 와서 8로 단번에 차넣은 뒤 ㉮에는 왼발 ㉯에는 오른발을 동시에 밟으며 쉬고, 다시 깨금발로 ㉰를 거쳐 8에 가서 말을 하늘로 찬다. 그리고 하늘에서 말을 차올려 받고는 모둠발로 돌아 뛰어 지금까지 해 온 순서를 거꾸로 되밟아 나온다.

그런데 8에서 하늘로 말을 찰 때에는 발을 움직이지 않고도 집을 수 있는 가까운 거리에 차야 한다. 말을 줍기 위하여 발을 움직이면 실격이 되기 때문이다.

돌차기는 깨금발을 잘못하거나, 던진 말이 금을 벗어나는 것은 물론, 금에 닿기만 하여도 실격이 되어 차례가 바뀐다. 편을 짜서 할 때에는 자기편의 사람이 중간에서 실패하면, 다음 사람이 이어나가기도 한다.

돌차기는 한 발로 뛰면서 돌을 목적지까지 재치 있게 차고가야 하기 때문에 다리의 힘을 길러주고, 몸의 균형을 유지하게 하는 기능을 길러주는 놀이였다.

바. 다리세기

이 놀이는 아이들이 두 줄로 마주 앉아 서로 다리를 엇갈리게 뻗고서 노래에 맞추어 다리를 세어가는 놀이인데, 이를 '발헤기' 또는 '다리셈놀이'라고도 한다. 전국적으로 분포되어 있고, 주로 겨울철에 방안에서 많이 한다.

놀이 방법은 다음의 두 가지가 있다.

첫째는 노래에 따라 다리를 손바닥으로 짚어가다가 노래 마지막마디를 부르고 '땡'(경우에 따라서 노랫말의 마지막 소리)을 하려는 순간 미쳐 다리를 오므리지 못하면 지게 되고, 날쌔게 오므려 버리면 다음 어린이가 지게 되는 놀이 방법이다.

둘째는 다리를 세어 가다가 '땡'에 해당하는 다리를 오므리고, 또 노래를 부르기 시작한다. 이렇게 몇 번이고 거듭하는 사이에 먼저 두 다리를 모두 오므린 사람이 이긴다. 마지막 다리 하나가 남았을 때에는 다리와 방바닥을 번갈아 짚어 가면서 세어 가는데 '땡'이 다리에 해당하면 그 판은 무효가 되지만, 방바닥이 땡이 되어 다리가 남게 된 어린이는 꼴찌가 된다. 꼴찌가 된 아이에게는 노래를 부르게 하거나 춤을 추게 하는 등의 벌칙을 정한다.

경남 진주지방에서는 다음과 같은 '다리세기' 동요가 있다.

이거리저거리 갓거리 진주맹건 또맹건
짝발이 휘양근 도로매줌치 장두칼

머구밭에 덕서리 칠팔월에 무서리
동지섣달 대~서~'리'(땡에 해당됨)

사. 손뼉치기(쎄쎄쎄)

손뼉치기는 오늘날에도 흔히 볼 수 있는 여자 아이들의 놀이로 '손바닥치기', '수박치기' 라고도 하는데, 여기서 수박(手搏)은 손뼉을 의미한다.

이 놀이는 동요에 맞추어 두 사람이 마주 보면서 상대방과 손뼉을 마주치는 놀이인데 여럿이 둥글게 모여서 노는 경우도 있다.

일반적으로 노래마다 동작이 다르며, 긴 노래에서는 2절로 들어가면서 동작을 바꾸기도 하고, 또 능숙도에 따라 빠르게 하거나 느리게도 한다.

두 사람이 하는 경우 서로 마주 보고, 엄지를 제외한 네 손가락으로 상대편의 네 손가락을 걸어 잡고 예비동작으로 '쎄쎄쎄' 하면서 세 번 위아래로 흔든다. 이어서 노래를 부르면서, 손을 풀고 각각 상대방의 손바닥을 치는데 처음에는 양손바닥을 동시에 부딪친다. 그 다음에는 자기의 오른손바닥으로 상대의 오른손바닥을 친 다음 다시 손뼉을 치고 이번에는 왼손바닥과 왼손바닥을 맞부딪친다.

이번에는 손바닥이 아니라 손등으로 앞의 동작을 반복하면서 한편의 동요가 끝날 때까지 반복한다. 그러고 나서 상대편의 목덜미를 손가락으로 짚고 그 손가락이 어떤 손가락인지 알아맞히는 것으로 끝난다.

위에 소개한 것이 기본형이지만 다양한 놀이방법이 있고, 노래에 맞추어 여러 가지 형태로 손바닥을 마주치는 가운데 곡조에 맞추어 율동을 할 수 있는 기능을 연마시키는 놀이였다고 생각된다.

3. 남녀 공동의 아이들 놀이

가. 숨바꼭질

숨바꼭질은 '술래잡기', '숨기놀이'라고도 하는데 남녀 구별 없이 즐기는 기동성 있는 놀이이다.

여러 아이들 가운데 한 아이가 술래가 되어 숨은 아이들을 찾아내는 놀이다. 숨어 있던 아이가 술래가 찾기 전에 '진(=술래집)'을 짚거나, 술래에게 찾긴 아이가 술래보다 먼저 진을 짚으면, 술래는 바뀌지 않고 처음 술래였던 아이가 계속해서 술래가 된다.

술래가 아이들을 모두 찾으면, 맨 먼저 찾긴 아이가 술래가 되는 경우도 있고, 처음 술래를 제외한 나머지 애들끼리 가위바위보로 술래를 다시 뽑기도 한다.

숨바꼭질 가운데 '통차기'라는 것이 있는데, 걷어차면 시끄러운 소리가 나는 양철통 같은 걸 갖다 놓고 그것을 진으로 한다. 숨어 있던 아이가 술래 몰래 나와서 통을 걷어차고 달아나면, 먼저 잡혔던 아이들은 도로 살아나 모두 숨어 버리며, 술래는 그 통을 주워 와서 본래의 자리에 갖다 놓고 숨은 아이들을 처음부터 다시 찾아야 한다. 술래하기가 무척 힘든 통차기는 주로 남자 아이들의 놀이였다.

숨바꼭질은 아이들에게 지형지물을 이용할 줄 아는 지혜와 관찰력, 정황 판단력 등을 함양하는데 유익한 놀이였다.

나. 수건돌리기

아이들이 둥글게 모여 앉아 있는 등 뒤에 술래가 수건을 몰래 떨어뜨리는 놀이인데 세 종류의 놀이 방법이 있다.

첫 번째 방법은 모인 아이들이 가위바위보를 하여 술래를 정하고, 나머지 아이들은 서로 마주 보며 동글게 원을 그려 앉는다. 그러면 술래가 수건을 뒤로 감추고 원 밖을 빙빙 돌다가 앉아 있는 어린이의 등 뒤에 수건을 살짝 떨어뜨려놓고 태연히 걸어서 돈다. 앉아 있는 뒤편에 수건을 떨어뜨리기 때문에 그 아이는 알 수가 없지만 맞은편 아이들은 볼 수가 있어서 낄낄대고 웃는다.

눈치 빠른 어린이는 맞은편 아이들의 웃는 모습을 보고 자기 등 뒤에 수건이 떨어졌음을 알 수가 있으므로 재빨리 일어서서 수건을 들고 원 밖을 돌고 있는 아이를 쫓아가 잡으려 한다. 이 때 술래가 잡히면 술래는 바뀌지 않지만, 잡히지 않고 일어선 아이의 자리에 가서 앉게 되면 자리를 빼앗긴 아이가 술래가 된다. 또 자기 뒤에 수건이 떨어져 있음에도 불구하고 모르고 앉아 있을 때에는 떨어뜨린 아이가 원을 한 바퀴 돈 뒤 등을 때린다. 그러면 그 아이가 술래가 된다.

두 번째 방법은 술래를 중심으로 무릎을 세워 둥글게 앉는다. 그리고는 무릎 밑으로 손을 넣어 술래가 눈치 채지 못하게 수건을 돌린다. 술래는 기만히 서서 눈치를 살피다가 수건을 갖고 있을 만한 아이의 이름을 부른다. 맞혔을 때에는 그 아이가 원 안으로 들어와 노래나 우스개 몸짓을 한 뒤 다음 술래가 되지만, 못 알아맞히면 술래는 계속해야 한다.

세 번째 방법은 둘러앉은 가운데 술래를 세워놓고 모두 손을 뒤로 하여 서 있는 아이가 눈치를 채지 못하도록 수건을 돌린다. 중앙에 서 있는 아이가 눈치를 살피다가 수건을 옆 사람에게 넘겨주려는 아이의 이름을 부른다. 맞히게 되면 그 아이가 원 속으로 들어와 맞힌 아이가 시키는 대로 무엇이나 해야 한다. 불려 나오면 시키는 대로 온갖 짓을 다 해야 하고 또 다음 판의 술래를 해야 하기 때문에 가운데 어린이가 눈치 채지 않게 재빨리 옆 사람에게 수건을 돌려야만 어려운 일을 면하게 된다.

이 수건돌리기 놀이는 그 방법이 간단하고 많은 아이들이 한꺼번에 참가할 수 있는 집단놀이이기 때문에 요즘도 초등학생이나 유치원생들의 소풍 때에 등장하는 놀이이다. 이 놀이는 아이들의 정신집중력에 보탬이 되는 놀이이다.

다. 봉사놀이

이 놀이는 지방에 따라서 '소경놀이', '까막잡기', '판수놀이'라고도 하는데, 이와 같은 명칭은 수건으로 눈을 가리고 놀기 때문에 붙여진 것이다.

놀이의 방법은 다음의 세 가지가 있다.

첫 번째는 아이들이 두 편으로 나뉘어서 노는 방법으로 가위바위보를 해서 편을 가른 뒤 원형으로 빙 둘러 앉고 상대편 사이사이에 번갈아 끼어 앉는다.

양편에서 각각 한 아이를 뽑아 가위바위보를 하여 진편이 술래가 되어 수건으로 두 눈을 가리고 잡는 쪽('고양이'라고 한다)이 되며, 다른 아이는 달아나는 쪽('쥐'라고 한다)이 된다. 이 때 쥐는 손뼉을 치면서 이리저리 움직이고, 고양이는 손뼉 소리를 따라 그 아이를 잡기 위해서 쫓아다닌다. 고양이나 쥐는 아이들이 둘러앉은 원 밖으로는 나갈 수 없으며, 고양이가 쥐를 잡으면 놀이가 끝난다. 그러면 고양이 편이 쥐가 되어 놀이를 새로 시작한다.

쥐가 약삭빠르게 움직이면 고양이에게 끝내 잡히지 않는 수가 있는데 이때에는 무승부로 끝난다. 승리는 상대를 많이 잡은 쪽에 돌아간다.

두 번째 방법으로는 편을 가르지 않고 많은 어린이가 모여서 가위바위보를 하여 맨 마지막까지 진 아이가 술래가 된다. 술래가 된 아이는 수건으로 눈을 가린다. 그러면 다른 아이들이 술래의 주위에서 손뼉을 치면서 "날 잡아라 날 잡아라" 하고 놀려댄다.

그러다가 아이를 잡으면, 술래는 잡힌 아이의 얼굴이나 옷맵시를 더듬어 보고 그 아이의 이름을 댄다. 맞혔을 경우에는 잡힌 어린이가 술래가 되지만 못 맞혔을 때에는 계속해서 술래 역을 해야 한다.

세 번째 방법은 여러 아이가 원을 만들어 앉고 원 밖에는 한 아이가 돈다. 그때 아이들이 원 안에 눈을 가리고 있는 술래에게 "누가 누가 보이나?"라고 하면, 술래가 "○○○가 보인다"라고 원 밖의 아이 이름을 대면

"누구 뒤에 숨었나?"고 또 묻는다. 그러면 술래는 "○○뒤에 숨었다"고 답하는데, 맞혔을 경우에는 "맞았다, 맞았다"하고, 틀렸을 때에는 "틀렸다, 틀렸다"를 합창한다.

이 같은 방법을 몇 번이고 되풀이하다가 맞혔을 경우에는 술래를 면하고 원 밖의 아이가 술래가 된다. 그러나 이 놀이는 먼저 원 밖 어린이의 이름을 맞힌 다음에 그 아이의 앞에 앉아있는 아이의 이름까지 알아 맞춰야 하기 때문에 무척 힘든 놀이다. 이 놀이의 술래는 단순한 소경이 아니라, 다른 사람의 이름까지 알아맞혀야 하기 때문에 점을 치는 소경인 판수와 비슷한 구실을 하므로 '판수놀이'라 하는 것이다.

이상에서 아이들의 놀이를 남자놀이와 여자놀이로 구분하여 설명했는데, 놀이 자체가 완전하게 구분되어 있는 것도 있지만 대개는 크게 구분되어 있지 않다. 특히 여자애들의 놀이 가운데는 남자 아이들도 즐기는 놀이가 많은데, 그것은 비록 남자 아이라고 해도 어린 시절은 여성적 정서에서 완전히 벗어나지 못하였기 때문이다.

Ⅲ. 어른들의 놀이

1. 남자 놀이

가. 고싸움

고싸움놀이는 줄다리기의 변형으로서 주로 전라남도 지방에서 행하여졌다. 정월 보름날의 줄다리기 대회에 앞서 이 고싸움놀이를 하는 곳이 많은데, 줄다리기에 사용할 줄의 머리 부분인 둥근 고를 맞대어 서로 밀어붙여서 상대방의 고가 땅에 닿으면 이기는 놀이이다. 이 고싸움이 끝나면 본격적인 줄다리기가 시작된다.

그런데 전남 광산군 대촌면 칠석리(全南 光山郡 大忖面 漆石里) 속칭 '옻돌마을'에서 거행하는 고싸움은 줄다리기의 전희(前戱)성격이 아니라 그 자체가 독립된 하나의 놀이로 발전한 것이다. 이와 같이 독립된 놀이의 성격을 가진 고싸움이 다른 마을에도 전승되고 있는지는 현재까지 알려진 바가 없다.

광산 고싸움은 다음과 같은 순서로 진행된다.

완성된 고의 머리는 타원형이며 줄의 직경은 2~3m이지만 몸체는 뒷부분으로 내려감에 따라 차차 가늘어지고 끝에 가서는 갈라진 두 가닥의 꼬리를 가지고 있다. 몸체와 꼬리의 길이는 일정하지 않으나 각각 10m 내외가 보통이다. 그러므로 양쪽의 길이를 보태면 약 20m정도가 되는 셈인데, 그 모양은 흡사 도마뱀 같다. 이것을 흔들며 접전을 벌일 때는 쌍룡(雙龍)이 꿈틀거리는 것 같이 보인다.

고싸움놀이는 동부와 서부 두 패로 나누어 한다. 동부와 서부를 나누는 기준은 옻돌마을(행정상으로는 칠석리)의 한가운데 있는 폭 2m 정도의 조그마한 골목길을 경계선으로 하여 상칠석(上漆石)인 '우대미'가 동부가 되고, 하칠석(下漆石)인 '아래더미'가 서부가 된다(우대미는 남자를 상징하고 아래더미는 여자를 상징한다고 한다)

칠석리는 이 골목길을 경계로 하여 상·하촌으로 나누어져서 이장(里長)도 둘이고, 노인당(老人堂)도 둘이다. 평상시에는 다정하게 지내지만, 일단 고싸움이 벌어질 때는 두말할 것도 없고, 모심기나 김매기를 할 때에도 서로 교류하는 일이 없이 상촌은 상촌 사람끼리 하촌은 하촌 사람끼리만 품앗이를 하면서 일을 한다고 한다. 고싸움에서 여성을 상징하는 하촌(서부)이 이겨야 풍년이 든다는 속설이 있지만, 일단 고싸움이 시작되면 이런 것은 아랑곳하지 않고 오직 승부에만 집착한다고 한다.

고싸움을 지휘하는 '줄패장'은 그 마을에서 덕망이 높고, 고싸움에 대해서 잘 아는 힘깨나 쓰는 날쌘 40~50대의 장년 중에서 선발한다. 고싸움은 이 줄패장의 지휘 아래 진행되며, 줄패장 뒤에는 그를 보호하면서 한편으로는 고싸움도 하는 서너 명의 날쌘 장정들이 선다. 줄패장은 고싸움의 모든 준비는 물론 고싸움을 벌이기 전에 마을을 돌면서 전의(戰意)를 북돋우는 시위를 할 때 부르는 노래의 선창자도 겸한다. 또 고가 서로 부딪혀 싸울 때도 줄패장의 지휘와 명령에 따라 고를 밀기도 하고 뒤로 빼기도 하면서 놀이를 진행한다. 고를 메고 싸우는 놀이꾼을 '고멘사람' 또는 '멜꾼'이라고 하는데, 고싸움놀이의 중심 놀이꾼이기 때문에 힘이 센 20~30대의 젊은이들이 담당하고 인원수는 상황에 따라 가변적이다.

풍물패는 고싸움을 시작할 때부터 끝날 때까지 전의를 북돋우고 흥을 돋우는 응원을 담당했다.

고싸움은 주로 달 밝은 밤에 하지만 횃불을 켜 들고 하는데, 횃불과 관솔불을 켜 들고 나온 '횃불잡이'의 수는 20~30명에 이르며 그들은 행렬의 맨 앞에서 덩실덩실 춤을 추며 길을 인도한다.

대보름날은 편히 쉬고 열엿새 날에 합동으로 마을 앞에서 판굿(삼일굿)을 치고 나서 자기 마을로 돌아가 '마당밟이굿'을 벌인다. 이 때부터 본격적인 고싸움의 분위기가 무르익어 가는데, 각각 줄패장을 뽑고 그를 중심으로 산에서 나무를 베어오고, 짚을 거두어 줄을 만드는 등의 준비과정을 거쳐 열여드렛 날에 싸움을 벌인다.

이날 오후가 되면 각각 고를 메고, 동부는 서부마을 앞을, 서부는 동부마을 앞을 돌아다니며 시위를 벌이면서 기세를 돋운다. 이 행렬의 순서는 '횃불잡이'들이 앞에 서서 인도하고, 그 뒤에는 농기와 영기를 든 기수들이 뒤따르며 다음에 풍물패와 고가 따른다. 고 위에는 줄패장들이 올라타서 영기를 흔들면서 앞소리를 하면 나머지 놀이꾼들은 뒷소리로 받으면서 흥을 돋운다.

곧바로 고와 고가 맞부딪히는 것이 아니고, 서서히 정면을 향해서 접근하기 시작하다가 뒤로 물러나고 다시 앞으로 나아가다가 뒤로 물러나기를 몇 번 거듭한다. 이윽고 줄패장이 "밀어라"하는 소리를 지르면 고를 멘 사람들은 "와!" 하는 함성을 지르면서 돌진하여 고와 고가 부딪히게 된다.

이렇게 몇 번이고 부딪혔다가 떨어지고 떨어졌다가는 부딪혀서 상대방의 고를 짓눌러 땅에 닿게 하면 이기는데, 싸움의 승부가 쉽게 나지 않아 밤새도록 하기도 하고, 경우에 따라서는 며칠이 걸리기도 한다.

고싸움이 끝난 다음날 진편이 고를 메고 이긴 쪽의 마을 앞을 돌아다니면서 승전가(勝戰歌)를 부르는 등의 자극적인 시위를 벌이면 재 시합이 이루어진다. 이러한 과정은 스무닷새까지 계속되며 승부가 결정되지 않을 때는 2월 초하룻날 줄다리기를 해서 결판을 낸다.

<고싸움놀이>

나. 차전놀이

이 놀이는 경북 안동지방의 상원 놀이로 '동채싸움', '동태싸움'이라고 도 한다. '동채싸움'과 '동태싸움'은 같은 어원이며 '동채'는 '동태'의 와전으로 '동태(=통테)'란 수레바퀴의 방언이다.

이 놀이의 유래에 대한 문헌기록은 없고, 다음과 같은 설화가 전할 뿐이다.

① 옛날 후백제의 왕 견훤(甄萱)은 지렁이였는데, 지렁이가 인화(人化)해서

안동 땅에 왔다. 안동 사람들은 이 지렁이를 몰아내기 위해서 소금배(옛날에는 소금배가 낙동강을 거슬러 안동까지 올라왔다고 한다)를 풀어 낙동강 물을 짜게 만들고는 읍민들이 모두 나와 집단으로 팔짱을 끼고 어깨로 지렁이를 밀어 강물에 떨어뜨렸다. 그랬더니 지렁이는 짠물에 들어가 죽고 말았다 이 일이 있은 후로 안동 사람들은 지렁이를 떠다 밀 때처럼 떼지어 차전놀이를 하였다고 한다. 차전놀이 때에는 손을 쓰지 않고 팔짱을 낀 채 어깨로 서로 밀어 댄다고 한다.

② 고려 태조 왕건(王建)은 후백제의 견훤과 안동에서 결전을 하게 되었다. 이 때 권행(權幸), 김선평(金宣平), 장길(張吉) 등 세 장군의 도움으로 견훤을 물리칠 수 있었다. 뒤에 이 세 분을 태사(太師)로 모시어 '삼태사'라 이르고 삼태사의 충성심을 기리기 위하여 차전놀이를 하게 되었다고 한다.

『三國遺事』에는 견훤이 안동에서 싸움을 벌였다는 기록이 있고, 지금도 안동에는 앞의 세 장수를 모신 '삼태사 묘'가 있다,

이상의 두 가지 설화는 비록 구전 설화이긴 하지만 사실(史實)과도 관계있는 이야기다. 『삼국유사(三國遺事)』에 의하면, 견훤은 상주(尙州) 가은현인(加恩縣人)이고 성은 이(李)라 하였으며, 다음과 같은 탄생설화가 기록되어 있다.

"옛날에 한 부자가 광주(光州) 북촌(北村)에 살았는데, 자태와 용모가 단정한 딸이 하나 있었다. 그녀는 아비에게 '밤마다 보랏빛 옷을 입은 한 남자가 찾아와 동침하고 갑니다.' 하고 말했다. 아비는 그녀에게 '긴 실을 바늘에 꿰어 그의 옷에 찔러 두어라' 하고 일렀다. 그녀가 아비 말대로 했더니, 이튿날 실은 북쪽 담장 밑에 있고 바늘은 3m 정도 되는 지렁이의 허리에 꽂혀 있었다. 후에 이로 인하여 그녀는 사내아이를 낳았다. 그 나이 15세가 되자 스스로 견훤(甄萱)이라 불렀다."

-『삼국유사(三國遺事)』권(卷)3 기이제2(紀異第二) <후백제(後百濟) 견훤(甄萱)>-

이 기록에 의하면 견훤은 지렁이의 아들로 되어 있는데, 견훤이란 인물을 신비화시키기 위해 그의 탄생에 전설적 요소를 부여하였다고 본다. 그

리고 그 본성이 지렁이였기 때문에 소금물에 빠뜨려 죽였다고 하는데, 실제로 견훤과 왕건은 안동지방에서 수차에 걸쳐 전투를 하였다고 한다. 『동국여지승람(東國輿地勝覽)』의 안동조(安東條) 건치연혁(建置沿革)에 의하면, "고려 태조와 후백제왕 견훤이 이 지방에서 싸웠는데 태조가 견훤을 패퇴시켰다"고 했다. 그리고 인물조(人物條)에서 권행(權幸)이 견훤을 물리쳤으므로 안동군(安東郡)을 승격시켜 부(府)로 삼았다고 기록하고 있다. 이러한 기록을 보면 안동에서 왕건과 견훤의 회전(會戰)이 있었던 것은 전설이 아니라 사실이었음을 짐작케 한다. 따라서 삼태사가 견훤을 물리치고 고려 건국에 공을 세운 인물들인 까닭에 이들의 승전을 기념하는 뜻에서 차전놀이가 발생하였을 가능성도 있다.

이렇게 본다면 차전의 역사는 고려 초까지 올라갈 수 있다.

차전을 하는 시기는 읍민 대표로 구성된 집행위원회에서 결정하지만, 특별한 사유가 없는 한 정월 14~15일에 하고, 승부가 결정되지 않으면 밤늦게까지 계속한다. 차전놀이에는 마을의 청장년은 거의 빠짐없이 참여하며 부녀자는 응원을 하고, 양반들은 놀이에 직접 가담하지는 않는다. 마을 사람들을 동부와 서부로 나누어 놀이를 하는데, 이 구분은 차전을 위하여 편의상 둘로 구분한 것일 뿐 특별한 의미가 있는 것은 아니라고 한다.

동채나무는 서까래 정도 크기의 나무를 쓰는데 나무 2개를 가위 모양으로 어긋나게 놓고 풀어지지 않도록 단단히 잡아맨 다음 둥근 방석을 가운데에 달아둔다. 지휘자는 이 방석 위에 올라서서 자기편을 통솔하며 힘센 동채꾼들이 동채의 네 귀를 어깨에 멘다. 또 건장한 청년들이 동채 주위에 둘러서서 지휘자인 대장을 호위하는 한편 팔짱을 끼고 상대를 어깨로 밀거나 돌격해 들어가서 적의 대장을 동채에서 끌어내리고, 동채를 깔아 눕히는 역할을 하는데 이들을 '머리꾼'이라 한다.

회전날이 되면 차 위에는 위풍이 있고 힘이 센 건장한 대장이 방석 위에 올라타서 지휘를 하게 된다. 대장의 지휘법은 워낙 사람이 많고 소란 중에 싸움이 진행되기 때문에 구령으로 하지 않고 좌수(左手)는 몸의 안정을 위하여 차에 매단 끈을 잡고 우수(右手)로 지휘를 한다고 한다. 손을 앞으로 하면 전진하고, 뒤로 하면 후퇴하며 손을 뒤에서 좌우로 흔들면 회전의 신호라고 한다. 앞에서 차를 메고 있는 동채꾼들은 그 위에 대장이 타고 있기 때문에 대장의 신호를 볼 수가 없고, 뒤에 있는 동채꾼들이 앞을 바라보며 대장의 지휘대로 움직이면 앞의 동채꾼들은 거기에 따라 움직인다. 행진할 때는 동채 머리를 위로 올리며, 맨 앞에 진을 친 '머리꾼'들은 팔짱을 끼고 어깨로 상대방을 민다. 승부는 동채 머리가 땅에 닿음으로써 결정되기 때문에 차머리를 높이 들어 서로 아래에 깔리지 않고 위에 올려놓으려고 애쓴다. 상대방의 차 위에 이 쪽 차를 올려놓기만 하면 한꺼번에 수백 명이 차 위에 뛰어 올라 눌러서 상대방의 차가 땅에 닿게 된다.

차전에 사용할 나무를 지정하면 거기에 금줄을 쳐 두었다가 벨 적에는 산신에게 고사를 하였고, 관계자들은 심신을 정결하게 하였다고 하지만, 차전의 목적이 농사의 풍흉이나 재화복록(災禍福祿)에 있는 것이 아니었기 때문에 신앙성 보다는 오락성이 강조되고 있다.

『동국세시기』의 기록은 춘천과 가평의 차전은 점년사(占年事)를 한다고 해서 풍흉을 예상하는 농민 오락이었다고 하지만, 안동에서는 이러한 흔적이 없다. 세시행사는 제화초복(除禍招福)을 목적으로 하고 그 결과에 어떠한 민속적 효험이 있다고 믿는 것이 일반적인 현상이다. 그러나 안동의 차전놀이는 시작의 단계에서는 약간의 신앙성을 보이고 있으나 본 행사에 들어가면 신앙성은 없어지고 오락성만이 남아 있는 행사라는 점이 특이하다.

차전놀이는 대장의 지휘아래 일사불란한 단결과 통일된 행동으로 진행되며, 상무정신(尙武情神)을 함양하고 진취적(進取的) 기상을 양성하며, 마을사람들의 단결과 협조로 이루어지는 놀이이기 때문에 민족오락으로 장려할만한 유익한 놀이라고 본다.

〈무안용호놀이〉

다. 줄다리기

줄다리기는 '줄당기기', '줄다루기', '줄끗(끌)기'. '큰줄땡기기' 등 지역에 따라 다양한 명칭이 있다. 이 놀이는 우리민족 뿐만이 아니라 농경민족의 공통된 민속놀이로서 그 기원은 확실하지 않지만 고대에서부터 현재까지 전승되고 있는 전통적인 민속놀이인 것만은 틀림없다. 줄다리기의 기원에 대한 문헌적 자료인 중국의 『수서(隨書)』와 『전당서(全唐書)』에는 이 놀이의 목적이 풍양기원(豊穰祈願)에 있다고 전하고 있다. 따라서 줄다리기는 농경민족 사이에서 자연발생적으로 연희된 제의(祭儀)와 관련된 놀이로 보는 것이 타당하다고 하겠다.

우리나라의 경우 줄다리기에 대한 최초의 기록은 『동국여지승람(東國輿地勝覽)』에서 발견되고 있으며, 『동국세시기(東國歲時記)』에는 충청도, 경기도, 제주도 등지의 줄다리기 풍속에 대한 기록이 나오고 있다.

줄다리기 놀이는 그 놀이를 행한 시기가 지역마다 약간의 차이를 보이고 있지만 대개는 정월 대보름날 달 아래서 온 주민이 함께 모여 마을의 단합과 풍년을 기원하는 제의적(祭儀的)성격을 띠고 있는 경우가 많다. 『동국세시기(東國歲時記)』에는 충청도와 경기도, 제주도 등지의 놀이만을 소개하고 있지만, 실제로는 전국적으로 행하여졌다고 본다.

필자가 1996년에 조사한 경남 남해의 '선구 줄끗기놀이'를 소개하면 다음과 같다.

① 유래

남면 선구의 줄끗기 놀이는 이 마을에서 해마다 음력 정월보름날 아랫마을을 남변으로, 윗마을을 북변으로 나누어 행한 놀이이다.

선구마을은 신라 신문왕 10년에 전야산군이 설치되면서 속현(屬縣)인 평산현(平山縣)에 속하였고, 마을 앞은 수심이 깊은 포구이고, 뒤로는 봉수대가 있어 군사적으로 중요한 위치였다. 반농반어촌(半農半漁村)인 이 마을은 정월 대보름에 풍농과 풍어, 해난사고의 방지, 부락의 번영을 당산 나무에 빌고 나서 줄끗기를 했는데, 일제의 민족문화말살정책으로 중단되었다가 해방 후에 재현하였다.

선구 줄끗기놀이는 다른 지역의 줄다리기와 별다른 차이가 없이 줄다리기 놀이의 전희적(前戱的) 성격인 고싸움을 먼저 하고, 이어서 줄다리기를 한다.

② 준비 및 구성

• 줄 만들기

소요되는 줄을 만드는 데 필요한 짚은 마을의 모든 집에서 갹출하였고, 아이들이 집집마다 돌며 짚을 거두었다. 짚이 다 걷히면 남(南)편은 바닷가에서, 북(北)편은 윗 당산에서 줄을 제작하였다. 줄은 암줄과 수줄이 있으며, 남·북편은 해마다 바꾸어 가면서 암·수줄을 만든다. 원줄의 크기는 직경이 약 1m이며, 길이가 2m 정도 계속되다가 조금 가늘게 40m 정도로 길게 뽑아내고, 좌우에 문어 발모양으로 4개씩 곁 줄을 만든다.

• 금기사항

줄을 만드는 동안 여자의 출입을 엄격히 통제하였고, 횃불을 밝히고 밤을 새우면서 줄을 지킨다고 한다. 그 까닭은 줄다리기에 이기기 위하여 밤중에 몰래 상대방의 줄에 칼이나 낫으로 흠집을 내놓는 경우가 있었기 때문이다.

혹시 임산부가 이 줄을 넘으면 난산을 하거나 아이의 손가락이나 발가락이 새끼줄 같이 비틀어진다는 구전이 있고, 또 그러한 사실을 실제로 보았다는 노인들의 이야기도 있다. 그러나 신빙성은 적고 신성한 줄에 부정한 것이 범접하지 못하게 하기 위해 만들어진 금기(禁忌)사항이라고 본다.

• 구성

인원의 구성은 편장 1명, 기수 30여명, 풍물패 20여명이며, 편장과 기수, 풍물패를 제외한 나머지 사람들은 남녀노소 가리지 않고 모두 하나가 되어 줄끗기에 참여한다.

③ 진행순서

• 서전(緖戰)

음력 정월 보름날이 되면 선구마을 주민들은 남편과 북편으로 나뉘어 줄을 메고서 북편은 윗 당산에서 남편은 아랫 당산에서 각각 당산제를 지낸다. 당산제가 끝나면 줄을 메고 온 마을을 돌면서 기세를 올리고 상대편 기세를 꺾는 노래를 부른다. 이 때 편장은 줄의 고부분에 타고서 자기편의 사기를 북돋우고, 상대편의 약을 올리기 위한 노래를 선창하면 줄을 멘 사람들은 후렴을 한다. 선구마을은 물론이고 이웃 마을까지 줄을 메고 다니면서 응원군을 청하면 다른 동네 사람들도 합세하게 된다. 본전에 앞서 필승을 기원하는 고사를 간단히 지내고, 고사가 끝나면 절을 세 번 하는데 이때 줄을 멘 사람들은 절하는 속도에 맞추어 고를 상여 어르듯이 세 번 어른다.

그리고 징이 3번 울리면 '와'하는 함성과 함께 줄을 메고 주위를 돌면서 자기편의 기세를 올리고 상대편의 기세를 꺾는 노래를 부르며 풍물패는 더욱 흥취를 돋운다.

다시 징이 3번 울리면 '와'하는 함성을 지르면서 고와 고를 맞대고 밀다가, 징이 3번 울리면 뒤로 물러서서 노래를 부른다. 다시 징이 3번 울리면 '와'하는 함성을 지르며 고와 고를 마주대고 흥을 돋운다.

- 본전(本戰)

보름달이 뜨면 바닷가 자갈밭에서 풍물가락에 맞추어 노래를 부르고 춤을 추면서 흥을 돋운 뒤 싸움 준비에 들어간다.

징이 3번 울리면 '와'하는 함성을 지르면서 서로 물러났다가 다시 '와'하는 함성과 함께 앞으로 나아가, 암고에 수고를 끼우고 비녀목을 끼워 연결한다. 징소리를 신호로 본격적인 줄다리기가 시작되며, 이때는 남녀노소할 것 없이 줄에 매달린다. 여자들은 무게가 더 나가게 하기 위해 치마에다 돌을 싸안기까지 하면서 경기에 임한다. 삼판양승을 원칙으로 하되 경우에 따라서 5판 3승으로 승부를 결정짓는데 암줄이 이겨야 풍년이 들고 고기가 많이 잡힌다고 한다.

줄다리기가 끝나면 승자와 패자가 한데 어우러져 망월(望月) 아래서 풍물을 치며 한마당 축제를 벌이는데 이 때는 이웃마을 사람까지도 모두 하나가 된다.

〈선구줄끗기놀이〉

※ 고싸움과 줄다리기의 비교

	고 싸 움	줄 다 리 기
다른점	① 고를 맞부딪혀 싸운다. ② 지휘자가 고 위에서 지휘한다. ③ 노래를 부르며 한다. ④ 횃불을 켜들고 한다. ⑤ 20여일간 놀이가 계속된다. ⑥ 놀이가 격렬하다.	① 줄을 당겨서 승부를 가린다. ② 줄을 손으로 잡아당기기만 한다. ③ 노래가 없다. ④ 횃불을 켜지 않는다. ⑤ 며칠간 계속된다. ⑥ 고싸움에 비해 격렬하지 않다.
같은점	① 놀이의 시기가 같다(정월 보름 전후). ② 남자를 상징하는 편과 여자를 상징하는 편으로 나뉜다. ③ 여자편이 이겨야 풍년이 든다. ④ 줄이 용이나 뱀의 상징이다. ⑤ 놀이를 시작하기 전에 줄을 메고 마을을 돈다. ⑥ 풍물패가 등장하여 응원을 한다. ⑦ 놀이를 시작하기 전에 당산굿을 한다.	

라. 소싸움

소싸움[鬪牛투우]은 경상남도 지역에서 주로 추석에 하였으며, 강원도, 황해도, 경기도 등지에서도 했다고 한다. 소싸움은 소와 투우사가 겨루다가 마지막에 소를 죽이는 서양의 투우경기와는 달리, 소끼리 싸움을 붙이는 매우 단순하고 소박한 놀이이다. 우리나라 황소는 원래 유순하여 싸움이 그리 격렬하지는 못하지만 싸움 전(前)에 소주(燒酒) 따위를 먹여 흥분시키면 평소 유순하던 소들이 사나워져서 제법 볼 만한 싸움을 전개한다.

소싸움은 적당한 넓이의 공간에 둥글게 새끼줄을 치고, 모래를 깐 뒤에 그 중앙에 두 마리의 소를 세운다. 그리고 서로 뿔을 맞대어 상대를 떠받고 밀치기 시작한다. 승부는 한 마리가 무릎을 꿇거나 넘어지거나 도망을 가면 가려진다. 여러 마리의 소를 차례로 대결시킬 경우에는 시간제한을 하고 단판치기 싸움인 경우에는 승부가 날 때까지 계속 시킨다.

한국의 소싸움은 농촌생활의 여가에 손쉽게 벌일 수 있는 오락으로 전승되어 왔다. 그러나 요즘은 스페인 등지의 투우처럼 경남 진주와 의령, 경북의 청도 등지에 상설(常設) 경기장을 설치해 놓고, 관광객이나 지역주민에게 연중 볼거리를 제공하면서 전문화되어 가고 있다.

마. 씨름

씨름은 남성을 위한 체육 경기의 성격을 지닌 민중오락이며, 가장 서민적인 놀이이다. 『동국세시기(東國歲時記)』의 씨름에 관한 기술(記述)에 의하면, 서울에서는 젊은이들이 남산의 왜성대(倭城臺)나 삼각산 아래 신무문(神武門) 뒤에 모여 성대히 씨름경기를 벌였으며, 서울뿐 아니라 경향 각지에서도 거행되었다고 한다.

씨름을 하는 방식은 샅바를 매고, 무릎을 꿇고 앉아, 서로 상대방의 허리와 다리샅바를 잡아 쥔 다음 동시에 일어선다. 그런 다음 힘과 손발의 기술을 발휘하여 먼저 상대방을 넘어뜨리면 이기는 것이다.

자기의 오른쪽 다리에 샅바를 차고, 오른손으로 상대방의 허리샅바를 쥐고 왼손으로는 상대방의 다리샅바를 잡는 '바른씨름'과 그 반대의 방식인 '왼씨름'이 있지만 바른씨름이 보편화되어 있다.

어린이들의 씨름을 '아기씨름'이라고 하는데 아기씨름에는 샅바를 쓰지 않는다.

경기의 기술로서는 안걸이 · 밭걸이 · 빗장걸이 · 배지기 · 둘러치기 · 무릎치기 · 꼭뒤잡이 · 뒤집기 등 여러 가지가 있다. '안걸이'는 상대편의 가랑이 안으로 발을 넣어 걸어 넘어뜨리는 기술이며 '호미걸이'라고도 한다. '밭걸이'는 상대의 두 다리 밖으로 걸어 넘어뜨리는 재주이며, '덧걸이'라 하기도 한다. '배지기'는 상대방의 배를 자기 배에 끌어당겨 붙이면서 상대방을 번쩍 들어서 메어치는 것이다. '무릎치기'는 무릎 힘이 없어 보이는 순간을 틈타 손으로 무릎을 쳐서 넘어뜨리는 기술로서, 앞무릎치기와 뒷

무릎치기가 있다. '꼭뒤잡이'는 상대편의 머리를 자신의 겨드랑 밑으로 집어넣고, 꼭뒤를 잡아 쓰러뜨리는 기술을 말한다. 씨름 기술 중에서 가장 화려한 기술은 뒤집기라고 할 수 있는데, 대개 키가 작은 사람이 상대방의 가슴 아래로 머리를 넣어 뒤로 넘어지는 자세로 상대방을 모래판에 넘어뜨리는 기술이다.

씨름판은 개천가의 백사장에서 벌어지는 것이 보통이었고, 경기장의 규격은 일정하지 않으며 적당한 넓이의 모래밭에 원형으로 설치한다. 씨름판은 단오절이나 추석 전후, 중양일(重陽日 : 9월 9일) 또는 상원일(上元日 : 1월 15일)에도 벌어지지만, 가장 성대하기는 백중일(百中日 : 7월 15일)이다. 백중(百種백종이라고도 한다)은 여름철의 농사일을 마무리 하는 절기로서 그동안 농사일에 지친 일꾼이나 머슴들을 위로하는 명절이다. 씨름은 이들 젊은이들이 서로의 힘을 과시할 수 있는 기회인 동시에 마을 사람들에게는 훌륭한 볼거리가 되었다. 그래서 씨름판은 언제나 성황을 이루었고, 지금까지도 각광받는 민속놀이로 그 맥을 이어 오고 있다.

〈씨름〉

바. 지신밟기

지신밟기는 곳에 따라서 '매귀(埋鬼)' 또는 '매구'라고 하며, 농악과는 다르다. 정초(正初)에서 상원(上元)사이에 행하여지며 지신(地神)을 위로함으로서 안택초복(安宅招福)을 기원하는 제의적(祭儀的)성격을 가진 민속놀이이다.

이 놀이의 구성은 행렬의 맨 앞에 농기(農旗)나 영기(令旗) 등의 깃발이 서고, 그 뒤에는 풍물패가 풍물을 울리면서 따라간다. 풍물패 다음에는 사대부(士大夫), 구대진사(九代進士), 포수 등의 잡색패가 따르는데 사대부나 구대진사는 관, 담뱃대, 수염 등으로 점잖은 양반 차림의 분장을 하고, 포수는 망태기에 죽은 꿩이나 족제비 가죽 등을 달고 목총으로 분장한다.

매구패는 맨 먼저 마을의 서낭당에 가서 서낭제를 지내고, 그 다음에 집집마다 돌면서 지신밟기 놀이를 한다. 먼저 지신밟기를 할 집의 대문 앞에 가서 상쇠가 풍물을 치면서 "주인 주인, 문 여소. 복 들어가요 문 여소."라고 한다. 주인이 대문을 열어 주면 마당에 들어간 일행은 '마당놀이'를 한바탕 한 후에 성주, 부엌, 광, 우물, 뒤곁, 장독, 변소 등을 돌아다니면서 지신을 밟아 주는데 이 때 상쇠가 각각의 거리에 맞는 노래를 부르기도 한다. 집주인은 풍물패에게 술이나 떡 등의 음식물을 대접하고 돈과 곡식으로 사례하는데, 이 돈과 곡식은 모아서 마을의 공동 기금으로 적립한 뒤 지역사회의 공익사업에 쓴다.

다음은 경남 진주시 금산면에서 필자가 1991년 9월에 채록한 지신밟기 노래이다.

(대문간에 가서)

어허라 도신아 지신 붊자 도신아
눈 크고 발 큰놈 물알로 보내고
돈 지고 금 진놈 이 살빡가로 다 딜어오소

(대청에 가서)

성주야	성주야	성주본이	오디고
경상도	안동땅에	제비원에	솔씨 받아
소평대평	던졌더니	낮이며는	연기를 쐬고
밤이며는	밤이슬 맞고	소부동이	되었구나
소부동이	자라나서	대부동이	되었구나
앞집에	수대목아	뒷집에	김대목아
야하밑에	역군들아	수산 올라	솔을 베어
금강산	칡을 뜯어	어그장철그장	베어다가
이집 성주	본을 받아	초가삼간	집을 짓고
이집 지은	3년 만에	아들이 나면	소자가 나고
딸이 나면	열녀 나고	소가 나면	황소 나고
말이 나면	용마 나고	개나 나면	청삽살 나고
댁히 나면	봉닥 나고	새가 나거던	말 잘하는
앵무새	나거라	에라 만수	대신이야

(부엌에서)

어허라	조왕신	지신 붋자	조왕신
천년이나	울리주소	만년이나	울리주소
어허라	청룡아	지신 붋자	청룡아
천년이나	울리주소	만년이나	울리주소

(장독에 가서)

어허라	장독아	지신 붋자	장독아
디장 간장	섯백이	고이장은	맵아서
사시사철	담아주소		

(우물가에서)

동래 울산에	참새미	어허 그새미	물 좋네
먹고 나서	또 나서	먹고 씨고	남아서
장장수 되어	돌아왔다		

(고방에 가서)

어허라	두껍아	지신볿자	뚜껍아
천석이나	재에주소	만석이나	재에주소
억만석을	재에주소	그만하면	제일이지

〈지신밟기〉

2. 부녀자 놀이

가. 그네뛰기

그네뛰기는 남자들의 씨름과 더불어 단오절의 대표적인 놀이다. 지방에 따라 '근의', '근데', '군데', '군디', '근듸' 등 여러 가지 명칭이 있는데, 주로 여성들이 즐기는 놀이라고 하지만, 청소년들의 놀이기도 하였다.

그네는 한자(漢字)로는 '추천(鞦韆)'이라고 하는데, 고려 고종(高宗) 때 최충헌(崔忠獻), 최이(崔怡) 부자(父子)가 가끔 궁전 뜰이나 자신들의 저택 정원에서 호화로운 추천희(鞦韆戱)를 거행하였다고 한다. 또 같은 고종 때의 유학자들이 지었다는 '한림별곡(翰林別曲)'의 1절에 추천(鞦韆)에 관한 노래가 있고, 『동국세시기(東國歲時記)』를 비롯한 각종 세시기에도 그네에 대한 기록이 전한다.

그네의 줄은 새끼로 만드는 것이 보통이지만, 색실이나 노를 꼬아 만들기도 하는데 이 줄을 동네 근처에 있는 큰 나무의 적당한 가지에 매어 놓고 마을사람들이 수시로 나와서 뛰게 하였다. 이렇게 자연수목(自然樹木)에 매는 것이 보통이지만, 인공적으로 장대를 세워 매기도 하는데 경연대회는 대개 가설된 그네에서 행하게 된다. 5월 5일 단오절의 경연대회를 위해 마을에서는 4월 8일을 전후하여 그네를 매고 한 달 가량 연습을 하였다고 한다.

경연의 방법으로는 다음과 같은 것들이 있다.

① 그네를 매어둔 앞쪽에 나뭇가지나 꽃가지를 목표물로 세워놓고 그것을 발로 차거나 입에 무는 방법.

② 그네 앞에 장대를 세우고 그 꼭대기에 방울을 매달아 그 방울을 발로 차서 방울소리의 크기로 승부를 겨루는 방법과, 방울의 높이를 점점 높여 가면서 마지막까지 방울을 차는 사람이 이기는 방법.

③ 그네 발판 밑에 줄자를 달아 가장 높이 올라간 사람을 승자로 하는 방법.

그네의 기원에 대해서는 자세히 알려지지 않고 있으나, 중국의 문헌에 의하면 원래 북방 새외민족(塞外民族)의 놀이였던 것이 춘추시대(春秋時

〈그네〉

代)에 제국(諸國)을 거쳐 중국에 유입되어 궁중에서 호화롭게 거행되었다고 한다.

우리나라의 경우 고려시대에는 궁중 내지 상류층에서 추천희(鞦韆戱)가 성행하였으나, 조선왕조 시대에는 왕궁이나 상층계급에서는 이를 멀리하게 되었다고 한다. 그 까닭은 여인들의 행동이 제한적이었던 유교적 봉건사회의 정서에 맞지 않았기 때문일 것이다.

나. 널뛰기

널뛰기는 전국적인 분포를 보이고 있는 정초 부녀자들의 대표적인 놀이였지만, 추석이나 단오에도 젊은 부녀자들의 운동을 겸한 놀이로 전승되어 왔다.

이 놀이는 두툼하고 긴 널빤지를 준비하여 그 중심이 되는 곳에 짚단이나 가마니 같은 것을 뭉쳐서 괴어 놓는다. 그리고 양쪽에 한 사람씩 올라가서 한사람이 공중으로 뛰어올랐다가 내려오는 힘의 반동으로 상대방이 뛰어 오르는 행위를 반복하는 놀이인 것이다.

널뛰기의 유래에 대해서는 상고(詳考)할 자료가 없으나 전설에 의하면, 높은 담장 저편에 갇힌 옥중(獄中)의 남편을 보려는 아내가 다른 수인(囚人)의 아내를 꾀어 둘이서 이 놀이를 하면서 그리운 남편의 얼굴을 볼 수 있었다고 한다. 그런가하면 항상 담 안에 갇힌 몸이었던 과거 사회의 여인들이 이 놀이를 창안하여 높이 올라갔을 때 담장 밖의 세상을 살피고, 외간 남자의 모습을 엿보기 위해 이 놀이를 하였다고 하지만 어디까지나 전설일 뿐이다.

널뛰기는 서양의 시소(seesaw)와 어느 면에서 비슷하지만 피차의 교류 내지 연관성을 찾기는 어려우며, 유구의 판무희(板舞戱)라는 것이 우리나라의 널뛰기와 흡사했다고 한다. 고려시대 서로간의 교통이 비교적 빈번하였다는 점을 고려한다면 우리나라의 널뛰기가 유구로 전파된 것이 아닌

가도 생각된다.

속설(俗說)에 처녀 시절에 널을 뛰지 않으면 시집을 가서 아이를 못 낳고, 정초에 널뛰기를 하면 일 년 내내 가시에 찔리지 않는다는 말도 전하고 있다.

다. 강강술래

강강술래는 전남의 해안지방과 도서지방에서 전승되는 여성들의 집단놀이로서 달 밝은 밤에 마을 부녀자들이 일정한 장소에 모여 노래하고 춤을 추면서 노는 율동적인 놀이이다.

수십 명의 부녀자들이 밝은 달빛 아래서 서로 손을 맞잡고 둥글게 원형으로 서서 서로 손을 맞잡고 빙빙 도는 놀이이다. 이 때 목청 좋은 여성이 맨 앞이나, 원형을 이룬 대열의 한복판에 서서 앞소리를 매기면 나머지 사람들은 "강강수월래"라는 후렴을 합창한다. 시작할 때는 매김소리가 느리고 춤도 느리게 추다가 점점 앞소리가 빨라지고 "강강수월래"라는 후렴과 춤 동작도 빨라진다. 이 놀이는 피곤하면 쉬어가면서 밤늦도록 계속하며, 사람의 숫자가 많으면 여러 패로 나누어 놀기도 한다. 선후창 형식으로 되어 있는 노래의 앞소리[先唱선창]는 지방이나 창자(唱者)에 따라 매우 다양하지만 받는 소리[後唱후창]는 모두 "강강수월래"로 동일하다.

강강술래는 고대사회에서 제천의식이 끝나고 마을 사람들이 함께 어우러져 놀면서 서로 손을 맞잡고 뛰놀던 원시 춤의 형태에서 발전한 놀이라는 견해가 많고, 놀이의 명칭은 '강강수월래'라는 후렴에서 비롯된 것으로 보는 주장이 많다.

'강강수월래'라는 말은 별다른 뜻이 없는 후렴구라고 하는 주장과 의미가 있는 구절이라고 하는 두 가지 주장이 있다. 그 의미에 대해서도 첫 번째 해석은 한자(漢字)로 '강강수월래(强彊水越來)' 즉 "힘세고 강한 왜적이 바다를 건너오니" 경각심을 높이라는 뜻이라고 한다. 두 번째 해석은 '강강'은 순수한 '주위(周圍=원)'이라는 뜻을 가진 방언이며, '수월래'는 '술래' 즉 순라(巡邏)에서 온 말로서 '강강수월래'라는 말은 주위를 경계하라는 뜻이라고 한다. 후렴구를 뜻이 있는 구절이라고 볼 때, 이 놀이는 단순한 놀이가 아니라 외적의 침입에 대한 경각심을 고취시고 경계를 늦추지 말라는 의미를 담고 있는 것이다.

〈강강술래〉

라. 놋다리밟기

'놋다리밟기'는 정월 보름날 밤에 경북 안동지방에서 행하여지던 부녀자들의 놀이로서 '동교(銅橋)', '기와밟기', '인다리[人橋인교]' 등으로 불린다.

놀이의 방법은 맨 앞에는 '창립(創笠)'이라 하여 자손을 많이 둔 50~60세 되는 할머니들이 서고, 그 다음에는 '장년'이라 하여 30~40대의 부인들이 따른다. '장년' 뒤에는 수십 명의 젊은 아낙네들과 처녀들이 일렬종대로 앞사람의 허리를 두 팔로 감아쥐고 엎드려 긴 다리를 만드는데 이것을 '놋다리'라고 한다. 놋다리를 만든 다음에는 그 위에 공주로 뽑힌 소녀가 걸어가게 하는데, 이 때 줄의 좌우에서 소녀의 손을 잡아 중심을 잃지 않게 한다. 공주가 놋다리 위를 걸어 갈 때 앞에 있는 창립과 장년들이 앞소리를 매기면 나머지 사람들은 제창을 하면서 밤새도록 즐긴다.

이 놀이는 지방에 따라 노는 방법이 약간씩 달랐다.

어떤 지방에서는 놋다리를 만든 다음 맨 뒤에 있는 사람부터 한 명씩 순서대로 놋다리 위를 건너게 한다. 그 사람이 맨 앞에 이르면 내려와 그 자리에서 허리를 굽혀 다시 놋다리를 만드는 식으로 해서 놋다리가 연속적으로 이어지며 놀이도 계속된다.

또 어떤 지방에서는 부녀자들이 남북 양쪽으로 편을 갈라 앞의 설명과 같은 방법으로 다리를 빨리 건너는 내기를 한다. 이 내기가 끝나면 공주를 목말에 태우고 서로 밀고 넘어뜨리기를 하기도 한다. 그러면서 밤이 깊도록 노래를 부르며 놀았는데 다양한 가사의 노래가 전하고 있다. 그 중 하나를 소개하면 다음과 같다.

※ 놋다리밟기 노래

그 어데서 손이 왔노	경상도서 손이 왔네
몇 대간을 밟고 왔노	쉰대간을 밟고 왔네
무슨 옷을 입고 왔노	철갑옷을 입고 왔네
무슨 갓을 쓰고 왔노	몽당갓을 쓰고 왔네
무슨 갓끈 달고 왔노	수정갓끈 달고 왔네
무슨 망건 쓰고 왔노	외올망건 쓰고 왔네
무슨 풍잠 달고 왔노	호박풍잠 달고 왔네
무슨 창을 입고 왔노	남의창을 입고 왔네
무슨 띠를 띠고 왔노	관디띠를 띠고 왔네
무슨 버선 신고 왔노	타래버선 신고 왔네
무슨 신을 신고 왓노	목파래를 신고 왔네
무슨 반에 밥을 주노	재주반에 차려 주네

놋다리밟기를 『동국세시기(東國歲時記)』에는 다음과 같이 기록하고 있다.

"안동 풍속에는 마을 여자들과 노약자들까지 밤에 떼를 지어 성 밖에 나가서 물고기를 길이로 죽 꿴 형상으로 앞뒤로 길게 늘어 엎드린다. 그리고 한 어린 소녀 아이가 엎드린 여자들의 등 위로 걸어갈 때 좌우에서 부

> 축하여 준다. 계집아이는 그 위를 왔다 갔다 하면서 마치 다리를 걷는 것 같이 한다. 그리고 그 여자애는 '이것이 무슨 다리요?' 하고 선창을 하면 엎드린 사람들이 모두 '청계산 놋다리[銅橋동교]요' 라고 한다. 이렇게 큰길을 따라 동서로 왔다 갔다 하다가 밤이 샌 뒤에야 그친다."
>
> (安東俗村女老弱成羣夜出城外魚貫伏行後前相續連亘不絶令一幼女子
> 안 동 속 촌 여 로 약 성 군 야 출 성 외 어 관 복 행 후 전 상 속 연 긍 부 절 령 일 유 여 자
> 步行其上左右扶液唱喏來往約踏橋狀女兒先唱曰是何橋伏者齊應曰淸
> 보 행 기 상 좌 우 부 액 창 야 래 왕 약 답 교 상 여 아 선 창 왈 시 하 교 복 자 제 응 왈 청
> 溪山銅橋遵大路而或東或西達宵而止)
> 계 산 동 교 준 대 로 이 혹 동 혹 서 달 소 이 지

또한 놋다리밟기와 관련하여 안동 지방에서는 다음과 같은 설화가 전하고 있다.

> 지금으로부터 6백여 년 전 고려 31대 공민왕(352~1374)이 왕비인 노국공주와 함께 안동지방에 피난 왔을 때, 그 고을 백성들은 남녀노소가 총출동하여 왕 일행을 영접하였다. 이 때 안동으로 들어오는 시내에는 물이 흐르고 있었기 때문에 고을의 원은 정성을 다하여 정중히 맞아들이기 위해 젊은 부녀자들로 하여금 그 시내 위에 일렬로 늘어 엎드리게 하여 '사람다리[人橋인교]'를 놓고 노국공주를 지나가게 하였다고 한다.
>
> 그 후 이 고을 부녀자들은 당시를 기념하기 위하여 새해 명절인 정월 대보름날 밤을 택하여 이 놋다리밟기를 하여 왔고, 그 후 하나의 연중행사가 되었다.

3. 남녀 공통의 어른들 놀이

가. 윷놀이

윷은 '척사(擲柶)'라고 하며 우리나라의 전통 민속놀이로서 남녀노소 누구나 즐기는 고유의 독특한 놀이이다.

윷가락의 종류는 '장작윷'(윷가락 길이 15cm내외)과 '밤윷'(윷가락 길이 2~3cm) 두 종류가 있다.

놀이의 방법은 네 개가 다 엎어지면 다섯 발을 가는 모[馬마], 네 개가 다 젖혀지면 윷[牛우]으로 네 발을 간다. 세 개가 젖혀지고 한 개가 엎어지면 걸[羊양]로서 세 발, 두 개가 엎어지고 두 개가 젖혀지면 개[犬견]로서 두 발을 가고, 3개가 엎어지고 1개가 젖혀지면 도[豚돈]로서 한 발을 간다. 윷판의 말 한 마리를 한 동, 두 마리를 두 동 이라고 하는데 넉 동이 먼저 나야 이긴다. 윷가락을 던져서 모나 윷이 나면 계속 던질 수 있고, 상대방의 말을 잡았을 때도 한 번 더 던진다. 말이 잡히면 그 때까지 갔던 길이 전부 무효가 되고 새로 시작해야 된다.

또 자기 말이 두 개 겹치면 업고 뛸 수가 있다. 세 개나 네 개가 겹쳐도 마찬가지다.

밤윷은 영남지방에서 주로 전승되는데, 놀이판으로 멍석을 이용하는 경우가 많다. 멍석의 중간 부분에 선을 긋고, 이 쪽 끝부분에서 반대편을 향해 윷가락을 던진다. 윷가락은 그냥 던지는 것이 아니라 장종지에 넣고 뿌리는데 일정지역(멍석)을 벗어나면 '낙'이라고 하여 무효가 된다. 그 외의 놀이방법은 모두 같다.

윷놀이에서 이기기 위해서는 윷가락을 잘 던져 자기가 의도하는 것이 나오도록 하는 것도 중요하지만 말을 잘 쓰는 것도 대단히 중요하다.

윷놀이의 실제적 예를 들어보면 가장 빠르게 이기는 길은 4모, 윷, 걸이 나면 단번에 이긴다. 모가 4번이니 4개를 업은 뒤, 걸이 있었으니 방(중앙)으로 가서 윷으로 나 버리니까 넉동이 난 것이다.

가장 빠른 길은 앞의 예처럼 자기 말이 모의 자리에 갈 수 있도록 하고 거기서 '방'에 이르러 '참먹이'로 빠지는 것이 되고, 그 다음은 '뒷모'자리에서 '참먹이'로 가는 것과 '모'자리에서 '속윷' 쪽으로 나가는 거리는 같고, 모의 자리나 뒷모자리를 모두 지나 버리면 가장 먼 길을 돌아야 한다.

말이 가는 길은 모두 4가지인데 요약해 보면 다음과 같다.

① 입구 → 모 → 방 → 참먹이

② 입구 → 모 → 속윷 → 참먹이

③ 입구 → 뒷모 → 참먹이

④ 완전히 한 바퀴 도는 경우

한편 『경도잡지(京都雜誌)』 권(券)2 <세시(歲時)>조에는 설날 윷을 던져서 점치는 풍속을 소개하고 있는데 세 번을 던져서 짝을 지어 64괘의 요사(繇辭)로 길흉을 표시하고 있다.

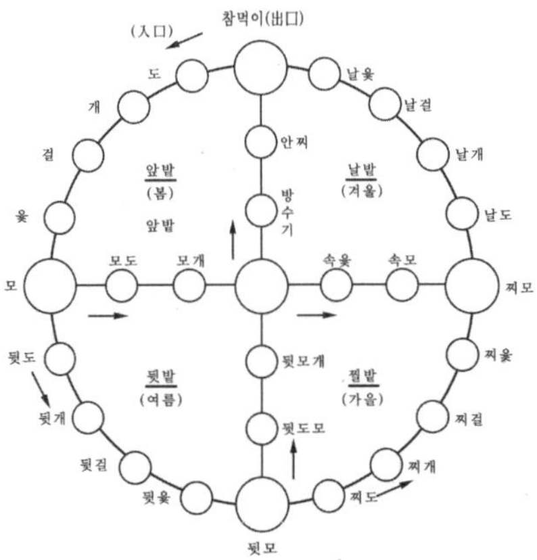

〈윷판과 윷놀이〉

나. 다리밟기[踏橋답교]

정월 대보름 밤에 남녀노소를 가리지 않고 많은 사람들이 개천, 또는 강의 다리 위를 끝에서 끝까지 왔다 갔다 하면서 노는 놀이인데, '답교(踏橋)놀이'라고도 한다.

홍석모(洪錫謨)의 『동국세시기(東國歲時記)』 정월(正月) <상원(上元)>조에는 다리밟기에 대하여 다음과 같이 기록하고 있다.

> 온 장안 남녀들이 저녁 종소리를 들으려고 열운가(閱雲街)의 종각(鐘閣)으로 모여든다. 종소리를 듣고 흩어진 사람들은 다리를 찾아가서 밤을 새워가며 산책을 하여 행렬이 끊어지지 않는다. 이것을 답교(踏橋 : 다리밟기)라 한다. 혹자가 말하기를 교를 우리말로 하면 다리로서 다리를 밟으면

일년동안 다리에 병이 생기지 않는다는 풍습이 있다. …(중략)… 이수광의 지봉유설에는 보름날 밤 답교놀이는 전조(前朝=고려조) 때부터 비롯된 것으로, 그 풍속이 태평성대에는 매우 성행하여 남녀가 밤을 새워가며 그치지 않았다.

(都人士女傾城而出聽夕鐘於閱雲街鍾閣散至諸橋往來達夜不絶謂之踏
도 인 사 녀 경 성 이 출 청 석 종 어 열 운 가 종 각 산 지 제 교 왕 래 달 야 부 절 위 지 답

橋或云橋方　言與脚同釋音俗說如是則終年無脚疾......(중략)......李晬光
교 혹 운 교 방　언 여 각 동 석 음 속 설 여 시 즉 종 년 무 각 질　이 수 광

芝峯類說云上元踏橋之 戲始自前朝在平時甚盛士女騈闐達夜不止)
지 봉 유 설 운 상 원 답 교 지 희 시 자 전 조 재 평 시 심 성 사 녀 병 전 달 야 부 지

<다리밟기[踏橋(답교)]>

유득공(柳得恭 1749~?)이 서울의 문물제도(文物制度)와 풍속과 행사를 기술한 『경도잡지(京都雜誌)』에도 위의 내용과 같은 기록이 있고, 김매순(金邁淳 1776~1840)의 『열양세시기(洌陽歲時記)』(서울의 년중행사를 기술한 책)에도 다리밟기에 관한 다음과 같은 기록이 있다.

보름날 저녁에 열두 다리(橋)를 건너면 열두 달 동안의 액을 막는 것이라 하여 재상(宰相)과 귀인(貴人)으로부터 촌의 서민에 이르기까지 늙고 병든 사람 외에는 나오지 않는 이가 없다.

(上元夜踏過十二橋謂之度盡十二月厄自卿宰貴人以至委巷庶民除老病
상 원 야 답 과 십 이 교 위 지 도 진 십 이 월 액 자 경 재 귀 인 이 지 위 항 서 민 제 노 병

外無不畢)
외 무 불 필

위의 기록을 보면 고려 때에도 답교놀이는 서울지방(특히 광교와 수표교)에서 남녀노소 귀천을 가리지 않고 성행하였음을 알 수 있는데, 다리를 밟으면 사람 다리에 병이 나지 않고 일 년 동안의 액(厄)을 막을 수 있다는 주술적 속신(俗信)은 '다리'[橋교]와 '다리'[脚각]의 우리말 발음이 같다는 데서 온 '유감사고'라고 볼 수 있다

지금까지 소개한 우리의 전통 놀이는 극히 일부분에 불과하다.

놀이는 사람이 사는 곳이면 어디든지 자연발생적(自然發生的)으로 반드시 있기 마련이다. 우리 민족도 이 땅에서 반만년이란 긴 세월을 살아왔기 때문에 그 놀이의 수도 헤아릴 수 없이 많았을 것이다. 그러나 일제강점기(日帝强占期)를 거치고, 광복과 더불어 서양(西洋)의 문물이 들어오면서 우리의 전통문화가 자취를 감추었고, 삶의 모습이 서구화(西歐化)되면서 우리 본래의 모습은 점차 사라져 가고 있는 것이 오늘의 현실이다.

아이들의 놀이도 서구적인 학교 교육으로 말미암아 우리 고유의 전통적 놀이는 하나 둘 사라지고 서양식 놀이가 판을 치니 안타까운 일이 아닐 수 없다. 지금부터라도 잊혀져가는 우리의 전통 민속놀이를 되살려 전승(傳承)·발전(發展)시켜 나가는 것이 우리 것에 대한 진정한 가치부여(價値附與)라고 본다. '가장 한국적(韓國的)인 것이 가장 세계적(世界的)'이란 말의 의미를 다시 한 번 되새겨 보아야 할 때이다.

제 8 장

민속문학과 민속극

Ⅰ. 민속문학의 개념

민속문학이란 서민들 사이에서 구비전승되는 문학을 말한다.

기록문학이 문자를 통해서 기록물로 전달되는 문학이라고 한다면 민속문학은 입을 통해서 구연(口演)되는 문학을 말하며 기록문학이 지식층(知識層)의 문학이라고 한다면 민속문학은 서민층(庶民層)의 문학이라 할 수 있다. 민속문학을 다른 말로는 '구비문학(口碑文學)', '구전문학(口傳文學)', '민속문예(民俗文藝)', '민간문학(民間文學)', '적층문학(積層文學)', '표박문학(漂迫文學)'이라고도 한다. 이들 용어는 모두 민속문학이 갖는 특성을 살려서 붙여진 명칭이다. 구전문학(口傳文學)과 구비문학(口碑文學)은 표현수단이 말이기 때문에 그렇게 붙인 것이고, 민속문학과 민간문학은 향유층이 서민대중이며 그들의 삶을 다루었기 때문에 붙여진 이름이다. 적층문학(積層文學)은 그것이 수백 년 동안 누적되어온 문학적 유산이란 의미가 강하고, 표박문학(漂迫文學)이란 유동성이 강한 특징 때문에 붙인 이름이다.

민속문학의 갈래는 크게 보면, 설화, 민요, 무가, 판소리, 민속극, 속담. 수수께끼, 금기어, 길조어까지 매우 다양한데 여기서는 대표적인 민속문학이라 할 수 있는 설화, 민요, 무가, 판소리 등을 살펴보고자 한다.

Ⅱ. 민속문학의 갈래

1. 설화(說話)

설화는 글자 그대로 '이야기'를 뜻하지만 일상생활을 하면서, 신변에 일어난 잡다한 이야기나 어떤 사실을 그대로 전달하는 이야기는 아니다. 설화는 꾸며낸 이야기로서, 일정한 구조를 가진 '옛날이야기'라야 한다.

설화는 '이야기하는 사람[話者화자]'과 그 '이야기를 듣는사람[聽者청자]' 사이에서 존재한다. 화자(話者)는 화소(話素)라고 하는 이야기의 핵심을 기억하고 있다가, 실제로 이야기할 때는 화자의 입담에 따라서 늘 다르게 구연(口演)하는 특징이 있다. 그렇기 때문에 동일한 두 편의 설화는 현실적으로 존재하지 않는다. 또 설화는 그 설화를 창작한 원작자를 알 수 없으며 구전의 과정에서 그 내용이 첨삭되고 윤색되는 변화를 거친다. 따라서 설화에는 민족의 정서가 잘 반영되어 있는 민족공동의 서사문학이다.

설화는 신화(神話)·전설(傳說)·민담(民譚)의 세 갈래로 분류되는데 이들을 확연히 구분 짓기는 곤란하다. 왜냐하면 설화는 신화, 전설, 민담 중 어느 한 가지 특징만 갖는 작품은 드물고 대다수의 작품들은 복합적요소를 갖고 있기 때문이다. 그러나 이들은 대체적으로 다음과 같은 차이가 있다.

가. 신화(神話)

신화는 신(神)에 관한 이야기, 자연현상이나 사회현상을 설명하는 이야기, 신성시(神聖視)되는 이야기 등을 말하는데, 그 종류는 다음과 같다.

먼저 우주가 어떻게 만들어졌는가를 설명하는 천지창조(天地創造) 신화와 나라의 건국을 설명하는 건국(建國)신화, 성씨의 출발을 밝히는 시조(始祖)신화, 마을의 기원을 밝히는 동신(洞神)신화 등을 들 수 있고 서사무가(敍事巫歌)와 관련된 무속(巫俗)신화도 있다.

그런가하면 구전(口傳)신화와 문헌(文獻)신화로 구분 짓기도 한다. 구전신화는 말 그대로 구비 전승되는 신화를 말하며, 무당이 굿을 할 때 부르는 서사무가라든지, 마을의 당신화(堂神話)가 여기에 해당된다. 문헌신화는 처음에는 구전설화였으나 일찍이 문헌에 수록되어 전해 오는 신화로서『삼국유사(三國遺事)』,『삼국사기(三國史記)』,『제왕운기(帝王韻紀)』,『동국여지승람(東國輿地勝覽)』,『고려사(高麗史)』,『세종실록지리지(世宗實錄地理志)』등에 실려 있는 건국신화나 시조신화를 들 수 있다.

문헌에 수록되어 있는 건국(建國)신화의 주인공 탄생을 살펴보면 동명왕(東明王), 혁거세(赫居世), 수로왕(首露王) 등은 하늘에서 내려오는데, 그것은 인간생명의 근원을 하늘에 두고 있는 천생관(天生觀)의 표현이다. 반면에 삼성혈(三姓穴)신화의 주인공이나 견훤은 땅을 생명의 근원처로 삼은 지생관(地生觀)의 설화적 표현이라 하겠다.

신화는 민족의 사상, 문화, 역사를 모두 담고 있는 매우 응축력이 강한 설화이기 때문에 신화에 담겨진 세계관을 발견하는 일은 민족의 자기 발견에 해당된다고 하겠다.

나. 전설(傳說)

전설은 전승자가 진실(眞實)하다고 믿고 있으며 실제로 있었다고 주장한다.

구체적인 시간(時間)과 장소(場所)가 제시되며 가시적인 증거물(證據物)도 있다. 전설은 인간의 좌절된 의지나 비극적 상황을 말하는 경우가 많고 그 증거물은 지역적 범위를 갖는다.

전설의 주인공은 보통사람보다 뛰어난 인물이 등장하지만 이야기의 결말은 그 인물의 탁월성과는 정반대로 좌절하거나 실패하는 쪽으로 끝나고 마는데, '아기장수 전설'이나 '오장군 전설' 등이 그 보기이다. 아기장수는 태어나면서부터 비범한 능력을 갖고 있지만 그 능력을 발휘하지도 못한 채 관군이나 부모의 손에 죽고 만다. 오장군 역시 전쟁이 끝나서 자신이 할 일이 없자 말과 화살을 경주 시키고, 말이 화살보다 늦은 줄 알고 말을 죽여 버리지만 그것이 자신의 실수였다는 것을 알고 자결하고 만다.

전설은 전승장소(傳承場所)·발생목적(發生目的)·설화대상(說話對象)에 따라 다음과 같이 분류할 수 있다.

전승장소에 따라서는 지역적 전설(地域的傳說)과 이주적 전설(移住的傳說)로 나눈다. 지역적 전설은 어떤 지역에서 옛날에 일어났으리라고 믿어지는 사실을 설명하는 것으로서, 지리적 특징(特徵)이나 명칭의 유래(由來), 습관의 기원(起源) 등을 이야기한다. 이주적 전설은 같은 줄거리를 가진 이야기가 여러 곳에서 발견되는 전설이다. '장자못 전설', '축성 전설', '아기장수바위 전설' 등이 여기에 해당된다.

두 번째로 발생 목적에 따른 분류는 설명적(說明的) 전설, 역사적(歷史的) 전설, 신앙적(信仰的) 전설로 나누어 볼 수 있다. 설명적 전설은 지리상의 특징, 자연 현상, 특수한 습관, 어느 지역 동식물의 특수한 형상, 산이나 바위의 생김새 등을 소박한 지식으로 설명한다. 설명적 민담과 혼동하기도 하지만 설명적 전설은 특정지역에 국한되는 구체성(具體性)을 갖는다. 역사적 전설은 역사적 사건에 대한 기초지식이 있는 사람이 그 사건의 내용들을 이야기하는 전설을 말하는데, 유명·무명의 영웅이 등장하기도 한다. 야담(野談)·야사(野史) 등이 모두 여기에 해당된다. 신앙적 전설은 민간신앙을 기초로 하여 성립된 전설로 정도령의 재림을 믿는다든지, 금기(禁忌)를 가르쳐 주는 전설 등이 여기에 해당된다.

마지막으로 설화대상에 따른 분류는 국내 여러 학자들이 시도한 바가 많았는데, 전설의 대상이 무엇이냐에 따라 매우 다양한 분류를 하고 있다.

전설은 역사적 사실을 바탕으로 구성하거나, 그 진실성을 강조하기 위해 역사와 결합하기도 하는데 그 상관관계는 다음의 몇 가지 경우로 구분해서 생각해 볼 수 있다.

① 역사가 있었고, 그 흔적이 남아 있으며, 전설도 있다.
② 역사가 있었으나, 그 흔적이 소멸되고, 전설만 남아 있다.
③ 역사가 있었고, 그 흔적도 남아 있는데, 전설은 없다.
④ 역사가 없고, 그 흔적도 없는데, 전설만 있다.
⑤ 역사가 희미하고, 그 흔적도 희미한데, 전설은 무성하고 강력하다.

전설은 그 자체로서 민속학의 중요영역이지만 다른 분야와 밀접한 연관성을 가진다는 점에서 또 다른 민속학적 성격을 지닌다. 다시 말하면 전설은 역사적 사실만 근거로 해서 생성되는 것이 아니라 민속적 사실을 토대로 하여 생성되거나 민속적 사실을 설명하는 목적으로 생성 전승되기도 하기 때문이다. 이를테면 첫날밤 '신방 지키기'를 하는 유래라든지 정월 대보름에 '놋다리 밟기'를 하게 된 내력을 설명하거나, 해산 후에 미역국을 먹는 까닭을 설명하는 전설은 이들 민속을 이해하는데 중요한 자료가 된다.

다. 민담(民譚)

민담은 신성성이나 증거물이 중요하지 않은 이야기이다. 따라서 시간이나 공간도 이야기하는 사람이 막연하게 설정한다. 서두 부분에서부터 구체적인 시간과 장소의 제시가 없이 "옛날 옛적 호랑이 담배 먹던 시절에 어느 깊은 산골에…" 라는 식으로 이야기가 시작된다. 주인공 역시 신격자(神格者)나 영웅적 인물이 아닌 평범한 사람이거나, 경우에 따라서는 바보스러운 인물이 등장하지만 전설의 주인공처럼 실패하거나 좌절하지 않는다. 주인공이 특별한 난관에 부딪히는 경우가 있어도 천우신조(天佑神助)나

우연한 행운으로 그런 어려움을 극복하고 행복한 결말로 이어지는 낙천적(樂天的)인 줄거리를 갖는다.

민담 구조의 특징은 서두(序頭)와 결말(結末)이 공식화(公式化)된 구조이며 동일한 말이나 내용이 반복되는 특징도 있다. 뿐만 아니라 상황이나 인물의 성격을 설정함에 있어서도 선과 악, 부자와 가난뱅이, 남자와 여자, 크고 작고, 하는 식의 대립양상을 띠고 있다.

민담의 분류는 어떻게 분류기준을 설정하느냐에 따라서 달라질 수 있는데 동물담(動物譚)·본격담(本格譚)·소화(笑話)의 3분법이 일반적이다.

동물담은 동물유래담, 본격동물담, 동물우화로 세분할 수 있다. 동물유래담은 동물의 생김새, 동물의 습성, 동물의 명칭 등을 설명하고, 본격동물담은 동물에게 인간적 속성을 부여하여 의인화한다. 동물우화는 직관적 통찰에 의해 동물에게 일정한 유형을 부여한 뒤 동물의 행동을 통해 도덕적, 교훈적 내용을 전한다.

본격담(本格譚)은 구체적인 내용을 갖춘 이야기로서 주인공의 언행을 통해 이야기가 전개되는데, 현실담과 공상담으로 분류하기도 한다.

소화(笑話)는 현실성이 없는 엉터리 이야기인 과장담(誇張譚)이 있고, 남의 행동을 흉내내다가 실패하는 모방담(模倣譚)이 있으며, 바보들의 실수를 소재로 한 치우담(癡愚譚)과 거짓말이나 지혜로 상대방을 골탕 먹이는 사기담(詐欺譚)이 있다.

민담의 주인공들은 대개 서민층이거나 그 이하의 인물들이지만 좌절이나 패배가 없이 결국 승리하는 인물로 그려지고 있다. 그 이유는 민담이 인간의 능력을 긍정하며, 모든 현실적인 문제를 낙관적으로 받아들이려는 태도를 지니고 있기 때문이다. 뿐만 아니라 늘 억압받고 지배받는 계층의 인물이 승리한다는 것은 민중의 잠재된 소망을 이야기 속에서나마 성취함으로써 대리만족(代理滿足)을 취하고자 하는 염원의 발로라 하겠다.

민담의 형식을 도식화 해보면

발단('옛날 옛적에…') → 전개('하루는 …' : 구체적 시간과 장소에서 주인

공의 활동 시작) → 결말('그리하여 …' : 행복한 결말)
로 구성되어 있다.

민담은 흥미와 함께 진실성을 지니고 있는 이야기이다. 도깨비도 진실 앞에서는 머리를 숙이고 거짓에는 반항한다. 혹을 뗀 노인은 진정에서 우러나오는 노래를 불렀지만 혹 붙인 노인은 탐욕에 찬 계산에 의해 노래를 불렀기 때문에 진실은 이미 결여되고 말았던 것이다. 민담의 진실성은 널리 인정되고 있는 것이지만 매우 준엄하다.

※ 신화·전설·민담의 비교

항 목	신 화	전 설	민 담
전승자의 태도	진실되고 신성한 것으로 인식	진실되다고 믿고 실제로 있었다고 주장	신성성과 진실성을 인식하지 않고 흥미위주
시간과 장소	태초의 특별하고 신성한 장소와 시간	구체적으로 제한된 시간과 장소	대개 뚜렷한 시간과 장소가 없음
증거물	매우 포괄적임(하늘과 땅, 국가와 민족 등)	특정한 증거물(자연물·인공물·인물 등)	증거물이 없거나 있어도 아주 포괄적임
주인공	신(神) 중심[신격자(神格者)]	구체적이고 역사적인 인물	일상적인 인물이나 동물
주인공의 행위	신적인 능력 발휘	예기치 못한 사태에 좌절하는 인물	평범한 인물이지만 언제나 승리자
세계관	종교적인 숭고함	운명론적 비극성	희극적이고 낙천적
전승의 범위	민족적(씨족·부족)	증거물이 인정되는 범위	범세계적, 범민족적
문학적 가치	민담에 비하여 문학성이 낮음	문학성이 전혀 없는 것도 있음	·문학성이 가장 높음

2. 민요(民謠)

가. 민요의 특징

민요는 서민대중들 사이에서 자연발생적으로 불렸던 노래를 총칭한다. 그들은 생활상의 필요와 삶을 윤택하게 하기 위해 민요를 불렀다. 그것은 '노래'가 아니라 '소리'라는 표현이 어울릴 정도로 생활과 밀착해 있었다. 민요는 다른 민속문학과 마찬가지로 개인의 창작물이 아니라 민중들의 공동작(共同作)이며, 그 속에는 민족의 정서가 진솔하게 표현되어 있다. 서민들은 노동을 하면서 노동요(勞動謠)를 불렀고, 의식을 거행하면서 의식요(儀式謠)를 불렀으며, 놀이를 할 때는 유희요(遊戲謠)를 불렀던 것이다.

민요는 민속이며 음악인 동시에 문학이다. 민속으로서의 민요는 구비전승의 하나로서 생업, 세시풍속, 놀이 등을 통해서 생활과 밀접한 관련을 맺고 있었다. 민요는 집단적인 행위를 하면서 부르는 경우가 많았던 점이 구비전승의 다른 영역과 구별된다. 음악으로서의 민요는 일반민중이 즐기는 민속음악에 속하는 창악(唱樂)이되 전문적인 수련을 필요로 하지 않는다. 문학으로서의 민요는 구비문학의 한 영역이면서 일정한 율격을 지닌 단형시(短形詩)이다.

나. 민요의 분류

민요는 그 기능에 따라 기능요와 비기능요로 나눌 수 있다. 기능요는 노동요, 의식요, 유희요로 다시 세분할 수 있다. 다른 한편으로는 그 민요를 구연하는 계층이나 성별에 따라 성인요와 아동요로 나눌 수도 있고, 남요와 부요로 나눌 수도 있다. 부르는 방식에 따라서는 선후창, 교환창, 합창, 독창으로 나눈다. 여기서는 민요의 기능에 따라서 그 특징을 살펴보고자 한다.

① 노동요

노동요는 말 그대로 작업을 하면서 부르는 민요를 말한다. 노동요를 부른 까닭은 일의 피로함이나 지루함을 덜기 위해서였고, 어떤 민요는 노동하는 사람들의 호흡과 동작을 맞추기 위해서도 불렀다. 노동요를 다른 말로는 '작업요'라고도 하고 '일소리' 라고도 하는데, 기능요 가운데 그 작품성이 뛰어나고 수적으로도 가장 많은 분량을 차지한다. 노동요는 노동의 성격에 따라 다음과 같이 분류할 수 있다.

- 농업노동요 : 보리타작소리, 모심기소리, 김매기소리 등
- 어업노동요 : 그물 당기는 소리, 멸치 후리기 소리 등
- 길쌈노동요 : 물레소리, 삼삼기 소리, 베틀노래 등
- 토목노동요 : 망깨소리, 달구소리, 목도소리 등

이 외에도 방아를 찧을 때 부르는 방아소리, 맷돌소리가 있고 나무꾼이 산에서 나무할 때 부르는 어사용 등, 노동요는 노동의 종류만큼이나 다양하다.

참고로 경상남도 무형문화재 17호로 지정된 거창의 '삼베일 소리' 일부를 소개하면 다음과 같다.

〈삼밭 매기 소리〉

이내 밭골　　어서매고　　님의 밭골　　질러 매세
임의 밭골　　매는 뜻은　　굼뜻 묵고　　질러 매네
한골 매고　　두골매고　　삼사골을　　어여 매고
배 고파서　　우는 애기　　젖먹이로　　어여 가세
삼대 같이　　짓은 밭을　　한골 매고　　두골 매고
천석만석　　부쳐묵기　　풍년이나　　들어주소

\- 생략 -

〈삼잎치기 소리〉

사래 질고　　광넓은 밭에　　삼잎 치는　　저 처녀야
삼잎은　　제쳐 놓고　　내 품안에　　잠들거라
잠들기는　　애럽잖으나　　삼잎 치기가　　정 어렵소

처자 이름은 그 머심이뇨 내 이름은 둥구각씨
총각 이름은 그 머심이뇨 내 이름은 강태분이
처자 집은 그 어데미뇨 저 건네라 저 솔밭 밑에
아래채도 서른두칸 위채도 서른두칸
열두 대문 달린 집이 열고 닫기가 자미나요

- 생략 -

〈삼삼기 소리〉

이 삼삼아 옷해 입고 무덤산에 놀로 가세
칠월인가 팔월인가 벌초군이 만발했네
잠아 잠아 묵어나면 칠월 질삼 묵어난다
칠월질삼 묵어나면 말도 많고 숭도 많다
다 죽거라 다 죽거라 삼씨장수 다 죽거라
이삼 저삼 삼을 적에 두 무릎이 다 불켰네
유월칠월 짧은 밤에 단잠을랑 다 못자고
전지다리 앞에 놓고 자불기는 웬일인고

- 생략 -

〈물레 소리〉

물레야 빙빙 니 돌아라 물레야 빙빙 니 돌아라
삼을 잣자 삼을 잣자 물레야 빙빙 니 돌아라
쌍가락에 티를 미와 드르렁드르렁 삼 잘 잣는다
잣는 삼가락 떼여갖고 도로롱도로롱 돌곶에다
왕대죽신 외마디에 다라랑다라랑 돌림가락
와라랑와라랑 돌고돌아 실젖떼기가 되었구나

- 생략 -

〈베짜기 소리〉

월궁에 노든 선녀 지하에 나리 서니
할 일이 전혀 없어 베틀을 놀나 하니
베틀 낭기 전혀 업서 하늘이라 짓을 달아
달 가운데 계수나무 옥도끼로 찍어내여
금도끼로 다듬어서 베틀 낭글 내였으데
베틀 놓을 대목 없어 한양이라 짓을 달아
대궐 짓던 도대목을 거위 한상 다리다가
베틀 낭글 내였으데 베틀 놓을 자리 없어

좌우산천	둘러보니	옥낭강이	비였구나
옥낭강에	베틀 좌여	베나 한틀	짜여볼까
베틀다리	사형제는	줄줄이도	늘어섰고
천자옥자	바친 듯이	안질개를	도덤 놓고
그 위에	안진양은	만발짜	자우로다
몰캐라	하는 양은	기생 죽은	넋이 론가
비단 공단을	감아낸다		

\- 생략 -

〈베짜기와 삼삼기〉

② 의식요(儀式謠)

의식이란 사람이 일상생활을 해나가는 가운데 겪어야 하는 여러 가지 절차를 말하는데, 이와 같은 의식을 거행하면서 거기에 맞는 노래를 불렀다. 의식요의 성립은 언어(言語)가 주술적(呪術的)인 힘을 갖고 있기 때문에, 인간과 영적 존재인 귀신이나 영혼 사이의 의사교환(意思交換) 수단(手段)이라고 보는데서 출발한다. 의식요의 노랫말은 노동요에 비해 단순하고, 문학적인 가치도 다소 떨어지며 세시풍속이나 통과의례와 깊은 관련을 맺고 있다.

의식요 가운데 세시풍속과 관계있는 민요는 서낭굿을 할 때 부르는 '당산풀이'와 지신밟기요(성주풀이, 조왕풀이 등)가 있다. 그리고 상례(喪禮)와 관련된 상여소리, 달구소리, 회다지소리 등이 대표적인 의식요라고 할 수 있을 것이다.

참고로 필자가 조사한 경남 밀양시 단장면 법흥리의 당산풀이와 성주풀이를 소개하면 다음과 같다.

〈당산풀이〉

비나이다 비나이다　　당산님께 비나이다
일년삼백 육십오일　　다달이 드는 액살
하루같이 막아주소
정월이라 드는 액은　　보름날로 막아주소
이월이라 드는 액은　　한식으로 막아주소
삼월이라 드는 액은　　삼짇날로 막아주소
사월이라 드는 액은　　초파일로 막아주소
오월이라 드는 액은　　오월 단오로 막아주소
유월이라 드는 액은　　유월 유두로 막아주소
칠월이라 드는 액은　　칠월 칠석으로 막아주소
팔월이라 드는 액은　　추석으로 막아주소
구월이라 드는 액은　　구월 중구로 막아주소
시월이라 드는 액은　　시월 천마로 막아주소
동짓달이라 드는 액은　　동지 동지로 막아주소
섣달이라 드는 액은　　그믐 제석으로 막아주소
비나이다 비나이다　　당산님께 비나이다
드는 액을 막아주고　　오는 복을 받아주소

〈성주풀이〉

여루 여루 지신아　　지신 밟아 눌리자
천년성주 만년성주　　성주근본 알아보자
성주부친은 계화부요　　성주모친은 옥실부인
옥실부인 거동보소　　년간이 삼십인데
일점혈육 전혀없어　　불공이나 들여보자
명산대천 올라거서　　사면을 살펴보니
산도 좋고 물도좋고　　백일기도 올려보자
한달 가고 두달 가니　　온집안이 화초로다
세월이 여루하여　　십삭이 잠깐이라
십삭이 지나가니　　귀동자가 탄생하네

은자동아 금자동아	칠지동산 보배동아
은을 준들 너를 사랴	금을 준들 너를 사랴
잡귀잡신은 물러가	만복은 이리로

상여소리는 지방에 따라 내용이 매우 다양하지만 어느 것이나 인간 생사(生死)의 본질(本質)을 드러내고 있고, 그 가락은 공통적으로 구성지고 슬프다. 그 명칭도 '향두가', '향도가', '상두가', '상여소리', '생이소리', '만가', '하직소리', '회심가' 등으로 노랫말만큼이나 다양하다.

참고로 경남 거창지역의 상여소리와 달구소리를 『한국구비문학대계』에서 옮겨보면 다음과 같다.

〈상여소리〉

너너 너화넘차 너화홍

황천 길이 머다더니	대문 밖이 황천이네
후산 남녀 노소 없이	평안히 잘 있었소
먼저 가고 나제 가지	안갈 사람이 그 누구요
이 질 한분 떠나가만	언제 다시오나

(후렴 : 너너 너화호와 너화넘차 너화홍)

〈달구노래〉

어어룩 달귀여

산지조정은 곤륜산이요	수지조종은 황해수라
팔도강산 명산지운이	이 무덤으로 옮겨든다
잔데기는 집을 삼고	흙으로는 밥을 삼네
바람을 벗을 삼고	나 혼자서 누웠구나

(후렴 : 어어룩 달귀여)

③ 유희요

유희요는 놀이와 관련된 민요인데, 놀이의 흥을 돋우거나, 호흡을 맞추는 기능을 한다. 강강술래, 놋다리밟기, 줄다리기, 윷놀이, 널뛰기, 그네뛰기, 대문놀이 등 민속놀이에 따른 노래가 있는가 하면, 놀이와는 관계없이 말이나 숫자 등을 해학적(諧謔的)으로 풀이해서 부르는 언어유희요도 있다.

이외에도 '타령'이라고 해서 해학적이고 풍자적(諷刺的)인 세상살이를 노래한 오락성을 지닌 민요도 유희요에 포함시킬 수 있을 것이다.

참고로 필자가 어렸을 때 들었던 경남 남해지방의 '꿩타령'과 '그네노래'를 소개하면 다음과 같다.

〈꿩타령〉

껄껄 장서방
제엔네(장인네) 집에 간께
뭣뭣 주던고
앵감(망개)도 과실인디
과실 한 개 안주데
메리치(멸치)도 수엔디(수어인데)
괴기(고기) 한마리 안주데
- 해학적 유희요 -

〈그네노래〉

수천당 삼오신 남게
둘이 뛰자고 근데(그네)를 매여
임이 타면 내가 밀고
내가 타며는 임이 밀어
임아 임아 줄 살살 밀어라
줄 떨어지며는 정 떨어진다.

지금까지 민요를 그 기능에 따라 살펴보았다. 기능요를 생활의 필요에 의해 불렀다고 한다면, 비기능요는 노래자체의 즐거움 때문에 불렀던 것이다. 유희요 가운데 '타령' 류(類)나 어희요(語戱謠)도 따지고 보면 일정한 기능이 없기 때문에 비기능요의 범주에 넣을 수 있을 것이다. 그리고 처음에는 기능요였으나 세월이 흐르면서 비기능요로 바뀐 것들도 매우 많은데, 모내기소리나, 김매기소리, 길쌈소리, 베틀노래 등이 바로 그런 민요들이다. 왜냐하면 지금은 이런 노동들이 사람의 손을 벗어나 모두 기계화되었기 때문에 노동의 현장에서 이런 민요를 구연할 기회가 없어지고 민요도 그 기능을 상실하게 되었다.

3. 판소리

판소리도 구비전승물(口碑傳承物)인 까닭에 특정한 개인 창작물이 아니라 오랜 세월 동안 민중들의 역량이 결집된 공동작의 문학이다. 판소리는 소리꾼 한사람이 모든 배역을 고수의 장단에 맞추어 담당한다.

판소리는 '창(唱=노래)'을 중심으로 '너름새'와 '아니리' 그리고 고수와 청중의 '추임새'로 구성되어 있다.

'창'은 말할 것도 없이 판소리의 중심이 되는 음악적(音樂的) 요소이며, '아니리'는 판소리의 극적 상황변화나 시간의 경과, 작중 등장인물의 대화(對話), 심리묘사, 독백 등을 이야기 형식으로 표현하며 소리꾼에게 휴식(休息)을 주는 구실을 한다. '너름새'는 일종의 몸동작으로 손에 부채나 손수건을 들고 몸짓을 하는 동작(動作)을 말하며, '추임새'는 "얼씨구" "좋다" 등으로 광대를 격려하거나 판의 흥(興)을 돋우면서 창자와 청중을 하나로 묶는 기능을 한다.

판소리의 창법은 평조(平調)·우조(羽調)·계면조(界面調)의 세 가지가 있다.

'평조'는 온화하고 평온한 느낌을 주는 기본(基本) 악조(樂調)이고, '우조'는 강건하고 장중한 맛을 내는 남성적(男性的) 악조이며, '계면조'는 화려하고 다양한 기교를 부리는 애잔하고 처절한 여성적(女性的) 악조이다.

판소리의 장단으로는 진양조·중모리·중중모리·자진모리·휘모리·엇모리·엇중모리 등이 있다.

'진양조' 는 느린 장단으로 사설의 극적 상황이 한가하고 이완되어 서정적(抒情的)인 장면에 많이 쓰인다. '중모리'는 보통 빠른 장단으로 사설의 극적 상황이 서정적인 장면이나, 서술(敍述)하는 대목에 많이 쓰인다. '중중모리'는 사설의 극적 상황이 춤을 추거나 통곡하는 장면에 많이 쓰인다. '자진모리'는 빠른 장단으로 어떤 일을 길게 서술하거나 나열하는 대목 또는 어떤 일이 길게 벌어지는 대목에 많이 쓰인다. 긴박한 극적(劇的) 장면에 많이 쓰인다. '휘모리'는 매우 빠른 장단으로 사설의 극적 상황이 매우 분주하게 벌어지는 대목에 쓰인다. 엇모리는 사설의 극적 상황이 신비(神秘)한 인물의 거동이나 신비한 장면에 쓰인다. '엇중모리'는 판소리의 뒷풀이에 많이 쓰이는 보통(普通) 빠른 장단을 말한다.

한편 판소리의 유파는 동편제(東便制)·서편제(西便制)·중고제(中高制)로 나누어진다. '동편제'는 기교보다는 힘을 위주로 하는 남성적인 우조가 사용된다. 섬진강을 중심으로 하여 전라도 동(東)쪽인 남원, 운봉, 구례, 순창 등지의 유파인데 송흥록(宋興祿)을 시조로 한다.

서편제는 섬진강을 중심으로 전라도 서(西)쪽 지방인 광주, 나주, 보성 등지의 유파로 여성적인 계면조가 사용된다. 그 가락이 애원·처절한데 박유전(朴裕全)을 시조로 한다.

중고제는 경기, 충청지역에서 불려졌으며, 염계달(廉季達)과 모흥갑(牟興甲)을 시조로 한다. 창법은 동편제와 서편제의 중간 형태로 알려지고 있다.

역사적 문헌에 의하면 판소리는 <춘향가>, <심청가>, <흥보가>, <수궁가>, <적벽가>, <변강쇠타령>, <장끼타령>, <배비장타령>, <옹고집타령>, <강릉매화타령>, <왈짜타령>, <가짜신선타령> 등 열두 마당이 있었다고 하는데, 이 열두 마당 가운데서 지금까지 대본이 남아 있는 것은 <춘향가>, <심청가>, <흥보가>, <수궁가>, <적벽가> 등 다섯 편으로 이선우의 『5가전집(五歌全集)』에 수록되어 있다.

이 외에도 신재효의 판소리 사설집에 <변강쇠가>가 실려 있고, 고대소설로 전하고 있는 <배비장전>, <옹고집전>, <장끼전>이 있다. 판소리 12마당의 내용을 간략하게 소개하면 다음과 같다.

(1) 춘향가(春香歌) : 남원 부사(府使)의 아들 이몽룡과 퇴기(退妓) 월매의 딸 춘향의 로맨스를 엮은 것으로 여자의 절개와 진실한 사랑을 중심으로 다루었다. 양반관료사회의 모순을 지적하고, 인권유린사상을 뿌리 뽑아 서민층의 인권을 옹호하는 내용이다.

(2) 심청가(沈淸歌) : 황주(黃州) 도화동(桃花洞)에 사는 맹인 심학구(沈鶴九)의 무남독녀 심청의 효심을 다룬 것이다. 아버지의 눈을 소생시키고자 공양미 300석에 몸을 팔아, 스스로 인당수(印塘水)에 몸을 던졌으나 환생하여 왕후까지 되고, 아버지의 눈을 뜨게 하였다는 지극한 효도를 내용으로 하고 있다.

(3) 흥보가(興甫歌) : 흥부가(興夫歌)라고도 한다. 착한 사람은 흥하고, 악한 사람은 망한다는 권선징악을 우화적으로 꾸민 판소리로 형제간의 우애정신을 내용으로 한다.

(4) 수궁가(水宮歌) : 토끼타령 · 토별가라고도 한다. 토끼와 자라의 슬기와 행동을 통해 인간성의 부족을 풍자하는 재치와 충성의 내용이다.

(5) 적벽가(赤壁歌) : 화용도(華容道)타령이라고도 한다. 위(魏) · 촉한(蜀漢) · 오(吳) 3국의 정립에 따르는 갈등 · 전략 · 지략(誌略) · 권모술수 · 군웅들의 성격과 풍모 · 대륙의 인정(人情)과 생활 등 방대한 내용을 담고 있다. 매우 어려운 곡이므로 널리 일반화되지 못하고 있다.

(6) 변강쇠타령 : 횡부가(橫負歌) · 가루지기타령이라고도 한다. 변강쇠가 장승 하나를 패서 군불을 땐 죄로 장승같이 두 눈을 부릅뜨고 죽는다. 젊은 아내는 치상(治喪)의 도움을 얻을 계략으로 청산에서 곡을 하였더니, 중 · 초라니 · 풍각쟁이들이 차례로 걸려들어 변강쇠의 송장을 처리하다가 도리어 송장에 딱 붙어 떨어지지 않는다는 외설적이고 풍자적 내용의 판소리이다.

(7) 장끼타령 : 엄동설한에 배를 주린 장끼가 까투리와 함께 넓은 들에 내려와 붉은 콩 한 알을 발견하였다. 아내의 말리는 말을 듣지 않고 그 콩을 쪼아 먹으려다 덫에 치어 죽는다는 내용이다.

(8) 배비장타령 : 여색에 곧기로 자부하던 배비장이 제주도에서 기생에게 반하여 계집이 요구하는 대로 자기상투를 베어주고, 앞니 하나를 빼어준다는 익살스러운 내용이다.

(9) 옹고집타령 : 인색한 옹고집의 버릇을 고쳐주려고 대사(大師)가 꾀를 내어 짚으로 옹고집과 분별할 수 없는 똑같은 허수아비를 만들어 서로 진짜 옹고집이라고 다투는 장면을 그린 내용이다.

(10) 강릉매화타령 : 사랑하는 기생이 죽었다는 거짓말을 듣고 정신을 잃은 사람이 저녁 때 자기 방으로 들어온 매화를 죽은 혼으로 믿고, 다음날 굿판에서 나체 춤을 추다가 망신을 당하는 골생원의 이야기 이다.

(11) 왈자타령(曰字打令) : 무숙이타령이라고도 한다. 왈짜(건달)인 김무숙이가 의양이라는 기생과 살림을 차렸으나, 여전히 방탕한 생활을 한다. 이에 의양은 본처와 가족, 그리고 주변 사람들과 공모하여 무숙이를 경제적 궁핍에 빠뜨려서 개과천선 시킨다는 내용이다.

(12) 가짜신선타령 : 어리석은 자가 산신이 되려고 금강산을 찾아 들어가 한 노선(老禪)한테서 천일주와 복숭아 등을 받아먹으면서 속는다는 내용이다.

4. 무가(巫歌)

무가는 무(巫)에 의해서 굿이라고 하는 무속제의(巫俗祭儀)의 현장에서 부르는 전문 집단의 구비전승물이다. 따라서 무가의 특징은 주술적(呪術的)이며 신(神)과 인간과의 대화라는 점에서는 신성성(神聖性)을 갖는다. 전승(傳承)의 범위도 무(巫)라고 하는 특정 집단에 제한되어 있고, 그 기능은 신을 즐겁게 하기 위한 오신적(娛神的)요소와 함께 굿에 참여하는 사람들에게는 재미를 제공하는 이중적 요소를 겸비하고 있다.

무가의 형성은 고대 부족사회의 제천의식에서 '오신(娛神)', '축원(祝願)',

'신(神)본풀이'에서 싹텄을 것으로 생각되는데, 무의 기능이 축소됨에 따라, 무가의 내용도 변모하였으리라 생각된다.

무가는 언어의 기능적인 측면에서 '청배(請拜)', '공수', '축원(祝願)', '오신(娛神)' 등으로 나누어진다.

청배는 신의 내림을 비는 무가로 사제자(司祭者)인 무당이 신에게 하는 언어로 되어 있다. 서사무가(敍事巫歌) · 서두축원(序頭祝願) · 각신청배(各神請拜) 등이 여기에 속한다.

공수는 강림한 신이 인간을 향하여 잘못을 꾸짖거나 재수와 복록 등을 약속하는 것으로서 신이 화자(話者)로 되어 있다. 축원이나 청배가 극존칭으로 서술되는데 반해 공수는 '해라'체로 되어 있다.

축원은 인간이 신에게 소원을 비는 무가로 소원의 종류에 따라 또는 신의 성격에 따라 여러 종류의 무가가 있다.

오신은 신과 인간이 서로 어울려 유대를 강화하고 신을 즐겁게 하여 인간의 소망을 달성하려는 목적에서 구연(口演)된다.

무가는 제의의 성격에 따라 기복제무가(祈福祭巫歌) · 사령제무가(死靈祭巫歌) · 치병제무가(治病祭巫歌) · 무신제무가(巫神祭巫歌)로 분류되기도 한다.

기복제 무가는 축원굿 · 경사굿 · 재수굿 · 대동굿 · 별신굿 등에서 구연된다. 재담이나 흥겨운 노래가 많고, 제석신 · 성주신 · 조상신 등 재수와 복록, 생산을 관장하는 신(神)거리가 확장되어 있다.

사령제 무가는 망묵이굿 · 씻김굿 · 오귀굿(오구굿) · 지노귀굿 등의 무속제의에서 구연된다. 망자의 넋을 위로하고 달래는 넋풀이, 저승신인 사자(使者)거리 등의 비중이 크다.

치병제 무가는 병굿에서 구연되며 주술적 경문(經文)이 비교적 많이 삽입되어 있다.

무신제 무가는 내림굿이나 꽃놀이굿, 단풍맞이굿 등 무당이 모신 신을 위하여 거행되는 무속제의(巫俗祭儀)에서 구연되는 무가이다.

한편 문학적 관점에서 무가를 분류하면 서사무가(敍事巫歌)·희곡무가(戱曲巫歌)·교술무가(敎述巫歌)·서정무가(抒情巫歌)로 나누어진다.

서사무가는 무속신화로서 청배의 기능을 가지고 있다. 그러나 지역에 따라서 청배의 기능이 약화되고 무속서사시로서 무가의 문학적 내용 전달에 중점을 두어 청중의 흥미를 끌기도 한다. 동해안 지역에서 전승되는 '심청굿무가'와 '바리데기' 등이 그 좋은 예이다. 우리나라의 서사무가 가운데 가장 대표적인 '제석본풀이'와 '바리공주'는 전국적인 전승양상을 보이고 있다. 그 밖에 호남지역에는 '장자풀이'와 '칠성풀이', 동해안 지역에는 '심청', 제주도에는 '세경본풀이'와 '천지왕본풀이' 등이 전승되고 있다.

희곡무가는 이른바 '굿놀이'에서 구연되는 것으로 무극(巫劇)의 대본(臺本)적인 성격을 가진다. 경기도 양주의 '소놀이굿', 동해안 지역의 '거리굿'과 '도리강관원놀이', 제주도 지역의 '세경놀이'와 '영감놀이' 등이 대표적인 희곡무가이다.

교술무가는 축원무가라고도 하는데 무가의 대부분이 여기에 속한다. '지두서(指頭書)', '조상(祖上)해원풀이', '성주축원', '망자풀이' 등이 있다.

서정무가는 오신무가로서의 기능을 가지며, 각 굿거리의 유흥대목에서 구연된다. '노랫가락', '창부타령', '대감타령' 등이 있다. (참고 : 『韓國民族文化大百科事典』)

Ⅲ. 민속극(民俗劇)

우리 민족의 민속극은 오랜 역사를 갖고 있는데 원시사회의 제천의식에서 그 기원을 찾을 수 있지만, 양적으로는 지극히 빈약한 수준이었다. 향유계층도 식자층이나 상류층에게는 외면당한 채, 서민들의 오락적 관상대상(觀賞對象)으로서 존재해 왔다. 우리의 민속극을 심우성(沈雨晟)은 들놀음·오광대놀이·산대놀이·해서(海西)탈춤·남사당놀이·꼭두각시놀음으로 분류하고 있는데 그 개략(槪略)을 살피면 다음과 같다.

1. 들놀음[野遊야류]

들판이나 시장의 공터에서 연희되는 들놀음은 지금부터 약 200여년 전 좌수영 수사(水使)가 합천 초계의 대광대패를 데려다가 연출시킨 것에서 비롯되었다고 하는데, '야류(野遊)'라고도 한다.

현재까지 전해지고 있는 들놀음으로는 '동래들놀음(중요무형문화재 18호)'과 '수영들놀음(중요무형문화재 43호)' 두 종류만 전하고 있다.

동래들놀음은 모두 4과장으로 구성되어 있는데 그 줄거리는 다음과 같다.

① 문둥이과장 : 평상복을 입은 문둥이 둘이 흰 수건을 머리에 동여매고, 한 다리는 걷어 올린 채 왼손에는 소고를, 오른손에는 소고채를 들고, 두 팔로 얼굴을 가리고 굿거리장단과 함께 등장한다. 얼굴을 가렸던 팔을 내리고 굿거리장단에 맞추어 춤을 추며 자빠지기도 하고 누워서 뒹굴기도 한다.

② 양반과장 : 원양반·차양반·모양반·넷째양반·종가집 도령이 말뚝이를 데리고 굿거리장단에 맞추어 우쭐거리면서 나와 함께 어울려 덧뵈기춤을 한바탕 춘다. 그런 뒤에 원양반이 먼저 "응마 캥캥하는 소리에 잠을 이루지 못하여 나왔다" 하면서 양반들끼리 한마디씩 말뚝이를 불러댄다. 그때 말뚝이가 등장하여 자기 근본을 말하는데, 5대조까지 거슬러 올라가면서 벼슬을 들고 자기는 그 후손이라고 뽐낸다. 그러자 원양반이 "과거 날짜가 임박했는데 노새 준비는 하지 않고 싸다니기만 하느냐?"고 꾸짖는다. 말뚝이는 익살맞게 서울 시내의 각 동네와 팔도의 유명한 여덟 고을의 이름을 청산유수같이 멋들어지게 지껄여댄다. "한 곳에 당도하니 한 미인이 말뚝이를 보고 기뻐서 맞아들이므로 좋아서 보니까 대부인 마누라였다"라고 하며 양반을 모욕한다.

③ 영노과장 : 양반이 거리를 지나가는데 어디서 이상한 소리가 나서 돌아보니 동물 같기도 하고 사람 같기도 한 괴상한 것이 있으므로 "네가 무엇이냐?"고 묻는다. 괴상한 것이 "나는 모든 것을 잡아먹는 영노라는 존재인데 양반 99명을 잡아먹었으므로 너 하나 잡아먹으면 100명이 된다. 그러면 하늘에 올라가게 된다."고 대답한다. 양반이 이 말을 듣고 내심으로는 놀라며 "나는 양반이 아니다"라고 한다. 영노는 "그러면 무엇이냐?"고 하니, 양반은 "나는 똥이다."라고 한다. 영노가 "똥은 더 잘 먹는다."고 하자 양반은 "개다", "돼지다", "소다" 하면서 사람이 아니라고 한다. 이렇게 양반은 영노에게 온갖 수모를 다 받는다.

④ 할미・영감과장 : 할미와 영감이 오랫동안 살다가 어느 때 영감이 집을 나가 돌아오지 않으므로 할미는 영감을 찾으려고 팔도강산을 돌아다닌다. 집을 나간 영감은 그 동안 첩을 얻어서 갖은 재미를 다 보고 지낸다. 할미는 어느 마을에서 쉬고 있다가 그곳에서 영감을 만난다. 영감이 그동안 첩을 얻었다는 말을 하고 '제대각시'를 불러 인사를 시킨다. 영감과 제대각시가 정분이 좋은 것을 보고 할미가 샘이 나서 언쟁이 벌어지는데, 처첩간의 다툼을 본 영감이 그만 홧병으로 죽는다.

2. 오광대놀이

낙동강을 중심으로 하여 주로 서쪽에 분포되어 있는 오광대놀이는 현재 '통영오광대놀이(중요무형문화재 6호)', '고성오광대놀이(중요무형문화재 7호)', '가산오광대놀이(중요무형문화재 73호)', '진주오광대놀이(경상남도 무형문화재 27호)', '가락오광대놀이' 등이 전하고 있다.

지금까지 알려진 바에 의하면 오광대놀이는 낙동강 상류지역인 경남 합천 초계 밤미리에서 비롯된 탈놀음의 한 분파로 보고 있는데, 경상남도 사천군 축동면 가산리에 전승되는 '가산오광대의' 극본 내용을 각 과장별로 요약하면 다음과 같다.

① 제1과장 오방신장무(五方神將舞) : 중앙의 황제장군을 중심으로 사방(四

方)신장이 제자리에서 춤을 춘다. 이 과장은 고사(告祀)에 해당된다.

② **제2과장 영노**: 영노(탈의 모양은 사자와 같음)가 춤을 추며 등장하여 '비-비-'소리를 내며 무대를 돌아다닌다. 영노는 춤추고 있던 신장들을 차례로 물어 퇴장시키고 황제장군만 남는다. 영노가 황제장군을 잡아 먹으려 하면 황제장군은 쫓기면서 영노가 잘 먹는 물건을 들먹이다가 드디어 잡혀 먹힌다. 이때 포수가 등장하여 영노에게 총을 겨눈다. 영노는 포수와 대치하여 승강이를 하다가 포수의 총에 맞아 쓰러진다.

③ **제3과장 문둥이**: 문둥이의 비참한 생활상을 표현한 장면으로 입・코・눈・귀・팔・다리 등이 심히 상한 문둥이 5명이 등장하여 장단에 맞춰 처량한 병신춤을 춘다. 우두머리 문둥이의 지휘에 따라 '장타령'도 하고, 둘러앉아서 이를 잡기도 한다. 이들은 부잣집 잔치에 가서 술을 많이 얻어먹은뒤 투전놀이를 시작한다. 투전불림을 하며 즐기다가 서로 속임수라 하며 싸운다. 손님하는(천연두 앓는) 아이를 업은 병신 어딩이가 투전판에 개평을 청하자 도문둥이가 발로 차서 쓰러뜨린다. 어딩이는 화가 나서 순검에게 고발한다. 순검이 와서 병신들을 꾸짖으니 그들이 용서를 빈다. 순검이 타이르고 퇴장한다. 어딩이가 다시 개평을 청하자 도문둥이가 나무라며 때린다. 어딩이의 고발로 순검이 다시 와서 모두 묶어가지고 퇴장한다. (한국가면극 대사에 장타령과 투전불림이 삽입되는 곳은 가산오광대와 진주오광대 뿐이다.)

일자나 한 장 들고 보니
일일송송 화송송 밤중샛별이 완연했다. 품바 품바
이자나 한 장 들고 보니
이등저등 북을치고 행노기생이 춤을춘다. 품바 품바
삼자나 한 장 들고 보니
삼한에 실령 도실령 광대 중에는 어른이다. 품바 품바
사자나 한 장 들고 보니
사간천장관운장 적토마를 빌려타고 와룡선생 찾아간다. 품바 품바
오자나 한 장 들고 보니
이말로 오신사또 오륜을 살피시오. 품바 품바
육자나 한 장 들고 보니
육관대사 성진이가 팔선녀 데리고 희롱한다. 품바 품바
칠자나 한 장 들고 보니

파랑파랑 파랑새야 녹두꽃에 앉지마라 품바 품바
녹두꽃이 떨어지면 청포장수 울고 간다. 품바 품바
구자나 한 장 들고 보니
구곡에 학이되어 임계신데 가고져. 품바 품바
장자나 한 장 들고 보니
키크고 늙은 중놈이 아랫목에 똥싸 놓고
윗목으로 기어가며 안쌌다고 떼를 쓴다. 품바 품바

\- 장타령 -

④ 제4과장 말뚝이 : 양반을 모독하는 말뚝이의 재담장(才談場)으로 양반이 두 아들을 데리고 나와서 춤을 추는데, 하인인 말뚝이가 들어와 문안을 드리고는 "생원님을 찾노라고 방방곡곡을 편답하다가 미나리꽝 뒷골목 둘쨋집 돼지 막 위에서 죽을 먹노라고 훌쩍 훌쩍합디다." 하고는 또다시 "자세히 쳐다보니 새안님 마누라가 분명하기에 이내 말뚝이가 배[腹복]우에 더덩실 싣고 둥둥캥캥." 이라고 하며 상전을 희롱한다. 이어 말뚝이는 외설스러운 말로 양반의 신분을 야유하면 양반은 이에 맞서 양반의 지체와 재주를 자랑하다가 함께 춤을 추며 퇴장한다.

⑤ 제5과장 중 : 파계승(破戒僧)의 장으로 소무(小巫)가 '서울애기'를 데리고 들어와서 춤을 추는데 상좌(上佐)가 노장을 모시고 등장한다. 노장이 서울애기를 유혹하여 업고 달아난다. 말뚝이에게 잡혀 온 노장은 매를 맞고 양반에게 꾸지람을 들은 뒤에 '음양타령'을 부르며, 삿갓, 염주, 죽장을 차례로 던지고는 마지막으로 썼던 가면까지 벗고 여러 가지 단가를 부르며 속화(俗化) 한다. 경우에 따라서는 소리꾼이 뛰어들기도 한다.

⑥ 제6과장 할미・영감 : 영감과 할미(본처)와 서울애기(첩)사이의 애정적 삼각관계를 표현한 장면으로, 할미가 궁둥이 춤을 추면서 등장하면 마당쇠(아들)가 뒤따라 들어오면서 외설스런 대화를 주고받는다. 할미가 물레질을 하는데 옹생원(봉사・신장수)이 와서 외상값을 청하며 할미를 희롱한다. 마당쇠가 옹생원이 준 돈으로 과자를 사먹고 배앓이를 하니 의원이 와서 침을 놓아 고친다. 영감이 서울애기를 데리고 들어와서 마당쇠를 시켜 할미에게 인사를 시키는데 할미는 여러 번 거절하다가 마침내 서울애기를 용납한다. 옹생원이 또 신 값을 받으러 온다. 영감이 재산을 분배하는데 좋은 것은 모두 첩에게 주려 하자 할미는

반발한다. 영감이 홧김에 가장집물(家藏什物)을 부수다가 동티로 기절한다. 옹생원을 불러다가 괘를 빼고 독경하였으나 효험이 없어 죽는다. 무당들이 나와서 오구굿을 한다. 이상으로 6마당의 연희가 끝나면 연희자와 관중이 어울려 가무(歌舞)하는 판굿을 벌인다.

<오광대놀이>

3. 산대놀이

산대놀이는 중부 지방에 분포되어 있는 탈놀음으로 '산대도감극(山臺 都監劇)'의 줄인 명칭인데, '산대도가놀이', '산디도감', '산대놀이', '산두나례도감' 등의 이름으로 불렸다.

그런데 학자에 따라서는 산대도감놀이와 산대놀이는 구별되는 것으로, 민중의 놀이였던 산대놀이를 관(官)에서 공적필요(公的必要)를 충용키 위해 산탈꾼들을 한곳에 모아놓은 것이 산대도감이라고 주장하기도 한다.

오늘날 산대극이라고 하면 서울을 중심으로 한 '양주별산대놀이'와 '송파산대놀이'를 말하며 산대극은 애오개, 퇴계원, 의정부 등에서도 놀았던 것으로 전해지고 있다. 특히 경기도 양주군 주내면 유양리의 산대놀이를 '별산대'라 부르는데 그렇게 부르는 까닭은 애오개나 녹번, 사직골의 본산대(本山臺)에 대칭되기 때문이라고 한다. 양주에 사는 이을축이란 사람이 서울의 사직골 '딱딱이패'로부터 산대놀이를 배워서 양주 땅에 정착 · 속화(俗化)시킨 것이 바로 양주별산대라고 한다.

양주별산대놀이와 송파산대놀이의 차이점은 양주별산대놀이가 관원 · 관노놀이의 성격이 짙은 반면, 송파 산대놀이는 상역지(商易地)에 성행하였던 탈꾼패놀이의 성격이 농후하다. 중요무형문화재 제2호인 '양주별산대놀이'의 내용을 간략히 소개하면 다음과 같다.

① 상좌마당 : 염불장단의 거드름춤으로 상좌들이 사방(四方)에 고하는 의식무.
② 옴중마당 : 옴중이 어린 상좌에게 희롱당하는 장면.
③ 먹중마당 : 먹중들이 놀이판에서 옴중에게 매를 맞고 같이 수선을 부리는 장면.
④ 연잎 · 눈끔적이마당 : 연잎과 눈끔적이가 놀이판에 나왔다가 풍악소리를 듣고 어울려 춤추는 장면.
⑤ 팔먹중 마당
첫째거리 : 염불놀이
둘째거리 : 침놀이
셋째거리 : 애사당 버꾸놀이
⑥ 노장마당
첫째거리 : 먹중놀이
둘째거리 : 소무놀이
셋째거리 : 원숭이놀이
넷째거리 : 취발이놀이
⑦ 샌님마당
첫째거리 : 말뚝이놀이
둘째거리 : 포도부장놀이
⑧ 신할아비 · 미얄할미 마당

한편 송파산대놀이는 1973년 중요무형문화재 49호로 지정되었는데 그 구성은 다음과 같다.

① 첫째마당 : 상좌춤
② 둘째마당 : 옴중
③ 셋째마당 : 연잎과 눈끔적이
④ 넷째마당 : 팔먹중
　　첫째거리 : 북놀이
　　둘째거리 : 곤장놀이(염불놀이)
　　셋째거리 : 침놀이
⑤ 다섯째마당 : 노장
　　첫째거리 : 수놀이
　　둘째거리 : 취발이놀이
⑥ 여섯째마당 : 샌님
　　첫째거리 : 수놀이
　　둘째거리 : 취발이놀이
⑦ 일곱째마당 : 신할아비와 신할미

<송파 산대놀이>

4. 해서(海西)탈춤

해서탈춤은 황해도 지방에 분포된 탈놀음을 말하는데, 대표적인 것으로 봉산탈춤, 강령탈춤, 은율탈춤을 들 수 있지만, 실제로는 황해도 전지역에 분포되어있던 탈춤이라고 할 수 있다.

봉산탈춤은 중요무형문화재 17호로 지정되어 있으며, 다른 지역의 탈춤 놀음과 마찬가지로 춤이 주가 되고, 재담과 몸짓으로 짜여져 있는데 전체적인 구성은 다음과 같다.

① 첫째마당 : 사상좌춤(사방신에 배례하는 의식무)
② 둘째마당 : 팔목중
　　첫째거리 : 팔목중춤거리 (팔목중의 파계장면)
　　둘째거리 : 법고놀이거리(목중들의 법고놀이 장면)
③ 셋째마당 : 사당춤(사당과 거사들이 흥겨운 노래를 주고받는 장면)
④ 넷째마당 : 노장춤
　　첫째거리 : 노장춤거리(노장들이 소무의 유혹에 파계하는 장면)
　　둘째거리 : 신장수춤거리(신장수가 노장에게 신을 빼앗기는 장면)
　　셋째거리 : 취발이춤거리(취발이가 소무와 살림을 차리는 장면)
⑤ 다섯째마당 : 사자춤(사자가 파계승을 징계하는 장면)
⑥ 여섯째마당 : 양반춤(말뚝이가 양반형제를 희롱하는 장면)
⑦ 일곱째마당 : 미얄춤(영감, 미얄할미, 첩과의 삼각관계에서 영감에게 맞아 죽은 미얄할미의 진혼굿)

강령탈춤은 중요무형문화재 34호로 지정되어 있는데 강령 사람들 사이에는 이 놀이가 삼한시대부터 생겼다고 한다. 그 까닭은 마한(馬韓)・진한(辰韓)・변한(弁韓)의 양반들에 대한 근본을 말하고 있는데서 연유한 것으로 생각되는데 신빙성이 있다고 할 수는 없고, 모두 일곱 마당 3거리로 구성되어 있다.

5. 남사당놀이

남사당(男寺黨)은 우리나라에서 옛날부터 떠돌아다니던 예인집단(藝人集團)으로 남사당패・솟대쟁이・걸립패・사당패 등을 통칭하는 것이다. 그 가운데서 남사당패가 그 규모나 내용에 있어서 가장 짜임새가 있었던 것으로 알려지고 있다.

남사당패의 활동 시기는 모심기가 시작되는 초여름부터 추수가 끝나는 늦은 가을까지였는데, 서민들에게는 환영을 받았지만 지배계층에게는 늘 수모와 괄시를 받았다.

남사당놀이의 종목은 모두 6종목인데 각각 다음과 같다.

① 풍물 : 일종의 농악인 인사굿으로 시작해서 돌림벅구·선소리판·당산벌림·양상치기·허튼상치기·오방감기·오방풀기·무동놀림·쌍줄백이·사통백이·가새(위)벌림·좌우치기·네줄백이·마당일채 등 24판 내외의 판굿을 돈다. 판굿이 끝난 다음 상쇠놀이·따벅구(벅구놀이)·징놀이·북놀이·새미받기·채상놀이 등의 순서로 풍물을 친다. 이 풍물은 '웃다리가락(충청도와 경기도 이북지방의 가락)'을 바탕으로 하며, 참여 인원은 꽹과리·북·징·장구·날라리·땡각·법고 등을 포함한 최소 24명 정도가 한 조(組)를 이룬다.

② 버나 : 체바퀴나 대접 등을 앵두나무 막대기로 돌리는 묘기이다. 이 놀이의 묘미는 접시 등을 돌리는 외에 돌리는 사람인 버나잽이와 받는 소리꾼인 매호씨(어릿광대)가 주고받는 재담 및 소리가 극성(劇性)이 짙은데 있다. 돌리는 물체에 따라 대접버나·칼버나·자새버나·체바퀴버나 등으로 분류된다.

③ 살판 : "잘하면 살판이요, 못하면 죽을 판"이라는 뜻에서 붙여졌다고 한다. 종류로는 앞곤두·뒷곤두·번개곤두·자반뒤집기·팔걸음 등 11가지 순서를 가지고 있다. 살판쇠(땅재주꾼)와 매호씨(어릿광대)가 잽이의 장단에 맞추어 재담을 주고받으며 재주를 부린다.

④ 어름 : 줄타기 곡예로 무대중앙을 가로지른 높다란 외줄을 어름산이(줄꾼)가 건너가며 매호씨와 재담을 주고받는 놀이이다. 종류로는 앞으로가기·장단줄·거미줄늘이기·뒤로훑기·콩심기·화창사위 등 15종의 순서를 가지고 있다.

⑤ 덧뵈기 : '덧(곰)본다'는 것은 탈을 쓰고 하는 연희를 가리키는 일종의 탈 놀음이다. 다른 지역의 탈놀음에 비하여 양식이나 행사에 관계없이 상황과 흥취에 영합하고 있다. 4마당 구성으로 구성된다.

첫째마당(마당씻이)에서 놀이판을 확보하고,
둘째마당(옹탈잡이)에서 외세를 잡고,
셋째마당(샌님잡이)에서 내부의 모순을 불식하고,
넷째마당(먹중잡이)에서 외래 문화를 배격하는 내용이다.

⑥ 덜미 : 남사당놀이의 마지막 순서이며 우리나라에 하나밖에 없는 민속 인형극인 꼭두각시놀이인데, 남사당패 사이에서는 '덜미'라는 이름으로 통한다.

남사당이 사용하는 탈의 종류는 샌님·노친네·취발이·말뚝이·먹중·옴중·피조리·꺽쇠·장쇠 등이 있다. 바가지 위에 종이를 쪄서 붙이고, 탈에 따라 요철을 나타내며, 눈구멍과 입 구멍을 뚫은 다음 아교에 백분(白粉)이나 염료를 배합 하여 각각의 특징을 그린다.

6. 꼭두각시놀음

남사당패들에 의해 전승되던 꼭두각시놀음은 유일한 민속인형극으로 남사당패 6가지 놀이의 마지막에 연희되던 '덜미'과장을 말한다. 이 놀이의 명칭은 '꼭두각시놀음' 외에도 '박첨지놀음', '꼭두박첨지놀음', '홍동지놀음'이라고도 하며, 중요무형문화재 제3호로 지정되어 있다. 이 놀이는 남사당패 놀이를 연희하던 때에 함께 공연하였는데, 야외 공연이 불가능한 무더운 여름이나 추운 겨울이 아니면 공연이 가능했다. 놀이판은 마을의 공터 등 사람들이 많이 모일 수 있는 곳이면 되었고, 서민들의 휴식시간이라고 할 수 있는 야간에 공연되었다.

인형극 공연은 남사당 놀이판의 한쪽 구석에 원두막 비슷한 것을 짓고(덜미포장, 포장막이라 함), 주조종자인 '대잡이'가 중심이 되어 인형을 조종하고, '산받이'가 인형과 대화를 하며, 반주와 장단을 맞는 악사에 의해 꼭두각시놀음이 진행된다.

이 놀이에 등장하는 인형의 종류와 배역 그리고 그 진행과정은 다음과 같다.

(등장인물)

- 박첨지(노인 : 주역이자 해설자)
- 홍동지(박첨지의 조카, 발가벗은 힘꾼)
- 피조리(박첨지의 조카딸 2명)
- 홍백가(붉고 흰 등 얼굴을 가진 남자)
- 묵대사(든도한 고승)
- 귀팔이(불쌍한 백성)
- 작은박첨지(박첨지의 동생)
- 상주(평안감사아들)
- 동방석이(삼천갑자를 살았다는 동방삭)
- 상도꾼(평양감사 상여꾼 12명)
- 꼭두각시(박첨지의 본처)
- 덜머리집(박첨지의 첩)
- 상좌(파계승 2명)
- 표생원(시골양반)
- 영노(걸신들린 요귀)
- 평안감사(탐관오리)
- 박첨지손자(저능아3명)
- 잡탈(마을남자3명)
- 사령(관속3명)

(등장동물)

- 이시미(상상적 동물)
- 청노새(곡식을 축내는 중국에서 온 새)
- 매(평양감사 사냥에 나옴)
- 꿩(평양감사 사냥에 나옴)

(소품)

- 절(조립식 법당) · 부처 상여(조립식 상여) · 명정(銘旌) · 만사(輓詞) · 요령(搖鈴) · 영기(令旗 2개) · 부채(대형 접는 부채)

〈진행과정〉

① 박첨지 마당

첫째, 박첨지 유람 거리 : 박첨지가 팔도강산을 유람하던 중 꼭두패의 놀이판에 끼어들어 구경한 얘기와 유람가 등을 부른다.

둘째, 피조리 거리 : 박첨지의 딸과 며느리가 뒷 절의 상좌중과 놀아나다가 갑자기 나타난 홍동지에 쫓겨난다. 홍동지도 뒤따라 퇴장하면, 박첨지가 다시 나와 딸과 며느리가 잘 놀던가를 '산받이'에게 묻자, 홍동지가 나타나 쫓겨 들어갔다고 하자 "괘씸한 놈"이라며 잠시 들어가 혼내주고 나온다.

셋째, 꼭두각시 거리 : '산받이'에게 자기의 큰마누라인 꼭두각시의 행방을 묻고 노래조로 마누라를 부르자, 꼭두각시 나타나 '보괄타령(영감타령)'을 주고받으며 즐기다가 박첨지가 말하기를 "그동안 혼자 살기가 어려워 작은 마누라(덜머리집)을 얻었다"며 상면을 시키고 두 여자의 싸움판이 벌어진다. 하는 수 없이 살림을 나눠주는데 '덜머리집'에게만 후하게 주자 꼭두각시는 "금강산에 가서 중이나 되겠다"며 퇴장하면 박첨지는 오히려 잘됐다고 덜머리집을 얼싸안고 퇴장한다. 다시 나온 박첨지가 이번에는 꼭두각시를 찾으며 울자 산받이가 "왜 우느냐?" 물으니 너무 시원해서 운다며 다시 들어 갔다 하며 퇴장한다.

넷째, 이시미 거리 : 박첨지가 등장하여 "중국에서 날아온 청노새가 우리 곳은 풍년들고 저희 곳은 흉년들어 양식 됫박이나 축내려 왔다"고 알리고 퇴장하면, 이시미가 나타나 청노새를 비롯하여 박첨지 손자, 피조리, 작은박첨지, 꼭두각시, 홍백가, 영노, 표생원, 동박석이, 묵대사 등 나오는 순서대로 다 잡아먹는다. 박첨지가 나와 '산받이'에게 앞서 나온 자들의 행방을 묻자 이시미 짓임을 알려주니 박첨지는 겁 없이 이시미 곁으로 갔다가 박첨지마저 물린다. 이 때 홍동지의 등장으로 박첨지는 살아나고 홍동지는 "이시미 껍질을 팔아 옷을 좀 해 입어야 겠다"며 퇴장한다. 다시 나온 박첨지는 자기가 살아난 것은 홍동지의 덕이 아니고 자기 명에 의한 것이라며 이시미를 팔아 부자가 되었을 홍동지를 찾아내겠다며 퇴장.

② 평안감사 마당

첫째, 매사냥 거리 : 박첨지가 나와 평안감사의 출동을 알리고 큰일 났다고 퇴장하면, 평안감사가 나타나 박첨지를 불러 치도를 잘못했음을 꾸짖고 매사냥 할 몰이꾼을 대라고 하자, 홍동지를 불러 매사냥을 한다. 꿩을 잡은 평안감사가 박첨지에게 꿩을 팔아오라 하며 떠나면 뒤따라 모두 퇴장.

둘째, 상여거리 : 다시 박첨지가 나와 매사냥에서 돌아가던 평안감사가 황주 동실령 고개에서 낮잠을 자다가 개미에게 불알 땡금줄을 물려 죽어버려 이번에는 상여가 나온다며, 다시 들어갔다가 나오는 사이에 상여가 등장하고 박첨지가 상여 곁에 서서 대성통곡을 하자 '산받이'가 그게 누구 상여인데 그렇게 슬피 우느냐, 물으면 어쩐지 아무리 울어도 싱겁더라하며 익살을 부린다. 다시 상주가 박첨지에게 길이 험하여 상도꾼들이 모두 다리를 다쳤으니 상도꾼을 대라 한다. '산받이'가 홍동지를 부르자 역시 벌거벗고 나와 상주에게 온갖 모욕을 주고 상여를 메고 나간다.

셋째, 절 짓고 허는 거리 : 박첨지 다시 나와, "이제는 아무 걱정 없다"면서 명당(明堂)에 절을 짓겠다고 알리고 들어가면 상좌 둘이 나와 조립식 법당을 한 채 짓고는 다시 그것을 완전히 헐어 버리고 들어간다.

이상에서 살펴본 꼭두각시놀음은 파계승의 풍자, 처첩간의 갈등, 양반에 대한 조롱과 모욕, 외래 종교에 대한 민중의 거부감이 표현되어 있는 풍자적이며, 해학적인 민속인형극이라고 할 수 있다.

〈꼭두각시놀음〉

제9장

민간요법(民間療法)

Ⅰ. 민간요법의 개념

민간요법이란 서민대중(庶民大衆) 사이에서 오랫동안 전승(傳承)되어온 각종 질병치료술로서 살아있는 의술(醫術)이라 할 수 있다. 그 가운데는 전혀 과학적 근거를 갖지 못한 것도 있지만 어떤 것은 매우 과학적이고 합리적인 것들도 있다. 그러나 과학(科學)·비과학(非科學)을 떠나 그것이 민속사회에서 인정(認定)을 받고 실제로 질병치유에 효험이 있는 경우도 있다는 것이다.

민간요법은 처방이 까다롭지 않고 약재를 우리 주변에서 쉽게 구할 수 있으며, 우리 조상들이 몸소 경험했던 사실들이 구전되어 오는 과정에서 그 확실성이 입증된 '경험의술'인 것이다. 특히 현대의학에 의해 제조된 합성의약품의 부작용이 늘어감에 따라, 생약(生藥)에 대한 관심도가 높아지고 민간요법에 대한 인식도 새로워지고 있다. 물론 민간요법이라고 해서 부작용이 없는 것은 아니다. 독성이 있는 것을 복용하거나, 의학적 상식이 전혀 없는 사람으로부터 권한 것을 함부로 먹었다가는 치명적(致命的)인

손상을 입을 수도 있는 것이 또한 민간요법이다.

민간요법은 그것이 왜 그 질환을 치유하는지 설명하지 않고, 경우에 따라서는 유감사고에 의한 것들도 있다. 과학도 따지고 보면 처음에는 대수롭지 않다고 여겼던 것에서 출발한 것이 많다. 따라서 우리 조상들의 경험(經驗)과 지혜(智慧)가 농축(濃縮)된 민간요법에 대한 관심과 연구는 새로운 의약품 개발에 기여할 수도 있을 것으로 본다. 실제로 민간약의 효과는 현대과학의 발전과 함께 그 신비성이 하나씩 증명되고 있으며, 전혀 근거 없다고 여겼던 약들이 치료제로 사용되고 있는 경우가 점점 늘어가고 있는 실정이다.

민간요법에 사용하는 약재들은 하찮은 나무껍질, 풀뿌리에서부터 곤충이나 광물에 이르기까지 우리 주변에서 쉽게 구할 수 있는 자연 생산물이 대부분이지만, 정확한 사용법을 지키지 않을 경우 위험에 빠질 수가 있기 때문에 다음과 같은 점에 각별한 주의를 요한다.

첫 번째로 독성(毒性)이 있는 것들은 부작용(副作用)을 일으키기 쉬우므로 음용을 삼가는 것이 좋다.

두 번째로 치료의 과학적 근거나 임상적 사실들이 정확하게 드러나지 않은 것은 사용하지 않아야 한다.

세 번째로 정확한 약재라도 채취(採取) 시기(時期)에 따라 약이 되기도 하고 독이 되기도 하기 때문에 이점에 유의해야 한다.

네 번째로 독성이 있는 약재들은 해독약재(解毒藥材)와 혼용해야 부작용을 최소화 할 수 있다.

마지막으로 동물성(動物性) 약재는 내장과 머리, 꼬리 발 등은 제거하고 사용하는 것이 독성물질을 줄일 수 있다.

Ⅱ. 민간요법의 실제

증상에 따른 민간요법은 그 치료법이 확실하거나 과학적 근거가 있다고 단정적으로 말할 수는 없고, 여기서는 구전(口傳)되고 있는 일반적인 내용을 소개하기로 한다.

- 인동덩굴을 달여서 그 국물을 마시면 감기에 효능이 있다.
- 하눌타리 씨, 살구 씨, 호두를 달여서 마시면 기침이 멎는다. 또 하눌타리 뿌리는 당뇨병의 갈증을 그치게 하고 기운을 소생시킨다.
- 파뿌리를 찧어서 삔 데 붙이면 통증이 멎는다.
- 치자열매를 분말로 만들어 밀가루에 반죽하여 삔 데 붙이면 소염 진통의 효과를 본다.
- 살구 씨와 뽕나무 뿌리의 껍실을 같이 달여 먹으면, 진해, 거담제로 좋다.
- 살구 씨와 호두를 갈아 꿀과 반죽하여 환으로 만들어 먹으면 기관지 천식에 좋다.
- 서리 맞은 산뽕나무 잎을 달여 그 물을 마시면 기관지 천식에 좋다.
- 탱자열매는 복부 창만증(脹滿症), 복통, 변비, 현기증 등에 효능이 있다.
- 생강과 쑥을 달여서 그 물을 마시면 이질에 효과가 있다. 특히 쑥은 항균작용이 강하여 연쇄상 구균, 포도상 구균, 결핵균, 이질균 등의 발육을 억제시킨다.
- 칡뿌리의 생즙을 마시면 체내의 각 기관에 누적된 알코올을 빠르게 분해시킨다. 특히 칡꽃은 술의 독을 해독(解毒)하는데 특효약이다.
- 녹두로 죽을 쑤어 먹으면 과음하고 나서 불편한 속을 다스리는데 좋다.
- 참외 꼭지를 분말로 만들어 아주 조금씩 먹으면 전염성 간염에 좋다. 그러나 참외꼭지는 독이 있으므로 조심해야 한다.
- 민들레를 뿌리째 캐어 건조시켜서 달여 먹으면, 화농성 질환의 염증을

제거하며 지방의 분해에도 좋다.

- 느릅나무의 속껍질과 옥수수수염을 달여서 마시면 혈뇨나 급성 신장염에 효능이 있다. 특히 옥수수수염은 만성 신장염과 요단백, 혈압강하에 효과가 있다.
- 질경이 씨는 신장염으로 부종이 있는 사람에게 유효하다.
- 패랭이꽃은 급성 신장염이나 요도염 방광염에 좋은 반응을 보인다.
- 댑싸리 대를 달여서 먹으면 오줌소태에 좋다.
- 댕댕이덩굴의 뿌리를 달여 마시면 혈압이 낮아지고, 오줌소태가 치료된다.
- 솔잎으로 술을 담가 먹으면 요통에 좋고, 유행성 감기에도 좋다.
- 소나무마디[松節송절]를 소주에 담갔다가 그 술을 마시면 신경통에 유효하다.
- 골담초 술은 신경통, 관절염, 근육통에 효과를 나타낸다.
- 수박 꼭지를 따고 속을 약간 파서 마늘 5쪽 정도를 넣고 뚜껑을 덮은 후 약한 불로 하루정도 태운 뒤 마늘을 먹으면 부종이 치료된다.
- 미나리는 해열과 이뇨작용을 한다.
- 생감자를 찧어서 화상에 붙이면 통증이 멎고 치료도 된다.
- 우슬초(牛膝草=쇠무릎풀)를 달여 먹으면 관절에 탁월한 효과를 나타낸다.
- 마늘을 찧어서 동상 걸린데 붙이면 쉽게 치유되며, 재발을 막는다.(생두즙도 그 효능이 같다.)
- 복숭아 씨의 뾰족한 부분은 떼어 버리고, 찧어서 먹으면 변비에 좋다.
- 나팔꽃 씨를 빻아서 그 가루를 먹으면 변비에 유효하다.
- 익모초(益母草=육모초)를 달여서 먹으면 여성들의 생리 불순에 좋고 불임증에도 효과가 있다.
- 접시꽃 뿌리나 꽃은 여성들의 대하증 치유에 쓰인다.
- 늙은 호박의 속과 씨를 버리고 그 안에 꿀을 넣어 중탕을 해서 먹으면

산후 부종이 빠진다.

- 천궁과 당귀를 같이 달여 먹으면, 여성의 생리통에 특효가 있다.
- 구절초를 채취해 두었다가 달여 먹으면 생리통을 제거하고 불임증을 치료한다.

이상에서 식물(植物)을 중심으로 구전되어 오는 민간요법에 대해 살펴보았다. 이외에도 광물과 동물, 곤충 등을 먹거나 환부에 붙이는 치유법이 있는가 하면, 우리들이 먹는 곡식이나 과일류도 경우에 따라서는 약으로 사용되기도 한다. 먹거나 환부에 바르는 방법 외에도 부황, 뜸, 목욕법과 찜질법 등 다양한 민간요법이 전승되고 있다. 그런데 민간요법이 한의학(韓醫學)적인 이론을 갖춘 치료법은 아니며, 임상 실험을 거치지 않은 경험적(經驗的) 처방(處方)에 불과한 것이기 때문에 경우에 따라서는 심각한 위험에 빠질 수도 있다는 것을 늘 염두에 두어야 한다. 문제는 모든 약재들은 유효(有效)성분과 유독(有毒)성분을 동시(同時)에 갖고 있기 때문에 어떻게 사용하느냐에 따라서 약(藥)이 독(毒)이 될 수도 있고, 반대로 독이 약이 될 수도 있다는 걸 알아야 한다. 민간요법을 맹신(盲信)하는 것은 바람직하지 못하지만 그렇다고 무조건 백안시(白眼視)할 것도 아니다. 보다 적극적이고 객관적인 자세로 연구하여 약리적(藥理的) 이론을 덧붙인다면 화학적인 합성의약품 보다는 인체에 부작용이 적은 생약으로 발전시킬 가능성도 충분히 있다고 생각된다.

참고한 책

강등학 외, 『한국 구비문학의 이해』, 월인, 2000.

강무학, 『한국세시풍속기』, 집문당, 1987.

강용권, 『한국민속극연구』, 제일문화사, 1977.

국립문화재연구소, 『광주칠석고싸움놀이』, 피아, 2005.

국립문화재연구소, 『백중놀이』, 화산문화, 2004.

국립문화재연구소, 『송파산대놀이』, 피아, 2006.

고려대민족문화연구소, 『한국민속대관』, 1991.

김광언 외 『민속놀이』, 대원사, 1989.

김내창, 『조선풍속사』, 한국문화사, 1998.

김선풍 외, 『우리민속학의 이해』, 월인, 2002.

김동욱 외, 『한국민속학』, 새문사, 1988.

김성배, 『한국의 민속』, 집문당, 1980.

김의숙, 『강원도민속문화론』, 집문당, 1995.

김의숙 외, 『민속학이란 무엇인가』, 청문각, 1996.

김종대, 『한국민간신앙의 실체와 전승』, 민속원, 1999.

김태곤, 『한국무속연구』, 집문당, 1981.

김태곤, 『동신당』, 대원사, 1992.

김태곤, 『한국민간신앙연구』, 집문당, 1983.

류상채, 『민의와 무의』, 서해문집, 1992.

리재선, 『우리나라의 민속놀이』, 과학백과사전종합출판사, 1997.

민속학회, 『한국민속학의 이해』, 문학아카데미, 1994.
민족문화사, 『한국민속대사전』, 1991.
박경휘, 『조선족민속사연구』, 료녕민족출판사. 1988.
박계홍, 『한국민속연구』, 형설출판사, 1973.
박계홍, 『한국민속학개설』, 형설출판사, 1983.
박성석, 『우리의 민속문화』, 경상대출판부, 1997.
박성석, 『한국의 민속』, 영남서원, 1996.
서울특별시 『서울민속대관』, 1993.
서연호, 『꼭두각시놀음의 역사와 원리』, 연극과 인간, 2001.
선희창, 『조선의 민속』, 한국문화사, 1994.
신영훈, 『한옥의 조형』, 대원사, 1989.
심우성, 『한국의 민속극』, 창작과 비평사, 1975.
심우성, 『민속문화와 민중의식』, 동문선, 1985.
심우성, 『마당굿연희본』(1, 2), 깊은샘, 1988.
심우성, 『우리나라의 민속놀이』, 동문선, 1996.
안덕균, 『민간요법』, 대원사, 1991.
윤광봉, 『유랑예인과 꼭두각시놀음』, 밀알, 1994.
이능화, 『조선무속고』, 동문선, 1991.
이두현, 『한국의 탈춤』, 일지사, 1981.
이두현 외, 『한국민속학개설』, 학연사, 1983.
이두현, 『한국민속학논고』, 학연사, 1984.
이종철 외, 『서낭당』, 대원사, 1994.
이필영 외 『솟대』, 대원사, 1990.
임동권, 『한국민속학논고』, 집문당, 1971.
임동권, 『한국민속문화론』, 집문당, 1983.
임동권 외 『민속론』, 집문당, 1989.
임동권, 『한국세시풍속연구』, 집문당, 1985.

임재해,『민속문화론』, 문학과 지성사, 1986.
임재해 외,『전통상례』, 대원사, 1990.
임재해 외,『한국민속사입문』, 지식산업사, 1996.
임재해 외,『안동하회마을』, 대원사, 1992.
조성일,『조선민족의 민속세계』, 한국문화사, 1996.
지춘상 외,『남도민속학개설』, 태학사, 1998.
村山智順,『朝鮮의 風水』, 민음사, 1990.
村山智順,『朝鮮의 占卜과 豫言』, 동문선, 1990.
최길성,『한국무속의연구』, 아세아문화사, 1978.
최운식 외,『한국민속학개론』, 민속원, 1998.
최인학 외,『한국민속학 새로읽기』, 민속원, 2001.
한국정신문화연구원,『한국민족문화대백과사전』, 1991.
황루시 외,『팔도굿』, 대원사, 1989.

부 록

〈세시풍속 조사서〉

1. 조사 일시 :
2. 조사 장소 :
3. 제보자 인적사항 : 성명(　　　　), 나이(　　), 성별(　　)
4. 조사자 : 성명(　　　　), 나이(　　), 성별(　　)
5. 채집 요령 : ① 행사 명칭 ② 행사 주관자(누가) ③ 일시(언제) ④ 장소(어디) ⑤ 사용기구와 수량(무엇) ⑥ 행사 방법(어떻게) ⑦ 행사 기간(동안) ⑧ 목적 · 이유(왜)

1. 정월

- 설날을 여기서 무엇이라고 부르는가? 그 의미는?
- 설날의 날씨를 보아 그 해의 농사나 어업의 풍흉을 점치는 일은 없는가? 그리고 이 점을 무슨 점이라고 부르는가?
- 설빔을 여기서는 무엇이라고 부르는가?
- 업(지킴이)을 모시는 경우가 있는가? 있다면 누가, 언제, 어디에서, 어떤 재물을 차려두고 모시며, 언제 없애는가?
- 성주단지(신주단지)나 조왕(부엌신)을 누가, 언제, 어디에 모시며, 모시는 절차는 어떠하고, 그 신체(神體)는 무엇이며, 모셔두는 기관은?
- 복조리는 언제 몇 개를 사서 무엇으로 묶어 어디에 걸어 두는가? 그리고 복조리 속에는 무엇을 담아 두며 담아 두는 이유는? 첫 장날에 사는 물건과 안사는 물건은?

- 설날 새벽에 거리에 나가서 짐승 또는 새의 거동이나 울음소리를 보아 그 해의 운수나 풍흉을 점치는 일은 없는가?
- 정월의 어느 날에 부엌 아궁이의 재를 치지 않는가? 치지 않는 이유는?
- 야광귀(夜光鬼)는 언제 어디에서 오며, 그 귀신 오는 것을 막기 위해 어떤 방법을 쓰는가?
- 한 해 동안 빗질하다가 빠진 머리카락을 설날 저녁에 태운다는데, 그 까닭은?
- 정초에 호랑이나 닭을 그려 어디에 붙이며, 붙이는 이유는?
- 십이지(十二支) 중에 털 날(有毛日=쥐, 소, 호랑이, 토끼 등)이 세수(歲首)에 들면 그 해의 풍흉은 어떠하다고 생각하는가? 그리고 그 해 어떤 농사나 고기가 잘 된다고 생각하는가?
- 정월의 어느 날에 지체 낮은 사람이 집에 오면 '동티'가 난다고 믿는가?
- '콩불음'은 언제, 어떻게 만들며, 어디에 며칠을 두었다가 언제 풀어 매월의 강수량을 점쳐 보는가?
- 씨나락을 만들기 위해 언제 어떻게 두었다가, 언제 그 무게를 달아보고 그 해의 씨나락을 정하는가?
- 정초의 어느 날에 곡식 또는 재물을 집 밖으로 내지도 않으며, 물건의 매매도 하지 않는가? 그렇게 하는 이유는?
- 삼재(三災)가 든 사람이 그 액을 예방하기 위해 언제 어떤 방법을 쓰는가?
- 열매(추자, 밤 따위)를 깨물어 그 속을 보고 그 해의 운수나 풍흉을 점치는 일은 없는가?
- 풍물놀이(매구)는 언제 시작하며, 며칠간 하며, 그 주관은 어디서 하며, 놀이꾼의 구성은 어떠한가?
- 뱃고사(배의, 서낭, 제사)는 언제 누가 주관하고, 어떻게 하며, 이 고사를 지내는 이유는?
- 가정의 운수대통을 위해 정초에 누가 어디서 어떻게 제물(祭物)을 차리고 비는 행사는 없는가? 있다면, 그 행사의 명칭은 무엇이며, 섬기는 신(神)의 이름은?
- '용왕제'는 언제 어디서 어떻게 지내며 그 주관자는 누구이고, 지내는 이유는?
- 정월 초여드렛날을 곡식날이라고 하는데, 여기에서는 무슨날이라고 하며, 누가 주관하여 어떤 일을 하는가?
- 집에 키우는 닭이 그 해에 알을 많이 낳게 해 달라고 누가 언제 어디서 어떻

게 하는 행사는 없는가?

- 목화의 풍작을 빌기 위해 정초의 어느 날에 누가 어떻게 행사를 치르는가?
- 일년 가운데 어느 날 밤에 어디서 밤새 등불을 켜 두는가?
- 낟가리대, 또는 볏가리대는 언제 누가 어떻게 세우며 또 그것을 언제 철거하고 거기에 있던 곡식을 어떻게 하며, 그것을 세우는 이유는?
- 세 집 이상의 타성가(他姓家)의 밥을 얻어먹는 날은 언제이며, 그렇게 하는 이유는?
- '더위팔기'는 언제 어떻게 하는가?
- 복토(福土) 훔치는 행사는 누가 언제 어디의 흙은 어떻게 훔쳐 어떻게 처리하며, 그 행사의 이유는?
- 제웅은 어떤 가정에서 누가 언제 어떻게 만들어 어디에 버리는가?
- 그 해 해충(모기, 파리, 개미, 노래기)의 피해를 예방하기 위해 누가 언제 어떻게 하는가? 그리고 그 명칭은?
- 과실나무(감나무, 대추나무 등)의 과실이 많이 열리도록 언제 누가 어떻게 하는가? 그리고 그 명칭은?
- 자기 집에 샘물을 많이 솟게 하기 위해 남의 좋은 샘물을 길어 오는 행사는 없는가?
- 논·밭둑의 풀을 언제 누가 태우며, 그렇게 하는 이유는?
- 집안의 화재를 예방하기 위해 행하는 민속은 없는가?
- 그 해 육식(肉食)을 잘 얻어먹기 위해 정초에 행하는 민속은 있는가?
- 어떤 아이들이 액운을 쫓기 위해 나무 또는 박으로 만든 조롱 세 개(청, 홍, 황)을 언제 차며, 언제, 어디에 버리는가?
- 어린 여아들이 용왕밥을 주는 일은 없는가?(채집요령에 따라 채집할 것)
- 절구공이로 마당을 찧는 일은 없는가?(채집요령에 따라 채집할 것)
- 그 해의 병(마마, 홍역, 다래끼, 부스럼 등)을 미리 예방하기 위해 하는 행사는 없는가? (예 : 무 먹기, 조리밥, 삶은 팥을 밭에 심기, 김밥 해 먹기 등)
- 자기 소임에 따라 아홉 가지 행위(나무 아홉짐하기, 빨래 아홉가지 하기, 물 아홉동이 긷기 등)을 하는 민속은 없는가?
- 정월 보름날 기후를 보고 그 해의 풍흉을 점치는 일은 없는가?
- '부스럼 깨물기'는 언제 무엇을 가지고 어떻게 하는가? 그리고 그 명칭은?

- 대보름날 특히 금하는(금기하는) 일에는 무슨 일이 있으며, 그 이유는? (예 : 줄다리기, 지신밟기, 횃불싸움, 돌싸움 등)
- 밭에 사는 두더지나 굼벵이 따위의 그 해 피해를 없애기 위해 하는 민속은 없는가?
- 대보름날 그 해 운수도 좋고 재액도 막기 위해 가정에서 하는 행사는 없는가?
- 대보름날 밤에 밭둑 논둑을 태우는 '쥐불놀이'는 없는가? 또 태우는 이유는?
- 그 해 풍년이 들도록 하기 위해 수수깡으로 벼, 보리, 콩, 팥 모양을 만들어 퇴비 위에 꽂아 두었다가 타작하는 시늉을 하는 행사는 없는가?
- 대보름에 '널뛰기'를 하는가? 누가 뛰며, 뛰는 이유는?
- 동제(부락제, 동신제)는 언제 누가 어떻게 지내며, 지내는 이유는?
- 대보름에 점쟁이가 그 해 가정에 운수가 나쁘다고 하면, 그것을 막는 행사는 없는가?
  (예 : 용마루에 액막이 해와 달을 오려 꽂는 행사 따위)
- 대보름에 그 해의 액막이를 위해 하는 일은 없는가?(채집요령에 따라 채집할 것) (예 : 버선 버리기, 옷 동정 버리기 등)
- 대보름에 염병을 예방하기 위한 행사는 없는가? 있다면 언제 어디에서 누가 어떻게 하는가?
- 대보름에 풍년들기를 기원하며 '새쫓기'의 행사는 없는가?(채집요령에 의거)
- 대보름에 '여름의 더위'를 타지 않기 위해 아이들이 하는 행사는 없는가?
- 대보름 아침에 액막이 행사로써 '황토물 뿌리기'는 없는가?(채집요령에 의거)
- 그 해의 풍흉이나 어느 곡식이 잘 될 것인가를 점치는 방법에는 어떤 것이 있는가? (예 : 달불음, 사발점, 밥이 된 모습, 떡이 익은 모양, 짚불점 등)
- 대보름 새벽에 '용알 뜨기' 행사는 없는가? (채집요령에 의거)
- 대보름에 그 해의 '구설수'를 막기 위해 하는 행사는 없는가?
- 대보름에 약밥 또는 오곡밥을 어떻게 지어 먹는가?
- 대보름달을 보고 절을 하며 기원하는 일은 없는가?
- 대보름달을 보고 자기의 그 해 운수나 그해의 풍흉을 점치는 일은 없는가?
- '귀밝이술'은 언제 어떻게 하여 먹는가?
- 몸에 '비리'가 오르지 않기 위해 어떤 행사를 하는가?
- 대보름날 솔떡을 해 먹는 일은 없는가? 있다면 솔떡을 해 먹는 이유는?

- 대보름날 맨손으로 조반(早飯)을 먹는 일은 없는가? 있다면 맨손으로 먹는 이유는?
- 대보름날 저녁에 바닷가에 가서 '조개'가 많이 생기라고 하는 행사는 없는가? (채집요령에 의거)
- 대보름날 개에게 밥을 안 주는 이유는?
- 대보름날 아침 '복쌈'을 해 먹는 일은 없는가? 있다면 해 먹는 이유는?
- 대보름날 아침에 '까마귀밥'을 주는 일은 없는가? 있다면 주는 이유는?
- 팔랑개비를 지붕이나 낟가릿대에 꽂아 두고 그 해의 신수를 점치는 일은 없는가?
- 여름에 '꿩알'을 많이 줍도록 하기 위해 하는 행사는 없는가?
- 소에게 밥과 나물을 주어 그 먹는 것을 보고 그 해의 풍흉을 점치는 일은 없는가?
- 달집 태울 때, 그 해의 운수나 농사의 풍흉을 기원하며 하는 행사는 없는가?
- 정월 16일은 '귀신 붙는 날'이라 하여 금기(禁忌)하는 행사는 없는가?
- '귀신 붙는 날'에 귀신 쫓는 행사는 없는가?
- 정월에 '윷점'을 어떻게 보는가?
- 정월에 연날리기를 하다가 언제 연을 바람에 날려 보내는가? 날려 보내는 방법과 그 이유는?
- 정월에 '귀신 없는 날'이 있는가? 있다면 언제하며 그 때는 무슨 행사를 할 수 있는가?
- 정월에 '안택굿'을 하지 않는가?(채집요령에 의거)
- 바다의 해초(파래, 미역, 김, 곤피 등)을 보아 그 해의 풍흉을 점치는 일은 없는가?
- 정월의 첫 쥐날(上子日)에 금기나 행사는?
- 정월의 첫 소날(上丑日)에 금기나 행사는? 또 '보리할매'에 대한 이야기는 없는가?
- 정월의 첫 범날(上寅日)에 금기나 행사는?
- 정월의 첫 용날(上辰日)에 금기나 행사는?
- 정월의 첫 뱀날(上巳日)에 금기나 행사는?
- 정월의 첫 말날(上午日)에 금기나 행사는?

- 정월의 첫 염소날(上未日)에 금기나 행사는?
- 정월의 첫 잔나비날(上申日)에 금기나 행사는?
- 정월의 첫 닭날(上酉日)에 금기나 행사는?
- 정월의 첫 개날(上戌日)에 금기나 행사는?
- 정월의 첫 돼지날(上亥日)에 금기나 행사는?
- 정월의 초이렛날인 사람날(人日)에 금기나 행사는?
- 입춘에 날씨를 보아 그 해의 풍흉을 점치는 일은 없는가?
- '입춘굿'을 하는가? (채집요령에 의거)
- 입춘날에 금기는 없는가?
- 입춘날 보리뿌리를 보고 그 해의 농사의 풍흉을 점치는 일은 없는가?
- 입춘 팥죽을 어떻게 끓여 먹는가?
- 입춘첩(立春帖)에 쓰는 문귀는? 그리고 입춘첩을 어디에 붙이는가? 또 붙이는 이유는?

2. 2월

- 이월 초하루 새벽에 솔잎을 문 앞뜰에 뿌려 '노래기'를 퇴치하는 행사는 없는가? (채집요령에 의거)
- 영동할미에 대한 이야기나 그에 따른 제사 행사는 어떠한가? (채집요령에 의거)
- 영동할미날, 대보름에 하지 못한 안택굿, 성주 모시기, 조왕 모시기를 이 날에 하는가?
- 영동할미날의 날씨를 보고 그 해의 풍흉을 점치는 일은 없는가?
- 영동할미날에 금기는 없는가?
- 이월 초하루에 대보름날 세웠던 '낟가리대(볏가리대)를 어떻게 처리하는가? (채집요령에 의거)
- 이월 초하루에 '나이떡(歲餠)'을 어떻게 해 먹으며 그 명칭은? 또 그렇게 하는 이유는?
- 이월 초하루 저녁에 부녀자가 지붕에 올라가 '바늘꿰기' 치성(致誠)을 하는 일은 없는가? 한다면 그 이유는?
- 이월 초하룻날 아침 집에 오는(들어오는)사람들 보고 '상점(床占)치기'하는 일

은 없는가?

- 이월 초하룻날 '떡 해 먹기', '엿기름 걸러 단술 해 먹기'같은 행사는 없는가? 있다면 그 이유는?
- 이월 초하룻날 김치를 먹으면 여름에 '풀쐬기'에 쏘인다고 해서 김치를 먹지 않은 일은 없는가?
- 이월 초하룻날 그 해 양잠이 잘 되도록 '누에떡'을 하는 행사는 없는가? (채집 요령에 의거)
- 이월 초하룻날 기풍을 위해 곡식을 논밭에 묻는 행사는 없는가? (채집요령에 의거)
- 이월 초하룻날 '콩볶기'를 하여 해충(害蟲)이나 해조(海鳥) 또는 노래기 물리치기를 하는 행사는 없는가? (채집 요령에 의거)
- 이월 초하룻날 조수(潮水)의 간만(干滿)차이를 보고 그 해의 풍흉을 점치는 일은 없는가?
- 이월 초하룻날 '노래기' 퇴치의 민속은 없는가? (채집요령에 의거)
- 2월 5일을 '귀신 단지날'이라 하여 귀신을 쫓는 행사는 없는가? (채집요령에 의거)
- 2월 6일 저녁에 '좀생이별(昴星)'의 빛깔과 달과의 거리를 보고 그 해의 풍흉을 점치는 일은 없는가?
- 2월 9일을 '손 없는 날'이라 하여 이 날 행하는 행사는 없는가?
- 2월 11일을 답청일(踏青日)이라 하여, 이 날 행하는 행사는 없는가?
- 2월 20일(영동할미가 올라가는 날)의 날씨를 보고 그 해의 풍흉을 점치는 일은 없는가?
- 경첩일에 왜 개구리 알을 먹으며, 그 알 먹는 것을 무엇이라고 하는가?
- 한식날에 날씨를 보고 그 해의 풍흉을 어떻게 점치는가?
- 한식날에 천둥이 치면 그 해의 농사는 어떻다고 생각하는가?
- 한식날 하는 일에는 어떤 일이 있으며(성묘와 사초하기), 이 날 해 먹는 음식에는 어떤 것이 있는가? 그리고 그 음식을 먹는 이유는?
- 이월 초순에 기자(祈子)의 풍속은 있는가? 있다면 누가 어디에 가서 어떻게 제물을 차리고 무슨 말로 기원하는가?
- 이월에 천연두를 예방하기 위한 행사는 없는가? (채집요령에 의거)

- 이월에 보리밭을 밟는 일은 없는가?
- 농가에서는 2월에 토끼날(卯日)이 몇 번 드는가를 보고 목화농사를 예측하는 일은 없는가?
- 일년 중 조수(潮水)의 차가 가장 많은 때를 '영동시'라 하며, 특히 2월 보름을 '영동뒷시'라 하여 이 때 굴(조개류)을 보고 그 해의 풍흉을 점치는가?
- 이월에도 '보리 뿌리점'을 쳐서 그 해의 풍흉을 점치는가?
- 신경통이 있는 사람을 찹쌀로 시루떡을 만들어 아픈 곳에 붙여 뜸질하는 일이 있는가?
- 봄꽃 필 때 추위를 무슨 추위라 하는가?
- 이월 보름의 저녁에 소 말뚝 위에 올라가 자기 그림자를 보고 그 해의 신수와 풍흉을 점치는 일이 있는가?

3. 3월

- 3월 초하룻날 부녀자가 남의 집에 가면 그 집안에 재수가 없다고 하여, 이 날 부녀자는 출입을 삼가는 일이 있는가?
- 삼월 삼짇날, 부녀자(아들 없는 이)가 아들 낳기를 비는 행사는 없는가?(채집요령에 의거)
- 삼월 삼짇날 처음 보는 짐승을 보고 그 해의 신수점을 치는 일은 없는가?
- 삼월 삼짇날 머리를 감거나 깎는 일은 없는가? 감거나 깎는다면 그 이유는?
- 삼월 삼짇날 머리를 감고 머리카락 끝을 잘라 부추 밭에 묻으면 머리카락이 무성해진다고 해서 그렇게 하는 행사는 없는가?
- 삼월 삼짇날 조왕단지(성주단지) 앞에 진달래꽃을 꽂고 농사의 풍흉과 병충 예방을 기원하는 행사는 없는가? (채집요령에 의거)
- 삼월 삼짇날 날씨를 보고 농사를 점치는 일은 없는가? (예 : 바람이 불면 삼농사가 좋지 못하고 비가 오면 양잠이 나쁨)
- 삼월 삼짇날 절에 가서 무슨 불공(佛供)을 드리는가?
- 삼월 삼짇날 출타하여 죽었기 때문에 망일(亡日)을 모르는 망자(亡者)의 제사를 지내는가? (9월 9일도 같음)
- 삼월 삼짇날 용왕 먹이기 행사는 없는가?

- 삼월 삼짇날 장 담그기를 하면 어떠한가?
- 삼월 보름에 게젓을 담거나 게로 죽을 끓여 먹는 일은 없는가? 있다면 그 이유는?
- 삼월에 화전(花煎)놀이는 하는가?
- 삼월에 여아(女兒)들이 풀각시를 만들어 노는가?
- 곡우날에 부부동침을 하지 않는 풍속이 있는가? 그 이유는?
- 곡우날에 곡식을 물에 담그는가?
- 청명날에 날씨를 보고 그 해의 풍흉을 점치는가?
- 한식날 풍랑이 심하면 봄 어장은 어떠한가?
- 삼월 중 당산나무의 잎이 나는 것을 보고 그 해의 풍흉을 점치는 일은 없는가? (예 : 일시에 나면 풍년, 층층이 나면 흉년)
- 삼월에 가물면 비가 오기를 바라며 하는 행사는 없는가? (채집요령에 의거)
- 삼월의 첫 번째 말날(午日)에 장을 담그면 어떠한가? 또 장 담글 때의 금기는?
- 삼월에 풍년이 들라고 산에 꿩알을 주우러 가는 일은 없는가? 있다면 그 명칭은?
- 삼월의 새 울음으로 그 해의 풍흉을 점치는 일은 없는가?
- 삼월에 제비를 처음 보았을 때 하는 행위는 없는가? 있다면 그 이유는?
- 봄에 바닷가 바위에 담치가 많이 붙고 적게 붙고에 따라 그 해의 풍흉을 점치는 일은 없는가?
- 까마귀의 새끼 치는 것을 보고 그 해의 풍흉을 점치는 일은 없는가?
- 바다 해초의 다과를 보고 그 해의 풍흉을 점치는 일은 없는가?

4. 4월

- 4월 초파일의 행사는 어떤 것이 있나? (예 : 바가지에 등을 켜 물에 떠내려 보냄, 절 구경하고 돌아와 팥죽을 쑤어 먹으면 불노장생, 바위 등에 가서 기도 등)
- 4월 초파일에 탑돌이를 하는가? 그 이유는?
- 4월 초파일 저녁에 횃불을 켜 복을 비는 일은 없는가?
- 4월 초파일 날씨를 보아 풍흉을 점치는 일은 없는가? (예 : 날씨가 잔잔하면, 깨농사에 좋음. 이 날 비가 오지 않으면 48일간 가뭄 듬)

- 4월에 모래찜을 하는 일은 없는가? 모래찜을 하는 이유는?
- 4월에 '보리 그스름'을 해 먹는 민속은 없는가? 해 먹는다면 그 이유는?
- 4월에 봉선화 꽃물을 손톱에 들이는가? 들인다면 그 방법과 그 이유는?
- 망종(亡種)이 4월에 들면 그 해 보리농사가 어떠하다고 믿는가?
- 망종날 날씨를 보아 그 해의 풍흉을 점치는가?

5. 5월

- 단오 앞날을 무슨 날이라 칭하며, '단오'는 무엇이라 칭하는가?
  (예 : 전날 '소중오', 당일 '수릿날', '중오절' 등)
- 단오에 약쑥을 캐어 어디에 쓰는가?
- 단오에 목욕을 하면 어떠하다고 믿는가?
- 단오에 마을의 어느 계층에서 단체로 놀이하는 것은 없는가?
  (예 : 창녕의 문호장, 김해의 석전, 씨름 등)
- 단오에 익모초를 어떻게 하여 먹으며, 먹는 이유는?
- 단오에 부적을 붙이는 일은 없는가? 있다면 어디서 구해 어디에 붙이며 붙이는 이유는?
- 단오에 '수리치떡(수리떡)'을 해 먹는가? 어떻게 해 먹으며 그 이유는?
- 단오에 창포물에 머리를 감는가? 감는 이유는?
- 단오에 창포뿌리에 글자를 새기로 연지를 칠하여 비녀로 쓰는 일은 없는가? 있다면 그 이유는?
- 단오에 횃불싸움은 없는가? 있다면 그 이유는?
- 단오에 그네뛰기를 하는가? 그 이유는?
- 단오의 날씨를 보고 그 해의 풍흉을 점치는 일은 없는가?
- 단오에 먹는 특별한 약초는 없는가? 먹는 이유는?
- 단오에 '용왕 먹이기' 행사가 있는가? 그 이유는?
- 단오에 상추잎에 맺힌 이슬로 낯을 씻는 일이 있는가? 그 이유는?
- 단오에 깻잎을 찬물에 담가 우린 물로 머리를 감는 일이 있는가? 그 이유는?
- 단오에 고사나 차례(茶禮), 성묘하는 일이 있는가?
- 단오에 물맞이하는 행사는 있는가? 그 이유는?

- 단오에 아홉 고장의 풀이나 아홉 가지의 풀을 베어 약으로 쓰는 일이 있는가? 쓰는 이유는?
- 단오에 모래찜을 하는 경우가 있는가?
- 5월 10일 태종우(太宗雨)가 내리면 그 해의 농사는 어떠한가?
- 5월에 풀이나 나뭇잎을 따서 말려 두었다가 약으로 쓰는 일은 없는가?
- 5월에 송피(松皮)를 먹는 일이 있는가? 먹는 이유는?
- 5월에 대나무 베기를 삼가는가? 그 이유는?
- 5월에 죽순(竹筍)을 해 먹으면 어떠한가?
- 5월에 장 담그는 것을 피하는 날은? 그리고 그 이유는? (피하는 날은)
- 5월에 까마귀의 울음소리를 듣고 점치는 일은 없는가?
- 5월에 배추잎에 먹으로 성명・생일・생시를 써서 진버짐에 문지르고 그것을 땅속에 묻으면 낫는다 하는데, 그런 일을 하는가?
- 5월에 찔레꽃잎을 넣고 잘게 떡을 빚어 나이 수대로 먹으면 마른 버짐이 없어진다는데 그런 일을 하는가?
- 5월에 모심기가 끝나면 '호미 씻기' 또는 '쟁기 씻기' 행사가 있다는데 어떻게 하는가?
- 하지(夏至)에 감자가 잘 영글게 하는 행사는 없는가?

6. 6월

- 6월을 무슨 달이라 칭하는가? (예 : 액달)
- 6월 14일 (유두 앞날) 저녁에 바다 용왕제를 지내는 일은 없는가? (채집 요령에 의거)
- 유두날 '물고고사'와 '원두막제'는 없는가? (채집요령에 의거)
- 유두 천신을 하는가? 그 때 쓰는 음식물에는 어떤 것이 있는가?
- 유두날에 풍작을 위해 해 먹는 음식은 없는가? (예 : 팥죽 끓여 먹기, 솥을 논가에 가져가 밀떡 해먹기 등)
- 유두날의 날씨로 그 해의 풍흉을 점치는 일은 없는가?
- 유두날 치는 천둥을 무엇이라 부르는가? 그리고 그 소리로 농사의 흉풍를 점치는 일은 없는가? (예 : 유두할배 운다)

- 유두날 동류수(東流水)에 머리를 감고 머리채 끝을 잘라 삼밭에 묻는 일은 없는가? 있다면 그 이유는?
- 유두날 더위 먹는 것을 막기 위한 행사는? (예 : 머리감기, 밀국수 해 먹기)
- 유두날 아침 밀전병을 만들어 논가에 가서 사방에 떼어 버리며 농사 잘 되기를 비는 행사는 없는가?
- 유두날에 금기(禁忌)하는 일은 없는가?
- 유두날 약수터에 가서 물맞이하는 행사는 없는가? 있다면 그 이유는?
- 유두날 풍농을 위해 용신제를 올리는가? (채집요령에 의거)
- 유두날 '제석할매'에게 농작물이 잘되게 해 달라고 비는 제는 없는가? (채집요령에 의거)
- 유두날에 해 먹는 특별한 음식에는 무엇이 있는가?
- 6월 스무날 '삼계탕'을 해 먹는 일은 없는가? 그 이유는?
- 6월 스무날 날씨로 그 해의 풍흉을 점치는 일은 없는가?
- 삼복(三伏)에 팥죽을 먹는 일은 없는가? 그 이유는? (예 : 초복에는 팥죽, 말복에는 흰죽)
- 삼복에 천둥이 많으면 그 해 어떤 농사가 잘 안 되는가?
- 복날 전후에 약수를 먹는 일이 있는가? 그 이유는?
- 삼복에 모래찜을 하는가?
- 삼복에 금기하는 일은 없는가? 있다면 그 이유는? (예 : 아이들 목욕금지 - 살이 안 오른다)
- 복날의 날씨로 그 해 농사를 점치는 일은 없는가?
- 참외나 수박밭에 참외나 수박이 많이 열리라고 하는 제사는 없는가? (예 : 국수를 삶아 덩굴에 걸침)
- 망종(亡種)날에 천둥이 치면 그 해의 농사는 어떻게 된다고 믿는가?
- 벼락 맞는 것을 예방하는 민속은 없는가?
- 유월의 바람 부는 방향이나 달무리를 보고 날씨를 예측하는 일은 없는가?
- 오뉴월에 더위를 먹거나 배앓이 할 때 먹는 약은? (예 : 아침이슬 받아먹기)
- 유월에는 문병(問病)을 하지 않는 습속이 있는가? 그 이유는?
- 부릿독과 할매단지(성주단지)에 보리를 갈아 넣는가? (채집 요령에 근거)
- 유월의 경신날(庚申日)에 밤새 잠을 안 자는 행사가 있는가? 그 이유는?

- 소(牛)의 병을 예방하는 행사는 없는가? (채집요령에 의거)
- 첫 햇보리밥을 먹을 때, 가지는 행사에는 어떤 것이 있는가?

7. 7월

- 칠월 칠석에 비가 오거나 흐린 것을 무엇이라 칭하는가? (예 : 칠석물 간다)
- 칠석날 부인들이 절에 가서 수명이 길도록 비는 행사는 있는데 이 때의 대상신(神)과 제물은?
- 칠석날 샘제(井祭)를 지내는가? (채집요령에 의거)
- 칠석날 금기사항은 없는가? (예 : 처녀가 머리를 감고 자면 눈썹이 희어진다)
- 칠석날 밤에 어머니들이 자식의 장래를 위해 달빛 아래에서 바늘에 실을 꿰어 두었다가 쓰는 일은 없는가?
- 칠석날 성주제를 지내는가? (채집요령에 의거)
- 칠석날 칠성제를 지내는가? (채집요령에 의거)
- 칠석 불공을 어떻게 드리는가? (채집요령에 의거)
- 칠석에 '용왕 먹이기'를 하는가? (채집요령에 의거)
- 칠석 물맞이 행사가 있는가? 이를 하는 이유는?
- 칠석 저녁에 아이들이 콩밭 이랑을 나이 수대로 기는 행사가 있는가? 그 이유는?
- 백중일(百中日)에 마을의 공동놀이를 하는 것은 없는가?
- 백중날 저녁에 복숭아를 벌레 든 채로 먹는 일은 없는가? 그 이유는?
- 백중날 음식을 장만하여 밭가에 차려 놓는 일은 없는가? (채집요령에 의거)
- 백중날 망혼(亡魂)의 명복(冥福)을 비는 행사는 없는가?
- 백중날 물맞이 행사가 있는가? 그 이유는?
- 백중날 샘굿(井祭)을 하는가? (채집요령에 의거)
- 백중날 저녁에 '어른들이 일 안하기'를 한다는데 그 이유는?
- 백중날 성주제를 지내는가? (채집요령에 의거)
- 백중날 산신제를 지내는가? (채집요령에 의거)
- 백중날 금기는? (예 : 산신이 곡식의 수확을 마련하기 때문에 논밭 가는 것을 금지)
- 칠월에 깻잎을 찬물에 담가 우린 물로 머리를 감는 일은 없는가? 그 이유는? (예 : 비듬 제거)

- 칠월의 옥수수 알을 보고 그 해의 풍흉을 점치는 일은 없는가?
- 칠월의 절기(節氣)가 드는 날의 날씨를 보고 그 해의 풍흉을 점치는 일은 없는가?
- 처서(處暑)에 비가 오면 그 해의 농사가 어떠하다고 믿는가?
- 칠월에 백로(白露) 드는 것을 보고 그 해의 농작물의 풍흉을 점치는 일은 없는가?
- 칠월에 머슴을 위한 놀이는 있는가? 있다면 그 놀이의 명칭은? (채집요령에 의거)
- 칠월의 이슬은 무엇에 좋은가? 그리고 이 이슬을 무엇이라고 말하는가?
- 칠월 그믐께 문을 바르는 까닭은?
- 조상의 무덤에 언제 벌초를 하는가?

8. 8월

- 칠석날과 같이 8월 14일 저녁에 아이들이 발가벗고 자기 나이 대로 밭고랑을 기는 행사가 있는가? 있다면 그 이유는?
- 8월 14일 저녁에 자기 집의 배[船]에 기를 달고 등불을 켜는 행사가 있는가? (채집요령에 의거)
- 추석을 여기서는 무엇이라고 부르는가?
- 추석의 날씨를 보고 이듬해의 풍흉을 점치는 일은 있는가?
- 추석날 마을사람들이 공동으로 놀이하는 것은 없는가?
  (예 : 강강술래, 씨름, 석사놀이, 덕석몰이 등) (채집요령에 의거)
- 추석날 배서낭에게 제사(배고사)를 지내는가? (채집요령에 의거)
- 추석날 머슴에게 '추석치레'를 해 주는가? 그리고 이것의 명칭은?
- 추석날 농악놀이(버꾸치기)를 하는가? 추석날 '소싸움', '닭싸움'행사를 하는가?
- 추석날 바닷물을 다소(多少)로 그 해 시절의 풍흉을 점치는 일은 있는가?
- 추석 후에 색시가 친정을 가는 것을 무엇이라 부르는가?
- 맨 처음 익은 나락(벼)을 쌀 한 되 정도 되게 베어 짚 채로 실로 묶어 방문 앞에 걸어 놓는 풍속이 있는가? 있다면 그 이유는 무엇이며 그 명칭은?
- 8월에 문을 바르지 않는 풍속이 있는가? 있다면 그 이유는?
- 백로(白露) 전후의 날씨를 보아 시절을 점치는 경우가 있는가?
- 추석 즈음에 성주(성주단지) 모시기를 하는가? (채집요령에 의거)
- 조왕단지의 물은 언제 갈며, 그 때 제사는 지내는가? (채집요령에 의거)

- 8월 중순경 콩잎에 맺힌 이슬을 새벽에 손을 훑어 먹는 일이 있는가? 있다면 그 이유는?

9. 9월

- 중양절(重陽節 : 9월 9일)에 마을에서 공동으로 놀이하는 것은 없는가?
- 중양절을 전후하여 성주단지에 쌀을 갈아 넣는가? (채집요령에 의거)
- 중양절에 성주신에게 제사를 지내는가? (채집요령에 의거)
- 9월에 뱀이 입 닦는 돌에 입을 닦으면 겨울 내내 먹지 않아도 배고프지 않다는 속설이 있다. 사실인가?
- 중양절에 특별히 해 먹는 음식물은 무엇이 있는가?
- 갈가마귀의 배에 흰색 부분을 보고 이듬해의 목화 농사에 대해 점치는가?
- 중양절의 날씨를 보고 이듬해의 풍흉을 점치는가?
- 박 또는 수세미의 뿌리 쪽 줄기를 잘라, 나오는 물을 먹는 풍속이 있는가? 그 이유는?
- '부릿독'과 '할매단지'에 보리를 퍼내고 벼를 넣으며 고사 지내는 일이 있는가? (채집요령에 의거)

10. 10월

- 시월을 다른 말로 무슨 달이라 하는가? 그 이유는?
- 시월 초하루 날씨로 그 해의 날씨를 점치는 일이 있는가?
- 시월에 차례(茶禮)를 지낼 때 만드는 음식물은?
- 시월 보름을 다른 말로 무엇이라 부르며, 달을 보고 그 해의 시절을 점치는 일이 있는가?
- 시월 20일 부는 바람을 무엇이라 하는가? 또 그렇게 부르는 이유는? (예 : 손돌풍)
- 시월의 말날[午日]이나 길일을 택해 안택굿 또는 성주굿을 하는가? (채집요령의 의거)
- 시월의 말날이나 손 없는 날인 20일을 택해, 조왕 삼신에게 제사하는 일이 있는가?

- 조왕 삼신제나 안택 성주굿을 할 때 어떤 떡을 쓰며, 그렇게 하는 이유는?
- 시월 첫 말날에 말이나 소를 위해 제사 지내는 일은 없는가? (채집요령에 의거)
- 시월에 조왕단지의 곡식을 갈아 넣는 일은 하는가? (채집요령에 의거)
- 시월의 부엉이 울음을 듣고 이듬해의 풍흉을 점치는 일은 없는가?
- 시월에 뇌성을 듣고 점치는 일은 없는가?
- 입동(入冬)날씨로 그 해 겨울의 날씨를 점치는 일은 없는가?
- 그 해 첫눈이 내릴 때 그 눈을 받아먹는 습속은 없는가? 그 이유는?
- 시월에 지붕갈기(초가집의 지붕)를 피하는 날은? 그리고 그 이유는?
- 시월에 해 먹는 특별한 음식물은 무엇이 있는가?

11. 11월

- 동지날을 다른 말로 무슨 날이라 하는가? (예 : 작은 설)
- 동지날 행사에는 어떤 것이 있나? (채집요령에 의거)
- 애기동지란 어떤 동지를 말하며, 이 때도 팥죽을 쑤어 집안에 뿌리는가?
- 어떨 때 동지 팥죽을 끓이지 않는가? 그 이유는?
- 동지 팥죽 12그릇을 떠놓고 다음해의 우량(雨量)을 점치는 일은 없는가?
- 동짓날 '뱀사(蛇)'를 거꾸로 써서 붙이면 악귀를 면한다는 풍습이 있는가?
- 탈상(脫喪) 하지 않는 집에서도 팥죽을 쑤는가? (예 : 녹두죽) 그렇다면 그 이유는?
- 동지날 밤 부부방사(房事)를 금한다는데 그 이유는?
- 동지날 저녁에 보리 뿌리를 보고 이듬해의 길흉을 점치는 일이 있는가?
- 불교를 믿는 사람이 동지 불공을 한다는데 그 이유는?
- 동지달 14일 저녁에 서당 아이들이 선생에게 감사하다고 주과를 대접하고 '자차'라는 놀이를 한다는데 그런 풍속이 있었던가?
- 동지달에 고목제(枯木祭)를 지내는 일은 없는가? (채집요령에 의거)
- 동지달 얼음의 갈라짐을 보고 이듬해의 풍흉을 점치는 일은 없는가?
- 동지달에 특별히 해 먹는 음식에는 무엇이 있는가?

12. 12월

- 12월 보름에 배서낭 모시는 행사는 없는가? (채집요령에 의거)
- 섣달그믐을 다른 말로 어떻게 부르는가? (예 : 까치설)
- 섣달그믐에 잠을 자지 않는 것을 수세(守歲)라 한다. 잠을 자면 어떻게 된다고 믿는가?
- 섣달그믐에 방, 대청, 부엌, 변소 등에 불을 켜 둔다. 어떻게 켜며 켜는 이유는?
- 섣달그믐에 시루떡을 해서 방안에 놓고 밥그릇에 쌀을 담아 등잔불을 켜 놓아 그 불똥이 앉는 것을 보아 다음 해의 신수를 점치는 일은 없는가?
- 섣달그믐에 금기는 없는가? (예 : 자는 아이의 얼굴에 검정을 칠하면 정신이 나가거나 죽는다고 금함)
- 섣달 믐은 조왕신이 12월 25일 말미를 받아 천제(天帝)에게 일년 동안 있었던 일을 보고하고 돌아오는 날이라 하여 조왕신을 모시는 행사나 조왕단지의 물을 새로 가는 일은 없는가?
- 섣달그믐에 무를 먹으면 부스럼이 나지 않는다 하여 무를 먹는 일은 없는가?
- 섣달그믐 밤에 부녀자들이 실을 길게 나이대로 매어 불을 붙여 타들어가는 것을 보고 다음해 운수를 점치는 일은 없는가?
- 섣달그믐에 어른들에게 묵은세배를 하는 풍습이 있는가?
- 섣달그믐 저녁에 가주(家主)가 혼자 한해가 무사히 지나고 새해를 맞게 되었다고 조상에게 알리는 사당제(祠堂祭)는 없는가?
- 섣달그믐 저녁에 주부가 다른 음식과 함께 떡국을 끓여 절의 산신각에 가서 차려놓고 가족의 관향(貫鄕), 성명, 생년월일을 쓴 창호지를 앞에 놓고 명복(命福)울 비는 행사는 없는가? 그 명칭은?
- 섣달그믐에 배에 서낭기를 달고 고사를 지내는 일은 없는가? (채집요령에 의거)
- 섣달그믐 밤에 성주신이나 부릿독에 고사하는 일은 없는가? (채집요령에 의거)
- 섣달그믐에 윷놀이를 하면서 동서로 편을 갈라 이긴 쪽이 풍년이 들 것이라는 윷놀이점은 없는가?
- 섣달그믐에 지신밟기 행사는 없는가? (채집요령에 의거)
- 섣달그믐에 이듬해의 과일나무(감나무, 대추나무 등)에 과일이 많이 열리게 하는 행사는 없는가? (채집요령에 의거)

- 해거리하는(한 해는 과일이 많이 열리고 한 해는 과일이 열리지 않는 것) 과일나무에 해거리 하는 것을 막는 행사는 없는가? (채집요령에 의거)
- 이듬해의 더위를 막기 위해 선달 그믐밤에 오는 눈을 남 몰래 받아 먹는 일은 없는가?
- 선달그믐 저녁에 산을 보고 자기의 명복(命福)과 소원을 소리치며 비는 행사는 없는가?
- 좋은 도깨비를 불러들이기 위해 선달그믐 저녁에 메밀을 껍질 채 삶아 마당에 뿌리는 일은 없는가?
- 선달그믐 저녁에 달걀을 깨끗한 오줌에 담갔다가 먹거나 삶아서 먹는 일이 있는가? 있다면 그 이유는?
- 이듬해 부스럼 나는 것을 막기 위해 선달그믐 저녁에 무엇을 깨어 먹는 일은 없는가?
- 이듬해의 화재수(火災數)를 막기 위해 선달그믐에 논밭둑을 태우는 일은 없는가?
- 선달그믐에 자면서 이(齒)를 가는 아이의 버릇을 고치기 위해 행하는 행사는 없는가?
- 이듬해 학질(말라리아)을 막기 위해 선달그믐 저녁에 먹는 음식은 없는가? (예 : 삼씨)
- 선달그믐 저녁에 부인들이 '액막이'한다고 그릇을 가지고 밖에 나가 두드리는 일은 없는가?
- 선달그믐에 맨발로 다니는 것을 금하는 습속은 없는가? 그 이유는?
- 선달그믐 밤에 귀신을 쫓는다고 마당에 불을 피우고 마디가 굵은 대를 태우는 일은 없는가?
- 어촌에서는 다음해의 풍어를 위해 선달 그믐 밤에 산에 올라가 도깨비불을 살피는 일은 없는가?
- 선달그믐 장닭(수탉)의 꼬리를 보고 이듬해의 풍흉을 점치는 일은 없는가?
- 선달그믐 저녁의 날씨를 보아 이듬해의 풍흉을 점치는 일은 없는가?
- 선달그믐 저녁의 풍향(風向)을 보아 이듬해의 풍흉을 점치는 일은 없는가?
- 선달그믐에 자기가 양식하는 조개밭에 조개가 많도록 하기 위해 행하는 행사는 없는가? (채집요령에 의거)
- 선달그믐에 이듬해의 월별(月別)의 강우량을 알기 위해 행하는 행사는 없는가?

(예 : 콩불음)

- 겨울철의 바닷가나 바닷가 돌 위의 해초를 보고 이듬해의 풍흉을 점치는 일은 없는가?
- 섣달그믐날 바닷물의 오르내림(干滿)을 보고 이듬해의 풍흉을 점치는 일은 없는가?
- 납일(동지날로부터 세 번째의 未日)에 새를 잡아 아이들에게 먹이는 이유는?
- 납일에 만든 엿은 만병통치약이라 하는데 그런 말이 있는가?
- 섣달그믐 자정에 동제(마을제, 당산제)를 지내는가? (채집요령에 의거)
- 겨울에 처마에 달린 고드름을 보고 이듬해의 풍흉을 점치는 일은 있는가?
- 겨울에 길이나 둑의 언(凍) 모습을 보고이듬해의 강우량을 예측하는 일은 없는가?
- 겨울에 보리뿌리의 내림을 보고 설 전의 추위를 예측하는 일은 없는가?
- 입동(入冬)이 지난 첫 갑자일(甲子日)에 비가 오면 이듬해 가뭄을 점치는 일은 있는가?
- 겨울의 눈 오는 것을 보고 이듬해의 풍흉을 점치는 일은 있는가?
- 겨울에 천둥이 있으면 어떠하다고 생각하는가?
- 섣달에 해 먹는 특별한 음식물에는 어떤 것이 있는가?

13. 윤달

- 윤달을 다른 말로 무슨 달이라 칭하는가?
- 윤달을 탈 없는 달이라 하여 여러 가지 일들을 한다. 어떤 일들을 하는가?
- 윤달에 부녀자들이 머리에 돌을 이고 성(城)을 세 번 돈다는데 그 이유는?
- 윤달이 든 해에 세 절[寺]을 들르면 좋다는데 그 까닭은?

〈마을제[洞祭동제] 조사서〉

1. 조사 일시 :
2. 조사 장소 :
3. 제보자 인적사항 : 성명(　　　　　), 나이(　　), 성별(　　)
4. 조사자 : 성명(　　　　　), 나이(　　), 성별(　　)
5. 동제의 명칭 :
6. 동제의 신명(神名) :
7. 지내는 장소 및 시기 :
8. 신당(神堂) 및 신체(神體)의 모습 :
9. 제관의 선정방법 :
10. 부녀자 참가여부 :
11. 금기사항 :
12. 제물의 준비과정과 진설 모습 :
13. 제사의 절차 :
14. 배경설화 여부 및 내용 :
15. 민속놀이의 유무와 그 내용 :
16. 동제와 관련되는 전설(효험(效驗)담 · 부정(不淨)담 등) :

찾아보기

박성석(西湖 朴性錫)

경남 남해출생, 남해 중・진주고등학교 졸업
중앙대학교 국어국문학과
경희대학교 교육대학원 국어교육전공(교육학석사)
충남대학교 대학원 한국고전문학전공(문학박사)
경상대학교 인문대학 국어국문학과 교수
보물섬 남해포럼 공동대표(현)
경상남도 문화재위원(현)
사단법인 경남학연구원 원장(현)
중국 대련외국어대학교 한국어과 교수(현)

논문
「說話와 民間信仰에 나타난 樹木考」,「韓國巫歌의 戲曲的 硏究」
「경남지역의 '줄다리기 놀이'에 대하여」,「현대 사회의 세시풍속에 살아남은 전통성의 변모양상」
「오광대유형분류」,「한・중 무속의례 비교연구」,「남해안별신굿과 동해안 별신국 제차비교」
「韓・中 歲時風俗 比較硏究」 外

저서
『한국의 민속』,『경상남도의 민속예술』,『우리의 민속문화』
『이수정 낙화(落火)놀이』,『금산우에 뜬 구름아』,『거창의 무속』
『아시아의 무속(巫俗)과 춤 연구』-한국편-(공저),『아시아의 무속(巫俗)과 춤 연구』-일본편-(공저)
『아시아의 무속(巫俗)과 춤 연구』-인도・중국편-(공저),『가야진 용신제(龍神祭)』
『내고장의 전통문화(傳統文化)』,『김해삼정걸립치기』,『사천의 전승민요』
『산청의 소리』,『경남지역의 백중절 농청놀이』 外

기타
『경남도사』 편찬위원,『晋州亦史』 집필위원
국립문화재 연구소『세시풍속』-경남편-집필위원
국립문화재 연구소『한국의 가정신앙』-경남편-집필위원
국립민속박물관『한국민속신앙사전』 집필위원
국립민속박물관『한국문학사전』-설화편-집필위원
국립민속박물관『한국문학사전』-민요와 판소리-집필위원
『泗川定名 600年』・『고성군지』 편찬 및 집필위원

한국 민속의 이해

▌2008년 2월 10일 초판 제1쇄 인쇄
▌2008년 2월 15일 초판 제1쇄 발행
▌2014년 8월 30일 초판 제2쇄 발행

▌지은이 박성석
▌펴낸이 권순기
▌펴낸곳 경상대학교 출판부
▌주소 경남 진주시 진주대로 501
▌전화 (055) 772-0801~2
▌팩스 (055) 772-0809
▌E-mail : gspress@gnu.ac.kr
▌홈페이지 http://gspress.gnu.ac.kr
▌등록 1989년 1월 7일 제16호

ISBN 978-89-86001-95-2 93380

© 경상대학교출판부, 2008

• 저자와의 협의 하에 인지를 생략합니다.
• 이 책의 판권은 경상대학교출판부에 있습니다.
• 경상대학교출판부의 서면 동의 없이 무단전제 및 복사를 금합니다.

값 13,000원